# 한국의 지역금융협동조합

※ 이 저서는 2015년 대한민국 교육부와 한국연구재단의 지원을 받아 수행됨 (NRF-2015S1A3A2047036).

# 한국의 지역금융협동조합

최진배 · 권오혁 · 김명록 지음

율곡출판사

# 들어가는 글

이 책은 나의 퇴임을 맞이하여 내가 발표한 논문과 지난 몇 년간 공동연구자로 함께 한 권오혁, 김명록 두 교수와 함께 발표한 논문들을 엮은 것이다. 두 분 교수들은 36년간의 대학생활을 정리하는 필자에게 머리말을 쓸 영광스러운 기회도 주었다. 심심한 감사의 말씀을 드린다.

필자가 금융협동조합의 문제에 관심을 기울이기 시작한 것은 2000년대 초중반이었다. 간헐적으로 이루어지던 초기의 연구는 2010년대에 접어들면서 본격적인 연구로 바뀌었다. 2012년 필자가 신협중앙회 전문이사로 선임된 것이 그 직접적인 계기가 되었다. 그러나 당시의 연구는 연구성과를 기준으로 본다면 조악하고 유치하기 그지없었다. 무엇보다 연구를 위해 참조할만한 책이나 논문들이 어디에 얼마나 있는지, 어떻게 접근할 수 있는지 등에 대해 무지하였기 때문이다. 이런저런 자료와 책들을 학습해가면서 점차 많은 자료를 접할 수 있게 되었는데, 보다 체계적으로 연구할 수 있는 기회는 2014년 ICA가 주최한 세미나에 참석한 이후에 주어졌다. ICA는 협동조합연구에 도움이 되는 협동조합에 관한 다양한 학술지와 최근 연구동향 등을 필자에게 알려주었다.

이 책에 수록된 많은 논문은 2016년과 2017년에 집중적으로 작성되었다. 여러 책과 논문을 대하면서 협동조합에 관한 이런저런 생각들이 정리되기 시작하였기 때문이다. 이와 함께 퇴직을 앞두고 그간 궁금하게 여겼던 점들을 정리해두고 싶었던 욕심도 생겼다. 이러한 생각을 실천에 옮길 수 있도록 많은 분들이 도움을 주었다. 그분들의 도움이 없었다면 이 책을 펴낼 엄두를 내지 못했을 것이다. 두 분 교수가 특히 많은 도움을 주었다. 부경대학교 권오혁 교수는 계속되는 연구 때문에 시간을 할애하기 쉽지 않았음에도 불구하고 실타래처럼 얽혀있던 내 생각을 정리하는 데 많은 시간을 할애해 주었다. 새로운 제안도 이어졌는데, 이러한 과정은 연구를 활성화하고 계속하는 데 많은 도움이 되었다. 물론 공동연구자로서 원고를 작성하였을 뿐 아니라 어지러운 상태에 있는 초고를 정리하는 데도 많은 시간을 투자해 주었다.

같은 대학에 근무하는 김명록 교수의 전공은 화폐금융론으로 필자와 전공이 비슷하다. 물론 최근 들어 협동조합연구에 집중하는 필자와는 달리 원래의 전공에 전념하고 있다. 그렇기 때문에 함께 공동연구를 하자는 필자의 끈질긴 설득은 김교수에게 많은 부담이 되었을 것이다. 게다가 최근에는 대학본부의 일까지 맡아서 하고 있기 때문에 공동연구를 하자는 필자의 제안은 김교수에게 큰 부담이 되었음이 확실하다. 2017년에 학술지에 발표된 7개 논문 가운데 마지막 논문은 김교수의 인내 없이는 빛을 볼 수 없었을 것이다. 김교수는 우리나라 금융협동조합의 자료를 확보하는 일과 그것을 실증분석하는 작업을 주로 담당하였는데, 실증분석을 하지 못하는 필자에게 김교수의 도움은 절실하였다. 김교수와의 공동연구는 논리적 추론 등에 의지하던 필자의 연구가 안고 있는 한계를 극복할 수 있게 도와주었다.

연구하고 논문을 발표하는 과정은, 거의 백지상태에서 출발하여, 금융협동조합과 협동조합을 알기 위해 노력하는 과정이었다. 논문들이 서로 심하게 중복되고 주제들도 유사한 점이 많은 것은 이러한 한계를 반영한다. 하나의 책 속에 논문들을 모아 놓고 보니 이러한 문제가 더욱 크게 부각되어 부끄러움을 감출 수 없다. 만약 (금융)협동조합에 대해 충분한 학습을 한 후 각 주제별로 관심을 기울였다면 연구는 훨씬 체계적이고 논리적이었을 것이다. 이러한 잘못과 서로 중복되는 부분이 많이 있음에도 불구하고 감히 하나의 책으로 출판할 용기를 낸 것은 필자의 살아온 길을 정리해보고 싶다는 욕심 때문이다. 독자 여러분들의 깊은 양해를 구하는 바이다.

퇴임하면서 그간 같이 생활하면서 부족함을 채워주고 용기를 북돋워 준 경성대학교 경제금융물류학부 교수님들에게 고맙다는 인사를 드리고 싶다. 이재희 교수, 김종한 교수, 김태훈 교수, 김명록 교수, 변대호 교수, 한윤환 교수, 양재훈 교수, 그리고 같은 해에 시작하였지만 나보다 먼저 퇴임하신 김차두 교수, 장대익 교수님들이 그분들이다. 필자가 연구하고 양식을 구할 수 있게 해준 경제(금융)학과의 졸업생과 재학생들에게, 그리고 대학원 졸업생들에게도 고맙다는 인사를 잊을 수 없다. 어느 한순간도 만족스럽게 해주지 못하였지만 인내와 끈기를 가지고 오늘까지 말없이 필자 곁을 지켜주고 있는 아내 강경화에 대한 고마운 마음은 필자가 살아 있는 한 결코 잊을 수 없을 것이다. 딸 최은영과 사위 성하민, 그리고 외손자 성유준은 필자의 삶을 밝혀주는 또 다른 빛이 되고 있다. 율곡출판사 차은지 씨의 노고도 언급하지 않을 수 없다. 기꺼이, 그리고 적극적으로 오·탈자를 교정하였을 뿐 아니라, 내용이 불명확하거나 논리전개가 부족한 부분도 지적하여 이를 수정하고 보완할 수 있게 해주었다. 이왕에 발표된 논문보다 개선된 많은 부분은 차은지 씨의 인내와 노고 덕분이다. 모두에게 고맙다는 인사를 전하고 싶다.

2018년 2월

필자를 대표하여 최진배 씀

## 용어의 정리

나라마다 금융협동조합을 부르는 명칭은 다르며, 협동조합은행(cooperative bank), 금융협동조합(financial cooperative), 신용조합(credit union), 신용협동조합 등으로 불리고 있다. 이 책에서는 이들을 금융협동조합이라는 용어로 통일하였다.

1960년 설립 이래 지금까지 한국 신협이 사용하는 신협이란 용어는 credit union을 의미한다. 이에 다른 나라의 credit union에 대해 설명할 때에는 신용조합이라는 용어를 사용한다. 새마을금고는 설립 초기에는 신용조합이라는 명칭을 사용하였으며, 1963년 말 이후에는 마을금고라는 명칭을 사용하기 시작하였다. 그러나 1982년 12월 31일 새마을금고법이 제정 · 공포되면서 1983년부터 새마을금고가 법적인 명칭이자 유일한 명칭으로 사용되고 있다(새마을금고중앙회, 2013 : 144). 여기서는 새마을금고로 용어를 통일한다. 한편 새마을금고의 경우 조합원을 회원이라 부른다. 이에 협동조합 일반에 대해 서술할 때에는 조합원이라는 용어를, 새마을금고에 대해서만 설명을 한정할 경우에는 회원으로 기술한다. 우리나라의 금융협동조합에는 농협과 수협, 그리고 임협의 상호금융도 포함된다. 각자 상호금융업무를 취급하기 시작한 시기는 다른데, 농협은 1969년부터 이 업무를 취급하기 시작하였다.

우리나라 금융협동조합은 지역, 단체, 직장 중 하나를 공동유대로 하고 있다. 공동유대가 다르면 금융협동조합에 가입할 수 있는 대상 조합원도 다르며, 금융협동조합이 지향하는 목표도 조금씩 달라진다. 명시적으로 표현하지는 않지만 이 책은 지역을 공동유대로 하고 있는 금융협동조합을 분석대상으로 하고 있다. 이를 분명히 하기 위해 이 책의 제목을 『한국의 지역금융협동조합』이라 하였다.

서민은 "경제적으로 중류 이하의 넉넉지 못한 생활을 하는 사람"(네이버 국어사전)을 가리키는 것이 보통이다. 그러나 서민 속에는 저소득계층과 함께 저신용계층도 포함된다고 볼 수 있다. 손상호(2016) 등은 매우 구체적으로 서민을 정의하기도 한다. 그러나 여기서는 서민과 저신용 · 저소득계층을 특별히 구분하지 않으며, 사실상 같은 의미와 내용을 가지는 것으로 사용한다.

# 차 례

들어가는 글/iv

용어의 정리/viii

**프롤로그** 한국의 금융협동조합을 위하여/xxi

## 제1부 한국 신협과 정체성

### 1장 한국 신협의 성장과 정체성 논쟁

1. 서론____4

2. 협동조합 원칙의 변화와 신용조합의 운영원칙____6

2.1 협동조합 원칙의 변화와 정체성 선언/6

2.2 보가더스 원칙과 신용조합의 운영원칙/12

3. 정체성 논쟁의 전개____15

3.1 1970년대의 정체성 논쟁/15

3.2 1980년대의 정체성 논쟁/23

3.3 한국 신협과 조합원 금융적 필요의 충족/38

4. 새로운 진로의 모색과 그 의미____41

4.1 성장전략 추진 경과와 내용/41

4.2 성장전략의 배경/47

4.3 성장전략과 내부의 갈등/51

5. 결론___57

## 2장 한국 신협의 정체성 위기

1. 서론___62
2. 기존 논의 검토___63
3. 협동조합 원칙으로 본 한국 신협의 현실___67
4. 결론___81

# 제2부 정부와 금융협동조합

## 3장 금융협동조합의 정체성과 정부의 개입

1. 서론___86
2. 협동조합운동과 정부___86
3. 금융협동조합의 설립과 정부___89
4. 결론___94

## 4장 금융협동조합의 서민금융기관화 정책

1. 서론___98
2. 금융사고 발생과 그 의미___99
3. 전환 필요성 제기___104
4. 신협의 대응과 문제점___109
5. 결론___111

## 5장 서민금융의 공급과 정부

1. 서론___116

2. 금융협동조합의 저조한 서민금융 공급___117

3. 정부의 실패와 시장의 실패___121

4. 관계형 금융과 금융협동조합___125

5. 서민금융기관화 정책의 문제점___129

6. 결론___132

## 6장 금융협동조합의 햇살론 공급 현황과 시사점

1. 서론___136

2. 이론 검토___138

3. 자료___141

4. 계량분석과 함의___147

4.1 계량분석 수식 소개/147

4.2 분석 결과/149

5. 결론과 시사점___155

## 제3부 협동조합의 지배구조와 한국 금융협동조합의 대리인 문제

### 7장 한국 신협의 성장 지향적 정책과 문제점


1. 서론___162

2. 고금리와 정보의 비대칭성___163

3. 성장 지향적 정책의 채택과 신협의 시련___167

4. 신협의 문제점과 과제___170

4.1 신협 여신거래자의 신용등급 현황/170

4.2 담보 위주의 대출/175

4.3 여신거래자 · 수신거래자 비율/181

4.4 대책/183

5. 결론___187


### 8장 한국 신협의 성장 특징


1. 문제 제기___190

2. 신협의 성장방식에 대한 분석___191

3. 자료___197

4. 실증분석___200

4.1 패널분석 수식/200

4.2 지역신협의 자산성장에 대한 분석/202

4.3 성장 중심적 발전과 수익성 및 안정성과의 관계/208

5. 결론___212

## 9장 협동조합의 지배구조 문제와 우리나라의 금융협동조합

1. 서론___216

2. 협동조합 지배구조의 특징과 대리인 문제___217

2.1 지배구조의 특징/217

2.2 지배구조의 문제들/221

3. 대리인 문제 해결을 위한 대책, 그리고 한국의 금융협동조합___223

3.1 조합원의 참여(의식) 제고/224

3.2 협동조합의 대형화/232

3.3 교육의 중요성/234

3.4 중앙회의 강화/238

3.5 지역사회 관여/240

4. 요약___241

5. 결론___243

## 10장 한국 신협과 대리인 문제

1. 서론___246

2. 기존 논의 검토___247

3. 변수와 자료___250

3.1 기존 논의에서 사용된 변수들/250

3.2 주요 변수와 요약 통계/252

4. 계량분석___258

5. 결론___267

# 제4부 금융협동조합과 지역사회 관여

## 11장 한국의 금융협동조합과 지역사회개발

1. 서론___272

2. 협동조합과 지역사회 관여___273

3. 금융협동조합의 지역사회 관여와 그 사례___275

3.1 지역사회 관여의 정의와 의미/275

3.2 금융협동조합의 지역사회 관여 사례/278

3.3 소결/281

4. 우리나라 금융협동조합의 지역사회개발___284

4.1 현황/284

4.2 문제점/287

5. 결론___290

## 12장 금융배제에 대한 대응전략으로서 금융협동조합의 지역사회개발

1. 서론___294

2. 이론 검토___295

2.1 영국 정부와 신용조합/295

2.2 금융배제와 지역사회 관여/301

3. 금융배제와 우리나라 금융협동조합___303

3.1 금융배제 현황/303

3.2 햇살론과 그것의 한계/307

4. 지역사회개발과 금융배제의 완화___313

5. 결론___319

미주/322

참고문헌/339

찾아보기/363

# 표 차례

〈표 1-1〉 협동조합의 원칙과 변화 8
〈표 1-2〉 보가더스 원칙과 신협운영원칙의 비교 13
〈표 1-3〉 시도별 공동유대별 조합 현황(1991년 1월 말 현재) 22
〈표 1-4〉 조합원 수별 조합 현황(1984년 10월 말 현재) 28
〈표 1-5〉 평균여수신금리 추이 32
〈표 1-6〉 1980년대 신협 주요 자산항목의 자산 대비 비율 34
〈표 1-7〉 1990년대 신협 주요 자산항목의 자산 대비 비율 34
〈표 1-8〉 연도별 설립인가 및 소멸 현황 35
〈표 1-9〉 대출받은 조합원 현황(1985년 설문조사 결과) 39
〈표 1-10〉 대출금의 용도(1985년 조사 결과) 40
〈표 1-11〉 신협중앙회의 경쟁력 강화를 위한 주요 전략 44
〈표 1-12〉 신협의 조합당 평균 자기자본과 적립금 현황 54

〈표 4-1〉 사고조합 수와 사고금액 100
〈표 4-2〉 조합의 인가취소, 해산, 그리고 청산 현황 100
〈표 4-3〉 연도별 신규조직 및 신규인가 101

〈표 5-1〉 서민정책금융의 구조 개관 117
〈표 5-2〉 대형 대부업체의 이용자별 대부자금 용도(신규대부액 기준) 118

〈표 5-3〉 대부업 거래자의 신용등급별 현황 119
〈표 5-4〉 신협의 소액대출과 신용대출이 전체 대출에서 점하는 비율 120

〈표 6-1〉 A 금융협동조합의 CSS 주요 평점항목 140
〈표 6-2〉 변수에 대한 설명 142
〈표 6-3〉 주요 변수의 요약통계량 145
〈표 6-4〉 햇살론 연체율에 대한 회귀분석 결과 150
〈표 6-5〉 대부업 거래자의 신용등급별 현황 152
〈표 6-6〉 햇살론 취급금액에 대한 회귀분석 결과 153

〈표 7-1〉 1990~1997년간 조합 수의 변화 168
〈표 7-2〉 외환위기 직후 신협의 현황 169
〈표 7-3〉 금융기관별 신용등급별 고객 현황(2012년 10월 기준) 170
〈표 7-4〉 지역조합의 주요 경영지표 173
〈표 7-5〉 지역조합의 담보별 여신구성비 175
〈표 7-6〉 지역조합의 여수신 현황 178
〈표 7-7〉 지역조합의 여신규모별 구성비 180
〈표 7-8〉 지역조합의 여신거래자와 수신거래자 비율 추이 181
〈표 7-9〉 A조합 수신거래자의 여수신거래 현황(2009년 말) 182
〈표 7-10〉 지역조합의 수신에서 요구불예금이 점하는 비율 184

〈표 8-1〉 핵심 변수에 대한 설명 198
〈표 8-2〉 주요 변수의 요약 통계량 199
〈표 8-3〉 자산증가률에 대한 패널분석 결과 203

〈표 8-4〉 조합가입 1년 미만 신규대출비율에 대한 패널분석 207
〈표 8-5〉 자산증가율, 기타담보대출증가율, 거액대출증가율이 부실대출에 미치는 영향 208
〈표 8-6〉 수익성에 미치는 영향 210

〈표 10-1〉 2004~2015년 신협 현황 252
〈표 10-2〉 2004~2015년 신협 재무상태표에서의 주요변동 253
〈표 10-3〉 주요 변수의 내용과 자료 계산 방법 256
〈표 10-4〉 주요 변수의 요약 통계 257
〈표 10-5〉 순이자마진에 영향을 미치는 변수들에 대한 분석 결과 260
〈표 10-6〉 임금보상비 비율에 영향을 미치는 변수들에 대한 분석 결과 264

〈표 12-1〉 자영업을 하게 된 동기(2013년) 304
〈표 12-2〉 일부 업종의 생존률 305
〈표 12-3〉 주요 서민금융의 현황 308
〈표 12-4〉 햇살론(1차)의 서민금융기관별 출연 목표 309
〈표 12-5〉 서민금융상품의 대출승인 및 거부비율 310
〈표 12-6〉 햇살론 연체율 현황(월별 취급 기준) 310
〈표 12-7〉 신협의 햇살론 용도별 연체 현황(2012년 1월 현재 취급 기준) 311
〈표 12-8〉 금융소외계층의 서민금융 정책효과에 대한 평가 313

# 그림 차례

[그림 6-1] 신협의 대출 현황(%) : 2005~2015 144
[그림 6-2] 햇살론 대출 현황 및 차주의 신용등급분포 146

[그림 8-1] 지역신협의 자산 현황(소재 지역별 및 시중은행과의 비교) 192
[그림 8-2] 지역신협 자산 분포의 변화(2005년과 2015년 비교) 193
[그림 8-3] 지역신협의 예금금액별 증가 현황 195

프롤로그

# 한국의 금융협동조합을 위하여

이 책은 4부로 구성되었다. 1부는 한국 신협의 정체성에 대해 논의한다. 새마을금고나 농협상호금융도 금융협동조합에 속하지만 아래로부터의 운동에 의해 설립된 것은 신협이 유일하고 성장과정에서 겪은 문제, 특히 지속 가능성을 위해 마땅히 취해야 할 진로를 둘러싸고 논쟁을 벌인 것도 신협뿐이다. 그래서 신협이 주된 연구대상이 되었다. 다른 논의들도 신협이 중심대상인데, 다른 금융협동조합에 비해 자료의 접근이 비교적 용이하였기 때문이다. 그리고 중앙회 전문이사로서 봉사하면서 여러 신협운동가들이나 임직원들과 많은 이야기를 나눌 수 있었는데, 이 또한 신협에 대한 연구를 비교적 수월하게 하였다. 다른 금융협동조합도 신협의 현실과 크게 다르지는 않을 것이다.

1부는 금융협동조합의 과거뿐 아니라 현재의 모습을 아우르는, 사실상 금융협동조합에 대한 연구의 결론이라 할 수 있다. 그럼에도 불구하고 1부가 책의 맨 처음이 된 것은 현재의 모습을 먼저 보여주는 것이 이 책을 읽는 독자의 이해를 돕는 데 기여할 것이라고 생각하였기 때문이다. 금융협동조합의 정체성에 대해 우리나라의 많은 연구자들이 관심을 갖고 있다는 점도 무시할 수 없었다.

1장에 수록된 논문은 "1970년대 신협의 발전방향을 둘러싼 논쟁과 그것의 성격에 대한 하나의 검토"(『한국협동조합연구』, 30권 3호, 최진배(2012)), "1980년대 신협 정체성 논쟁의 의미와 한계"(『산업혁신연구』, 29권 2호, 최진배(2013)), "1980-90년대의 금융자율화와 신협의 대응"(『지역사회연구』, 21권 4호, 최진배(2013))에 기반하고 있다. 그러나 부족한 점이 유난히 많이 눈에 띄었기 때문에 대폭적인 수정 · 보완이 필요하였다. 신협은 1970년대와 1980년대에 걸쳐 자신의 정체성을 둘러싸고 많은 논쟁을 하였는데, 이는 사실상 신협의 성장전략을 새롭게 정립하는 과정이기도 하였다. 당연하게도 당시 논쟁은 오늘의 신협 모습을 이해하는 데에 중요하다. 그러나 이들 논쟁의 주요 내용이나 논쟁점을 정리한 문건은 존재하지 않으며, 이 논쟁이 지니고 있는 의미나 그에 대한 평가도 이루어진 적이 없다. 당시 논쟁의 주요 내용, 문제점, 한계 등을 논의하는 1장은 신협의 성장과정과 오늘의 모습을 이해하고자 하는 연구자들에게는 좋은 길잡이가 될 것이다.

2장은 신협의 정체성 문제를 협동조합의 7원칙에 비추어 조명한 것이다. 그러나 이는 바람직한 연구방법이 아니다. 어느 하나의 원칙으로 협동조합의 정체성을 파악하기 힘들기 때문이다. 하나의 원칙이 훼손되면 다른 모든 원칙도 훼손된다는 것이 협동조합 이론가들의 공통된 견해이다. 그렇지만 2장은 하나하나의 원칙이 어떤 의미를 갖고 있는지, 그리고 특히 각 원칙이 금융협동조합과 어떤 연관을 가지는지 살펴보고 설명하기 위해 작성하였다. 많은 협동조합 연구자와 운동가들이 금융협동조합의 정체성에 대해 관심을 갖고 있지만 협동조합의 원칙에 비추어 이 문제에 접근한 연구가 희귀하다는 점에서 2장의 의미를 찾을 수 있다. 2장은 "한국 신협의 정체성 위기에 대하여"(『지역사회연구』, 22권 4호, 최진배(2014))에 기반하고 있다.

2부는 우리나라 정부가 금융협동조합에 미친 부정적인 영향을 살펴보는 것을 목적으로 한다. 우리 정부는 오늘날까지 금융협동조합에 직접 및 간접으로 영향력을 행사하고 있다. 2부에서는 특히 금융협동조합이 서민금융기관이어야 한다는 정부정책이 안고 있는 문제를 중점적으로 검토했다. “지역금융협동조합의 정체성과 정부의 개입”(『한국협동조합연구』, 35권 3호, 최진배 · 권오혁(2017))에 기반한 3장은 협동조합운동과 정부에 관한 일반적인 이론이며, 4장은 정부는 왜 금융협동조합을 서민금융기관으로 육성하고자 했는가 하는 문제를 금융자유화가 시작된 1980년대를 중심으로 다루고 있다. 4장은 “1980년대 신협 정체성 논쟁의 의미와 한계”(『산업혁신연구』, 29권 2호, 최진배(2013))와 “1980-90년대의 금융자율화와 신협의 대응”(『지역사회연구』, 21권 4호, 최진배(2013))을 기반으로 하고 있지만 1장과 마찬가지로 4장은 사실상 새로 작성된 것이다.

외국에서 금융협동조합의 탈상호화(demutualization) 문제에 본격적으로 관심을 기울이기 시작한 것은 2000년 전후인데, 우리나라의 경우 이보다 훨씬 이른 시기에 이루어졌다. 외국의 탈상호화는 금융협동조합들 스스로가 결정한 것이며, 금융협동조합이 축적한 공동자본을 임직원과 조합원이 나누어 갖는 과정이기도 하다. 우리나라에서 탈상호화 필요성이 제기된 근본적인 이유는 금융협동조합 임직원의 협동조합정신이 약화되었다는 데 있다. 이러한 점에서 외국 금융협동조합과 다르지 않다. 그러나 우리나라에서는 정부와 금융학자들에 의해 탈상호화 필요성이 제기되었다. 우리나라 금융협동조합은 공동자본이 매우 적었다. 공동자본이 충분히 축적되지 않은 것은 경영이 부실하였기 때문인데, 협동조합정신이 크게 훼손되었음에도 불구하고 내부로부터 탈상호화하려는 움직임이 거의 없었던 것은 이와 연관이 있을 것이다.

서민금융기관으로 육성되고 있음에도 불구하고 금융협동조합은 서민금융의 공급에 매우 소극적이다. 우리나라에서 이러한 문제는 정부의 실패 vs. 시장의 실패라는 틀 속에서 논의되고 있다. 논쟁을 주도하고 있는 금융학자들은 (서민)금융기관의 서민금융 공급을 사실상 억제하는 정부의 개입은 점차 줄이고 서민금융기관이 새로운 금융기법을 채택하여 보다 능동적이고 적극적으로 서민금융을 공급할 수 있어야 한다고 주장한다. 그들이 말하는 새로운 금융기법이란 관계형 금융이다. 그러나 협동조합이론가들에 의하면 관계형 금융을 채택하면 금융협동조합의 정체성이 약화될 수 있다. 금융협동조합을 서민금융기관으로 육성하고 있는 정부의 정책이 금융협동조합의 정체성에 미치는 부정적인 효과를 검토하면서 5장은 금융협동조합에 대한 정부의 정책이 다시 설계될 필요가 있다고 주장한다. 5장은 "금융협동조합과 서민금융"(『산업혁신연구』, 33권 4호, 최진배 · 권오혁(2017))에 기반하고 있다. 금융협동조합의 햇살론 공급현황을 분석하는 6장은 금융협동조합이 협동조합으로서의 길보다는 상업적 금융기관으로서의 길을 채택하고 있기 때문에 서민금융공급이 위축되고 있다는 점을 실증분석을 통해 보여주고 있다. 이러한 점에서 6장은 5장의 주장을 지지한다. 6장은 "금융협동조합의 햇살론 공급현황과 시사점"(『협동조합경영연구』, 제47집, 최진배 · 김명록(2017))에 기반하고 있다.

3부는 1970~1980년대의 정체성 논쟁을 거치면서 사실상 확정된 한국 신협의 성장전략이 오늘날 어떠한 의미와 내용을 가지는가를 검토한다. 정부의 개입, 특히 서민금융기관화 정책은 금융협동조합의 정체성에 매우 부정적인 영향을 미치고 있다. 그러나 약화된 정체성이 정부의 개입을 초래하였다는 점을 감안하면 정체성 논쟁을 거치면서 확정된 성장전략은 정체성의 약화 등 현재 한국 신협이 안고 있는 문제를 검토하고 이해함에 있어 보다 중요한 의미를 가진다.

먼저 한국 신협의 성장지향적 정책과 문제점을 검토하고 있는 7장은 현재 한국 신협이 안고 있는 문제들, 즉 여신거래자의 낮은 신용등급, 담보위주 대출, 높은 거액대출 비중, 수신거래자에 비해 너무 적은 여신거래자 등과 같은 문제가 신협이 상업적 금융기관과 유사한 길을 걷고 있는 데서 연유한다고 주장한다. 비과세 예금제도의 문제도 검토하고 있는데, 협동조합정신에 동의하지 않는 사람까지도 조합원으로 가입하게 한다는 것이 그것이다. 그 결과 조합원의 참여동기를 약화시키면서 조합민주주의도 위협하고 있다. 7장은 "한국 신협의 성장전략과 정체성 위기"(『산업혁신연구』, 30권 3호, 최진배(2014))에 기반하고 있다. 8장은 7장의 주장을 실증분석을 통해 지지하고 있다. 8장의 분석에 따르면 신협의 성장을 견인하는 요인은 거액담보대출, 비과세예금제도 등이다. 신협의 이러한 성장방식은 장기적으로 자산 건전성은 물론, 수익성에도 그다지 도움이 되지 않는 것으로 드러났다. 8장은 "한국 지역신협의 성장의 특징"(『한국지역학회』, 32권 4호, 최진배 · 김명록(2016))에 기반하고 있다.

9장은 협동조합의 지배구조를 둘러싼 논의들을 검토하는데, 이는 한국 신협의 대리인 문제를 검토하기 위한 전 단계의 논의이다. 금융협동조합이 상업적 금융기관을 닮아갈 경우 정체성은 크게 약화될 수 있는데, 이를 검토하기 위한 개념적 도구의 하나가 대리인이론이다. 이론적으로 보면 협동조합의 경우 투자자소유기업보다 대리인 문제가 나타나기 쉽다. 조합원 수가 늘어나고 조합원 참여가 부진할 경우 특히 그러한데, 협동조합정신에 동의하지 않는 조합원이 늘어나고 조합임직원의 재량권이 확대되면 대리인 문제는 심화될 수 있다. 한국 신협에 대리인 문제가 존재한다는 10장의 분석결과는 7장과 8장이 제기하고 있는 문제를 실증한다는 의미를 가지고 있다. 9장은 "협동조합 지배구조에 대한 이론적 쟁점과 한국 금융협동조합에의 시사"(『공간과 사회』, 60권, 최진배 · 권오혁(2017))에, 그리고 10장은 "한국금융협동조합과 대리인 문제 : 신용협동조합을 중심으로"(『한국협동조합연구』, 34(3), 최진배 · 김명록(2016))에 각각 기반하고 있다.

4부는 금융협동조합과 지역사회 관여를 주제로 하고 있다. 1995년 국제협동조합연맹은 정체성 선언을 하면서 지역사회 관여라는 일곱 번째 원칙을 추가하였다. 이는 정체성을 회복함에 있어 지역사회와의 관계가 매우 중요하다고 생각하였기 때문이다. 이를 반영하여 4부에서는 지역사회 관여라는 협동조합의 일곱 번째 원칙을 중심으로 금융협동조합이 어떻게 하면 정체성을 회복할 수 있는가를 검토한다.

현재 한국의 금융협동조합이 어떠한 방식으로 지역사회개발에 참여하는지 살펴보는 것을 목적으로 하는 11장은 그들의 지역사회개발 내용이 협동조합의 원칙과는 다르다고 주장한다. 많은 경우 한국의 금융협동조합은 자기 자산을 보다 효율적으로 운용하는 방편으로 지역사회개발을 하며, 그 자체를 사업이라고 부른다. 이는 금융협동조합이 이윤 획득을 목적으로 지역사회개발사업을 수행한다는 것을 의미한다. 그러나 협동조합 이론가들은, 사람들은 협동조합이 지역사회 전체와의 관계에서 사회적 책임을 다할 것을 기대하므로 협동조합은 자신의 사업과 관련 없는 행위를 통해 지역사회의 복지를 증진시켜야 한다고 말한다. 이러한 기준에 비추어 본다면 우리나라 금융협동조합의 지역사회개발사업은 지역사회 관여라는 협동조합 원칙과는 거리가 있다. 11장의 논의를 이어서 12장은 우리나라 금융협동조합이 지향해야 할 지역사회개발을 저소득 · 저신용계층의 금융배제 완화라는 관점에서 하나의 방향을 제시한다. 11장은 "한국의 금융협동조합과 지역사회개발"(『한국협동조합연구』, 35권 1호, 최진배 · 권오혁(2017))에, 그리고 12장은 "금융배제에 대한 대응전략으로서 금융협동조합의 지역사회개발"(『산업혁신연구』, 33권 2호, 최진배 · 권오혁(2016))에 각각 기반하고 있다.

이 책을 편집하는 과정에서 필자들은 한국의 금융협동조합에 관한 필자들의 이제까지의 연구가 상당히 편협되어 있다는 알게 되었다. 금융협동조합이 무언가 부족하다는 점을 들춰내는 데 치중한 것이 아닌가 하는 점이 그것이다. 협동조합은 조합원들이 만드는 것으로 혼자서는 할 수 없는 것을 다른 사람과 힘을 합쳐 이루고자 하는 조합원들의 절실한 필요와 의지의 소산이다. 어떠한 절실한 필요가 주민들로 하여금 금융협동조합에 가입하도록 하는가? 절실하게 이루고자 하는 필요는 있는가? 이러한 질문의 중요성에도 불구하고 이제까지 이에 대해 깊이 생각해보지 않았다.

오늘날의 금융협동조합 조합원들은 서로 힘을 합쳐 자신들의 필요를 충족시켜야 한다는 절실함이 그리 강하지 않으며 크지도 않다. 이는 조합원들의 참여를 저조하게 하는 중요한 요인 중 하나이다. 그 결과 조합원은 금융협동조합이 자신이 표방하는 가치를 실현하기 위해 노력할 것을 요구하지 않으며, 스스로를 단순한 고객으로 만들고 있다. 금융협동조합의 임직원도 조합원을 고객 이상으로 생각하지 않는 경향이 강하다. 심지어 조합이 제공하는 서비스를 충성스럽게 이용하는 것을 조합원 참여의 주요 내용이라고 주장하기까지 한다. 이러한 상황에서 금융협동조합이 정체성을 회복할 수 있다고 기대하는 것은 무리이다.

서민금융기관으로서의 역할을 확대하고 강화하라는 정부의 요구도 금융협동조합의 정체성 회복에 도움이 되지 않는다. 현실이 보여주듯이 서민의 금융제약을 완화하기 위해 노력하라는 정부의 요구는 실행에 옮겨지지 않고 있는데, 금융협동조합이 관계형 금융기법을 채택하지 않기 때문만은 아니다. 금융배제, 사회적 배제문제의 해결은 금융협동조합의 설립목적이 아니다. 이러한 정책은 결코 성공을 거둘 수 없다. 우리는 신용조합을 설립하여 이러한 문제에 대응하고 있는 영국 정부의 노력이 소기의 성과를 거두지 못하고 있다는 점을 기억해둘 필요가 있다. 영국의 어느 신용조합 운동가는 가난한 사람들은 신용조합에 대해 거의 관심을 기울이지 않는다고 말한다. 금융배제 문제, 사회적 배제문제를 해결하려면 가난한 사람들을 핵심 조합원으로 하는 금융협동조합을 만들도록 하는 것이 좋다. 이는 협동조합기본법의 테두리 내에서도 가능할 것이다. 비록 정부와 금융협동조합의 적극적인 관심과 노력이 요청되기는 하지만. 물론 이들이 협동조합의 가치와 원칙을 이해하고 실행에 옮길 수 있도록 가입교육이 충실히 이루어져야 하며, 계속교육도 게을리 되어서는 안된다.

마지막으로 금융협동조합의 정체성 회복과 관련하여 우리는 현재 그들이 수행하고 있는 지역사회개발사업을 면밀하게 검토해볼 필요가 있다. 그것은 지역사회 관여라는 협동조합 원칙과 동떨어져 있다. 협동조합이론가들은 지역사회 관여가 (금융)협동조합이 정체성을 회복하고 나아가 경쟁력을 강화하기 위해 중요하다고 말한다. 금융협동조합은 자산을 기준으로 보면 시중은행에 크게 뒤지지 않는다. 특히 지역을 기준으로 해서 보면 지역의 예금시장과 대출시장에서 점하는 비중이 매우 높다. 그럼에도 불구하고 지역주민이나 일반 국민들의 금융협동조합에 대한 인식은 높지 않다. 양적으로 평가된 비중만큼 질적인 평가를 얻을 수 있다면 자신의 지속 가능성을 크게 높일 수 있을 것이다. 그리고 지역사회를 위해 보다 중요한 기여를 할 수 있을 것이다. 금융협동조합이 지역경제의 중심으로 자리할 수 있기를 기대해본다.

# 한국 신협과 정체성

**1장** 한국 신협의 성장과 정체성 논쟁

**2장** 한국 신협의 정체성 위기

part one

# 한국 신협의 성장과 정체성 논쟁

1장

**제1절** 서론 / **제2절** 협동조합 원칙의 변화와 신용조합의 운영원칙
**제3절** 정체성 논쟁의 전개 / **제4절** 새로운 진로의 모색과 그 의미
**제5절** 결론

# 1. 서론

금융협동조합(financial cooperative)이 우리나라에 설립된 것은 1960년이다. 민간차원에서 시작된 금융협동조합운동은 1972년 신용협동조합법(이하 신협법)이 제정되면서 중요한 전기를 마련하였다. 정부 공신력을 바탕으로 빠르게 성장할 수 있었기 때문이다. 우리나라 신용협동조합(이하 한국 신협 또는 신협)은 1980년대 초중반과 1990년대 후반~2000년대 초반 사이에는 일시적인 후퇴를 경험하였으나 농협, 새마을금고 등과 함께 지속적으로 성장하고 발전해오면서 우리나라 금융산업의 한 축을 담당하고 있다. 예컨대 1997년 외환위기 이전 은행이 기업금융에 중점을 두고 있던 시기에는 가계금융 공급에 중심적인 역할을 수행하였으며, 그 이후에는 은행과 함께 가계금융의 중요한 공급자로 기능하고 있다.

그러나 신협이 순조롭게 성장한 것은 아니었다. 정체성 논쟁은 이를 잘 보여준다. 신협의 정체성을 둘러싸고 촉발된 논쟁은 1970년대에 이어 1980년대에도 지속되었다. 이 논쟁은 신협 외부에는 잘 알려지지 않았다. 내부적으로도 당시의 논쟁에 직접 참여했던 신협 지도자 등 일부 관계자들의 기억 속에 머무르고 있을 뿐이라 해도 과언이 아니며, 신협중앙회가 1981년 이래 세 번에 걸쳐 출판한 『신협운동역사』에도 거의 언급되지 않았다. 그러다가 신협중앙회 회장을 역임하였으며, 당시 논쟁에 직접 참여한 이상호가 2003년 자전적 성격의 책 『참된 용기는 희망을 낳고』를 내놓으면서 논쟁의 일부가 알려지게 되었다.

협동조합의 역사, 특히 개발도상국 협동조합 역사에서 눈에 띄는 점은 정부가 협동조합을 경제개발의 도구로 이용하고자 하였다는 점이다. 급속히 경제를 일으키고자 하는 정부의 입장에서 보면 이는 자연스러운 일이라 할 수 있다. 그러나 문제는 정부의 개입이 협동조합의 정신을 왜곡하고 협동조합의 성장을 억제할 수 있다는 점이다. 우리나라 1960년대에 신협법 제정과정에서 정부와 신협운동가들이 첨예하게 대립한 것은 신협운동가들의 이러한 문제의식을 반영한다. 신협법 제정으로 이 문제는 일단 봉합되었다.[1] 그러나 신협법 시행 이후 일부 신협운동가들이 정부의 지원을 받고자 시도하면서 신협은 내부적으로 논쟁에 휘말리게 되었다.

1970년대 중반경에 시작된 이 논쟁은 다른 금융협동조합(즉, 농협 상호금융과 새마을금고 등)과 마찬가지로 정부의 적극적인 지원을 받으면서 성장하고 발전해야 한다는 주장(이러한 주장을 하는 사람들을 이하에서는 성장론자라 한다)과 신협의 정상적인 발전을 위해서는 자율성의 유지가 매우 중요한 만큼 이러한 의견에 동의할 수 없다는 주장(이러한 주장을 하는 사람들을 이하에서는 정형보전론자라 한다)이 대립하면서 시작되었다.

정부와의 관계 설정을 둘러싸고 전개된 1970년대의 정체성 논쟁과는 달리 1980년대에는 경쟁이 심해지는 금융환경 속에서 신협이 어떻게 하면 살아남을 수 있을 것인가 하는 점을 둘러싸고 전개되었다. 이 논쟁은 금융협동조합에 대한 정부의 새로운 정책에 의해 촉발되었다. 그렇지만 정부의 정책에 대해서는 특별한 반응을 보이지 않는 가운데(이는 정부 정책의 사실상 수용을 의미한다) 변화된 금융환경에서 살아남기 위해 사업성이 중요한가 아니면 정체성이 중요한가 하는 점이 주요 쟁점으로 부각되었다. 1990년대에 들어 다소 간의 대립적인 견해가 눈에 띄기도 하지만 정체성을 둘러싼 논쟁은 더 이상 나타나지 않았다.

그렇지만 신협중앙회의 생각을 반영하는 여러 문건들은 논쟁이 사실상 성장론자의 승리로 귀착되었음을 보여준다.

# 2. 협동조합 원칙의 변화와 신용조합의 운영원칙

## 2.1 협동조합 원칙의 변화와 정체성 선언

19세기 초중반부터 설립되기 시작한 협동조합은 자신의 가치와 원칙을 지키기 위해 꾸준히 노력하였다. 그러나 자본주의 기업과 경쟁하는 것은 결코 쉬운 일이 아니었다. 이에 1895년에 설립된 국제협동조합연맹(International Co-operative Alliance ; ICA)은 협동조합의 가치를 확고히 하고 이를 구현하고자 하는 사람들을 위한 원칙들을 정기적으로 현대화할 필요성을 느꼈다. 이를 위해 ICA는 출발 당시 협동조합 원칙의 정의와 옹호를 하나의 목표로 제시하였다. 이에 따라 "세 차례에 걸쳐 원칙이 검토되어 1937년, 1966년, 1995년에 소개됨으로써 협동조합의 아이디어가 현대화되고 그 연관성이 유지되었으며, 어떤 조직을 협동조합으로 규정할 수 있는지에 대해 시대에 맞는 평가기준을 제공했다."(Birchall, 1997 : 87-88)

그러나 이는 결코 용이한 일이 아니었으며, 때로는 협동조합의 정체성을 둘러싼 논쟁도 야기되었다. 여기서는 먼저 1966년 협동조합의 원칙이 새롭게 정비된 사정을 살펴본다. 이는 1970년대 우리나라 신협의 논쟁이 전개될 당시의 협동조합 원칙을 제시하는 데 일차적인 목적이 있지만, 정부와 협동조합의 관계를 사고할 때에도 중요하다. 이어서 1980년대와 1990년대의 ICA 내부에서 전개된 논의를 중심으로 협동조합의 가치와 원칙을 재정립하고 재정비하게 된 사정을 살펴본다. 협동조합운동이 1970년대를 기점으로 중요한 전기를 맞이하게 되었기 때문인데, 이러한 사정은 1980년 ICA 모스코바 총회에 제출된 보고서 『서기 2000년의 협동조합』과 1992년 도쿄 총회에 제출된 보고서 『변화하는 세계에서의 협동조합의 가치』에 잘 나타나 있다.

ICA는 설립될 때 설립 이전부터 존재하고 있던 로치데일 공정선구자조합의 원칙을 협동조합 원칙으로 받아들였다. 1844년에 제시되었으며 8개 항으로 되어 있는 이 원칙은 소비자 주권과 상업적 성공을 보증하기 위한 것으로 협동조합의 실무로 얻어진 경험적 산물이다(Birchall, 1997 : 21 ; 전형수, 2004a). ICA는 1937년 이 원칙을 새롭게 정리하였다. 이때 본질적인 부분으로 여겨지는 네 원칙과 구속력이 덜한 나머지 세 원칙, 그리고 로치데일 선구자들에 의해 기록된 적은 없으나 그들의 실천에 배어 있던 두 원칙으로 구분하여 모두 9개가 협동조합 원칙으로 확정되었다.

1966년 ICA 집행위원회는 원칙들을 "'협동조합운동의 목적을 실현하는 데 핵심적인, 즉 절대적으로 필요불가결한 실천들'로 정의"(Birchall, 1997 : 97)하면서 1937년의 원칙을 6개로 정리하였다. 여기서 특히 주목할만한 원칙은 개방적이고 자발적인 조합원 제도와 협동조합 간 협동이다.

Birchall에 의하면 초기에 협동조합을 일군 이들은 자발성을 당연한 것으로 여겼다. 그렇기 때문에 로치데일의 원칙에는 들어 있지 않았는데, 1966년에 완전히 인정되었다. 이 시기에 각국 정부(특히 개발도상국 정부)가 협동조합을 국가경제개발의 도구로 간주하기 시작하였기 때문이다. 이 과정에서 정부들은 조합원을 강제로 모집하여 협동조합을 만들었다. 그러나 이렇게 강제된 협동조합은 협동조합의 가치를 실현할 수 없게 되는 등 여러 문제를 야기하였다. 즉, "개발도상국에서 협동조합에 대한 정당의 정치적 지원이 초래한 의존성과 사업의 예속성은 조합원 민주주의를 압살했고 협동조합의 사업성을 약화시켰다. 조합원 통제의 결여는 항상 초라한 사업성과를 초래한다."(Birchall, 1997 : 331)

협동조합 간 협동의 원칙도 로치데일의 원칙에는 포함되지 않았다. 1966년 원칙에 이것이 포함된 것은 연합조직을 통한 협동의 필요성을 강조하는 데 그 목적이 있다. 협동조합은 소규모이기 때문에 자본주의 기업과 경쟁하기 위해서는 서로 협동할 필요가 있었는데, 이러한 기능을 담당할 수 있는 것이 바로 협동조합의 연합조직이다.

ICA는 1995년 맨체스터 총회에서 협동조합 정체성 선언을 하면서 7개로 된 새로운 원칙을 채택하였다. 이를 위한 준비 단계로 ICA는

**〈표 1-1〉 협동조합의 원칙과 변화**

| 로치데일 | 1937년 | 1966년 | 1995년 |
|---|---|---|---|
| 1. 민주적 관리<br>2. 개방된 조합원 제도<br>3. 출자금에 대한 고정되고 한정된 지급<br>4. 이용고에 따른 잉여의 배당<br>5. 현금거래의 원칙<br>6. 정직한 상품만 공급<br>7. 교육의 촉진<br>8. 정치적 · 종교적 중립 | 1. 개방적인 조합원 제도<br>2. 민주적인 관리<br>3. 조합원거래에 따른 잉여 분배<br>4. 자본에 대한 제한된 이자<br>5. 정치적 · 종교적 중립<br>6. 현금거래<br>7. 교육의 진흥<br>8. 자발적인 조합원 제도<br>9. 상조 | 1. 개방적이고 자발적인 조합원 제도<br>2. 민주주의<br>3. 출자액에 대한 제한된 이자<br>4. 조합원에 대한 공정한 분배<br>5. 교육의 제공<br>6. 협동조합 간 협동 | 1. 자발적이고 개방적인 조합원 제도<br>2. 조합원에 의한 민주적 관리<br>3. 조합원의 경제적 참여<br>4. 자율과 독립<br>5. 교육 · 훈련 및 정보 제공<br>6. 협동조합 간 협동<br>7. 지역사회에 대한 기여 |

**자료** : Birchall(1997), The International Co-operative Movement에 의거하여 필자가 작성.

Laidlaw와 Böök에게 ICA총회에 제출할 보고서를 작성해줄 것을 요청하였다.

Laidlaw는 1980년 ICA의 요청에 의해 모스크바 총회에 제출할 보고서를 작성하였다. 불확실성의 시대를 맞이하여 협동조합운동이 위기에 직면하였다고 생각한 그는 협동조합운동이 앞으로 당면하게 될 세 가지의 위기를 지적하였다. 첫째, 신뢰성의 위기이다. 이는 새로운 경제환경에서 협동조합이 생존할 수 있는가 하는 문제와 관련되며, 협동조합이 생존 가능한 사업형태라는 것을 입증해야 한다는 것이다. 둘째, 경영의 위기이다. 이는 협동조합이 사기업과 유효한 경쟁을 해낼 수 있는가 하는 문제와 관련된 것으로 협동조합은 조직이 성장하면서 경영이 잘되는 사기업과의 경쟁에 직면해야 한다는 것이다. 셋째, 이념적 위기이다. 이는 협동조합의 정체성 유지문제와 관련된다. 결국 Laidlaw가 제기한 협동조합의 당면 위기란 경제환경이 변화하면서 협동조합은 자본주의 기업과 힘겨운 경쟁을 하지 않으면 안 되는데, 그 과정에서 협동조합의 정체성 문제가 야기될 수 있다는 것이다. 이러한 고민은 다음 지적에서 잘 나타난다. "오늘날 협동조합인들 사이에는 이론이나 사상을 경시하는 한편 '사업우선'이라고 하는 경향이 크게 일고 있다."(Laidlaw, 1980 : 67)

Laidlaw가 강조하는 변화된 경제환경이란 신자유주의가 케인지안을 대신하여 경제정책 기조로 자리하게 되었다는 점이다. 그 결과 자본시장을 활용한 기업의 인수·합병이 활성화되고 대규모화된 기업의 다국적화가 추진되면서 협동조합이 경쟁에서 불리하게 되었다. 협동조합은 기본적으로 조합원의 출자에 의존하기 때문에 자본을 확대하는 데 많은 어려움이 있으며, 규모를 확대하기 위해 중요성이 증대되는 자본시장을 이용하기도 곤란하다. 만약 자본이 자본시장을 통해 확충된다면 협동조합의 민주적 관리가 곤란해질 수 있다. 이와 함께 규모가 확대되면서 조합원의 참여가 저조해질 수도 있다.

Laidlaw가 우려한 협동조합의 위기적 상황은 1980년대를 지나면서 더욱더 협동조합을 고민에 빠뜨렸는데, 협동조합의 정체성 문제가 거론된 것은 불가피한 귀결이었다. 이에 ICA는 Böök에게 1992년 도쿄총회에 제출할 보고서를 작성하도록 의뢰하였다. 협동조합의 위기적 상황에 적극적으로 대처할 필요성이 제기되었기 때문이다. 이러한 사정을 Böök은 이렇게 표현한다. "지난 수십 년간 우리는 협동조합운동의 내부에서 대단한 변화를 경험해 왔기 때문에 미래에는 더 극심한 변화가 있으리라고 예상할 수 있다. 세계 협동조합의 대부분이 어느 정도 과도기를 거치고 있는 것 같다. 이러한 시기에는 협동조합의 정체성과 인류에게 미치는 공헌을 보여줄 기본 지침들이 그 어느 때보다도 필요하다."(Böök, 1992, 상 : 서문)

보고서를 작성하면서 Böök이 특히 중점을 둔 것은 다음 네 가지이다. 먼저, 협동조합의 기본적인 가치이다. 이 문제를 검토하기 위해 그는 협동조합의 전통적인 기본적 가치를 기본적 이념, 기본적 윤리, 기본적 원칙으로 구분하였다. 나아가 그는 협동조합의 기본원칙과 원칙의 하위에 위치하는 기본실행지침을 개발할 것을 제안하였다(Böök, 1992, 상 : 11). 둘째, 협동조합의 민주적 관리 문제이다. 당시에 대두된 중요한 문제 중 하나가 협동조합의 대형화와 그에 따른 조합원 참여 저하로, 조합원의 참여가 저하되면 충성심과 단결력이 약화될 수 있다. 그렇게 되면 민주적 관리가 어려워진다. 셋째, 자본의 형성문제이다. 거대기업과 경쟁하는 과정에서 일부 협동조합은 1980년대 동안 주로 2

단계 및 3단계 조직(연합회 및 중앙회)에서 주식회사 조직을 적용하였다(Böök, 1992, 하 : 42). 마지막으로 협동조합의 효율성과 관련된 문제이다. 1980년대 이후 효율성을 중시하면서 많은 협동조합조직이 스스로를 운동체로 생각하기보다는 일반조직이나 기업으로 생각하고, 협동조합조직을 자본결합체(자본조직)의 방향으로 나가게 하며, 민주주의가 목적이기보다 수단으로 강조되는 경향이 생겼다는 점이 그것이다.[2] 이러한 문제를 제기한 후 Böök은 협동조합 원칙 등을 바꿀 것을 제안하였다(Böök, 1992, 상 : 22).

Laidlaw와 Böök의 보고서 등을 검토한 후 ICA는 1995년 맨체스터 총회에서 협동조합 정체성 선언을 하면서 이전의 원칙을 기본적 가치, 윤리적 가치, 그리고 원칙으로 세분하였다. 그리고 Böök이 제안한 실행지침은 협동조합의 각 원칙에 대한 실천이라는 항목으로 구체화하였다(Birchall, 1997 : 106 및 326). 이전의 6개 항으로 이루어진 원칙은 7개 항으로 늘어나고 일부 세부사항이 구체화되는 등의 변화를 겪었다. 먼저 자본형성의 문제점으로 지적된 사항, 즉 조합원의 통제와 참가를 배제시킬 수 있다는 우려와 관련하여 ICA는 조합원의 경제적 참여원칙을 신설하고 여기에 자본조달방법을 추가하였다. 둘째, ICA는 자율과 독립의 원칙을 신설하였으며, 실천항목에 시장에서의 위치를 명기하였다. 이는 자본시장에서 자본을 조달할 때 협동조합이 자율성을 유지할 수 있어야 한다는 점을 명확히 한다. 다른 한편 신설된 이 원칙에는 정부와의 관계라는 실천항목도 들어갔는데, 이는 개발도상국에 협동조합이 설립되면서 정부의 개입이 협동조합의 정신을 훼손하는 일이 많아졌기 때문이다. 1966년에 협동조합의 원칙이 정비될 때에는 주로 조합원 가입의 자발성이 문제가 되었고 1995년에는 정부가 협동조합을 지원할 때 민주적 관리가 훼손될 수 있다는 우려 때문에 민주적 관리 확보를 중시하였다.

셋째, 민주주의라는 원칙이 조합원에 의한 민주적 관리로 구체화되었다. 이는 자본시장을 통한 자본의 조달과 협동조합의 대형화가 조합원에 의한 통제와 조합원 참여를 저해하여 충성심과 단결력을 약화시킬 수 있기 때문이다. 마지막으로 지역사회 관여가 원칙에 추가되었다. 지역사회 관여는 Böök이 특별히 중시한 것인데 그는 이렇게 말한다. "사회적 책임은 협동조합 정체성의 일부로서 협동조합 방식에 좋은 평판을 준다. 결과적으로 만일 협동조합이 그 정체성으로부터 이탈한다면 평판이 떨어지게 될 것이다. 사람들은 협동조합이 지역사회 전체와의 관계에서 사회적 책임을 다할 것을 기대한다."(Böök, 1992, 하 : 96-97)

## 2.2 보가더스 원칙과 신용조합의 운영원칙

1960년 설립 당시 우리나라 신협은 보가더스(Emory S. Bogardus)의 협동조합 원칙을 ICA가 1937년에 확정한 협동조합 원칙과 함께 채택하였다. 물론 1966년 ICA가 협동조합 원칙을 수정하면서 1937년 원칙은 1966년에 수정된 원칙으로 대체되었다. 한편 세계신용조합협의회(World Council of Credit Unions ; WOCCU)는 1984년에 신용조합 운영 9개 원칙을 발표하였는데, 우리나라 신협도 그것을 채택하였다.

보가더스는 신용조합의 원칙으로 민주주의, 자발성, 자치, 공평, 상호성, 보편성, 그리고 발전의 원칙을 제시하였다.[3] 민주주의, 자치, 그리고 자발성의 원칙은 1937년의 협동조합 원칙 중 민주적 관리, 개방된 조합원 제도, 자발적인 조합원 제도의 원칙과 같은 의미를 가진다. 그리고 공평의 원칙은 1937년 원칙의 조합원 거래에 따른 잉여의 분배 및 자본에 대한 제한된 이자의 원칙과 유사한 의미와 내용을 가진다.

보가더스 원칙이 말하는 상호성의 원칙과 보편성의 원칙은 조합원 간 · 조합 간(동종 협동조합 간뿐 아니라 이종 협동조합 간 협동도 포함한다) 상호부조를 의미하는 것으로 1937년도 원칙의 상조 원칙, 정치적 · 종교적 원칙과 유사하다. 보가더스 원칙에는 교육의 원칙이 없다. 그러나 송보경(1976)이 설명하듯이 보가더스 원칙의 실현은 사실상 조합원과 조합 임직원에 대한 교육을 전제로 하고 있기 때문에 이를 따로 원칙으로 구분하지 않은 것으로 보인다. 한편 보가더스가 말하는 발전의 원칙은 협동조합의 원칙에는 없는데, 이 원칙은 협동조합이 조합원 개인의 인격발달에 기여하고 보다 많은 사람에게 협동조합운동에 참여할 기회를 주어야 한다는 것을 의미한다.

**〈표 1-2〉 보가더스 원칙과 신협운영원칙의 비교**

| **보가더스 원칙**(1958) | **신용조합 운영원칙**(1984년) |
|---|---|
| 1. 민주주의<br>2. 자발성<br>3. 자치<br>4. 공평<br>5. 상호성<br>6. 보편성<br>7. 발전 | ■ 민주적 조직기구<br>– 가입 탈퇴 자유<br>– 민주적 관리<br>– 인종, 종교 및 정치적 평등<br>■ 조합원에 대한 서비스<br>– 조합원에 대한 서비스 제공<br>– 조합원을 위한 잉여금 배분<br>– 재무구조 안정<br>■ 사회적 목표<br>– 계속교육<br>– 협동조합 간 협동<br>– 사회적 책임 |

**자료** : 보가더스 원칙은 송보경(1976), 신용조합 운영원칙은 신협연합회(1985b) 및 신협중앙회(2012)에 의거하여 필자가 작성.

1984년 WOCCU가 채택한 신용조합 운영 9개 원칙은 ICA가 1966년에 채택한 협동조합 6원칙을 수용하면서 신용업무를 하는 신협의 특수성을 반영하며, 신협의 이념과 조직구조, 사회적 목표 등을 집약하고 있다. 신협연합회(1985b)는 신용조합 운영원칙이 "협동의 철학과 평등, 공평, 자조 및 상부상조가 신용협동조합의 기본가치라는 데 기초를 두고 제정"되었다고 말하면서 "이 원칙의 핵심은 인간발전에 있으며 조합원들이 그들의 생활과 지역사회의 보다 나은 발전을 위하여 함께 일함으로써 인간이 모두 한 형제라는 것을 나타내는 데 있다"고 설명한다. 보다 구체적으로 살펴보기로 하자.

신용조합 운영원칙은 3개의 큰 원칙 밑에 3개의 구체적인 운영원칙을 두어 모두 9개의 운영원칙으로 되어 있다. 3개의 큰 원칙은 민주적 조직구조, 조합원에 대한 서비스, 사회적 목표로, 민주적 조직구조의 원칙은 가입 탈퇴 자유의 원칙, 민주적 관리 원칙, 인종, 종교 및 정치적 평등의 원칙이라는 3개의 원칙을 내포하고 있다. 이들 원칙은 협동조합 6원칙의 내용과 다르지 않다. 그러나 한 가지 주목할 사항이 있는데, 민주적 관리의 원칙이 "신용협동조합 임원은 성격상 자원봉사자이며 봉급을 받아서는 안 된다"는 점을 명기하고 있다는 점이다.

다음으로 조합원에 대한 서비스 원칙은 신용조합의 특수성을 의식한 원칙이라 할 수 있다. 이 원칙은 조합원에 대한 서비스 제공 원칙, 조합원을 위한 잉여금 배분 원칙, 재무구조 안정 원칙이라는 3가지 원칙을 내포하고 있는데, 첫 번째 원칙은 협동조합 원칙과 다르지 않다. 그러나 나머지 2개는 신용조합의 특수성을 반영한 것이다. 먼저 조합원을 위한 잉여금 배분 원칙은 조합원은 근검절약으로 저축을 촉진하고 이를 필요로 하는 조합원을 위한 대출로 활용하도록 한다는 점(= 상부상조), 조합은 예탁금과 적금에 대해 적정이자를 지급하고 출자금에 대한 배당을 제한한다는 점, 잉여금은 이자환급이나 이용고배당을 조합원에게 배분하거나 조합원에 대한 서비스를 개선하거나 증대하는 데 사용해야 한다는 것 등을 내용으로 한다. 다음으로 재무구조 안정 원칙은 조합은 충분한 적립금을 확보하여 조합원에게 서비스를 계속 제공할 수 있도록 재무구조를 건전하게 해야 한다는 것을 내용으로 한다.

사회적 목표는 계속교육의 원칙, 협동조합 간 협동의 원칙, 사회적 책임의 원칙을 규정하고 있다. 계속교육의 원칙은 신협이 조합원, 임직원, 그리고 일반대중을 대상으로 조합의 경제적 · 사회적 및 상부상조의 원칙에 대해 적극적으로 교육하고, 근검절약 장려, 대부금의 현명한 이용 및 조합원의 권리와 책임에 대해 교육할 것을 규정하고 있다. 협동조합 간 협동의 원칙은 협동조합 6개 원칙 중 하나이기도 하다. 사회적 책임의 원칙은 신협이 협동조합 개척자들의 이상과 신념을 간직하면서 인간발전과 사회발전을 추구해야 한다는 것을 내용으로 한다. 이 원칙은 지역사회에 대한 봉사도 포함하고 있다.

# 3. 정체성 논쟁의 전개

## 3.1 1970년대의 정체성 논쟁

한국 신협은 1970년대와 1980년대에 자신의 진로를 둘러싸고 논쟁을 벌였다. 그러나 1990년을 전후하여 중앙회 차원에서 성장전략을 모색할 즈음에는 정체성 논쟁은 사실상 종결된 것으로 보인다. 이 절에서는 1970년대와 1980년대의 논쟁, 그리고 1990년대의 새로운 성장전략을 모색하는 과정으로 나누어 설명한다.

신협 내부에서 논쟁이 시작된 것은 1972년 신협법이 제정된 이후이며, 연합회 회장선거를 계기로 표면화되었다. 논쟁을 야기한 측은 대형 조합 이사장을 포함한 일부 신협 지도자(이하 성장론자라 한다)였는데, 이상호는 이렇게 말한다. "이들의 주장은 신협도 이제는 독립법이 만들어졌으니 농업협동조합처럼 대대적으로 키워야 하며, 그러기 위해서는 정부의 지원, 특히 재정자금 지원을 받아야 하는데 이를 위해 외부에서 거물급 인사를 영입해서 연합회 회장을 시켜야 한다는 것이다."(이상호, 2003 : 180) 외부인사 영입에 앞장섰던 성장론자들은 차기 회장을 선출할 1973년 총회를 앞두고 신협발전위원회를 구성하는 등 조직적으로 움직였다.(이상호, 2003 : 194)

연합회 회장을 선출할 권한을 가진 상당수의 대의원들은 성장론자의 주장에 동조하였는데, 이상호는 그 이유를 이렇게 정리한다. 하나, 비교적 큰 조합 이사장들이 농협처럼 상근을 가능케 하고 보수를 지급할 수 있도록 한다는 선거공약에 귀가 기울어졌다. 둘, 이들 소위 대형 유보수파 이사장들이 지방에서 타 조합 이사장들에게 영향력을 갖고 있었다. 셋, 그동안 정부의 압력 내지 마을금고와의 차별대우 때문에 위축된 나머지 거물급 정치인을 회장으로 영입함으로써 신협의 위상이 높아질 것이라는 기대감이 있었다. 넷, 당시 신협의 자금사정이 열악하였기 때문에 농협처럼 재정자금을 대하 받을 수 있다고 하니까 솔깃한 마음이 들었을 것이다(이상호, 2003 : 187).

한편 이상호는 그들 주장에 반대하였는데, 그의 주장은 성장론자의 주장에 반대하는 신협 지도자들(이하 정형보전론자라 한다)의 의견을 대표한다고 할 수 있다. "첫째, 그렇지 않아도 정부의 부당한 간섭 때문에 조합원의 자율성 내지 자발의식이 깨질까 걱정되는데 만약 정부자금까지 지원받는다면 제2의 농협이 되고 말 것이다. 개발도상국의 많은 협동조합운동과 우리나라의 농협이 민주적이고 자발적인 협동조합운동이 되지 못한 이유는 제도 자체보다도 재정 면에서 정부에 의존해 있기 때문이다. 둘째, 우리들이 신협운동을 하는 목적 중 하나가 국민에게 근검절약하고 저축정신을 기르게 하는 건데 만약 정부의 재정자금을 대여받아 융자해주는 기관으로 전락한다면 신협은 한낱 정부대행기관으로 격하되고 말 것이다. 셋째, 신협운동 목적 중 하나가 지도자 양성인데 과거 12년간 연합회 회장감 한 사람 양성하지 못해서 외부에서 꾸어온다면 그동안 신협운동을 잘못해왔다는 이야기가 되어버린다. 넷째, 새로 제정된 신협법에 의해서 우리들의 힘으로 열심히 한다면 정부의 재정자금지원과 외부인사 영입 없이도 한국 신협은 크게 발전할 수 있다."(2003 : 180)

1973년의 연합회 회장선거에서 성장론자들은 안호상을 지지하였다. 초대 문교부장관을 지낸 그는 내무부와 공화당의 지원을 받고 있던 재건국민운동본부 소속으로 성장론자들이 생각하는 연합회 회장으로 적임자라 할 수 있다.[4] 1977년과 1979년에도 성장론자들은 외부인사를 영입하고자 하였는데, 1977년에만 성공을 거둘 수 있었다.[5]

성장론자의 주장에서 나타나듯이 1970년대 신협 지도자들 사이의 논쟁은 농협과 새마을금고라는 경쟁 상대를 강하게 의식하고 있었다. 당시 농협은 기존의 농협법과 농업은행법을 폐기하고 1961년에 제정된 신농협법에 근거하고 있었는데, 정부의 재정자금을 농촌에 공급하는 역할을 수행하고 있었다(농협중앙회, 2000 : 11-16). 그렇지만 "신농협법에 의해 설립된 이동(里洞)조합은 자생적으로 조직된 것이 아니라 정부에 의해 하향식으로 조직된 구농협조직을 대부분 그대로 인수 · 개편하였다."(농협중앙회, 2000 : 16) 그리고 새마을금고는 재건국민운동중앙회가 적극적으로 추진하여 설립하였는데, 정부 차원에서의 지도 · 육성 · 성장정책도 이루어졌다. 이렇게 볼 때 농협과 새마을금고는 "자유라는 (협동조합의) 기본적인 가치"(Birchall, 1991 : 106)를 훼손하고 있다. "정부의 부당한 간섭 때문에 조합원의 자율성 내지 자발의식이 깨질까 걱정"이라는 이상호의 우려도 이러한 문제를 염두에 둔 것이다. 자유라는 가치는 협동조합 원칙 중 하나인 개방적이고 자발적인 조합원 제도의 내용을 이루는 매우 중요한 항목이다.[6]

농협이나 새마을금고를 닮아가려는 성장론자의 주장은 개방적이고 자발적인 조합원 제도라는 원칙을 훼손할 우려가 있는데, 그것은 민주주의 원칙도 훼손하게 된다. 1966년 원칙에서 말하는 민주주의는 1937년의 원칙이나 1995년의 원칙에서 확인되듯이 조합의 민주적인 관리를 주된 내용으로 하고 있는데, 농협의 경우 1989년에야 조합원이 조합장을 직접 선출할 수 있게 되었다.[7] 물론 성장론자들이 외부인사를 연합회 회장으로 영입하려는 시도 자체도 민주주의 원칙을 훼손하게 된다. 민주적 관리는 로치데일 협동조합 원칙에 포함된 이후 한 번도 바꾸지 않은 협동조합운동 초기부터 강조된 원칙 중 하나로 이는 경제적인 영역에서 사람들에게 민주적 권리를 부여하기 위해 요청되는 것이다.

당시 논쟁의 핵심은 신협이 정부와 어떠한 관계를 유지하고 정립할 것인가 하는 점에 있다. 이 문제는 정부가 협동조합을 경제개발을 위해 이용하려 시도하는 과정에서 협동조합의 가치가 심각하게 훼손되자 ICA가 특히 주목하게 된 사항이다. 그리고 1995년 협동조합 정체성 선언을 하면서 ICA는 이 문제를 새로이 자율과 독립이라는 원칙을 설정하여 강조하고 있다. 이렇게 볼 때 외부인사를 영입하여 신협을 발전시키자는 성장론자들의 주장은 조합의 민주적 관리와 자율성을 크게 훼손시킬 우려가 있다.[8]

성장론자들의 주장대로 이루어진다고 해도 신협의 지속적인 성장과 발전이 보장되는 것은 아니다. 정부가 개입하여 조합의 자율성과 민주적 관리를 저해하면 자조의 동기가 감퇴하여 조합원의 자발적인 참여가 위축되고 그 결과 조합원의 경제적 및 사회적 지위를 향상시킨다는 목적 달성도 어려워지게 된다. 이러한 사정을 전형수는 다음과 같이 말한다. "만약 조합원이 아닌 다른 사람에 의해 경영된다면, 조합원의 동일성이 약화되어 협동조합의 성과가 조합원 촉진을 위해 투입될 가능성이 줄어들고, 자조의 동기가 감퇴하여 조합원 촉진이 달성되기 어렵다. 그 결과 협동조합은 도태되든지 아니면 변질의 길을 걷게 될 것이다. 따라서 협동조합에 있어 자조, 자기책임, 자기관리, 연대는 서로 분리될 수 없는 것이다."(전형수, 2004a)

더욱 문제가 되는 것은 정부는 신협 편의대로 이용할 수 있는 상대가 결코 아니라는 점이다. 협동조합 이론가인 페이는 이렇게 경고한다. "협동조합이 처음 출발할 때 정부가 도와주고 그 다음에는 물러날 수 있다고 보는 견해는 잘못되었다고 생각한다. 정부가 한 번 개입하게 되면 항상 개입하게 된다."(Birchall, 1997 : 337에서 재인용) 이렇게 정부의 지원은 협동조합 정신의 구현 그 자체에 매우 중요한 영향을 미칠 수 있음에도 불구하고 성장론자들은 심각하게 받아들이지 않았다.

정형보전론자들은 성장론자들이 주장하는 유급 상임이사제도의 도입문제를 협동조합 정신의 결여와 연관시켜 비판하고 있다. 예컨대 이

상호는 이렇게 말한다. “임원들의 봉사정신은 극도로 쇠퇴되어 상당수의 이사장들이 법에서 금하고 있는 고액의 정액 판공비를 받고 상근하는 상황이 벌어졌다.”(이상호, 2003 : 203) 그런데 구정옥에 따르면 임원이 무보수 봉사직이어야 한다는 생각은 라이파이젠에서 유래하는데, 그것은 대리인 문제를 방지하는 데 그 목적이 있다. 구정옥은 라이파이젠의 생각을 이렇게 정리한다. “임원이 보수를 받게 되면 가능한 이익을 많이 내기 위해 리스크가 있는 거래를 하기 쉽다. 하지만 무보수 봉사직이게 되면 도덕적으로 가장 적절한 조합원이 일을 하게 되고, 또한 조합의 채무에 대하여 전 재산을 보증한 사람들이기 때문에 조그만 손실이라도 회피하기 위하여 최대의 주의를 할 것”(구정옥, 2007)이다.[9] ‘상당수의 이사장들이 고액의 정액 판공비를 받고 상근’하는 현실은 대리인 문제의 존재 가능성을 시사하는 것이다.

다른 한편, 구정옥에 의하면, 라이파이젠이 임원이 무보수로 봉사해야 한다고 생각한 것은 조합원이 연대 무한책임을 졌고 조합구역이 제한되어 있었기 때문이다. 즉, 조합이 좁은 구역 내에 있어 관리업무를 수행할 유능한 인물을 찾기가 쉽지 않고 조합원 수가 적기 때문에 사업규모가 비교적 작아서 임원이 본업을 소홀히 하지 않고도 무보수로 여유시간에 조합 일을 볼 수 있다는 것이다. 그런데 논쟁이 시작된 1973년 신협의 평균 조합원 수는 522명, 평균 자산은 94,936원이고 자산의 60%는 출자금으로 이루어졌다. 당시에는 신협법이 제정된 직후이므로 비교적 규모가 큰 조합만이 인가를 받았을 것으로 추정되므로 신협의 규모는 전반적으로 훨씬 작았을 것이다.[10] 따라서 우리는 협동조합 정신이 결여된 일부 대형 조합장이 유보수 상근임원제도를 주장하였다는 이상호의 주장에 동의할 수 있다.

마지막으로 우리는 신협이 농협이나 새마을금고에 비해 불리한 대접을 받고 있다는 점을 검토해 보기로 한다. 정부는 설립 초기부터 마을금고 설립을 정책적으로 추진하였는데, 1970년대 초 마을금고사업이 새마을운동의 기본사업으로 포함되면서 새마을금고 설립의 정부 주도성이 더욱 강화되었다.[11] 신협의 설립이 민간 주도로 이루어졌다는 점, 정부가 새마을금고와 경쟁하지 않도록 직장신협의 설립을 적극 추진한 점 등을 고려하면 신협운동은 상대적으로 위축된 것으로 보인다.[12] 〈표 1-3〉에서 우리는 이러한 사정을 엿볼 수 있다. 이에 따르면 1991년 1월 말 현재 서울소재 조합이 전체조합에서 점하는 비율은 16.8%인데, 경제력이나 인구를 감안하면 이 비중은 높다고 말할 수 없다. 부산소재 조합의 비중도 5.0%에 불과하다. 공동유대별로 보면 광역시 지역의 경우 단체조합의 비중이 40.8%로 제일 높고, 지역조합의 비중은 22.3%로 매우 낮다. 서울지역의 경우 지역조합의 비중이 특히 낮은데, 그 비중은 5.2%에 불과하다. 이에 반해 직장조합의 비중은 59.1%나 된다. 이렇게 지역별·공동유대별로 조합이 매우 불균등하게 분포되어 있는 것은 "내부적 발전계획과 뚜렷한 방침이 제시"(정성래, 1990)되지 않은 채 신협운동이 전개된 탓이기도 하다. 그러나 광역시 지역에서 지역조합의 비중이 특히 낮은 데서 알 수 있듯이 이는 정부의 규제에 기인하는 바도 크다. 정부는 1989년 말에야 도시지역의 조합설립 규제를 완화하였다.

그러나 정부의 직간접적인 규제가 신협운동에 부정적인 영향을 미쳤다는 점과 정부의 재정적인 지원을 받아 성장할 필요가 있다는 성장론자들의 주장은 동일한 의미와 내용을 가지지 않는다. 성장론자들은 정부 지원의 필요성을 신협운동의 전개라는 측면에서 요구한 것은 아

〈표 1-3〉 시도별 공동유대별 조합 현황(1991년 1월 말 현재)

| | 지역 | 직장 | 단체 | 계 |
|---|---|---|---|---|
| 서울 | 12(5.2) | 136(59.1) | 82(35.7) | 230(100.0) [16.8] |
| 부산 | 18(26.1) | 28(40.6) | 23(33.3) | 69(100.0) [5.0] |
| 대구 | 56(56.0) | 11(11.0) | 33(33.0) | 100(100.0) [7.3] |
| 인천 | 8(14.0) | 17(29.8) | 32(56.1) | 57(100.0) [4.2] |
| 대전 | 18(31.0) | 10(17.2) | 30(51.7) | 58(100.0) [4.2] |
| 광주 | 16(26.7) | 10(16.7) | 34(56.7) | 60(100.0) [4.4] |
| **광역시** | **128**(22.3) | **212**(36.9) | **234**(40.8) | **574**(100.0) **[41.9]** |
| 경기 | 48(45.7) | 20(19.0) | 37(35.2) | 105(100.0) [7.7] |
| 강원 | 39(56.5) | 14(20.3) | 16(23.2) | 69(100.0) [5.0] |
| 충북 | 72(63.2) | 12(10.5) | 30(26.3) | 114(100.0) [8.3] |
| 충남 | 46(50.5) | 11(12.1) | 34(37.4) | 91(100.0) [6.6] |
| 전북 | 65(65.0) | 10(10.0) | 25(25.0) | 100(100.0) [7.3] |
| 전남 | 30(44.8) | 3(4.5) | 34(50.7) | 67(100.0) [4.9] |
| 경북 | 71(77.2) | 7(7.6) | 14(15.2) | 92(100.0) [6.7] |
| 경남 | 53(41.1) | 46(35.7) | 30(23.3) | 129(100.0) [9.4] |
| 제주 | 22(75.9) | 3(10.3) | 4(13.8) | 29(100.0) [2.1] |
| 도 | 446(56.0) | 126(15.8) | 224(28.1) | 796(100.0) [58.1] |
| 계 | 574(41.9) | 338(24.7) | 458(33.4) | 1370(100.0)[100.0] |

주 : ( ) 안은 지역별 공동유대별 조합의 구성비, [ ] 안은 전체에 대한 구성비.

자료 : 정성래(1990), "신용협동조합의 조직확대에 관한 고찰", 조사연구 제18호, pp.57~93.

니기 때문이다. 농협이나 새마을금고의 경우 조합의 자율성, 민주주의 등이 훼손되고 있었는데도 불구하고 이러한 문제에 대해 거의 관심을 표명하지 않은 것도 그들 주장의 정당성에 의문을 제기한다.

## 3.2 1980년대의 정체성 논쟁

### 3.2.1 배경

신협법이 시행되면서 신협은 빠른 성장세를 보여주었다. 그러나 급속한 성장을 모든 신협인들이 바람직한 현상으로 받아들인 것은 아니었다. 일부 신협운동가들은 신협의 빠른 성장이 신협정신을 훼손할 수도 있다고 우려하였다. 송보경(1976)이 신협의 적정 자산규모를 찾아내려고 시도한 것은 당시의 분위기를 잘 보여준다. 그러나 다른 한편으로는 금융기관 간 경쟁이 심화되면서 어떻게 하면 지속 성장 기반을 구축하느냐 하는 점이 중요한 관심사로 등장하였는데, 금융기관 간 경쟁을 촉발한 중요한 요인은 1980년대 초반부터 시작된 정부의 금융 자유화 정책이다. 이는 1980년대 우리나라 신협의 정체성 논쟁을 새로운 국면으로 이끈 핵심 요인이었는데, 1970년대와는 달리 성장론자들은 신협의 사업성을 강화해야 한다고 주장한 데 비해 정형보전론자들이 조합원과 임직원의 교육문제를 중시한 것은 이를 상징적으로 보여준다.

한국 신협은 국제협동조합계의 동향, 특히 ICA가 위태로워지는 협동조합의 정체성 문제에 대해 많은 관심을 기울이고 있었다는 것도 알게 되었다. 예컨대 신협연합회는 1982년 조사연구 통권 제1호에 협동조합운동의 전망이라는 제목으로 Laidlaw 보고서 일부를 소개하였으며, 1988년에는 양윤모가 전문을 우리말로 번역하여 출간하였다. 이는 1980년대 정체성 논쟁을 할 때 우리나라 신협인들이 외국의 협동조합에 정체성 위기가 나타나고 있었으며, 그에 대해 많은 논의가 진행되고 있었다는 것을 알고 있었다는 것을 의미한다. 그리고 1984년 신협연합회는 '한독수교 100주년 기념 신용협동조합 국제학술심포지엄'을 개최하였는데, 이 또한 ICA 차원에서 진행되고 있는 협동조합의 정체성 위기에 대한 논의를 인지하도록 하는 데 도움을 준 것으로 보인다.

### 3.2.2 논쟁의 내용

1980년대 신협 내부에는 신협의 발전 방향을 둘러싸고 관점을 달리하는 두 개의 집단이 있었다. 윤영성은 이렇게 말한다. "신협의 현실을 이야기할 때 그 관점에 따라 흔히 두 가지 측면에서 볼 수 있는데, 명분과 실익에 대한 상호보완적이 아닌 대립적 갈등이 그것이다. 즉, '신협은 운동이지 금융기관이 아니다'라는 이념추구에 적극적인 주장과 '합리화된 금융활동을 통해서만 신협 이념의 실현이 가능하다'는 경영적 측면을 강조하는 주장이 있다."(윤영성, 1984) 1970년대의 논쟁에서는 정부의 개입에 따른 자율성 저해 문제가 쟁점이었으나, 1980년대에는 신협의 성장에 따른 신협정신의 훼손 문제가 쟁점으로 부각되었다.

신협의 금융사고가 발생한 후 여러 가지 문제점이 지적되었다.[13] 그러나 신협연합회와 정부당국 등이 지적한 금융사고의 원인에 근거하여 판단한다면, 연합회가 주도하여 한편으로는 스스로를 다스리고 다른 한편으로는 내부 결속을 다지고 강화해나갔다면, 문제점이 상당한 정도 해소될 수 있었을 것이다. 그러나 1970년대부터 지속된 신협 발전방향을 둘러싼 논쟁이 오히려 내부 갈등을 심화·확대시켰다. 특히 금융사고를 성장중시 풍토가 낳은 폐해라고 생각하는 신협인들은 금융사고를 자신들의 주장을 합리화하고 나아가 성장을 중시하는 신협인들을 공격하기 위한 중요한 계기로 삼았다. 당시 신협연합회 부회장이며 정형보전론자인 손관형은 '한독수교 100주년 기념 신용협동조합 국제학술심포지엄'에서 발표한 글에서 이렇게 주장한다. 즉, 신협성장의 저해요인 중 하나는 “물량적 성장의 그늘에서 자라난 이념과 정형의 변질이다. 신협 이념과 원칙의 변질은 1970년대 한국경제의 눈부신 고도성장에 따른 물량성장 탓으로 이 같은 배경은 근래 들어 잦은 단위조합의 사고와 전혀 무관하지 않다. 신협의 기본조직인 단위조합 사고는 가장 큰 발전저해요인으로 그것은 단연 신협 정형의 변질에서 오는 것임을 간과해서는 안 된다.”(손관형, 1984)

정형보전론자들은 신협의 규모가 지나치게 커서는 안 된다고 생각하였는데, 그들은 신협법 제정 이후 신협이 규모를 확대해가자 줄곧 이러한 생각을 해온 것으로 보인다. 이들의 생각은 송보경의 다음 지적에서 잘 나타난다. 즉, 한국의 신용협동조합은 자조 · 자립하는 인간과 사회를 만들기 위하여 시작되었지만 신협법 제정 이후 급속히 성장해오면서 “신협 지도자들 사이에는 이 운동이 이대로 가도 좋은가? 얼마만큼 성장을 하여야 하는가? 이러한 성장은 신용협동조합운동의 본래 목적과는 거리가 먼 것이 아닌가?”(송보경, 1976 : 10)하는 의문이 제기되었다. 이렇게 그들은 급속한 성장이 인적 조직으로서 신협의 성격을 훼손하고 나아가 하나의 금융업으로 변질시킬 수 있다고 우려하였다.

그런데 다수의 신협직원들은 정형보전론자들의 생각에 동의하지 않았다. 1975년 송보경의 설문조사에 따르면 설문에 참여한 다수의 직원들은 조합규모를 확대시켜야 한다고 응답하였다.[14] 1980년대에 접어들면서 직원들의 생각은 변화된 형태로 제시되었다. 1981년 설문조사에서 신협직원들은 신협의 가장 시급한 과제로 안전기금제도 확립(24.7%), 이념 고수 및 정형 보전(24.2%)과 함께 서민금융기관으로서 체질개선(21.5%)을 중요하다고 응답하였다.[15] 서민금융기관으로서 체질개선이라는 항목에 대한 응답이 높은 것에 대해 신협연합회는 “퇴색된 신협 이념을 고수하기보다는 금융기관의 성격만이라도 명확히 하자는 의견인 것으로 풀이된다"(신협연합회, 1982c : 162)고 말한다. 보다 구체적으로 말하자면 직원들은 신협을 금융기관(= 서민은행)으로 키워나가야 한다고 생각하였는데(신협연합회, 1982c : 169), 이때 그들은 국민은행을 염두에 둔 것으로 보인다.[16]

설문조사가 실시된 1980년대 초반은 이자율 인하, 금융 자율화 조치 등으로 금융환경이 변하면서 조합경영이 시험대에 오른 시기이다. 그러면서 금융기관으로서의 생존 문제에 관심이 높아졌다. Laidlaw(1980)에서 보듯이 이는 우리나라만의 현상은 아니었다. 금융환경의 변화는 우리나라 신협인들에게도 긴급한 현안과제로 다가왔던 것으로 보인다.

당시 우리나라 신협은 규모가 영세하였기 때문에 문제가 더욱 심각하였다. 윤영성(1984)에 의하면 경기 침체, 금리 인하에 따른 예대마진의 감소 등으로 당시 많은 조합의 경영이 어려운 상태에 있었다. 이에 대한 대안으로 일부 신협인은 경영을 합리화하고 금리를 인하해야 한다고 주장하였는데, 이러한 주장은 신협 정체성 확립을 강조한다. 즉 "이는 흔히 신협을 평가할 때 금융기관으로서의 성공은 인정하나 공동체 의식에 대한 제고 또는 신협 정형에서는 상당히 멀어진 것으로 보는 데서 오는 평이다." 이때 그들은 금리를 인하하면 "신협의 공신력을 바탕으로 한 자산증가와 활발한 여수신 업무로 오히려 더 원가를 절감할 수 있을 것이다"고 주장한다. 이에 대해 윤영성은 이렇게 말한다. "이러한 가정은 자산규모가 적어도 20억 원 이상이 되며 제반 여건이 상당히 양호한 상태에서 아직도 제도금융으로부터 외면당하는 수많은 서민들(조합원)의 욕구를 충족시켜 준다는 강렬한 의지가 임직원, 조합원에게 결집되어야 가능할 것이다." 또는 "'작은 것은 아름답다'는 형이상학적인 상념에만 집착하기에는 좀 문제가 있다. 즉, 신협의 주어진 과제를 해결하기 위한 최소한의 경영 단위를 생각해 볼 필요가 있다."(이상 윤영성, 1984)

정형보전론자들은 조합이 급속히 성장해오는 과정에서 조합원과 임직원에 대한 교육이 소홀해졌다고 목소리를 높였다. 예컨대 정형보전론자의 하나인 이상호는 1970~1980년대를 회고하면서 "조합원 교육과 임원 교육이 거의 무시된 상태에서 조합 수는 늘어났고 자산 키우는 경쟁이 일어났다"(이상호, 2003 : 252-3)고 말하면서 "조합원의 '선교육 후가입' 제도는 무너져 '선가입 무교육' 풍조가 만연"되어 있었다고 주장한다(이상호, 2003 : 203).

신협운동 초기에는 조합원과 직원에 대한 교육이 매우 중시되었는데, 특히 조합원의 경우 조합이 정한 교육을 받아야만 가입할 수 있었다. 그러나 조합원 교육은 점차 소홀해졌다. 1975년 설문조사에서 조합 가입 전에 신협 교육을 받았느냐 하는 질문에 교육을 받았다고 응답한 조합원은 57.4%이었으며, 교육을 받지 않았다(36.0%) 또는 받다가 중단했다(5.3%)고 응답한 조합원은 41.3%이었다. 1981년의 설문조사에서는 교육을 받은 적이 없다고 응답한 조합원은 17.0%이다. 다만 무응답이 44.4%인데 이들은 사실상 교육을 받지 않은 것으로 보인다. 결국 60% 이상이 교육을 받지 않고 조합에 가입한 셈이다.[17]

한편 신협에 가입하게 된 경로를 살펴보면 1975년 설문조사에서는 신협소개교육을 받고(27.6%) 또는 지도자 강습회를 받고 나서(5.3%) 신협에 가입했다고 응답한 조합원이 32.9%이며, 이들은 조합원 친구의 권유(31.2%)로 가입했다고 응답한 조합원과 비슷한 점유율을 나타내고 있다.[18] 1981년 설문조사에서는 신협소개교육을 받고(22.0%) 또는 조합원의 권유(17.7%)로 가입했다고 응답한 조합원의 비중이 감소한 대신 조합 임직원의 권유(32.4%)로 가입했다는 응답이 가장 높은 빈도를 나타내고 있다. 1985년 설문조사에서는 신협소개교육(19.2%)으로 가입했다는 응답이 더욱 감소하였다. 조합원의 권유(17.9%)와 조합 임직원의 권유(23.7%)라고 응답한 비중도 낮아졌는데, 그 대신 자발적으로(36.2%) 가입했다는 응답이 크게 증가하였다. 1981년에 소속 직장에서 하고 있어서 가입했다고 응답한 조합원(21.6%)과 마찬가지로 자발적으로 가입했다고 응답한 것은 기업체 등에 직장신협이 많이 설립되었기 때문으로 판단된다. 그렇지만 우리는 신협 설립이 증가되면서 많은 사람들이 신협을 금융기관으로 여기는 조합원이 증가했을 가능성을 배제할 수 없다.

신협소개교육을 받고 가입했다는 응답과 조합 가입 전에 교육을 받았다는 응답이 감소한 것은 조합원에 대한 사전교육이 소홀해졌다는 것을 의미한다. 이는 조합의 성장과 관련이 있다. 임기석(1985)은 개별 조합의 조합원 수가 많아지고 도시의 경우 공동유대가 이완되고 있다고 주장하는데, 1984년 10월 현재 조합원이 500명을 상회하는 조합이 전체 조합의 53.2%에 이른다. 조합원 수가 많아지고 공동유대가 이완되면 선교육 후가입전략은 후퇴할 수 있다.[19]

**〈표 1-4〉 조합원 수별 조합 현황**(1984년 10월 말 현재)

| | 1백 명 미만 | 1~5백 명 | 5백~1천 명 | 1~5천 명 | 5천~1만 명 | 합계 |
|---|---|---|---|---|---|---|
| **조합 수**(개) | 90 | 479 | 351 | 283 | 13 | 1217 |
| **구성비**(%) | 7.4 | 39.4 | 28.8 | 23.3 | 1.1 | 100.0 |

**주** : 인가조합 기준.
**자료** : 신협연합회(1984), 조사연구 제3권 2호, 부록 통계편.

조합원 규모가 증가되면 조합원에 대한 계속교육도 어려워지게 된다. 그리고 총회참석률이 하락하는 등 조합운영에 대한 관심도 저하될 수 있다. 이러한 문제는 이미 1970년대 후반부터 제기되고 있었다. 신협연합회가 주최한 토론회에서 거론된 다음 지적은 이러한 사정을 잘 보여준다. "정기총회 참석률이 50% 정도밖에 안 되고 월례회를 개최하고 있는 조합은 겨우 6%밖에 되지 않았다."[20]

조합의 규모가 성장하면 임직원의 전문성을 제고할 필요가 있으며, 이를 위해 연합회는 이들의 교육을 강화할 필요가 있다. 그러나 연합회는 이러한 요구를 충족시켜주지 못하였다. 1975년에 실시한 설문조사에 따르면 직원들(총응답자 240명)이 부기를 배운 곳으로 응답자의 28.9%만이 상업학교라고 응답하였으며, 나머지는 단기강습을 통해 습득한 것으로 나타났다.[21] 그 결과 직원의 전문성에는 한계가 있었는데, 앞으로 공부해야 할 부분으로 직원들은 경영기술(44.7%), 부기회계(22.5%), 협동조합이론(16.2%), 경영기술과 부기회계(5.0%), 위 세 가지 모두(7.5%) 등으로 응답하였다. 한편 1981년의 설문조사에 의하면 임원의 31.0%와 직원의 25.5%가 신협에 관한 교육을 받지 않았다고 응답하였다. 신협이 해야 할 가장 시급한 과제로 임직원 교육이라고 응답한 직원이 51.8%에 이를 만큼 당사자들도 교육의 필요성을 강력하게 제기하고 있다. 신협연합회가 연수원을 설립한 것은 1981년이었다. 그러나 임직원에 대한 설문조사 결과가 보여주듯이 연수원이 있음에도 불구하고 임직원에 대한 교육은 불충분했다.

훼손되고 있는 협동조합의 정체성을 강화하기 위해 작성한 보고서에서 Laidlaw는 조합원의 참여는 조합경영의 기본원칙인 민주주의를 실현하기 위한 매우 중요한 것이지만 "성장 그 자체와 대규모 조합으로의 구조변화는 참여를 보다 어렵게 만들고 있다"(Laidlaw, 1980 : 109)고 말한다. 그리고 이 문제에 대응하기 위해서는 조합원활동을 분산할 필요가 있다고 제안한다. 조합원이 많을 경우 이들을 한곳에 모이도록 하는 것 자체가 어려울 뿐 아니라 비록 모인다고 해도 조합원들이 자신의 의견을 조합경영에 효과적으로 반영할 수 없으므로 몇 개의 집단으로 나누어 의견을 수렴하고 이를 조합경영에 반영할 수 있어야 한다는 것이다.[22] 나아가 Laidlaw 보고서는 조합원 교육의 최종적인 책임은 이사회가 져야 하며, "따라서 제일 먼저 교육을 위한 예산조치를 하는 것은 이사회의 당연한 의무이다"(Laidlaw, 1980 : 111)라고 말한다.

그러나 우리나라의 대규모 신협이 조합원 참여율을 높이기 위해 Laidlaw 보고서가 제안한 바와 같은 노력을 했다는 어떠한 증거도 발견되지 않는다. 그리고 조합원 교육을 강화하기 위해 예산을 확대하는 등 적극적인 조치를 했다는 기록도 찾아보기 힘들다. 정형보전론자들은 교육이 소홀히 되는 것에 대해 비판은 하였지만 교육을 강화하기 위한 노력은 게을리한 것으로 보인다. 또한 조합규모의 확대가 경제성장의 자연스러운 흐름을 반영하는 것이라는 점도 도외시하였다. 그렇다고 해서 대형 조합을 몇 개의 소형 조합으로 분리할 필요가 있다는 주장을 적극적으로 전개하지도 않았다. 성장론자들도 소홀해지고 있는 조합원 교육, 직원교육의 문제를 해결하기 위해 특별한 노력을 기울인 것으로 보이지 않는다.

조합이 대형화되면서 조합원 간 유대가 이완될 수 있는데 도시조합에서 특히 그러하였다. 다른 한편 경제성장으로 진전되는 도시화와 함께 도시빈민이 새로운 문제로 대두되었다. 이는 도시조합에게 새로운 과제를 부여하였다. 그럼에도 불구하고 성장론자들은 이러한 문제를 애써 외면하였다. 신협연합회에 의하면 신협이 신협은행으로 발돋움해야 한다는 성장론자 주장의 근저에는 신협이 "서민대중의 사회경제적 지위향상을 위한 조직은 이미 아니다"(신협연합회(1982c : 162)는 생각이 있다.

신협이 성장하면서 대두된 여러 문제 중 하나는 가난한 사람들을 위해 조합이 어떻게 할 것인가 하는 점이었다.[23] Laidlaw는 "협동조합의 미래의 발전을 지도하고 계획하는 사람들은 무엇보다도 우선 이 점(빈곤과 싸우는 것 — 인용자)을 최대의 관심사로 여기지 않으면 안 된다"(Laidlaw, 1980 : 123)고 지적한다. Laidlaw는 먼저 "대도시는 거의 인간관계가 없는 서로 간에 완전히 남남으로 생활하고 있는 인간의 집단이다"(Laidlaw, 1980 : 153)라고 파악한 후 빈곤과 싸우기 위해서 협동조합이 지역사회 속에 동화되어 (또는 지역사회에 밀착하여) 이완되는 공동유대를 복원하도록 노력해야 한다고 말한다.[24] 성장을 중시한 나머지 성장론자들이 가난한 사람들의 어려움을 외면하려 한 것은 신협정신을 도외시한 것이라 할 수 있다. 이러한 태도는 정형보전론자를 크게 자극할 수 있는데, 그들이 성장론자의 의견을 터부시하면서 정체성 회복에 초점을 맞춘 것은 이를 반영한다.

### 3.2.3 경쟁력 강화를 주장하는 성장론자들의 몇몇 논거들

금융 자유화 조치는 개별조합의 경영에 직간접적으로 부정적인 영향을 미쳤다. 큰 폭으로 조정된 금융기관들의 수신과 여신금리가 그 중 하나인데, 그 결과 금융기관 이윤의 핵심인 예대금리의 차이가 축소되었다. 신협연합회(1982b)는 1982년의 사정을 이렇게 서술한다. "1982년 상반기 중 신용협동조합에 대한 여수신금리가 2회(1982. 1. 25,

1982. 4. 12)에 걸쳐 대폭 하향 조정됨으로써 단위조합 경영 전반에 큰 충격을 주었다. 특히 정기예탁금, 신용적금 등의 기존 수신고에 대한 역금리 현상과 여수신금리의 마진폭 축소로 경영수지 악화현상이 심화되는 경향을 보이고 있어 적자발생 조합 수나 그 금액에 있어 전년 동기나 전월 말에 비하여 큰 증가를 보였다. 1982. 7. 1자로 시행된 신협에 대한 여수신금리의 하향조정은 그 충격을 더욱 가중시켜 조합운영은 더욱 어렵게 되었다. 따라서 각 조합에서는 이에 대처하기 위하여 관리비의 절약, 사업량 및 사업규모의 축소, 재무구조의 개선, 성장성 지향정책 실시 등 조합에서 할 수 있는 제방안들을 동원하여 경영 합리화 방안을 모색, 추진하고 있다." 여수신금리 조정의 부정적 효과는 한동안 지속되었는데, 윤영성(1984)에 의하면 1984년까지 예금과 대출금리가 크게 하락하고 동시에 예대금리 차이도 줄어들었다.[25] 이에 따라 개별조합의 경영은 악화되었는데, 경기침체로 증가된 부실대출은 이를 더욱 심화시켰다. 이 경우 개별조합은 위험인수를 증대시킬 수 있는데, 불법적인 금융업무는 이를 반영하는 것으로 보인다.

금융 자유화로 신협은 여수신, 공제 등 전 업무영역에 걸쳐 다른 금

**〈표 1-5〉 평균여수신금리 추이**

(단위 : %)

| | 1978 | 1980 | 1981 | 1982 | 1984 |
|---|---|---|---|---|---|
| 평균 수신금리[1)] | 22.8 | 26.0 | 21.75 | 19.25 | 13.5 |
| 평균여신금리[2)] | 13.7 | 17.39 | 14.88 | 13.68 | 8.66 |
| 예대금리 차이[3)] | 9.1 | 8.61 | 6.87 | 5.57 | 4.84 |

주 : 1) 평균여신금리는 일반대출과 적금대출의 평균값.
2) 평균수신금리는 단기와 장기수신금리의 평균값.
3) 여러 차례 금리변동을 연도별로 줄였음.
자료 : 윤영성(1984), "신협금리 이대로 좋은가", 신협연합회, 『문』, 통권 3호, 91-98.

융기관과 치열한 경쟁에 휘말리게 되었다. 특히 신협은 금리자유화로 가격경쟁을 벌이지 않으면 안 되었는데, 여신금리가 은행 등에 비해 높은 수준이었기 때문에 신협은 여신 확대에 어려움을 겪게 되었다. 다른 한편 새로운 금융기관이 신설되고 점포 설립이 자유화되면서 조합원에 밀착되어 있다는 신협의 이점이 위협받게 되었다. 박주호(1993)에 따르면 금융기관들은 점포 관리의 효율화, 경영 합리화, 소형 다점포화를 통한 지역밀착 추진 등으로 소매금융업을 강화하였다.[26] 이와 함께 은행들은 1996년 이후 가계대출을 확대하기 위해 고객 세분화 전략을 도입하고, 거래자들의 주거래 은행이 되기 위해 노력하고, 텔레뱅킹론도 도입하였는데, 은행들의 이러한 동향을 검토하면서 김기서(1997)는 이렇게 말한다. "전반적으로 볼 때 개방화 · 자율화로 대표되는 금융환경변화에 따라 신용협동조합의 입장에서는 종래에 지역금융기관으로 갖고 있던 금리 차이, 대출의 용이성 등 유리한 점은 사라져 가고 있는 반면에 지급결제기능 미비, 업무지역 및 범위의 제약, 공신력 취약 등 구조적으로 불리한 점이 부각되어 영업 기반은 잠식되고 그 역할도 크게 축소될 상황에 놓여 있다."

이러한 우려는 현실로 나타났다. 특히 문제가 된 것이 대출위축이다. 〈표 1-6〉에서 보듯이 대출이 자산에서 점하는 비율은 1983년 81.0%를 정점으로 하락하기 시작하였다. 1980년대 중반에는 그 비율이 75% 전후의 수준으로 하락하였으며, 금리자유화가 신협의 여수신금리에 본격적으로 영향을 미치기 시작한 1993년 이후에는 70%를 하회하였다. 그리고 〈표 1-7〉에서 보듯이 대출금 비율이 하락하는 대신 현금 및 예치금 비율은 상승하였는데, 1986년 이후에는 그 비율이 15%를 상회하고 있다. 개별조합은 1996년까지는 유가증권에 직접 투자하

〈표 1-6〉 1980년대 신협 주요 자산항목의 자산 대비 비율

(단위 : %)

| | 1981 | 1982 | 1983 | 1984 | 1985 | 1986 | 1987 | 1988 | 1989 | 1990 |
|---|---|---|---|---|---|---|---|---|---|---|
| 현금 및 예치금 비율 | 9.3 | 11.2 | 10.5 | 12.1 | 12.5 | 15.6 | 17.3 | 16.9 | 15.7 | 15.9 |
| 대출금 비율 | 79.9 | 79.6 | 81.0 | 78.6 | 77.5 | 75.0 | 74.5 | 74.9 | 75.5 | 74.7 |

자료 : 신협중앙회.

〈표 1-7〉 1990년대 신협 주요 자산항목의 자산 대비 비율

(단위 : %)

| | 1991 | 1992 | 1993 | 1994 | 1995 | 1996 | 1997 | 1998 | 1999 | 2000 |
|---|---|---|---|---|---|---|---|---|---|---|
| 현금 및 예치금 비율 | 14.9 | 16.5 | 17.5 | 17.6 | 19.5 | 21.5 | 18.2 | 34.4 | 24.4 | 29.9 |
| 대출금 비율 | 75.4 | 72.1 | 69.5 | 69.2 | 67.9 | 64.1 | 65.8 | 53.8 | 51.5 | 50.3 |
| 유가증권 비율 | - | - | - | - | - | - | 0.2 | 3.8 | 18.5 | 14.9 |

자료 : 신협중앙회.

지 않았다. 유가증권에 대한 투자는 주로 개별조합의 여유자금을 예치받은 신협연합회와 중앙회에 의해 이루어졌다.

이러한 사정들이 가세하면서 금융 자유화의 진행과 함께 조합의 경영이 크게 불안정해졌다. 금융 자유화는 조합경영에 부정적인 영향을 미칠 수 있는데, 경영이 안정되지 못한 상태에서는 특히 그러하다. 불안정한 조합경영 사정은 자신의 경쟁력 강화 방안을 적극적으로 추진할 수 있는 힘을 약화시키고, 정부의 인식에도 부정적인 영향을 미칠 수 있다. 우선 전반적인 경영실태부터 살펴보기로 한다.

금융 자율화 초기 단계부터 신협의 경영상태는 매우 불안정했다. 〈표 1-8〉이 보여주듯이 신협의 수는 1972년 신협법이 제정된 이후 연도별로 기복은 있지만 꾸준히 증가하고 있는데, 이러한 추세는 1983년까지 지속되었다.[27] 다른 한편 소멸조합의 수는 1974년을 제외하고

는 1980년까지 10개 미만을 유지하는 등 전반적으로 조합경영이 안정세를 보였다. 그러나 1981년부터 소멸조합이 증가하기 시작하였는데,

**〈표 1-8〉 연도별 설립인가 및 소멸 현황**

(단위 : 개)

| | 소멸조합 | | | | | 순증가 | 조합 총계 |
|---|---|---|---|---|---|---|---|
| | 인가취소 | 효력상실 | 자체해산 | 합병 | 계 | | |
| 1972 | 0 | 2 | 0 | 0 | 2 | 246 | 246 |
| 1973 | 0 | 4 | 0 | 0 | 4 | 149 | 395 |
| 1974 | 10 | 4 | 0 | 0 | 14 | 63 | 458 |
| 1975 | 0 | 1 | 4 | 0 | 5 | 33 | 491 |
| 1976 | 0 | 4 | 3 | 0 | 7 | 76 | 567 |
| 1977 | 1 | 2 | 3 | 0 | 6 | 126 | 731 |
| 1978 | 2 | 3 | 3 | 0 | 8 | 31 | 752 |
| 1979 | 0 | 3 | 3 | 0 | 6 | 117 | 861 |
| 1980 | 0 | 0 | 1 | 0 | 1 | 55 | 914 |
| 1981 | 0 | 0 | 8 | 1 | 9 | 84 | 997 |
| 1982 | 0 | 0 | 11 | 0 | 11 | 120 | 1138 |
| 1983 | 4 | 0 | 13 | 0 | 17 | 184 | 1321 |
| 1984 | 71 | 1 | 9 | 0 | 81 | −56 | 1231 |
| 1985 | 16 | 6 | 9 | 0 | 31 | −21 | 1207 |
| 1986 | 0 | 0 | 7 | 0 | 7 | 13 | 1220 |
| 1987 | 4 | 0 | 5 | 1 | 10 | 31 | 1251 |
| 1988 | 7 | 0 | 10 | 0 | 17 | 27 | 1278 |
| 1989 | 0 | 0 | 15 | 0 | 15 | 8 | 1286 |
| 1990 | 0 | 0 | 10 | 0 | 10 | 29 | 1315 |

주 : 1972년의 순증가는 제정된 신협법에 의해 인가받은 조합 수를 의미. 따라서 1972년의 순증가와 조합 총계가 동일.

자료 : 신협중앙회(1991), 신협운동30년사, 정성래(1990), "신용협동조합의 조직확대에 관한 고찰"(조사연구 제18호, pp.57~93) 등에 의거하여 필자가 작성.

1984년에는 그 수가 무려 81개나 되었다. 당시에는 우리나라의 금융 사정이 매우 좋지 않았는데 일부 신협도 이의 영향을 받은 것으로 보인다. 그러나 문제는 1981~1986년 사이에 사고조합이 47개나 발생했다는 점이다. 소멸조합 수도 1986년을 제외하고는 1982~1990년 사이에 두 자리 숫자를 기록하였다.

신협의 경영이 불안정해지자 재무부는 "연합회, 나아가 전체 신협의 자금관리 능력을 불신, 투자관리 등 자금운용에 직접적인 통제"(신협중앙회, 1991 : 235)를 가하기 시작하였으며, 1985년에는 신협업무운용준칙을 제정하였다. 이 조치로 신협은 공동유대, 지점과 사무소의 설치, 신협 임직원의 자격 등에 대해 재무부의 규제를 받게 되었는데, 그 결과 1986년 이후 신협의 순증가가 이전 시기에 비해 현저히 줄어들었다. 신협중앙회는 소멸조합 조합원의 예금(과 출자금)을 자체의 예금자보호기금과 신용사업회계 등을 이용하여 모두 지급하였다. 그러나 신협의 공신력은 크게 추락하였다.

조합의 경영실태를 좀 더 구체적으로 살펴보자. 김성환(1989)에 따르면 1988년 현재 전국 1,278개 조합 중에서 234개 조합이 결손을 기록하였다. 그런데 직장에서 각종 지원을 받고 있는 직장조합 327개를 제외하면 결손조합은 전체 조합의 24.6%에 해당한다. 이 자체만으로도 문제가 심각한데, 이것도 다소 과소평가된 것으로 보인다. 회계처리에 문제가 있었기 때문이다. 지역조합과 단체조합의 경우 부실채권으로 많은 문제를 안고 있지만 이에 대한 대손상각이 거의 이루어지지 않았으며(조현옥, 1988 : 29), 미지급이자보정도 불충분하였다(조현옥, 1988 : 33). 미지급이자를 보정하지 않으면 비용이 실제보다 적게 계산되므로 이익은 부풀려지게 된다.[28] 회계규정이 마련되지 않은 것도 문제이다.[29] 조합은 1996년에도 미지급이자를 충분히 보정하지 않았다.[30] 대손충당금을 적절하게 설정하지 않는 것과 함께 이는 출자금에 대한 배당이 과도하게 이루어지게 한다. 그런데 분식결산을 하게 되는 근본 원인도 만족할 만한 이익을 실현하지 못하여 조합 임직원이 적절한 수준이라고 생각하는 배당을 실시하지 못하는 데 있다.[31]

조합경영이 안정되지 못한 상태에서 정부는 신협에 대한 규제를 완화하기 어려웠을 것이다. 따라서 신협은 자신의 발전방안을 추진하기에 앞서(또는 그와 동시에) 조합의 경영을 안정시키는 데 주력했어야 한다. 그러나 아래에서 보듯이 조합경영은 만족할만한 성과를 거두지 못한 것으로 보인다.

윤영성(1984)에 의하면 정형보전론자들은 신협이 공신력이 있기 때문에 금리를 인하하면 자산이 증가하고 여수신 업무가 활기를 띠면서 원가를 더욱더 절감할 수 있을 것이라고 주장하였다. 그러나 자신들의 주장을 뒷받침할 수 있는 구체적인 논거를 제시하지는 못하였다. 뿐만 아니라 1980년대 초중반 금융사고가 발생하고 경영 악화로 소멸되는 조합이 증가하는 상황에서 공신력이 크게 추락했을 수 있다는 점을 간과하였다. 경쟁력 강화, 지속 가능성의 제고 등은 당시 신협이 당면하고 있는 중요한 문제였을 뿐 아니라 성장론자들의 주장을 논박할 핵심이기도 하였다. 정형보전론자들은 교육강화가 어떻게 하여 경쟁력을 강화하고 지속 가능성을 높이는 데 기여할 수 있는지 구체화할 필요가 있었다. 이러한 노력을 하지 않았기 때문에 그들은 성장론자들을 설득하지 못하였다.

똑같은 말을 성장론자들에게도 할 수 있다. 규모를 확대하는 것이 상업적 금융기관과 유효한 경쟁을 보장해주는 것은 아니다. 아무리 규모를 확대한다고 해도 상업적 금융기관만큼 성장할 수도 없다. 협동조합으로서 차별성을 분명히 하는 것이 경쟁력을 제고할 보다 중요하고 의미 있는 길이 될 수 있다는 점을 생각해볼 필요가 있었다.

### 3.3 한국 신협과 조합원 금융적 필요의 충족

신협은 1970년대 이후 정체성 논쟁을 지속하였다. 그러나 이를 부정적으로만 바라볼 것은 아니다. 그것은 협동조합으로서 자신의 의미를 분명히 하고 지속 가능성을 확고히 하며, 조합원에게 봉사할 보다 효율적인 방안을 모색하는 과정이기 때문이다. 여기서는 실태조사 등에 근거하여 1970년대와 1980년대에 신협이 조합원들의 금융적 필요를 충족시켜주기 위해 어떠한 노력을 했는지 살펴보고자 한다.

조합원은 출자금이나 예금의 형태로 조합에 여유자금을 예치하였는데, 이는 조합원의 재산형성에 기여하였다.[32] 물론 이들 자금은 조합원을 위한 대출재원으로 활용되었는데, 이들 대출자금은 조합원의 금융적 필요를 충족시키는 데 중요한 기여를 하였다.

송보경(1976)에 의하면 조합원은 신협으로부터 용이하게 대출을 받을 수 있었으며, 담보가 없는 경우에는 30만 원 한도의 신용대출을 받을 수도 있었다. 신용대출은 신협의 중요한 대출방식의 하나였는데, 이 경우 중요한 것은 조합원의 평판이었다. 신협중앙회(1991 : 141)는 이렇게 말한다. "대부를 받기 위해서는 보증을 원칙으로 하였으나 가장 중요한 담보는 대부받는 사람의 '정직성과 좋은 인격'으로 인식되었다."

자금이 필요한 조합원은 매우 활발하게 조합을 이용하였는데, 송보경의 조사에 따르면 조합에 대출을 신청한 적이 있다고 응답한 조합원이 응답자의 74.0%이다. 신청한 조합원의 74.7%가 대출을 받았는데, 대출받은 조합원의 70.2%는 1~5회 대출받았다. 신협연합회의 1981년 설문조사 결과도 이와 유사하다. 즉, 조합에서 대출받은 경험이 없는 조합원은 12.8%에 불과하고, 72.4%는 적게는 1회 많게는 10회 이상 대출받은 경험을 갖고 있다(신협연합회, 1982 : 153). 신협연합회가 1985년에 실시한 설문조사 결과도 이와 유사하여, 대출받은 적이 있다고 응답한 조합원은 73.5%이며, 2회 이상 대출받은 조합원도 52.8%에 이른다.

**〈표 1-9〉 대출받은 조합원 현황**(1985년 설문조사 결과)

| | 1회 | 2회 | 3회 | 4회 | 5회 이상 | 없다 | 합계 |
|---|---|---|---|---|---|---|---|
| **응답자**(명) | 232 | 206 | 151 | 74 | 160 | 297 | 1120 |
| **구성비**(%) | 20.7 | 18.4 | 13.5 | 6.6 | 14.3 | 26.5 | 100.0 |

**자료** : 신협연합회(1985a), "신용협동조합 조합원 의식구조 분석", 『조사연구』 4권 2호, pp. 158~191.

조합원은 대출받은 자금을 다양한 용도로 사용하였다. 1975년 송보경이 실시한 설문조사에서 응답자들은 대출금을 생산자금(19.2%), 상업자금(3.8%), 가계자금(26.0%), 고리채 정리(10.5%) 등을 위해 사용하였다고 응답하였다.[33] 설문항목은 고리채 정리와 가사비용, 고리채 정리와 생산자금, 고리채 정리와 상업자금과 가옥비 등과 같이 복수 용도의 항목을 따로 설정하였는데, 이를 감안하면 조합원은 대출금의 73.9%를 위의 세 가지 용도로 사용하였다는 것을 알 수 있다.[34] 새마을금고의 회원들도 대출금을 유사한 용도로 사용하였다. 1970년 말 현재 경북지역 새마을금고 조합원의 대출금 용도를 보면 생산자금과 상업자금이 각각 32.8%, 15.8%이고 고리채 정리가 12.6%로 되어 있다(새마

을금고연합회, 1989 : 118)

1981년의 조사 결과도 이와 유사하다. 즉, 대출금 용도는 상업자금(36.0%), 영농자금(8.2%), 고리채 정리(12.4%), 학자금(12.9%), 병원비(4.3%), 결혼비용(1.1%)과 같은 각종 가계자금(18.3%) 등으로 구성되어 있는데 주택 마련(11.3%)을 더하면 가계자금 비중은 29.6%로 상승한다.[35] 1985년의 조사 결과도 1981년과 크게 다르지 않다. 사업자금(26.7%), 영농자금(4.4%), 고리채 정리(4.8%), 교육비, 병원비, 주택 마련, 결혼비용과 같은 가계자금(34.5%)로 되어 있다. 그러나 1981년의 조사결과에 비해 생업자금(= 상업자금 + 영농자금)과 고리대 정리의 비중이 감소하고 그 대신 가계자금의 비중이 늘어났다.

**〈표 1-10〉 대출금의 용도**(1985년 조사 결과)

| | 사업 자금 | 영농 자금 | 교육비 | 병원비 | 주택 마련 | 결혼 비용 | 고리채 정리 | 기타 | 무응답 | 합계 |
|---|---|---|---|---|---|---|---|---|---|---|
| 구성비(%) | 26.7 | 4.4 | 10.4 | 5.5 | 14.7 | 3.9 | 4.8 | 14.3 | 15.2 | 100.0 |

**자료** : 신협연합회(1985), "신용협동조합 조합원 의식구조 분석",『조사연구』 4권 2호, pp.158~191.

이상으로부터 우리는 다음과 같은 사실을 확인할 수 있다.

먼저 신용대출이 활성화되어 있었다는 점으로부터 우리는 거래를 계속하는 가운데 구축된 조합과 조합원 간 신뢰, 그리고 그를 통해 획득된 조합원에 대한 정보는 대출심사의 가장 중요한 요인 중 하나였다는 것을 알 수 있다. 이는 조합규모가 지나치게 커서는 안 된다는 정형보전론자들의 주장을 뒷받침하는 것이다. 그러나 정형보전론자들은 이를 적극적으로 평가하지는 않았다.

다음으로 대부분의 조합원이 조합대출을 활발하게 이용했다는 사실에서 우리는 당시 신협 조합원이 상부상조를 통해 자신들의 금융적 필요를 충족할 수 있었다는 것을 알 수 있다. 물론 이는 조합원이 되고자 하는 중요한 계기로도 작용하였을 것이다.

마지막으로 우리는 대출금의 용도에서 고리대의 비중이 지속적으로 하락하였다는 것을 알 수 있다. 우리 경제가 성장하고 소득수준이 상승하면서 조합원들의 고리대에 대한 수요 자체가 줄어든 것으로 보인다. 그 대신 각종 가계자금 일반에 대한 수요가 늘어나고 있었는데, 이들 가계자금에는 주택관련자금과 같은 장기자금과 함께 병원비, 학자금 등과 같은 일시긴급자금도 포함되어 있다. 이는 대출상품을 다양화함으로써 신협이 조합원들의 욕구를 보다 신속하고 용이하게 충족시켜줄 수 있었다는 것을 의미한다. 특히 당시에는 조합원을 포함한 일반가계는 은행신용에 접근하기가 쉽지 않았기 때문에 대출상품을 다양화하기 위한 신협의 노력은 대출을 확대하고 나아가 경영 기반을 안정시키는 데 적지 않은 기여를 했을 것으로 보인다.

## 4. 새로운 진로의 모색과 그 의미

### 4.1 성장전략 추진 경과와 내용

1990년을 전후하여 신협은 한마음으로 성장전략을 모색하기 시작하였다. 정체성 논쟁이 뚜렷한 결과를 낳은 것은 아니며, 정체성을 둘러싼 논의가 모습을 감춘 것도 아니다. 그럼에도 불구하고 중앙회가 중심이 되어 성장전략을 모색하기 시작하였다는 것은 어떻게 하면 협동조합으로서 성격을 유지하면서 지속 가능성을 확보할 수 있을까 하는 점에 많은 관심을 기울였음을 뜻한다. 그러나 우리는 1990년 전후하여 새로운 성장전략을 모색한 주도세력이 성장론자들이라는 것을 부정할 수 없다.

신협중앙회는 1989년 「2000년을 향한 신협중장기 발전구상」을 발표하였다. 1987년 이 구상을 구체화하기 위해 중앙회장을 위원장으로 하는 위원회를 구성한 신협중앙회는 조합의 경쟁력을 강화하기 위한 방안을 모색하는 데 그치지 않고 보다 큰 틀의 성장전략을 준비하였다. 이는 「2000년을 향한 신협중장기 발전구상」을 발표하면서 신협중앙회 이사회가 의결한 내용에 잘 나타난다. 그것은 신협중앙회신용사업부문의 금융기관화 추진, 신협연구소 내에 신협금융업무확대추진반 설치, 업무 전산화를 위한 준비작업 착수 등을 주요 내용으로 한다.

이를 실현하기 위한 하나의 단계로 신협중앙회는 1990년 신협발전 심포지엄을 개최하였다. 여기서 전철환(1990)은 사회경제적 여건 변화와 다른 금융기관과의 경쟁 심화로 약화된 경쟁력을 강화하기 위해 신협이 신협은행(안)과 중앙회 신용사업부의 은행업 영위(안) 중 하나를 추진할 것을 제안하였다. 그의 주장은 신협중앙회의 공식의견이라고 할 수 있는 신협중앙회신용사업부문의 금융기관화(안)을 사실상 흔드는 것이었다. 1991년 신협중앙회는 「신용협동조합의 금융업무확대방안」에서 전철환이 제기한 신협은행(안) 대신 신협중앙회신용사업부문의 금융기관화를 최적 방안으로 확인하면서 사태를 봉합하였다.

이와 함께 1991년의 이 방안은 신협이 확대해야 할 금융업무로 다음 네 가지를 확정하였다. 내국환업무, 국가 · 공공단체 및 금융기관대리업무, (다른 회사와 제휴 통한) 신용카드 업무, 기존 제도 및 상품의 개선이 그것이다. 그러나 일부에서 제기되던 자회사의 설립(공제사업의 보험회사로의 독립 등)은 배제되었다.[36] 내국환업무, 국가 · 공공단체 및 금융기관대리업무 등은 1988년 신협법 개정으로 취급할 수 있게 되었다. 그러나 당시 신협은 금융결제원에 가입하지 않아 취급하지 못하고 있었다. 신협이 금융결제원에 가입한 것은 2001년이다.

그런데 신협의 이 안은 1992년 한국개발연구원에 의뢰하여 발표한 「금융환경의 변화와 신용협동조합의 발전방안」에서 다시 한 번 변화를 겪게 된다. 이 보고서에서 유시권(1992)은 신협중앙기금화 방안을 제시하였는데, 이 안은 신협중앙기금이 사실상 지주회사 기능을 겸한다는 점에서 신용사업부문의 금융기관화(안)과 다르다. 그는 독일, 일본, 미국 신용조합의 구조를 검토하면서 공제업무를 자회사로 분리하여 독립시킬 것과 신협중앙금고가 신용카드 업무, 증권업무, 외국환업무로 업무영역을 확대할 것을 제안하였다. 나아가 그는 비조합원에 대한 거래도 확대할 것을 주장하였다. 한편 같은 보고서에서 김준경(1992)은 신협이 소영세기업 대출을 취급할 것을 주장하였는데, 기업금융분야로 업무영역을 확대할 필요성을 강조하였다는 점에서 의의가 크다. 그리고 좌승희(1992)는 신협의 업무 효율화 방안을 제시하고 있는데, 여기서 그는 신협이 업무를 효율화하기 위해서는 예대업무에 중점을 두어야 하지만 규모를 확대하는 것은 바람직하지 않다고 주장한다. 그런데 좌승희의 이러한 주장은 지사무소의 설치와 합병 등을 통해 조합을 대형화할 필요가 있다는 내부의 의견을 부정하는 것이다.[37]

이러한 상황은 사전에 충분히 조율되지 않았기 때문에 일어났다고 할 수도 있을 것이다. 그렇지만 자신의 의도가 충분히 반영되지 않은 보고서가 계속 발표되었다는 것은 신협중앙회의 준비 부족을 보여주는 것이며, 나아가 자신의 구상을 실현하고자 하는 의지가 있는지 하는 의심의 눈초리도 피할 수 없게 되었다.

발전방안에 관한 세미나를 개최한 후 신협은 1992년 11월 「신협금융업무확대계획」을 수립하였다. 이는 1991년에 수립한 「신용협동조합의 금융업무확대방안」에 몇 가지 사항을 추가한 것이다. 공동유대의 합리적 조정, 지사무소 설치, 합병을 통한 대형화 등 업무 기반을 확충하여 조합의 경쟁력을 확보하고 경영을 합리화하는 것이 그것이다.[38]

지속적인 노력에도 불구하고는 경쟁력을 강화하려는 신협의 계획은 뚜렷한 성과를 거두지 못했다. 이는 신협이 자신의 경쟁력을 강화하기 위해 필요하다고 요청한 방안들이 정부의 생각과 거리가 있기 때문이기도 하였다. 이러한 사정은 금융산업발전심의회 금융제도개편연구소위가 1993년에 발표한 『금융제도개편연구 : 총론』에 잘 나타난다. 이 보고서는 신협의 경우 "협동조합적인 성격을 강화하는 것이 경쟁력을 유지하는 방안"이며, "협동조합적 성격을 상실한 대도시의 신용협동조합은 조합형 상호신용금고로 전환하는 것이 타당하다"(금융산업발전심의회 금융제도개편연구소위, 1993 : 274)고 말한다. 여기서 우리는 신협

〈표 1-11〉 신협중앙회의 경쟁력 강화를 위한 주요 전략

| 일시 | 주요 조치 |
|---|---|
| 1989 | 2000년을 향한 신협중장기 발전구상 발표 |
| 1990 | 신협발전 세미나 개최 |
| 1991 | 신용협동조합의 금융업무 확대방안 발표 |
| 1992 | 금융환경변화와 신용협동조합발전방안 세미나 개최<br>신협 금융업무 확대계획 발표 |
| 1995 | 신협 업무운용준칙 개정 |
| 1996 | 신용협동조합 기능강화와 중앙기금의 설립 발표<br>신협 구조조정의 중간 점검 및 향후 접근 방향 발표 |

의 구조조정방안에 대한 정부의 태도가 김병주 외(1981) 이후 거의 변화가 없다는 것을 알 수 있으며, 신협의 요구사항과는 매우 큰 차이가 있다는 것을 확인할 수 있다.

정부의 기대나 요구와는 달리 신협은 경쟁력 강화 방안을 제시하면서 정체성을 강화하기 위한 방안을 제시하지 않았다. 오히려 이와는 반대 방향으로 나아갔다. 예컨대 공동유대의 확대, 지사무소의 설치, 합병 등은 주로 대도시 신협을 대형화하여 경쟁력을 강화하려는 것인데, 금융제도개편연구소위는 대형화된 신협의 경우 협동조합적 성격을 상실하였다고 판단하고 있다. 자신의 참된 경쟁력이 협동조합 이념에 근거하고 있다는 점을 부정하지 않는다면, 신협은 조합 대형화의 필요성을 주장하면서 대형화된 신협의 이완된 신협 이념을 회복하기 위한 방안도 아울러 제시했어야 한다.

다른 한편 금융제도개편연구소위원회는 "GIRO업무 취급은 이용자의 편리성 측면에서 필요하나, 지급결제제도의 안정성 측면에서 허용되기 어렵다"(금융산업발전심의회 금융제도개편연구소위, 1993 : 274)고 말한다. 이는 신협의 금융결제원 가입을 사실상 거절하는 것이며, 그 근거를 신협의 경영이 불안정하다는 데서 찾고 있다. 신협이 국내환업무와 국가 · 공공단체 및 금융기관의 대리업무를 취급하고 신협중앙기금을 설립할 수 있으려면 금융결제원 가입이 선행되어야 한다. 따라서 신협의 이러한 요구도 받아들여지지 않았다고 말할 수 있다. 다만 장기적으로는 자회사의 설립은 허용할 수 있다는 태도는 내비쳤다.[39]

1993년에 발표된 신경제5개년계획 금융개혁부문(안)도 신협에 호의적이지 않았다. 박주호(1993)에 따르면 이 안은 3단계(1996 ~ 1997)에 신협의 지사무소 설치와 신협, 새마을금고 등의 운영, 감독 효율화 방안을 검토하기로 하였다. 그리고 신협을 상호신용금고, 농수축협 단위조합, 새마을금고와 함께 영세상공인과 농어민의 지역금융기관으로 육성키로 하고 이의 검토 및 추진은 3단계로 유보하기로 하였다. 한국금융연구원이 1994에 발표한 『비은행금융기관의 발전방향』은 그나마 위안이 된다. 신협의 요구사항을 대폭 반영하고 있기 때문이다.[40] 그러나 한국금융연구원도 '협동조합적 성격을 상실한 대도시의 신용협동조합은 조합형 상호신용금고로 전환'(한국금융연구원, 1994 : 121)할 필요가 있다고 지적한다.

성장전략의 실현이 매우 어두운 상황에서 발표된 1993년의 금융실명제 보완대책은 신협이 금융업무를 확대할 수 있는 중요한 계기였다. 법인기업 등에 대한 대출이 그것이다. 그러나 기업대출을 확대하기 위한 뚜렷한 노력을 하지 않은 채 신협은 이 기회를 살리지 못하였다. 1995년에 개정된 신협업무운용준칙이 신협의 금융업무확대에 중요한 기여를 하였다는 점은 그나마 위안이 된다.

신협은 1996년 「신용협동조합 기능강화와 중앙기금의 설립」이라는 보고서를 작성하였다. 여기서 신협은 1991년의 「신용협동조합의 금융업무확대방안」에서 확정한 중앙회신용사업부문의 금융기관화(안)을 신협중앙기금화(안)으로 수정하였다. 당시까지도 내부적으로는 중앙회신용사업부문의 금융기관화(안)은 신협은행화(안)과 대립하고 있었는데, 독일, 일본, 미국, 캐나다 등의 신용조합조직에 대해 포괄적으로 검토한 후 다시 보고서를 작성하여 신협중앙기금화(안)으로 수정한 것으로 보인다.[41]

「신용협동조합 기능강화와 중앙기금의 설립」이라는 보고서를 작성한 후 신협은 이어서 「신협 구조조정의 중간점검 및 향후 접근방향」

을 발표하였다. 이 보고서는 광역 단위로 신협의 합병을 유도하여 규모의 경제를 실현하는 것을 목적으로 하고 있는데, 구조조정의 단계별 목표는 다음과 같다. 제1단계(건전화)에서는 건전성을 제고하기 위해 사고·부실조합을 정리한다. 제2단계(대형화)에서는 경영규모를 확대한다. 제3단계(우위화)에서는 경영 기반을 확충하고 경쟁력을 강화한다.[42]

## 4.2 성장전략의 배경

금융 자유화 시대를 맞이하여 신협은 경쟁력을 강화하기 위해 여러 가지 노력을 기울였다. 그러나 경쟁력을 강화하기 위해 필요하다고 생각한 구체적인 실천방안을 확고히 하는 데는 성공하지는 못했다. 정부가 금융업 전체를 강력하게 규제하고 있었기 때문에 정부의 조치는 신협이 경쟁력을 강화하기 위한 중요한 전제조건이었다. 이러한 관점에서 본다면 신협이 경쟁력을 강화하는 데 성공하지 못한 것은 정부가 신협이 제시한 발전방안에 대해 호의적이지 않았기 때문이라고 말할 수 있다.

금융 자유화를 실시하면서 정부를 비롯한 많은 사람들은 신협이 부실화될 수 있다고 우려하였다. 그들이 신협이 자신의 경쟁적 이점을 강화, 즉 협동조합적 성격을 강화해야 한다고 주장한 것은 이 때문이다. 이와 함께 정부는 신협의 업무영역 확대를 최대한 억제하고 다른 한편으로는 금융안정성을 확보하기 위한 조치를 취해야 한다고 생각하였다. 그런데 앞에서 살펴본 바와 같이 신협이 제시한 발전방안은 대부분 정부의 정책적 조치에 기대고 있으나 정부가 제시하는 협동조합으로서 경쟁력을 강화하기 위한 노력은 눈에 띄지 않는다. 그럼에도 불구하고 신협이 성장전략을 고수한 것은 자신들이 국내의 다른 금융협동조합에 비해 차별대우를 받고 있으며, 최소한 그들과 동일한 규제환경에서 경쟁할 수 있어야 한다고 생각하였기 때문이다. 보다 구체적으로 살펴보기로 하자.

#### 4.2.1 신협중앙회 신용사업부문의 금융기관화

신협중앙회 신용사업부의 금융기관화 방안을 제시할 때 신협은 자신과 같은 금융협동조합인 농협중앙회가 은행업을 영위하고 있었다는 점을 감안한 것으로 보인다.[43] 그러나 보다 중요한 점은 당시에 주요 선진국 신용조합이 은행 또는 지주회사의 자회사로 전환하였다는 것이다. 이는 전철환(1990), 유시권(1992), 신협중앙회(1996b)가 신용사업부의 금융기관화 등을 제시할 때 독일, 일본, 미국, 캐나다 등의 금융협동조합조직을 검토하였다는 것에서 확인할 수 있다. 선진국 금융협동조합은 1970년대 금융 자유화의 물결 속에서 위기의식을 느끼고 있었으며, 이에 대응하기 위해 조직을 새롭게 하였다. 즉, 정체성 훼손 위험을 무릅쓰고 그들이 조직을 개편한 목적은 다른 금융기관과 경쟁에서 뒤처지지 않으려는 데 있다.[44] 우리나라 신협이 신용사업부의 금융기관화 또는 신협중앙기금의 설립을 추진한 것도 금융 자율화를 맞이하여 자신의 경쟁력을 강화함에 있어 중요하다고 인식하였기 때문이다.

그러나 신협의 안은 중요한 문제점을 안고 있다. 선진국 금융협동조합은 조직을 새롭게 만들 때 협동조합의 정체성을 지키기 위한 최소한의 장치는 마련해두었다. 선진국 금융협동조합은 금융조직과 나란히 발전할(또는 그것을 통제하여 협동조합의 정체성을 강화할 수 있는) 새로운 조직을 별도로 만들었다. 뿐만 아니라 조합원이 조합경영에 보다 적극적으로 참여할 수 있는 방안을 강구하고, 조합원과 임직원이 협동조합 이념을 유지하고 심화할 수 있게 기존 조직의 운영을 개편하고 다양한 교육프로그램을 신설하였다. 이에 반해 신협의 안은 이러한 문제에 대해 고민한 흔적이 별로 없다. 신협의 경쟁력을 강화하기 위해서는 우선 협동조합의 이념을 강화해야 한다는 외부의 지적에 충분한 주의를 기울이지 않은 것은 자신의 안에 대한 호소력을 떨어뜨린 가장 중요한 결함이었다.

### 4.2.2 조합의 대형화

신협은 여러 측면에서 새마을금고와 경쟁하였다. 그러나 1974년 대통령령으로 새마을금고의 설립인가권 및 지도·감독권이 재무부장관에서 지방장관에게로 위임되고, 1984년 새마을금고법이 제정되면서부터 신협은 새로운 조합의 설립에 상대적으로 어려움을 겪게 되었다.[45] 그러나 실질적으로 조합 설립 등이 곤란해진 것은 사고신협 수습 일환으로 1985년 신협업무운용준칙이 제정된 이후이다. 이것은 신협의 업무를 광범위하게 규제하는 것으로, 특히 신협은 새로운 조합을 설립하거나 대형화하는 데 많은 어려움을 겪게 되었다.

이러한 사정은 신협업무운용준칙이 제정된 이후 조합의 증가세가 눈에 띄게 감소하였다는 데서 알 수 있다. 이 준칙이 제정되기 이전(금융사고가 절정에 달했던 1984년과 1985년을 제외)에는 한 해에 적게는 31개, 많게는 184개까지 조합이 신설되었으나 1985년 이후에는 31개를 초과한 적이 없다(〈표 1-8〉). 신협조직이 어느 정도 확산됐기 때문에 증가세가 둔화됐을 수도 있다. 그러나 설립규제가 완화된 1990년 이후 조합 설립이 다시 활기를 띠기 시작하였다는 점을 감안하면 그 때문만은 아닌 것 같다. 정부는 1989년 말에야 도시지역의 조합설립 규제를 완화하였다.

공동유대의 범위나 지사무소의 설치도 다른 금융협동조합에 비해 엄격히 규제받았다. 새마을금고와 농수축협 단위조합은 1990년 이후 지점과 사무소를 설치할 수 있게 되었다. 그러나 신협이 지사무소를 설치할 수 있게 된 것은 1995년 이후이다. 이렇게 차별을 받았기 때문에 신협은 지사무소의 설치를 허용해주도록 정부에 계속하여 강력히 요구하였는데, 1995년 정식으로 허용되기까지 지사무소를 임의로 설치하기도 하였다.[46] 합병 가능성도 제약되었다. 합병된 조합의 조합원이 합병한 조합의 공동유대 밖에 놓이게 될 경우 조합원 자격을 상실하기 때문에 조합들은 합병을 꺼려하였다.

엄격한 규제가 경쟁력을 저해한다고 생각한 신협은 계속하여 공동유대 확대, 조합 간 합병할 때 공동유대의 범위제한 완화, 지사무소 설치제한 완화, 동일인 대출한도 확대 등을 요구하였다. 이는 다른 금융협동조합과 동일한 규제환경 속에서 경쟁할 수 있어야 한다고 생각했기 때문인데, 많은 신협인들이 "조합규모의 최적화가 우리 신협이 당면하고 있는 주요 과제"라는 인식에 동의하고 있었다는 지적(배용수, 1991)이 말하듯이 조합의 대형화 전략은 신협이 매우 중시하는 바였다. 그러나 대외적인 호소력은 약한 편이었다. 김병주 외(1981), 박영철 외(1985), 한국은행(1988), 1993년의 신경제5개년계획 금융개혁부문(안), 한국금융연구원(1994) 등이 일관되게 지적하듯이 규모가 큰 조합일수록 신협 이념이 해이해졌다는 평가를 받고 있었다. 좌승희(1992)는 신협은 규모의 경제가 없다는 연구결과를 발표하기도 하였다.

신협의 요구는 1995년 신협업무운용준칙이 개정되면서 상당부분 수용되었으며, 신협은 대형화를 통해 경쟁력을 강화할 수 있는 계기를 마련하였다. 또한 조합 간 합병할 때 공동유대의 범위제한을 완화함으로써 부실조합 정리도 촉진할 수 있었다. 신협은 이 조치에 의해 "경영개선과 경쟁력 강화를 위한 합병이 용이해졌다"(신협중앙회 조사연구 편집부, 1995). 그러나 조합이 대형화되면 신협 이념이 약화되어 참된 의미의 경쟁력을 상실할 수 있다는 정부의 우려를 불식하기 위한 조치를 취하지는 않았다.

### 4.3 성장전략과 내부의 갈등

1989년 「2000년을 향한 신협중장기 발전구상」 발표로 1970년대부터 계속되어 온 정체성 논쟁은 일단락된 것처럼 보인다. 그렇지만 아직도 신협운동은 정형(定型)에 대한 혼란상태에서 벗어나지 못하고 있었다(조현옥, 1990). 이러한 상황에서 정형보전을 강조하는 신협인들은 신협이 지역사회 개발사업에 적극 참여해야 하며, 조합원의 주인의식도 높일 필요가 있다고 주장하였다. 신협은 신협법에 의거하여 1970년대부터 지역사회 개발사업에 참여하고 있었는데, 1980년대 후반 들어 일부 신협인들은 신협 정형을 보전하기 위해 지역사회 개발사업에 더욱 적극적으로 나서야 한다고 주장한 것이다.

그런데 이러한 주장은 서민금융기관으로서 신협의 시대적 사명이 사실상 완수되었다는 인식에 기초하고 있다. 다음 두 사람의 지적은 이를 잘 보여준다.

먼저 조현옥(1990)은 이렇게 말한다. "이제 … 신협의 존재 의의는 점차 희박해지고 있다. … 그동안 개발금융에만 몰두하던 금융기관들이 서민금융시장에 적극적으로 참여하게 되었으며… 조합원들은 신협에 의존하지 않고서도 살아가는 데 별다른 어려움을 느끼지 않게 되었다."

배용수(1990a)는 한걸음 더 나아가 시대적 사명이 완수된 만큼 지역사회개발에 중점을 두어야 한다고 말한다. 즉, "서민금융기관임을 본래의 모습으로 하고 있는 우리 신협은 1960년대의 고리채 추방과 서민교육, 7 · 80년대의 서민대중에의 신용공여라는 시대적 사명을 성실히 완수하고 이제 30세의 장년기를 맞이하고 있다. 협동정신의 이상을 향한 도약단계에서 지역사회개발이 차지하는 비중은 이런 점에서 매우 중요하다."(배용수, 1990)

이러한 주장이 갑작스럽게 나온 것은 아니다. 1980년대 초반에 이미 신협연합회(1982c)에서 보듯이 신협중앙회는 신협이 서민대중의 사회경제적 지위향상을 위한 조직이라는 점을 부정하고 있었다.

신협중앙회의 이러한 인식은 외국 금융협동조합의 동향에서 자극을 받은 것으로 보인다. 클라트(1984)에 의하면 서독 신용조합의 경우 1960년에는 조합원에서 농민(28%)과 수공업자(14%)가 중요한 비중을 점하고 있었다. 그러나 1983년에는 조합원 구성이 사무원, 노동자, 공무원이 약 60%, 주부, 퇴직자 약 25%, 농민 6%, 수공업자 3%로 되어 있다고 말한다. 이러한 조합원 구성의 변화가 독일 신용조합에 많은 변화를 초래한 것으로 보이는데, 클라트는 조합원 구성의 변화 자체가 신협의 장점이라고 하면서 이렇게 말한다. "즉, 신용협동조합은 장기적인 안목에서 볼 때 경제사회 발전에 안정화 요인으로써 중요한 기능을 하고 있으며, 변화하는 중산층들의 대출수요를 충족시켜 줌으로써 그들이 산업구조 변화나 경기변화에 대처할 수 있도록 지원해주고 있는 것이다." 그러면서 그는 "… 소위 중산계층의 형성 및 육성이라는 국가적인 목표와 신용조합의 노력은 완전히 일치되는 것이다"고 주장한다. 신협중앙회의 조사에 의하면 1980년대 들어 우리나라의 신협도 자영업자의 비중이 감소하고 봉급생활자와 전문직 종사자의 비중이 증가하는 등 조합원 구성이 많이 변했다.[47]

독일 아데나워 재단의 자금지원은 신협, 특히 농촌신협이 지역개발사업에 적극 나서도록 하는 중요한 계기가 되었다. 그리고 지역사회개발운동은 1984년 '한독수교 100주년 기념 신용협동조합 국제학술심포지엄'에서 비테(1984)가 협동조합이 시장 메카니즘을 통해 지역개발정책을 보완할 수 있다는 내용의 논문을 발표하면서 탄력을 받은 것으로 보인다. 그런데 지역사회 개발사업에 참여 필요성을 중시하는 당시의 논의는 협동조합 원칙의 하나인 지역사회 관여와는 거리가 있다.[48] 신협 자금운용의 새로운 방안을 모색하는 데 중점을 두고 있기 때문이다. 예컨대 지역사회개발을 "일정한 지역의 주민들이 공동적 노력을 통하여 그들의 공통적 문제와 욕구를 해결 · 충족시킴으로써 지역사회의 발전과 주민생활의 향상을 도모하는 과정"(배용수, 1990)으로 정의하는 배용수는 지역사회 개발사업에 적극 참여하면 신협경영이 활성화될 것이라고 주장하면서 신협이 공공부문과 민간부문이 공동으로 출자하여 법인을 설립하는 사업방식(또는 그 법인)인 제3섹터에 참여하는 등 투자기관으로 발전할 수 있어야 한다고 주장한다.[49]

신협은 당시 경영이 안정되지 않았기 때문에 이익잉여금 적립도 매우 불충분하였다.[50] 이는 일시적인 현상이 아니었다. 〈표 1-12〉를 보면 1994년 말 현재 조합의 자기자본에서 적립금이 점하는 비중은 9.2%에 불과한데, 이는 1992년보다 0.6%포인트 감소한 것이다.

**〈표 1-12〉 신협의 조합당 평균 자기자본과 적립금 현황**

(단위 : 억 원, %)

| | 1990 | 1991 | 1992 | 1993 | 1994 |
|---|---|---|---|---|---|
| **평균자산총액**(A) | 2,736 | 3,716 | 4,604 | 5,460 | 6,632 |
| **평균출자금**(B) | 412 | 448 | 499 | 583 | 643 |
| **평균적립금**(C) | 36 | 40 | 54 | 61 | 65 |
| **자기자본 비율**(B+C/A) | 16.4 | 13.1 | 12.0 | 11.8 | 10.7 |
| **적립금 비율**(C/B+C) | 8.0 | 8.2 | 9.8 | 9.5 | 9.2 |

**자료** : 신협중앙회(구정옥(1995), "금융환경의 변화와 신용협동조합의 수익성제고 전략"(조사연구 제25호, pp.21~58)에 의거하여 작성).

적립금이 부족한 상황에서 자기자본을 충실하게 하려면 조합들은 출자금에 의존해야 한다. 그러나 출자금이 자산에서 차지하는 비중은 계속 하락하였다. 일부 조합은 "… 배당압박을 이유로 출자금 조성을 기피"(조현옥, 1988 : 17)하였지만, 상당수의 신협인들은 여러 가지 이유로 불안한 마음을 내비쳤다. 예컨대 문정모(1988)는 출자금이 충분하지 않아 조합의 재무구조가 불안정해지는 것을 우려하였으며, 조현옥(1988)은 출자금 비율의 하락이 신협운동에의 참여도 저하, 나아가 조합원의 고객화를 의미한다고 주장하였고, 전철환(1990)은 출자금 비율의 하락이 조합원의 주인의식이 결여되고 민주적 관리의식이 약화된 것을 보여준다고 생각했다.

그러나 출자금(비율의 하락)과 그 배당(률)에 대한 이러한 인식은 잘못된 것이다. 먼저 조합은 자기자본 확충을 출자금에만 의존할 수는 없다. 조합원의 가입과 탈퇴가 자유로운 상황에서 출자금의 규모는 변화할 수 있는데, 이는 사업을 전개하기 위한 조합의 자금에 변화를 주게 된다. 따라서 출자금 증액보다는 적립을 강화할 필요가 있다. 신협법이 이윤의 일부를 적립금으로 적립하도록 하는 것은 이 때문이다(Münkner, 2015). 다음으로 출자를 한다는 것은 사업경영의 위험을 분담한다는 것을 의미한다. 따라서 만약 조합의 경영이 안정되지 못하면 출자금의 출연 또는 새로운 조합원의 가입이 원활하지 않게 된다. 출자금이 충분하지 않아 조합의 재무구조가 불안정해졌다기보다는 경영이 불안정하여 출자금의 증액 등이 원활하지 않았던 것이다.

이론적으로 보면 조합경영이 어려울 때 출자금의 증액을 꺼린다는 것은 조합원이 다른 조합원과 함께 자신의 필요를 충족시키기 위해 노력하지 않는다는 것을 의미하기도 한다. 출자금 비율 하락원인을 조합원의 주인의식 결여나 민주적 관리의식의 약화에서 찾은 전철환의 문제 제기는 이를 반영한다. 그러나 출자금의 증액을 독려하여 조합원이 주인의식을 회복하고 민주적 관리의식을 강화하도록 할 수는 없다. 전철환(1990)은 조합원의 주인의식이나 민주적 관리의식이 약화된 원인을 규명하고, 이를 바탕으로 조합원의 주인의식 등을 강화하기 위한 대안을 제시할 필요가 있었다.

정형보전론자들은 정체성을 강화하기 위해 조합원 교육을 강화해야 한다고 말한다. 예컨대 일부에서는 정체성을 강화하기 위해서는 조합원 교육을 강화해야 한다고 주장한다. 조합원 교육은 민주적 경영 등을 실현하기 위한 매우 중요한 요인이라는 원론적인 지적도 있고[51], 교육을 위해 비용을 지나치게 적게 지출하는 등 조합원 교육을 소홀히 한다는 지적도 있다.[52] 그렇지만 금융업무에 치중하면서 조합원 교육을 소홀히 하고 그 결과 신협 이념이 약화되었다는 인식이 지배적이었다.[53] 조합원의 주인의식, 민주적 경영, 조합원교육은 서로 밀접한 연관을 가지고 있다. 그러나 협동조합의 이러한 원칙은 조합경영에서 거의 존중받지 못하였다.

조합원이 소유자이면서 동시에 조합이 제공하는 금융서비스의 이용자라는 점을 간과하고 단순한 이용자가 된다는, 즉 조합원이 고객화되어 출자금 비율이 하락하게 되었다는 주장은 신협에 대한 조합원의 기대가 약화되었다는 점을 강조한다. 이러한 사정은 앞에서 살펴본 조현옥(1990), 배용수(1990a), 신협연합회(1982c)의 주장에서 잘 나타난다. 그러나 1990년대 후반까지 은행들이 기업금융에 치중하였다는 점을 감안하면 이러한 주장은 그리 설득력이 없다.

협동조합의 원칙은 출자금에 대한 배당을 규제하도록 하고 있다. 공동자본을 축적하여 연대의 가치를 인정할 필요가 있기 때문이다. Birchall의 다음 지적은 이를 분명히 한다. 이와 관련하여 다음 설명은 인용할 가치가 있다. "… 조합원이 출자에 참여할 때 보상은 극히 적거나 전무하다. 이는 공동자본의 원칙에서 연대의 가치를 인정하는 것이다. 협동조합의 유보금은 개별조합원들의 자산만은 아니며 그 일부는 공동으로 소유된다. 즉, 자본은 개인에 의해서만이 아니라 공동의 노력에 의해서 창출된다. 협동 그 자체가 부가가치를 창출하며 그 성과는 다 나눌 수 없다. 더욱이 장기간 지속되는 협동조합에서 현 조합원은 이전 조합원들의 노력으로부터 이익을 취하므로 공동의 자본은 미래를 위하여 신탁의 형태로 보유해야 한다."(Birchall, 1997 : 109-110)

그러나 당시 신협은 출자배당률이 경영위험과 유동성 위험도 반영하는 충분히 높은 수준으로 되어야 한다고 주장했다. 예컨대 김성환(1989)은 이렇게 말했다. "재무적 단선논리로 보면 투자에 대한 배당은 예 · 적금보다 위험률을 포함한 것만큼 높아야 한다. 위험률은 시간적으로 장기적인 것이 높고 또 수익의 폭도 크면 클수록 높은 것이다. 12%의 이자를 주는 2년 정기예탁금 또는 13%의 3년 적금보다는 훨씬 높은 배당을 해야만 자본과 예 · 적금에 대한 공평성을 유지할 수가 있다. 적어도 15% 이상은 상회하여야 할 것처럼 보인다."(김성환, 1989) 협동조합 원칙에 대한 잘못된 이해가 이러한 주장을 하게 한 것으로 보인다. 만약 조합원이 협동이 부가가치를 창조하는 원천이며, 연대가 중요한 가치를 가진다는 점을 인정한다면 출자배당률 수준 자체는 그리 문제는 아니라고 말했을 것이다. 이러한 주장은 출자금이 충분하지 않아 조합의 재무구조가 불안정해진다는 인식과 연관이 있다. 이 경우 출자배당률의 인상은 출자금을 늘리기 위한 유력한 대안이 된다.

## 5. 결론

정체성 문제를 둘러싼 신협의 논쟁은 1990년대에도 간간히 이어졌다. 그러나 정체성 논쟁은 1989년 신협중앙회가 「2000년을 향한 신협 중장기 발전구상」을 발표할 즈음에 사실상 끝이 난 것으로 보인다. 이 발전구상은 그 내용과 발표된 이후 신협중앙회가 1990년대에 발표한 사실상 실행계획이라 할 수 있는 문건들에서 판단할 때 성장론자들의 주장을 수용하고 있다. 1990년대 말 외환위기로 다수의 신협이 퇴출되고 신협중앙회가 정부의 지원을 받게 될 정도로 신협운동이 커다란 위기에 봉착했을 때에도 신협이 어떠한 성장 내지 발전전략을 채택해야 하는지 등에 대한 논의는 거의 찾아볼 수 없다. 협동조합기본법의 제정 및 실행에 즈음하여 우리나라 금융협동조합의 정체성이 위기에 처해 있어 가난한 사람들의 금융적 수요를 충족시키지 못하고 있는 만큼 협동조합기본법이 이들을 조합원으로 하는 새로운 형태의 금융협동조합을 설립할 수 있게 허용해야 한다는 주장이 제기될 때에도 신협은 침묵하였다.

정체성 논쟁이 사실상 성장론자의 승리로 귀결된 사정은 거의 알려지지 않고 있다. 현재 신협중앙회는 정체성 논쟁과 관련한 어떠한 정리된 문건도 갖고 있지 않다. 한때 아시아신협연합회의 창설을 주도할 정도로 활발하던 한국의 신협운동도 최근 들어 활력을 크게 상실하였다. 이러한 사정들은 서로 밀접한 연관이 있는 것으로 보인다. 만약 정체성 논쟁이 논리적이고 합리적인 형식과 내용을 갖추고 전개되었다면 상황이 조금은 달라졌을지도 모른다. 적어도 논쟁의 결과에 승복했을 것이기 때문이다. 그렇지 않았기 때문에 신협운동에 많은 관심을 갖고 사실상 주도한 정형보전론자들은 1990년대 이후의 성장전략이나 성장과정에 상대적으로 무관심해졌으며, 아래로부터 전개되던 신협운동도 동력을 상실했다.

신협중앙회는 자신의 장래에 중요한 영향을 미치게 될 신협의 정체성이라는 문제를 둘러싸고 논쟁이 전개되는 와중에도 논쟁에 적극적인 관심을 보이지 않았다. 물론 중앙회 회장이나 임원 선거를 통해 조합의 임직원과 (일부) 조합원의 생각은 확인할 수 있었을 것이다. 그러나 이들 임직원이나 조합원들이 논쟁에 대해 이해할 수 있도록, 이들이 신협의 장래를 위해 올바른 결정을 할 수 있도록 도와주지는 못하였다. 중앙회는 논쟁 당사자들이 적극적으로 의견을 발표할 수 있는 기회를 제공하지도, 참가자들이 올바른 이해와 판단을 할 수 있도록 토론의 장을 준비하지도 않았다. 정체성 논쟁을 검토하면서 무엇보다 아쉬웠던 점은 신협운동가들이 협동조합이론에 대한 관심과 학습이 부족하고 이를 체계적으로 교육할 인적자원도 충분하지 않았다는 점이다.

1970~1980년대에 걸쳐 신협 내부에서 전개된 정체성 논쟁은 성장과정에서 신협이 겪는 성장통과 같은 것이었다. 그러나 논쟁에서는 주장이 앞서고 이를 뒷받침할 구체적인 논거가 충분히 제시되지 않았다. 논쟁이 편 가르기 또는 감정적인 대립으로까지 나아간 것은 이 때문으로 보인다. 협동조합에 대한 이론(즉, 협동조합의 가치, 협동조합의 원칙 등)과 그에 기초한 현실 분석 또는 인식에 기초하여 자신들의 주장을 제시할 수 있었다면 논쟁은 훨씬 생산적인 결과를 낳았을 것이다.

1990년대에 들어 중앙회 차원에서 성장전략을 제시하고 이를 실현하기 위해 노력할 수 있었던 것은 매우 다행스러운 일이다. 그러나 주된 내용은 규제의 형평성에 초점을 맞추고 있다는 느낌을 저버릴 수 없다. 만약 협동조합의 가치나 원칙 등에 근거하여 자신들의 성장전략을 준비하고 정부에 제시하였다면 보다 많은 성과를 거두었을 것이다.

대형화의 필요성, 중앙회신용사업부의 금융기관화와 같은 중요한 제안을 하면서도 신협중앙회는 협동조합의 정체성 확립 및 그를 통한 경쟁력 확보라는 정부의 원론적인 반응에 거의 대응하지 못했다는 한계를 드러냈다. 그 결과 신협중앙회의 성장전략과 정부의 주장 또는 요구는 최소한의 타협점도 찾을 수 없었다. 시간의 경과와 함께 신협은 금융 자유화 시대를 맞이하여 지속 가능성과 경쟁력을 확보하기 위해 필요하다고 내세운 요구사항을 관철할 수 있었다. 그렇지만 요구사항이 의도한 일정대로 실현되지 않으면서 실효성이 크게 감소되었다. 그것도 자신의 논리로 설득하여 그러한 결과를 얻어낸 것은 아니었다. 정치적 판단과 규제의 형평성이 보다 중요하게 작용한 것으로 보인다.

이러한 문제는 오늘날까지도 지속되고 있는 것으로 평가된다. 그 결과 신협의 성장전략은 자신의 필요가 아니라 많은 정도 정치적 고려에 의존하는 한계를 노정하고 있다. 나아가 정부의 요구에 의해 자신은 결코 원하지 않는 업무도 수용하게 되는 일도 경험하고 있다. 지금이라도 보다 적극적으로 자신의 논리를 내세울 수 있는 준비를 갖추고 자신의 성장 및 발전전략에 어울리는 여건을 창출할 수 있어야 한다. 그렇지 못하면 협동조합의 가치와 원칙을 실현할 수 없다.

# 2장 한국 신협의 정체성 위기

**제1절** 서론 / **제2절** 기존 논의 검토

**제3절** 협동조합 원칙으로 본 한국 신협의 현실 / **제4절** 결론

## 1. 서론

신협을 포함한 금융협동조합에 관한 우리나라의 연구 대부분은 그들이 지역에 밀착된 경영을 함으로써 경쟁적 이점을 확보할 수 있으며 동시에 서민들의 자금수요를 충족시켜줄 수 있다고 주장한다. 금융협동조합은 이들의 제안을 받아들여 지역과 조합원에 밀착된 경영을 하기 위해 노력해왔다. 그리고 저소득계층과 신용취약계층의 자금수요를 충족시켜주고 있다는 점에서 나름의 성과도 거두고 있다. 그러나 어느 누구도 은행에 비해 그들이 서민에 대한 금융공급에서 경쟁력을 갖고 있다고 인정하지 않으며, 그들의 경영을 안정된 것으로 평가하지도 않는다. 나아가 주민 대부분은 그들의 공신력이 부족하다고 평가하고 있으며, 요즈음에는 평판위험을 낮추기 위해 노력해야 한다는 주장까지 제기하고 있다.[1]

이렇게 서민을 위한 자금지원의 불충분성과 취약한 공신력은 신협의 정체성 문제를 평가하는 중요한 요인이었다. 그러나 2012년 협동조합기본법이 시행되면서 협동조합의 설립을 촉진하고 원활한 운영을 위한 자금지원의 필요성이 제기되면서 신협의 정체성에 대해 문제가 새롭게 제기되기 시작하였다. 즉, 협동조합 간 협동 문제가 그것이다.

그러나 이러한 방식의 문제 제기는 매우 편협하다. 비록 중요한 영향을 미쳤다고 말할 수는 있지만 어느 한 측면을 가지고 협동조합으로서 신협의 정체성을 평가할 수는 없기 때문이다. 뿐만 아니라 어떤 특정 기능, 예컨대 서민을 위한 금융기관으로의 기능을 수행하는 과정에서 협동조합으로서의 정체성이 훼손되었을 가능성도 무시할 수 없다. 이것은 정체성 위기를 어떤 구체적인 기능의 수행 여부에서 판단하기

보다는 위기를 초래한 원인을 포괄적으로 규명하는 것이 보다 중요하다는 것을 의미한다.

이 글도 다른 논의들과 마찬가지로 우리나라 신협의 정체성이 위기에 처해 있다고 주장한다. 이러한 주장을 뒷받침하기 위해 우선 제2절에서 신협의 정체성에 관한 국내의 논의를 검토한 후, 제3절에서는 협동조합의 가치와 원칙을 중심으로 한국 신협의 현 단계의 정체성 문제를 검토한다. 마지막 제4절은 이상의 논의를 정리한다.

## 2. 기존 논의 검토

조복현(2010)은 한국 신협이 외환위기 이후 자금조달 면에서는 출자금보다는 예금과 적금에, 자금운용 면에서는 조합원대출보다는 유가증권투자에 주목해 왔다고 말하면서, 금융기관으로서 경쟁력을 확보하기 위해 노력하기보다는 '본래 사회적 목표인 조합원 상호 간의 유대와 금융적 협력'을 강화하기 위해 노력해야 한다고 주장한다. 한걸음 더 나아가 전형수(2013a)는 이러한 상황이 지속된다면 '신협은 서민금융기관으로써 정체성을 잃어버리든지, 아니면 협동조합과 전혀 다른 길을 걷게 될 것'이라고 말한다.

그런데 이러한 지적에는 문제가 있다. 첫째, 신협의 정체성을 금융공급문제에 한정하여 평가하고 있다. 1980년 모스크바에서 개최된 ICA 총회에 제출한 보고서에서 Laidlaw는 불확실성의 시대를 맞이하여 협동조합운동이 앞으로 당면하게 될 위기 세 가지를 지적하였다. 신뢰성의 위기, 경영의 위기, 이념적 위기가 그것이다. 이때 그가 크게 우려한 것은 자본주의적 기업과 힘겨운 경쟁을 하는 과정에서 협동조합의 정체성 문제가 야기될 수 있다는 점이다(Laidlaw, 1980 : 67). 1980년에 Laidlaw가 지적한 협동조합의 위기는 오늘날 한국 신협이 당면하고 있는 상황을 집약하는 것이기도 하다. 한국 신협은 관계적 금융이론에 근거하여 틈새시장을 목표로 영업하고 있으며, 틈새시장에 주목하는 것은 그렇게 할 때 다른 금융기관과 효율적으로 경쟁할 수 있다고 믿기 때문이다. 따라서 Laidlaw 방식으로 말한다면 이렇게 주장할 수 있다. 즉, 만약 한국 신협의 정체성이 위기에 처해 있다면 그것은 한국 신협이 이념적 위기를 간과한 채 신뢰성의 위기를 극복하기 위해 노력하는 대신 다른 금융기관과의 경쟁에서 살아남는 데에만 관심을 기울였기 때문이다.

둘째, 첫 번째 문제와 밀접한 관련을 가지고 있지만 그들은 높은 수준의 유가증권투자가 초래된 원인, 즉 예대율(=대출/예금)이 낮은 수준을 유지하게 된 원인을 규명하지 않고 있다. 낮은 예대율 문제는 자산운용의 어려움을 반영하는 것이므로 자산운용에서 왜 어려움을 겪게 되는지에 대한 상세한 검토가 뒷받침되어야 한다. 그리고 이는 신협의 경영 기반이 취약한 현실과도 관련되어 있는 매우 중요한 문제이기도 하다.[2]

셋째, 그들은 대출의 내용과 의미를 평가하지 않은 채 낮은 예대율에만 주목하고 있다. 만약 신협이 거액담보대출과 비조합원대출에 치중한다면 비록 예대율이 높다고 해도 서민금융기관으로서의 본분에 충실하고 있다고 말하기는 쉽지 않을 것이다.[3] 다른 한편 전형수(2013a)에서 보듯이 일부 신협인들은 서민금융기관으로서 역할이 신협의 정체성을 확인해주는 지표라고 말하기도 한다. 신협 차입자 중에 신용등급이 5~7등급인 차입자가 많다는 점은 긍정적으로 평가할 수 있을지도

모른다. 이들은 은행신용에 거의 접근하지 못하는 차입자들이기 때문이다. 이와 함께 신협은 여타 금융협동조합과 함께 햇살론을 적극적으로 공급하고 있다.[4] 신용등급이 낮은 조합원에 대한 대출시장은 신협이 생존을 위해 공략할 필요가 있다고 권고되는 차별화된 시장인 틈새시장이다. 그럼에도 불구하고 예대율이 낮다고 한다면 그것은 다른 금융기관과 경쟁에서 살아남기 위해 노력하고 있지만 신협이 뚜렷한 성과를 거두지 못하고 있다고 평가해야 한다. 나아가 경쟁전략 자체에 문제가 있다고 말할 수 있다.

한편 송두범 외(2013 : 251-2)는 신협이 협동조합이 아니라 은행으로 변질되는 등 정체성 혼란을 겪고 있다고 말하면서 관계적 금융을 강화하면 협동조합으로서 자신의 정체성을 강화하고 서민금융기관으로서의 기능이나 지역사회의 중심축으로서의 역할도 강화될 수 있다고 주장한다. 그런데 전형수(2013b)에 의하면 신협 임직원들은 신협이 서민금융 공급에 기여하고 있으며, 그러한 의미에서 지역사회개발에도 기여하고 있다고 생각하고 있다. 그리고 이 과정에서 신협 임직원들은 관계적 금융에 충실해야 한다거나 지역에 밀착된 경영을 해야 한다는 정책 권고를 충실히 이행하려고 노력하고 있다. 이렇게 볼 때 송두범 외(2013b)의 주장은 신협 임직원들을 설득하기에 충분하지 않다.

전형수(2013b)는 신협 임직원을 대상으로 정체성에 관한 설문조사를 실시하였다. 그에 따르면 신협의 정체성은 잉여금 배분, 민주적 관리 등에서 강점을 보여주고 있으며, 협동조합 간 협동, 지속적인 교육, 조합원서비스 제공 등의 측면에서는 약점을 드러내고 있다. 이러한 평가는 원칙들이 서로 연결되어 있어 하나를 소홀히 하면 다른 모든 것의 의미가 축소된다는 Macpherson의 지적에 비추어 볼 때 이해하기 쉽지 않으며, 강점으로 내세우는 민주적 관리의 의미를 살펴보면 더욱 이해할 수 없다. 신협 임직원은 조합원총회가 정기적으로 개최되고 있으며, 여기서 선출된 이사회에 의해 조합이 경영되고 있다는 형식을 강점으로 내세우고 있기 때문이다. 잉여금배분 = 출자배당이 정기예금 수준으로 유지하고 있다는 점도 강한 정체성을 보여주는 지표라고 주장한다. 그러나 사회적 효과를 증진시키기 위한 노력을 소홀히 한 채 유지하는 높은 배당률은 오히려 정체성이 약화된 지표로 해석될 수 있다.

장종익(2012)은 신협이 지역사회의 지속적인 발전을 위해 지역개발금융기관으로서의 기능을 발휘하고 새로운 협동조합의 설립과 운영을 위해 금융지원을 해야 한다고 주장하면서 신협이 협동조합 지원금융조직으로서 발전하기 위한 방안을 몇 가지 제시하지만 큰 방향이나 원칙을 제시하는 데 그치고 신용사업의 문제는 분석하지 않고 있다. 신협이 중시하고 있는 것은 자신의 경영 기반 강화 = 신용사업의 활성화이다. 이 문제를 간과하고는 제시된 방안이 신협조직에 가질 수 있는 호소력은 약화될 수밖에 없을 것이다. 마지막으로 지역사회 관여가 갖는 의미, 특히 신협의 정체성 회복에 어떤 의미를 지닐 수 있는가를 검토하는 것도 중요하다. 송두범 외(2013)도 신협이 협동조합을 지원하고, 협동조합 간 협동을 선도하며, 지역 협동사회경제의 중심축으로서 나아갈 것을 주문하고 있다(송두범 외, 2013 : 218-219). 그러나 그들 역시 지역사회에의 관여라는 협동조합 원칙 준수가 어떻게 신협의 정체성을 강화하는 데 기여할 수 있는지에 대해서는 검토하지 않는다. 단순히 협동조합 간 협동을 이루어낸다고 해서 신협의 정체성이 회복되거나 강화되지는 않을 것이다.

전형수(2013a)는 "이중성의 문제로는 분업과 계급적 구조로 조직된 기업의 목적과 인적 조직이 추구하는 사회적 목적 간의 갈등, 임직원과 조합원 간의 이해상충, 전문가의 직업적 경영관리와 조합원의 자기관리 사이의 대립, 경제적 목적과 비경제적 관심 간의 불일치 등으로 인해 기업으로서의 협동조합 경쟁력이 약화된다. 그뿐만 아니라 '자조', '자기책임', '자기관리'는 협동조합의 민주적 구성과 통제를 요구하는 것이지만, 민주적 합의를 전제로 한 의사결정에는 시간과 비용이 많이 요구되므로 조합운영의 비효율성이 증대한다"고 말한다. 협동조합이 경제적 기업이면서 동시에 인적단체라는 이중성이 기업으로서의 협동조합의 경쟁력을 약화시킨다는 것이다. 그러나 이러한 주장은 위험을 내포하고 있다. 사회적 책임이나 타인을 위한 배려와 같은 협동조합의 윤리적 가치를 무시한다면 협동조합은 다른 영리를 추구하는 기업과 구분되지 않는다.

## 3. 협동조합 원칙으로 본 한국 신협의 현실

1995년의 정체성 선언에서 ICA는 협동조합을 "공동으로 소유되고 민주적으로 운영되는 사업체를 통해 공동의 사회 · 경제 · 문화적 필요를 충족시키려는 사람들이 자발적으로 결성한 자율적인 조직"(Birchall, 1997 : 105)으로 정의한다. 이어서 협동조합과 협동조합원이 지켜야 할 가치를 설명한 후, ICA는 협동조합의 원칙을 제시하는데, 이것은 협동조합의 정의를 보다 상세하게 서술한 것이다.[5] 따라서 "협동조합의 실천은 원칙을 반영해야" 한다(Birchall, 1997 : 325). 또는 "이 원칙들과 그 원칙들이 표현하는 중요한 가치를 통해 … 전 세계 각 지역의 다양한 유형의 협동조합들을 평가할 수 있도록 해야 할 것이다"(Birchall, 1997 :

115)라는 지적이 명확히 하듯이 협동조합의 정체성은 원칙을 통해 검토할 수 있다.

ICA는 협동조합의 첫 번째 원칙으로 "협동조합은 자발적 조직으로서, 성적 · 사회적 · 인종적 · 정치적 · 종교적 차별을 두지 않고, 협동조합의 서비스를 이용할 수 있고 조합원으로서의 책임을 다하는 모든 사람에게 개방된다"(Birchall, 1997 : 106)는 점을 내세웠다. 이 원칙, 즉 개방적이고 자발적인 조합원 제도에 대해 부연하면서 Birchall은 그것이 자유, 공정, 그리고 평등의 가치를 가리키며, 평등의 가치는 다음과 같은 의미와 내용을 가진다고 주장한다. "협동조합인들은 사회적 불이익자들에게 상호협력을 통해 시장에서 개인의 부족한 힘을 보충하는 경제조직에 참여할 수 있도록 함으로써 평등화하는 일에 관심을 가졌다."(Birchall, 1997 : 107)

한국 신협의 조합원은 크게 두 종류로 구분할 수 있다. 예금하는 조합원과 대출받는 조합원이 그것이다. 예금하는 조합원이 크게 중시하는 것은 은행보다 높은 실질이자율이다. 조민서 외(2011)에 의하면 조합원은 조합이 가까이에 있어서(응답자의 54.3%) 또는 예금하려고(응답자의 46.0%) 조합에 가입한다고 응답(복수응답)하였다. 공신력이 높지 않음에도 불구하고 예금하려고 조합원이 된다는 것은 신협예금의 실질이자율이 높기 때문이다. 그러나 신협을 포함한 서민금융기관의 평판위험은 결코 간과할 수 없다. 조민서 외(2011)의 또 다른 질문에 의하면 조합원(응답자의 30.6%)과 비조합원(42.2%) 모두 비교적 높은 비율로 안전하지 않아서 서민금융기관에 예금하지 않는다고 응답하였다(복수응답).

조합원은 차입을 꺼린다. 높은 이자율을 부담해야 하기 때문이다.

높은 수신금리는 높은 여신금리를 불가피하게 한다. 낮은 비율(16.6%)의 응답자만이 대출받으려고 조합에 가입한다고 응답한 것은 이를 반영한다. 물론 신협이 대출할 때 거의 항상 담보를 요구하며, 신용도가 낮은 차입자의 경우 특히 그러하다는 현실을 반영하는 것이기도 하다.

높은 수신이자율이 초래하는 높은 대출이자율은 조합의 자산운용에 심각한 문제를 야기하게 된다. 먼저, 정보의 비대칭성 이론에 의하면 고금리는 역선택문제를 초래하여 신용위험이 높은 차입자를 유인한다. 이에 조합은 담보의존적 대출을 선호하게 되는데, 이 과정에서 제공할 담보가 없거나 부족한 지역의 저소득층은 조합신용에 접근할 수 없게 된다. 다음으로 2000년대 들어 도입이 본격화된 개인신용평점제도(credit scoring system ; CSS)는 신용취약자의 조합신용에의 접근도 제약한다. 셋째, 높은 대출금리는 경쟁력을 떨어뜨려 예금에 비해 대출의 확대를 어렵게 한다. 그럼에도 불구하고 대출을 확대시키려면 높은 위험을 감수해야 한다. 고수익-고위험은 불가피한 선택이 된다. 위험은 높지만 수익률이 높고 담보를 수취할 수 있는 비조합원대출과 역외대출이 2010년 전후하여 증대된 것은 이러한 사정을 반영한다. 마지막으로 자산성장은 조합으로 하여금 대출취급비용이 상대적으로 높은 소액대출보다는 거액대출을 선호하게 한다. 직원 수가 자산성장에 비례하여 늘어나지 않고, 비용을 절감할 필요도 있기 때문이다. 갈수록 명백해지는 이러한 문제점들은 신협 스스로가 표방하는 서민금융기관으로서의 임무와는 거리가 있다.

수신이 높은 기대수익을 겨냥하는 조합원 중심으로 일어나고 대출이 저조한 상황에서 신협이 표방하는 이념 등에 끌려서 조합원이 되고자 하지는 않을 것이다. 조민서 외(2011)에 의하면 조합 이념이 좋아서 조합에 가입한 조합원은 응답자의 17.6%에 불과하다. 송두범 등의 다음 지적은 상황의 심각성을 잘 보여준다. 즉, 그들은 사업체만 있고 결사체는 없다고 말하면서 "조합원은 없고 기업이 소비자 혹은 이용자를 대상으로 장사를 하고 있다. 결사체를 위하여 사업을 운용하는 것이 아니라 사업체의 회원제 이용제도만 존재한다."(송두범 외, 2013 : 262)

"개방적이고 자발적인 조합원 제도"는 누구나 조합원이 될 수 있다는 것 이상의 어떤 것을 의미한다. 무엇보다 조합원이 되어 상호협력하여 상업적 금융기관 신용에 접근하기 곤란하여 생긴 금융제약을 완화하겠다는 의지, 또는 상호협력하여 시장에서 개인의 부족한 힘을 협동조합을 통해 보충하겠다는 의지가 있어야 한다. 그러나 설문조사 결과는 이러한 의지를 별로 보여주지 않는다. 이러한 상황에서는 신협은 조합원의 필요를 읽어내려고 노력하지 않고 자산성장을 우선하기 때문에 개방적이고 자발적인 조합원 제도는 신협이 협동조합으로서 정도를 걷도록 이끌지 못하고 있다.

협동조합의 두 번째 원칙은 조합원에 의한 민주적 관리 원칙이다. 즉 "협동조합은 조합원이 관리하는 민주적인 조직으로서 조합원은 정책수립과 의사결정에 적극적으로 참여한다. 선출된 임원은 조합원에게 책임을 지고 봉사한다. 단위조합에서 조합원은 동등한 투표권을 가지며(1인 1표), 연합단계의 협동조합도 민주적인 방식으로 조직된다."(Birchall, 1997 : 107)

신협의 이념에 동의하지 않고 기업의 고객과 같은 입장에서 신협이 제공하는 서비스에만 관심을 기울인다면 조합원은 조합의 정책수립이나 의사결정과정에 특별히 관심을 기울이지 않을 것이다. 예금에 관심이 있는 조합원은 높은 실질이자율이 보장된다면, 차입에 관심을 기울이는 조합원은 대출을 받을 수 있다면 더 이상 바랄 것이 없을 것이다. 조합도 자금의 조달과 운용에만 관심을 한정하기 때문에 조합의 정책 수립이나 의사결정을 할 때 특별히 조합원의 의견을 구할 필요를 느끼지 못할 것이다.

이러한 상황에서 조합원의 참여나 조합민주주의는 거의 가치를 가질 수 없다. 심층면접과정에서 만난 조합의 실무책임자들은 조합의 주인이 누구라고 생각하느냐는 질문에 대해 거의 망설이지 않고 조합직원이라고 응답하였다. 그들은 대부분의 조합원이 높은 실질이자율 이외에는 어떤 관심도 기울이지 않는 피동적인 주체라는 것을 잘 알고 있다. 한편 조합 경영자는 직원들을 독려하기 위해 여러 가지 인센티브제도를 도입하고 있다. 금융사업에 집중하고 있지만 다른 금융기관에 비해 경쟁이 불리하기 때문에 직원들을 독려하여 성과(수신뿐 아니라 공제사업 등 각종 조합이나 중앙회가 추진하는 사업)를 내도록 할 필요가 있기 때문이다(이선호, 2013). 직원들의 의식도 크게 퇴조하고 있다. 인센티브 지향적이 되는 것은 직원(과 조직)이 사명감을 상실하였다는 것을 의미한다.

조합 경영자, 특히 조합 이사장에게 권한이 집중되어 있는 현실에 대한 비판도 제기되고 있다. 그런데 조합원이 고객화하면 조합의 경영성과는 거의 전적으로 임직원의 능력에 의존하게 된다. 조합의 실무책임자와 이사장의 능력은 특별한 의미를 지닌다. 자산운용, 특히 거액담보대출, 공동(또는 역외)대출, 유가증권 투자 등에서 이들의 역할이 중요하기 때문이다. 조합경영의 책임자인 이사장의 권한이 강화되는 것은 이러한 사정을 반영한다. 조합원의 고객화 자체가 조합 이사장의 권한을 강화시키고 있는 것이다.

송두범 외(2013)는 조합 이사장의 권한 강화가 조합의 정체성에 부정적인 영향을 미친다고 주장하는데, 전형수(2013a)는 그 내용을 다음과 같이 구체화한다. 즉, 우리나라의 법이나 규범은 조합원 촉진보다는 채권자를 보호하기 위해 조합의 소유와 경영을 분리하여 경영을 전문화하고 있는데, 그 결과 조합 이사장의 경영지배권이 강화되었다. 그러나 이를 법이나 규정의 문제라거나 개인의 문제로 단언할 수는 없다. 결국 조합원에 의한 민주적 관리 원칙의 문제는 이렇게 정리할 수 있다. 조합원이 "주식회사의 주주처럼 조합의 추상적, 관념적 주인이 되어 조합경영의 국외자가" 되거나, 이사장에게 조합원 촉진 동기가 없거나 약할 경우 이사장의 이해가 앞서게 되어 "이사장이 조합원의 이익보다 오히려 개인의 욕구충족(예 : 높은 보수, 일자리 보장, 사회적 명예)에 비중을" 두게 되고 나아가 "이사장의 개인기업"으로 전락할 위험이 생긴다(이상 전형수, 2013a).

전형수가 말하는 조합의 이러한 위험은 한국 신협의 현실을 잘 보여준다. 그런데 금융업에 치중하는 과정에서 나타난 조합원의 고객화 또는 관념적 주인으로의 전환 등의 문제를 이사장 개인의 문제, 즉 조합원 촉진동기의 취약성으로 돌리는 것은 올바르지 않다. 이는 상근유보수화가 이사장의 권한을 강화시켰다는 주장만큼이나 공허하다. 조합원의 주인의식, 즉 자신의 문제를 다른 사람과 힘을 합쳐 해결해야 한다는, 그리고 이를 위해 주인으로서 당당하게 조합경영에 관심과 주의를 기울여야 한다는 생각 내지는 의지의 결여가 무엇보다 문제라고 생각한다.

조합경영에 관한 신협조직 내부의 인식과 조합경영을 지배하고 있는 흐름은 더 큰 문제이다. 금융사업에 거의 전력을 경주하는, 그리고 그 과정에서 조합원이 고객화되고 조합경영에 관심을 갖지 않게 되며, 주인의식도 희박해지는 현실이 우려스럽다. 신협이 협동조합의 정신이나 이념을 경시하는 풍조도 문제이다.[6] "조합원에 의한 민주적 관리 원칙"은 조합이 금융 사업에 치중하는 가운데 심각하게 훼손된 것으로 보인다.

협동조합의 세 번째 원칙은 조합원의 경제적 참여이다. 즉, "조합원은 협동조합의 자본조달에 공정하게 참여하며 자본을 민주적으로 관리한다. 최소한 자본금 중 일부는 조합의 공동재산으로 한다. 출자배당이 있을 경우 조합원은 출자액에 따라 제한된 배당금을 받는다. 조합원은 다음과 같은 목적의 일부 또는 전체를 위해 잉여금을 배분한다. ① 잉여금의 일부는 배당하지 않고 유보금의 적립을 통한 협동조합의 발전, ② 조합원의 사업이용실적에 비례한 편익 제공, ③ 조합원의 동의를 얻은 여타의 활동을 위한 지원."(Birchall, 1997 : 108-9)

출자금은 조합원의 주인의식과 조합민주주의를 제고하기 위한 중요한 수단으로 인식되고 있다. 예컨대 전철환(1990)은 출자금 비율(조합의 자금조달 총액에서 출자금이 차지하는 비중)의 하락은 조합원의 주인의식이 결여되고 민주적 관리의식이 약화된 것을 보여준다고 우려하고 있으며, 조복현(2010)도 출자금 증가는 조합원의 조합에 대한 적극적인 참여를 유도하고 공동유대를 강화하는 데 기여할 수 있다고 말한다. 1972년 신협법 제정 이후 공신력이 제고되면서 조합원들은 출자금 대신 예금을 늘려 나가기 시작하였으며, 그 결과 출자금 비율은 하락하게 되었는데, 2013년 말 현재 출자금 비율은 7.1%이다.[7]

출자금은 조합의 자본금으로 사업을 추진하기 위한 기본자산이다. 그러나 출자금의 증액만으로는 조합원의 주인의식을 제고하거나 조합

민주주의를 실현할 수 없다. 오늘날 확인되는 바와 같이 조합원의 출자금 납부가 조합의 가치에 동의하고 이를 적극 지지하기 위한 과정과는 거리가 있는 것 같다. 오히려 비과세되고 비교적 높은 수준을 유지하는 배당률을 겨냥하여 출자금을 납부하고 증액하고 있다. 이와 함께 우리는 1인 1표 제도 하에서 출자금의 증가로 조합원의 참여를 활성화하는 데는 명백한 한계가 있다는 점을 간과할 수 없다. 조합원이 다른 조합원과 함께 힘을 합해 자신의 불리한 처지를 극복하려는 의지가 결여된다면 출자금은 개인의 자산을 운용하는 수단 이상의 의미를 가지지 못할 것이다.

한편 출자금에 대한 배당률은 조합의 경영실적을 가늠하고 조합 이사장의 경영능력을 보여주는 중요한 지표로 인식되고 있다. 이는 조합으로 하여금 배당률을 높이도록 한다. 이에 신협중앙회는 조합들이 배당률을 둘러싼 과당경쟁을 방지하기 위해 그 수준을 전년도 1년만기 정기예금이자율(평균)을 상회하지 못하도록 지도하고 있다. 그러나 이러한 지도는 충분한 성과를 거두지 못하는 것 같다. 출자금에 대한 배당률이 정기예금에 대한 이자율로 인식되면서 조합들은 매년 일정수준 이상으로 배당률을 유지하고자 한다. 이를 위해 조합들은 이익금의 일정부분을 이월잉여금 항목에 쌓아두고 있다. 이는 일종의 편법으로 볼 수 있는데, 이러한 문제를 회피하기 위해 조합들은 최근 법정적립금 이외에 따로 적립하는 임의적립금을 배당재원으로 사용할 수 있게 해주도록 금융당국에 강력히 요구하고 있다. 전반적으로 배당률이 높은 수준을 유지하는 가운데 조합의 자기자본에서 이익적립금이 점하는 비중은, 신협이 설립된 지 50년을 넘어서고 있지만, 아직까지 30%(2013년 말 현재. 신협중앙회)에 미치지 못한다.

그 결과 조합의 공유자산 축적은 충분하지 못한데, 이는 조합이 조합원들이 오랜 기간에 걸쳐 공동으로 일궈놓은 것이라는 점을 간과하게 한다. 물론 사회적 기능의 수행도 제약할 수 있다.[8] 이탈리아 등과 같이 법으로 이러한 목적의 적립을 강제하는 것도 필요할지 모른다.[9] 이와 함께 조합이 사회적 기능을 활성화하고 지역사회에의 관여를 증대하면서 지역주민과 조합원이 조합의 업무에 대해 관심을 가지도록 할 필요가 있다. 이는 조합원에게 주인의식을 깨우치는 데 기여할 것이다. "조합원의 경제적 참여" 원칙은, 조합원의 주인의식이 희박해지고 조합민주주의가 훼손되면서, 왜곡되고 위축된 것으로 보인다.

네 번째 원칙은 자율과 독립의 원칙이다. 즉, "협동조합은 조합원들이 관리하는 자율적인 자조조직이다. 협동조합이 정부 등 다른 조직과 약정을 맺거나 외부에서 자본을 조달하고자 할 때는 조합원에 의한 민주적 관리가 보장되고 협동조합의 자율성이 유지되어야 한다."(Birchall, 1997 : 110) 선진국 협동조합에서 이 원칙은 1980년대 들어 자본주의 기업과 경쟁이 심해지는 가운데 협동조합이 경쟁력을 확보하기 위해 필요한 자본을 시장에서 조달하고자 할 때 조합원에 의한 민주적 관리가 훼손될 수 있다는 우려를 반영하고 있다.[10] 그러나 개발도상국에서 이 문제는 많은 경우 정부의 간섭이 자칫 협동조합을 고사시킬 수 있다는 문제의식을 담고 있다. 제1장에서 본 바와 같이 신협은 정부의 지원을 받으면서 성장하고자 했는데, 이때 그들은 정부의 지원이 협동조합으로 하여금 의존적으로 만들고, 조합원 민주주의를 압살하여 초라한 사업성과를 초래하게 된다는 점을 간과하였다.

신협은 최근 자산운용이 어려워지자 공동유대를 확대하고 중앙회의 여신한도를 확대하기 위해 많은 노력을 경주하고 있다. 정부는 이를 허용하지 않으려 한다. 공동유대가 확대되면 협동조합 정신의 이완이 가속화하고 경쟁이 심화되어 경영에 부정적인 영향을 미칠 수 있다고 생각한다. 여신한도의 확대도 조합에 부정적인 영향을 미친다고 평가하고 있다. 조합이 운용할 수 있는 능력 이상으로 자금을 조달하고자 하고, 다른 한편 중앙회는 자산운영과정에서 위험부담을 가중시킬 것이라고 생각하기 때문이다. 이에 대해 신협은 정부의 규제가 자율성을 손상시키고 있다고 불만을 제기한다.

신협과 정부 간의 이러한 대립은 2007년 신협중앙회가 정부자금을 지원받고 MOU를 체결하면서 심화되고 있다. 그런데 이러한 갈등은 신협이 고금리에 의존하는 성장 지향적 전략을 채택하고 있다는 점과 밀접한 관련을 가지고 있다. 신협은 이러한 전략에 힘입어 급속한 성장세를 보이고 있으며, 자산규모가 50조 원을 초과하였다. 그럼에도 불구하고 경영은 안정되지 못하고 있기 때문에 금융당국은 지나친 성장이 금융불안을 야기할 수 있다고 우려하고 있다. 물론 자산성장에도 불구하고 서민금융기관으로서의 역할이 충분하지 않다는 불만도 가지고 있다. 이렇게 볼 때 정부의 규제가 자율과 독립을 훼손하고 있다고 단언할 수만은 없다. 협동조합으로서의 정체성 훼손과 성장 지향적 전략 자체가 정부의 규제를 초래하고 있기 때문이다. 자율성을 침해받지 않기 위해 신협은 우선적으로 조합원들에 의해 관리되는 자율적인 자조조직이라는 점을 대외적으로 인정받아야 한다.[11]

다섯 번째는 교육 · 훈련 및 정보 제공의 원칙이다. 즉, "협동조합은 조합원, 선출된 임원, 경영자, 직원들이 협동조합의 발전에 효과적으로 기여하도록 교육과 훈련을 제공한다. 협동조합은 일반 대중, 특히 젊은 세대와 여론 지도층에게 협동조합의 본질과 장점에 대한 정보를 제공

한다."(Birchall, 1997 : 110-1)

조합원 교육은 조합원의 주인의식을 제고하여 참여를 활성화하고 민주적 관리를 통해 사업성과를 높이는 데 중요한 요인이다. 신협은 내부적으로 조합원에 대한 교육이 충분하지 않다는 자성의 목소리를 오래 전부터 내고 있다. 그러나 아직도 지극히 형식적이고 일회성 교육 이외에는 제공하지 않고 있는데, 신협의 정체성에 관한 설문조사에서 어느 신협 지도자의 응답은 오늘의 실상을 잘 보여준다. "옛날에는 조합원 교육이 잘 되었지만, 요즈음에는 조합원들이 바빠서 교육에 참여하기 힘들다. 최근에는 연수원에서 교육을 시키고 있는데 (조합원을) 10~15대 정도의 버스에 태워서 연수원으로 간다. 최근에는 이것도 어려워서 봄이나 가을에 야외교육이라는 이름으로 개그맨이 교육을 시키기도 한다."(전형수, 2013b)

신협은 현재 공동유대를 확대하기 위해 많은 노력을 기울이고 있다. 자산운용에서 겪는 어려움을 해소하려는 데 그것의 주된 목적이 있다. 그러나 공동유대를 자본주의 이전의 공동체와 같은 자연적인 모습이나 행정구역과 같은 인위적인 경계 내에서 찾으려 하는 것은 문제이다. 더 이상 그러한 공동체는 존재할 수 없으며, 의미도 크지 않기 때문이다. 조합원으로 하여금 협동조합의 가치를 존중하고 그것을 키워나가도록 자극하고 독려하는 것이 중요하다. 이것을 알지 못한다면 또는 그것을 실행하기 위해 힘쓰지 않는다면 조합원은 협동조합의 필요성을 느끼지 못할 것이다. 그리하여 금전적인 보상(= 높은 수신금리나 출자금에 대한 높은 배당률 등)에 자신의 관심을 한정하게 될 것이다. 다른 한편 지역사회에 생계가 곤란한 취약계층이 증가하고 이들의 금융배제가 심화되고 구조화되는 상황에서 예컨대 사회적 책임 및 타인을 위한 배려와 같은 윤리적 가치를 실천하도록 교육하는 일은 영업구역을 확대하기 위해 노력하는 것보다 훨씬 의미 있고 중요한 일이다. 조합원 교육이 중요한 것은 이 때문이다. 일본 협동조합인 가가와(賀川豊彦)의 다음 지적은 음미할 가치가 있다. "만약 조합원들이 협동조합 경제학의 원칙을 잘 이해하지 못한다면 협동조합은 궁극적으로 붕괴되고 말 것이다. … 따라서 협동조합운동은 무엇보다 교육운동이 되지 않으면 안 된다."(Birchall, 1997 : 111에서 재인용)

직원에 대한 교육도 문제가 있다. ICA는 협동조합의 요구에 맞는 교육 및 훈련 프로그램이 부족한 상태에서 협동조합이 주류 경영기법에 의존하고 있는 현실에 대해 우려를 제기하고 있다(Borzaga & Galera, 2012). 우리나라 신협의 경우 금융사업에 중점을 두고 특히 사회적 기능이 취약하기 때문에 이러한 문제에서 비켜날 수 없다.[12] 또한 Stiglitz의 다음 지적에 주목할 필요가 있다. "자본주의 기업을 위해 설계된 조직모형과 경영규칙을 단순히 협동조합에 이식하는 데 그친다면, 결국 협동조합의 정체성을 갉아먹고 종래에는 협동조합의 소멸을 자초하게 될 것이다."(Zamagni & Zamagni, 2009 : 71에서 재인용)

이와는 다른 의미의 교육, 즉 협동조합의 이념이나 가치 등에 대한 임직원 교육도 강화되어야 한다. 임직원이 조합이 지향해야 할 목표와 가치를 알지 못하거나 명확히 하지 못하면, 그 의미 등을 깊이 생각하지 않은 채 업무를 거의 기계적으로 수행하는 데 그칠 것이다. 즉, 위로부터의 지시나 할당된 목표를 이행하는 데 그친다. 그리고 그에 따른 보상에 만족할 것인데, 조합의 이념과 가치를 간과하게 되면 금전적 보상은 그를 움직이는 중요한 힘이 될 것이다. 이는 영리를 목적으로 하는 기업의 임직원과 크게 다르지 않는 모습이다. 조합이 지향하는 또는 지향해야 할 목표와 가치를 명확히 한 후 이를 달성하기 위해 노력하는 자세가 요청된다. 이러한 자세를 갖출 때 임직원은 마음으로부터 조합원의 참여를 촉진하고 조합민주주의를 실현하기 위해 노력할 수 있을 것이다.

조합원의 참여를 촉진하고, 조합민주주의를 실현하기 위한 조합 임직원들의 노력은 거의 없다고 해도 과언이 아니다. 최근 신협 내부에서는 조합원의 여성화 · 고령화에 대해 크게 우려하고 있다. 젊은 세대에게 호소할 수 있으려면 신협이 사회적으로 얼마나 의미 있는 조직이며, 그러한 활동을 통해 지역사회와 주민에게 얼마나 기여하고 있는지 보여줄 수 있어야 한다. 그러나 아직은 충분하지 않다. "교육 · 훈련 및 정보 제공의 원칙"은 조합원과 직원에 대한 교육마저 크게 등한시되는 등 제대로 지켜지지 않고 있다.

협동조합의 여섯 번째 원칙은 협동조합 간 협동이다. 즉, "협동조합은 지역 및 전국 단위 간에, 그리고 인접국가 간 및 국제적으로 함께 일함으로써 조합원에게 가장 효율적으로 봉사하고 협동조합운동을 강화한다."(Birchall, 1997 : 113)

신협의 경우 신협운동 초창기라 할 수 있는 1964년부터 중앙회 조직을 가지고 있다. 내부적으로 반성의 목소리도 들리지만 중앙회 조직을 통해 개별조합은 조합원과 임직원 교육을 체계화하고, 조합운영의 효율성을 제고하며, 금융업무의 정보통신화와 같은 변화하는 흐름에 적극적으로 대처하고 있다. 그러나 사회적 기능을 활성화하도록 충분한 자극을 주지는 못하고 있다.

협동조합기본법이 시행되면서 협동조합 간 협동을 요구하는 목소리가 높다. 그러나 신협은 다른 업종의 협동조합과의 협동에는 기여하지 못하고 있다. 장종익(2012)이 지적하듯이 법이나 제도적인 미비점이 이를 저해하고 있다는 것을 부정할 수는 없을 것이다. 그러나 "협동조합이라는 나무 한 그루가 전체 협동조합이라는 숲과 조화를 이루지 못한다면, 영원히 성장할 수 없다"(Zamagni & Zamagni, 2009 : 26)는 지적에서 알 수 있듯이 협동조합 간 협동은 결국 신협 자신을 위하는 길이기도 하다.

마지막으로 지역사회 관여이다. 즉, "협동조합은 조합원의 동의를 얻은 정책을 통해 그들 지역사회의 지속가능한 발전을 위해 노력한다."(Birchall, 1997 : 113)

현재 신협은 사회복지사업, 문화후생산업, 지역사회 개발사업 등을 수행하고 있다. 그러나 사업규모는 매우 미약하며, 기금을 마련하여 체계적으로 사업을 실행하는 경우는 많지 않다.[13] 전체적으로 영리기업의 사회공헌활동과 차별화된 사업은 많지 않은데, 조태현(2010), 신협중앙회(2011) 등에서 보듯이 신협중앙회는 위와 같은 사업을 조합의 사회공헌활동의 일환으로 파악하고 있다. 협동조합으로서 신협의 사회적 목표에 대해 얼마나 인식하고 있는지 의구심이 인다.

협동조합의 모든 원칙들은 개별적 원칙들의 단순한 종합은 아닌데(Birchall, 1997 : 115), 원칙을 중심으로 정체성을 평가할 때에는 Macpherson의 다음 지적에 주목할 필요가 있다. "그 원칙들은 서로 정교하게 연결되어 있다. 그중 하나를 소홀히 하면 다른 모든 것의 의미가 축소된다."(Birchall, 1997 : 115에서 재인용) 이러한 주장의 의미를 우리들은 이상의 논의로부터 확인할 수 있다. 즉, 우리가 한국 신협이 정체성 위기를 경험하고 있다는 주장을 받아들인다면, 어떤 특별한 협동조합 원칙을 소홀히 해서 한국 신협의 정체성이 위태롭게 된 것이 아니라는 것을 알 수 있다.

## 4. 결론

2012년 이후에는 협동조합기본법이 시행되면서 신협에 대한 불만이 더욱 고조되고 있다. 협동조합운동가를 중심으로 신협이 지역사회에 대한 관심이 별로 없으며, 새로 설립되거나 활동하고 있는 협동조합을 위한 자금공급에 매우 인색하다는 불만이 토로되고 있다. 최근에는 신협의 정체성이 위기에 처해 있다고 주장하는 협동조합운동가나 연구자가 증가하고 있으며, 정부도 신협의 정체성에 대해 의문을 제기하고 있다.

또 다른 의미에서의 부정적인 평가도 수그러들지 않고 있다. 1972년 정부는 신협법을 제정하면서 그것이 신협의 공신력을 제고하는 데 중요한 기여를 할 것이라고 내다보았다. 그러나 신협의 낮은 공신력문제는 만성화되어 있으며, 평판위험이 제고되고 있다는 주장까지 나오고 있다. 평판가치는 주로 영리를 목적으로 하는 회사에 대한 사회적 평가인데, 비영리사업체이면서 사회적 경제의 중심축을 이루는 신협에 대해 평판위험이 운위되는 현실은 신협이 협동조합으로서 정체성 이상의 심각한 문제를 안고 있다는 것을 함의한다.

우리나라 금융협동조합에 대한 부정적인 평가는 금융협동조합이 서민의 금융제약을 완화하기 위해 적극적으로 노력하지 않는다는 사실과 밀접히 연관되어 있다. 그러나 이는 잘못된 주장이다. 금융협동조합은 서민의 금융제약을 완화하기 위해 설립된 것이 아니다. 그러나 이에 대한 본격적인 검토는 제3부로 미룬다.

# 정부와 금융협동조합

**3장** 금융협동조합의 정체성과 정부의 개입

**4장** 금융협동조합의 서민금융기관화 정책

**5장** 서민금융의 공급과 정부

**6장** 금융협동조합의 햇살론 공급 현황과 시사점

part two

2

3장

# 금융협동조합의 정체성과 정부의 개입

**제1절** 서론 / **제2절** 협동조합운동과 정부
**제3절** 정체성 논쟁의 전개 / **제4절** 새로운 진로의 모색과 그 의미
**제5절** 결론

## 1. 서론

한국 정부는 금융협동조합의 성장과정에 중요하고 다양한 영향을 미쳤으며 지금도 그러하다. 금융협동조합에 대한 정부의 개입은 한국 금융협동조합의 성장에 적지 않은 기여를 하였다. 그러나 다른 한편 정부는 개입과정에서 이들의 정체성을 약화시켰다. 제3장에서는 정부의 개입과 그에 따른 금융협동조합의 정체성 문제를 검토하려 한다. 이러한 주제는 중요성에 비해 연구자들의 관심을 크게 끌지 못하고 있는데, 기존 연구로는 전형수(2004a) 등을 꼽을 수 있을 정도이다. 이를 위해 제2절에서는 협동조합운동과 정부의 관계, 특히 정부의 개입이 협동조합운동에 미치는 영향을 검토한다. 제3절에서는 한국 금융협동조합 설립에 정부가 미친 영향을 새마을금고를 중심으로 살펴본다.

## 2. 협동조합운동과 정부

협동조합운동과 정부의 관계는 ICA나 유엔에서 많은 관심을 기울이는 문제이다. 정부의 개입이 협동조합의 성장에 도움을 주는 측면이 적지 않지만 다른 한편으로 과도한 간섭이 협동조합의 정상적인 발전을 저해하고 운동의 성과에 부정적인 영향을 미칠 수 있기 때문이다.

정부의 개입은 협동조합을 경제개발을 위해 이용하려는 의도를 반영하는데, 이 경우 가장 큰 문제는 협동조합의 자조적 성격이 저해된다는 점이다. 이러한 사정을 잘 보여주는 것이 2001년 유엔이 협동조합의 발전을 위해 제시한 총 26개 가이드라인 중 제1항이다. 그것은 이렇게 말한다. 정부는 협동조합이 사회복지에 기여하도록 협동조합을 설립하는 데 적극 개입한다. 그러나 그러한 효과는 협동조합운동의 결과로 나타나는 것이다. 그리고 협동조합이 그러한 효과를 거둘 수 있으려면 자조의 성격을 유지하도록 하는 것이 매우 중요하다(전형수, 2004a에서 인용).

1966년 협동조합 원칙을 개정하면서 ICA도 이러한 문제에 주목하였다. 1937년의 협동조합 제1원칙은 '개방적인 조합원 제도'로 되어 있었는데, 1966년 원칙을 개정하면서 이를 '개방적이고 자발적인 조합원 제도'로 확대하였다. 무엇보다 "조합원의 강제성"이 문제가 되었기 때문인데, 이는 협동조합의 원칙이 새롭게 정비된 1995년에 더욱더 강조되었다. 강제적으로 조합에 가입할 경우 협동조합의 기본적인 가치, 특히 자유라는 가치가 훼손되기 때문이다(이상 Birchall, 1997 : 106).

정부 개입에 따른 자조성 약화문제는 실제로 많은 나라의 협동조합 운동가들이 우려하는 문제였다. 영국 정부는 금융배제와 사회적 배제가 심각한 사회적 문제로 대두되자 신용조합의 설립을 독려하면서 이를 위해 자금을 적극적으로 지원하였다. 신용조합을 육성하려는 영국 정부의 정책을 논의하면서 Plackett(2003 : 109)은 이렇게 말한다. "정부가 지원하는 기금은 지역사회가 지지하고 조합원이 소유하는 강하고 활발한 자조적인 협동조합이라는 비전을 희석시킨다." 한국의 신협에 대해 말하면서 이상호(2003)도 1970년대 정부의 비호를 받으면서 성장하고자 하는 일부 신협운동가들의 시도에 대해 "정부의 과도한 간섭 때문에 조합원들의 자율성 내지 자발적 의식이 약화되지 않을까 걱정"하였다.

새마을금고의 경우 정부의 개입과 그에 따른 자조성 약화는 심각하였던 것으로 보인다. 1970년대의 새마을금고의 자율성 문제에 대해 말하면서 김병주 등은 "새마을금고의 회원가입도 행정력을 통하여 조장된 느낌이 강하다"고 말한다(김병주 외, 1981 : 312). 새마을금고 설립에는 재건국민운동중앙회가 적극 개입하였으며, 정부 차원에서의 지도·육성·성장정책도 적극 도입되었다.

개방적이고 자발적인 조합원 제도라는 제1원칙에 이어지는 원칙은 조합원에 의한 민주적 관리이다. 협동조합의 자조성이 약화되면 조합원의 참여와 민주적 관리도 제대로 이루어지지 않는다. 이와 관련하여 한국 금융협동조합이 안고 있는 문제를 처음으로 제기한 것은 김병주 등이다. 1970년대 후반 새마을금고가 안고 있는 문제점을 설명하면서 그들은 감독을 정부(= 내무부)가 맡게 되면서 새마을금고 운영의 자율성이 크게 제약되었다고 말한다(김병주 외, 1981 : 312).

민주적 관리의 문제는 협동조합의 제4원칙인 자율과 독립에도 영향을 미친다. 이 원칙은 일부 선진국 협동조합이 자본시장에서 자본을 조달하기 시작하면서 생기는 문제에 협동조합이 어떻게 대처해야 하는가 하는 데 중점을 두고 있다. 그러나 정부의 지원문제도 이것 못지않게 협동조합의 자율성과 독립성을 저해할 수 있다. 정책 달성을 위해 정부가 신용조합 설립에 적극 개입하였기 때문에 신용조합이 발전할 수 없었다는 영국의 논의는 이러한 점을 특히 강조한다.[1]

조합원 참여가 부진하고 민주적 관리가 이루어지지 않을 경우 협동조합 경영자의 재량권이 확대되며, 대리인 문제가 나타날 수 있다. 경영진의 재량권 확대·강화는 조합원의 낮은 참여의식을 반영한다(Gorton & Schmid, 1999 ; Davis, 2002 ; Borgström, 2013). 그러나 정부가 개입하여 자율성과 독립성이 저해되면 이 문제는 더욱 심화될 수 있다. 한국에서 1970년대 후반~1980년대 중반 사이에 발생한 새마을금고와 신협의 금융사고는 이를 잘 보여준다.[2] 최근 경영자들은 금융협동조합의 자산운용에 중요한 영향을 미치고 있는데, 고수익-고위험을 추구하면서 그들의 재량권은 더욱 확대되었다.[3] 경영자의 재량권 확대 · 강화는 협동조합의 대리인 문제와 밀접한 관련을 가진다. 금융협동조합의 대리인 문제에 관한 논의에서 공동유대의 확대와 그에 따른 규모의 증가가 대리인 문제를 야기하는 매우 중요한 문제라고 주장한다(Leggett & Strand, 2002). 그리고 한국의 신협도 대리인 문제에서 자유롭지 못하다.[4]

협동조합 이론가인 페이가 강조하듯이 일단 개입하게 되면 정부는 계속하여 개입하게 된다(Birchall, 1997 : 337에서 재인용). 협동조합이 정부의 간섭으로부터 벗어날 수 없는 것은 아니다. 도움을 받게 되면 자율성과 독립성을 회복하기 어렵고 특히 협동조합 정신을 구현하기 어려운 만큼 보다 큰 노력을 해야 한다. 이러한 점을 염두에 두면서 이하에서는 한국 정부가 금융협동조합의 성장에 어떠한 영향을 미쳤으며, 그것은 어떠한 과제를 안고 있는지 등을 살펴보기로 한다.

## 3. 금융협동조합의 설립과 정부

금융협동조합의 하나인 새마을금고는 정부의 주도로 설립되었다. 새마을금고 설립에 적극 개입한 것은 재건국민운동중앙회로 1961년에 발족한 군부의 국가최고통치기관인 국가재건최고회의 직속기관이다. 1964년 재건국민운동중앙회가 사단법인 재건국민운동중앙회로 재발족되면서 새마을금고는 재건학교와 함께 역점사업으로 선정되었다(새마을금고중앙회, 2013 : 138). 새마을금고가 설립되기 시작한 것은 1963년이다.

1970년대 초 정부는 새마을운동을 범국가적으로 전개하였다. 마을금고 사업은 1973년 하반기 새마을운동의 기본사업에 포함되었는데(새마을금고중앙회, 2013 : 170), 이는 새마을금고 설립의 정부 주도성을 더욱 강화하였다. 당시의 사정을 김병주 외(1981 : 297)는 이렇게 말한다. "1963년도에는 재건국민운동본부가 신협운동을 그 기본사업으로 채택, 농촌을 중심으로 마을금고운동을 전개하였다. 마을금고는 외래의 자연적이고 순수한 신협운동 또는 신협조직과는 달리 하향식 국민운동적 성격을 가진 것이다. 이것이 다시 1971년도에 시작된 새마을운동으로 흡수되어 관 주도형의 성격이 더욱 두드러지게 되었다."

1970년대 들어 정부의 개입이 보다 적극적이고 체계적으로 이루어졌다는 점은 다음 사정들이 보다 구체화한다. 먼저 정부는 1974년 4월 신용협동조합법 시행령을 개정하여 재무부장관 소관의 마을금고 설립인가권 및 지도 · 감독권을 지방장관에게 위임하였다(새마을금고중앙회, 2013 : 170). 내무부는 1976년 5월 각 시 · 도에 지방비 보조를 내용으로 하는 '마을금고 육성지침'을 시달하고, 같은 해 7월에는 각 시 · 도에 '마을금고 육성세부지침'을 시달하였으며, 9월에는 군 · 읍 · 면 새마을운동 담당공무원 99명을 대상으로 새마을금고연합회 중앙교육원에서 마을금고 지도공무원 제1기생 합숙교육을 실시하였다. 그리고 같은 해에 국무회의에서 내무부가 마을금고 육성방안에 대한 보고를 한 것을 계기로 마을금고 지원이 정책적으로 공식화되었으며, 이에 따라 지방정부는 마을금고 전담공무원을 배치하였다(새마을금고중앙회, 2013 : 173-174). 1977년 2월 국무회의는 새마을운동 5대 시책을 의결하였는데, 이로써 "중점지원 제1순위가 바로 새마을금고 육성 · 지원"이 되었다(새마을금고중앙회, 2013 : 174).

이러한 육성책에 힘입어 새마을금고는 빠른 속도로 증가하였다. 1967년에 1천 개를 초과한 후 1971년에는 1만 개를 초과하였으며, 1977년에는 42,436개로 절정에 달했다. 새마을금고 숫자는 급속히 증가하였지만 금고당 평균 회원 수는 1979년에야 216명에 이를 정도로 소규모였으며, 공동유대의 범위도 그리 넓지 않았다. 자산규모는 1970년대, 특히 1972년 이후 현저하게 증가하였는데, 신용협동조합법 제정(1972년)은 이에 중요한 영향을 미쳤다.[5] 이 법의 제정으로 정부는 새마을금고(와 신협)에 사실상 공신력을 부여하게 되었는데, 그 결과 출자금과 함께 예금이 꾸준히 증가하였다.

그러나 양적인 성장에 비례하여 협동조합으로서 새마을금고의 내실이 충실해진 것은 아니었다. 무엇보다 회원의 금고 경영 참여와 민주적 관리가 문제로 되었다. 이와 관련하여 여기서는 김병주 등의 다음 지적에 주목하고자 한다. 1974년 이후 새마을금고 감독권이 시도지사에 위임되었다고 하면서 그들은 이렇게 말한다. "따라서 마을금고에 대한 모든 감독은 실질적으로 내무부가 맡게 되었으며 그 결과 대부분의 금고가 타율적 운영이 심화"되었다(김병주 외, 1981 : 312). 그들은 먼저 지역주민이 자발적으로 새마을금고에 가입한 것은 아니었다고 주장한다. 이 경우 회원이 새마을금고의 경영에 관심을 갖기는 어려울 것이다. 회원이 관심을 갖지 않으면서 새마을금고의 경영은 경영자에게 위임되었는데, 정부는 경영자의 선정에도 영향을 미친 것으로 보인다.[6] 회원의 참여 및 그에 따른 민주적 관리를 보여주는 가장 상징적인 것은 최고경영자의 선출인데, 회원들은 최고경영자의 선출에도 적극 관여하지 못하였다.

정부는 새마을금고 경영의 세부사항까지 통제하거나 규제할 수는 없었는데, 이는 개별 새마을금고 경영자의 재량권의 확대 및 강화로 이어진다. 규모가 큰 새마을금고의 경우 이는 매우 중요하고 심각한 의미를 가질 수 있다. 김병주 등은 이렇게 말한다. "자산규모 10억 원 이상의 대형 마을금고는 주로 대도시의 일정지역 주민을 대상으로 발전되어 온 경우이다. 대형 마을금고의 경우 도시지역에서 흔히 그러하듯이 회원 상호 간의 공동유대 의식은 희박한 상태이며 자본집단화하여 협동이념을 도외시하고 타 금융기관과의 경쟁을 통하여 그 자산규모의 확장에만 주력해 온 금고가 상당수에 이르고 있다. 이러한 도시지역의 대형화된 마을금고의 이사장은 당해금고의 여수신금액이 증가함에 따라 그의 권한은 은행지점장과 대등하게 되었으며 따라서 이사장의 자리는 이권화되었다. 그리고 이들의 자질은 일반적으로 방대해진 금고의 자산(즉 회원의 출자 및 예탁금)을 충분히 관리할 수 있는 수준이 되지 못하였다."(김병주 외, 1981 : 313)

조합원의 참여의식이 저하되면 경영진의 재량권이 확대 · 강화될 수 있다. 그러나 새마을금고의 경우 정부의 규제가 보다 중요한 영향을 미쳤다. Plackett(2003 : 128)이 지적하듯이 위로부터 협동조합이 설립되면 조합원의 참여와 소유권 의식이 부족하여 "소수만 조합경영에 참여하며 대다수의 조합원들은 조합이 제공하는 서비스의 수동적인 이용자가 된다." 다른 한편 조합원이 참여하고 통제하지 못하면 조합규모가 성장하면서 조합원이 조합으로부터 멀어지고 최고경영자에게 지나치게 의존하고 협동조합사회에 대한 충성심도 유지되지 못하게 된다. 나아가 협동조합이 다른 조합원과 지역사회의 필요에 빠르게 반응할 수 없어 사업을 더욱 효율적이게 하지도 못하게 한다(Plackett, 2003 : 129).

이러한 문제는 조합원의 공동유대 의식이 낮을 경우 증폭될 수 있는데, 이론적으로 볼 때 새마을금고의 수가 정점에 달한 시기에 금융사고가 발생한 데에는 이러한 요인들이 복합적으로 작용한 것으로 보인다.[7]

주민들의 자발성이 높지 않았기 때문에 새마을금고가 기반하고 있는 지역의 공동유대 의식도 높지 않았는데, 도시지역 새마을금고의 경우 특히 그러하였다. 1970년대 중후반 발생한 새마을금고 금융사고에 대해 회상하면서 새마을금고중앙회는 이렇게 말한다. 외형의 엄청난 발전에도 불구하고 경영관리상의 발전이 없었으며, "도시마을금고는 회원 상호 간의 공동유대 의식이 결여되어 있다. 공동유대 의식의 결핍은 마을금고 존립 의미의 상실을 의미한다. 본연의 기능을 상실할 경우에는 마을금고 임원의 탈선과 방종을 유발하고 소수에 의한 독점적 운영의 위험성이 있다. 즉, 영리적 자본단체화할 우려가 있다."(새마을금고중앙회, 2013 : 183) 이와 관련하여 전형수의 다음 설명은 주목할만하다. 조합원이 "주식회사의 주주처럼 조합의 추상적 · 관념적 주인이 되어 조합경영의 국외자가" 되거나, 이사장에게 조합원촉진 동기가 없거나 약할 경우 이사장의 이해가 앞서게 되어 "이사장이 조합원의 이익보다 오히려 개인의 욕구충족(예 : 높은 보수, 일자리 보장, 사회적 명예)에 비중을" 두게 되고 나아가 "이사장의 개인기업"으로 전락할 위험이 생긴다(전형수, 2013).

정부 주도로 설립된 새마을금고가 안게 된 또 다른 문제는 정부 의존성이 높다는 점이다.[8] 이는 자조의 원칙을 약화시키면서 지속 가능성도 위협할 수 있다(Goth et al., 2006). 새마을금고는 자신의 설립목표를 "온 국민이 민주주의 이념 아래 협동단결하고, 자조 · 자립정신으로 향토를 개발하여 새로운 사회기풍을 확립"하는 데 두고 있다(새마을금고중앙회, 2013 : 138). 그러나 정부가 개입하여 조합의 자율성과 민주적 관리를 저해하게 되면 조합의 자조적 동기가 감퇴하여 조합원의 참여가 위축되고 그 결과 지역사회를 개발한다는 목적 달성도 어려워진다.

새마을금고의 운영원칙은 새마을금고가 지녀야 할 기본정신인 7대 원칙과 이에 입각한 8대 지도원칙으로 압축된다. 7대 기초원칙에는 교육선행, 인격제일, 공동유대, 공동소유, 현금거래, 건전대부, 이자제한이 있으며, 8대 지도원칙에는 민주의 원칙, 자발적인 원칙, 자치의 원칙, 공평의 원칙, 협동의 원칙, 중립의 원칙, 교육의 원칙, 발전의 원칙이 있다.[9] 이들 원칙은 1937년에 제정된 협동조합 원칙을 참조한 것으로 보인다. 국제협동조합연맹이 이 원칙을 개정한 것은 1966년이다. 재건국민운동중앙회가 8대 지도원칙을 확립한 것도 1966년인데, 이는 이전부터 지켜왔던 지도원칙을 체계화한 것이다.

새마을금고의 운영원칙은 회원에 대한 교육을 중시하고 있다. 그러나 회원 교육은 물론이고 경영진에 대한 교육도 충실하게 이루어지지 않은 것으로 보인다. 이러한 사정은 1970년대 중후반 발생한 새마을금고의 금융사고에 대한 재무부(1978년), 감사원(1980년과 1988년), 은행감독원(1985년과 1987년) 등의 감사결과에서 확인할 수 있는데, 그것은 사고의 가장 중요한 요인 중 하나로 새마을금고 지도자들에 대한 교육이 불충분했고 그 결과 이들이 협동조합 정신을 체득하지 못했다는 점을 들고 있다.

## 4. 결론

농협이 상호금융업무를 취급하기 시작한 것은 1969년이다. 그러나 조합원이 조합장을 선출하기 시작한 것은 1989년이다. 이는 농협의 경우에도 조합원의 주인의식, 참여, 민주적 관리, 자율성과 독립 등이 정부에 의해 억제되었을 수 있다는 추론을 가능하게 한다.

한편 새마을금고나 농협과 달리 신협은 아래로부터의 운동에 의해 설립되었다. 그러나 조합 수의 측면에서 볼 때 새마을금고에 비해 상대적으로 성장이 억제되었다. 이에 신협 내부에서는 정부의 적극적인 지원을 받아 새마을금고나 농협(상호금융)과 같이 빠른 성장을 도모해야 한다는 주장이 제기되었으며, 이는 1970년대 신협의 정체성 논쟁으로 표출되었다.[10] 양적인 성장을 도모할 필요가 있다는 조급함이 이러한 논쟁을 야기한 것으로 보이지만 정부의 개입은 직접 및 간접으로 협동조합운동에 부정적인 영향을 미칠 수 있다는 것을 보여준다.

4장

# 금융협동조합의 서민금융기관화 정책

**제1절** 서론 / **제2절** 금융사고 발생과 그 의미 / **제3절** 전환 필요성 제기

**제4절** 신협의 대응과 문제점 / **제5절** 결론

## 1. 서론

2000년대 들어서면서 가난한 사람들은 금융기관 신용에 접근하기 더욱 곤란해졌다. 이에 정부는 서민금융기관(금융협동조합과 상호저축은행)으로 하여금 다양한 종류의 정책자금을 공급하도록 요청하였다. 이론적으로 볼 때 금융협동조합은 조합원이 소유자이고 이용자이기 때문에 조합원이 아닌 사람들에게 자금을 공급하라는 것은 잘못된 요구이다. 정책자금의 수혜자가 조합원인 경우에도 정부의 요구는 문제이다. 협동조합의 자율성을 침해하는 것이기 때문이다. 그런데 정부의 요구에 금융협동조합은 반발하지 않았다. 오히려 자신들이 마땅히 수행해야 할 업무 중 하나로 인식하는 분위기도 감지할 수 있었다. 이러한 일견 불합리한 일들은 금융협동조합이 서민금융기관으로 육성되어 왔다는 사실을 상기하면 이해하지 못할 것은 없다.

금융협동조합을 서민금융기관으로 육성하려는 정책, 즉 서민금융화 정책은 1980년대 초반부터 추진되어 왔다. 한편으로는 금융 자유화 시대를 맞이하여 틈새시장에서 자신의 영업 기반을 구축할 필요가 있다는 정책적 배려도 이루어졌다. 그러나 정부는 그들이 협동조합으로서 정체성을 회복하여 경쟁력과 지속 가능성을 제고할 가능성이 희박하다는 판단을 내렸다. 이는 서민금융화 정책이 금융협동조합의 협동조합으로서의 정체성 회복 내지 강화에 역작용할 수 있다는 것을 함의한다. 나아가 정부의 서민금융기관화 정책은 금융협동조합을 협동조합으로 육성하기보다는 상업적 금융기관으로 육성하고자 하는 의도를 지니고 있었다.

서민금융기관화 정책이 실시된 이후에도 정부는 금융협동조합이 협동조합으로서 정체성을 회복하여 자신의 경쟁력을 강화할 수 있어야 한다고 생각하였다. 그러나 금융협동조합들은 이러한 권고에 크게 주목하지 않았으며, 오히려 사업성 강화를 핵심적인 성장전략으로 채택하였다. 서민금융기관으로 육성하려는 정부의 개입에 반발하지 않은 것은 자연스러운 일이었다. 이러한 점을 염두에 두면서 여기서는 1980년대와 1990년대에 전개된 서민금융기관화 정책과 의미에 대해 살펴보고자 한다.

## 2. 금융사고 발생과 그 의미

서민금융기관화 정책은 금융협동조합의 금융사고를 직접적인 배경으로 한다. 물론 정부는 처음부터 금융협동조합을 서민금융기관으로 육성하고자 한 것은 아니었으며, 일부 금융협동조합을 상업적 금융기관의 하나인 상호신용금고로 전환(conversion)시키고자 하였다. 이러한 주장은 금융협동조합 측에서 거세게 반발하면서 정책으로 채택되지 않았다. 그러나 금융협동조합을 상업적 금융기관으로 전환시킬 필요성을 제기하였다는 점에서 의미가 있다. 이에 먼저 1980년 전후하여 발생한 금융협동조합의 금융사고에 대해 살펴보고자 한다.

신협법 제정 이후 신협은 괄목할 만한 성장세를 기록하였다. 그러나 신협이 순탄하게 성장해 온 것은 아니었다. 시련은 1980년대 초반에 찾아왔다. 이를 보여주는 것이 조합 수의 감소이다. 1983년 1,321개이던 조합 수는 1985년까지 지속적으로 감소하였으며, 1990년까지 회복하지 못했다. 금융사고가 발생하면서 일부 조합이 퇴출되었으며, 신규설립추세도 현저히 위축되었기 때문이다.[1]

〈표 4-1〉 사고조합 수와 사고금액

| | 1982 | 1983 | 1984 | 1985 | 1986 | 계 |
|---|---|---|---|---|---|---|
| **조합 수**(개) | 1 | 10 | 18 | 10 | 8 | 47 |
| **금액**(백만 원) | 24.2 | 3,089.6 | 3,009.7 | 1,045.1 | 732.4 | 7,901.0 |

**자료** : 신협중앙회(1991), 『신협운동 30년사』.

1982년에는 사고조합이 1개에 불과하였다. 그러나 이듬해부터 크게 증가하였으며, 조합사고는 1986년까지 지속되었다. 그리고 1983~1986년 사이에 87개 조합의 인가가 취소되고, 50개 조합이 해산되거나 청산되었다. 이렇게 다수 조합에서 문제가 발생하자 신규조직되거나 신규인가된 조합의 수도 1984년 이후에는 크게 감소하였다. 금융사고는 1984년에 정점에 달했는데, 사고조합 수는 18개, 사고금액은 30억 원 이상을 기록하였다. 당시 우리 경제는 불경기를 맞이하여 많은 기업이 자금난을 겪고 있었으며, 장영자 · 이철희 사건, 영동개발사건, 상업은행수기통장사건, 그리고 완매채사건 등 굵직굵직한 금융사고가 발생하였다(최진배, 1996 : 333-344). 이러한 시기에는 기업뿐 아니라 서민들도 심각한 자금난을 피할 수 없으며, 이를 이용하려는 사금융이 활기를 띠게 된다. 일부 신협의 부적절한 자금운용은 이러한 시기적 상황과 밀접한 관련을 가지는 것으로 보인다. 금융사고는 신협의 공신력에 많은 영향을 미쳤다. 그럼에도 불구하고 조합 수만 감소한 것은

〈표 4-2〉 조합의 인가취소, 해산, 그리고 청산 현황

| | 1983 | 1984 | 1985 | 1986 | 계 |
|---|---|---|---|---|---|
| **인가취소**(개) | 4 | 67 | 16 | 0 | 87 |
| **해산 · 청산**(개) | 7 | 7 | 27 | 9 | 50 |

**자료** : 신협중앙회(1991), 『신협운동 30년사』.

〈표 4-3〉 연도별 신규조직 및 신규인가

| | 1982 | 1983 | 1984 | 1985 | 1986 | 계 |
|---|---|---|---|---|---|---|
| 신규조직(개) | 68 | 54 | 19 | 13 | 0 | 154 |
| 신규인가(개) | 136 | 202 | 25 | 10 | 20 | 393 |

**자료** : 신협중앙회(1991), 『신협운동 30년사』.

불행 중 다행이라 할 수 있다. 조합원 수, 출자금, 자산 등은 지속적으로 증가하였다.

금융사고는, 표면적으로는, 다투어 조합을 설립하고 자산을 늘리고자 하는 경쟁이 촉발한 것으로 보인다. 그러나 근저에는 조합원이나 임직원에 대한 충분한 교육을 실시하지 않았다는 문제가 가로놓여 있다. 1970~1980년대를 회고하면서 이상호는 "조합원 교육과 임원 교육이 거의 무시된 상태에서 조합 수는 늘어났고 자산 키우는 경쟁이 일어났다"(이상호, 2003 : 252-3)고 말하면서 "조합원의 '선교육 후가입' 제도는 무너져 '선가입 무교육' 풍조가 만연"되어 있었다고 지적한다(이상호, 2003 : 203). 지나친 설립 경쟁, 자산키우기 경쟁, 부실한 교육은 심각한 결과를 낳았는데, 협동조합 원칙의 위배가 그것이다. ICA는 조합의 문호개방과 관련하여 그 조항이 '협동조합은 그것에 가입을 신청할 수 있는 모든 사람을 가입시키지 않으면 안 된다'는 것을 의미하지 않는다고 하면서 신협 등은 금융업자를 가입시켜서는 안 된다고 말한다(ICA, 1969 : pp.26~27). 그런데 새마을금고연합회(1989 : 395)에 의하면 새마을금고에 상당수의 사이비 지도자들이 참여하였다. 즉, "자본적 구조가 취약한 영세 대금업자들은 상당수가 신협이나 마을금고에 참여하고자 하였다. 물론 연합회는 이를 적극 저지하였으나 잡초처럼 끈질긴 생명력을 갖고 있는 이들의 참여를 완전히 막는 데는 역부족이었다."

신협보다 일찍 사고가 발생한 새마을금고는 당시의 문제를 비교적 상세하게 기술하고 있는데, 새마을금고에서는 1970년대 말부터 사고가 발생하기 시작하였다.[2] 이에 따라 재무부(1978년), 감사원(1980년과 1988년), 은행감독원(1985년과 1987년) 등이 직접감사를 실시하였다. 감사를 담당한 기관은 마을금고 운영상의 문제점, 경영부실화 원인, 사고원인의 세 가지로 구분하여 감사결과를 제출하였다. 그러나 이들은 서로 밀접한 연관이 있는데, 이를 분류하면 다음 세 가지로 사고원인을 파악할 수 있다. 첫째, 새마을금고 지도자들에 대한 교육이 충분하지 못했으며, 이들은 협동조합 정신도 체득하지 못했다. 이는 새마을금고 설립에 치중한 결과 협동조합 정신을 실현할 자질과 능력이 없는 사람까지 지도자로 행세하게 되었다는 것을 의미한다.[3]

둘째, 직원의 전문성 부족이다. 1978년 감사를 실시한 재무부는 "마을금고가 아직 영세하고 기초적 금융기능이 취약한 상태로 원시성을 벗어나지 못하고 있다"(새마을금고연합회, 1989 : 458)고 지적하는데, 새마을금고에 대한 은행감독원의 1985년과 1987년의 감사결과는 이러한 사정을 보다 구체화하고 있다. "새마을금고의 인력과 직원의 자질이 부족한 바, 이는 급여의 저수준, 임원의 경영능력 부족, 자금의 영세성, 직원의 사기 저하 등에 기인하므로 직원에 대한 신분 보장, 급여의 현실화 및 임직원 교육을 강화할 것을 권고한다. 특히 새마을금고 임직원의 회계처리 능력이 부족하고 법규 준수의식이 결여되어 있어 분식결산, 제반회계처리 불합리, 임의적인 고율의 예대금리 적용, 평잔 개념의 부재 등, 경영의 난맥을 초래하고 있다."(새마을금고연합회, 1989 : 460)

셋째, 중앙회의 검사와 감독기능의 불충분함이다. 개별 새마을금고가 자체적으로 검사와 감사능력을 갖추어야 하는데 그렇지 못했을 뿐 아니라, 자신의 능력을 벗어나서 새마을금고가 설립되었기 때문에 중앙회도 검사와 감독기능을 충분히 수행할 수 없었다. 개별금고가 불법적인 일(횡령, 과다한 이자지급에 따른 손실발생, 적절한 채권보전대책 없는 대출 등)을 행하고 있었으며, 자금에 대한 수요가 급증하는 상황에서 한편으로는 높은 이자율을 약속하여 자금을 유치하고, 다른 한편으로는 충분한 심사 등을 하지 않거나 못한 상태에서 대출을 실행한 것으로 보인다.

조합사고 내용을 분석하면서 신협중앙회는 임직원의 신협정신 결여, 조합원의 주인의식 결핍 등을 사고의 가장 중요한 요인으로 꼽고 있다. 위장대출, 예탁금 횡령, 부외거래 등이 원인이 된 어느 신협의 금융사고를 분석하면서 신협중앙회는 이렇게 말한다. "이 사고는 신협 이념의 상실과 '교육의 원칙'이 경시된 데서 비롯된 조합원 의식 결여가 복합적으로 이루어진 '인위적' 사고로서 '신협정신'의 기조가 뿌리째 흔들리는 대표적인 사례였다."(신협중앙회, 1991 : 232) 그런데 조합원 의식 결여만 문제인 것은 아니었다. 조합 임직원의 자세, 특히 선출된 임원은 조합원에게 책임을 지고 봉사한다는 민주주의 원칙을 지키지 않은 것으로 보인다. 이와 관련하여 여기서 주목하고자 하는 점은 회계사고로 인하여 신협중앙회가 1983년 2월 9일부터 19일까지 재무부의 직접감사를 받았다는 점이다.[4]

라이파이젠이 신협경영에 주도적으로 참여하는 임직원의 대리인 문제에 특히 유념해야 한다고 생각한 것은 조합원에 대한 책임의식을 강조하기 위한 것이었다. 나아가 협동조합의 규모가 커지면서 조합경영에 대한 조합원 참여가 제한된 의미밖에 가지지 못하자 Böök은 협동조합 정신을 실천할, 그리고 특히 민주적 관리를 실천할 담당자로서 직원의 중요성을 한층 강조하였다.(Böök, 1992, 하 : 73) 그러나 당시 신협 중앙회의 직원은 중앙회 회장의 선거전에 적극 개입하는 등 전혀 기대되지 않은 행동을 하며, 신협조직의 중요한 축으로서의 기능인 조합원과 조합직원의 교육이나 조합에 대한 경영지도와 검사 등을 충실히 이행하지 않았다(이상호, 2003 : 182).

이상으로부터 우리는 논쟁이 전개되던 1970년대 신협 구성원들이 신협정신을 심각하게 훼손하였을 뿐 아니라 협동조합의 원칙, 특히 민주주의 원칙도 지키지 않았다는 것을 알 수 있다. 교육 제공의 원칙도 소홀히 하였다.

## 3. 전환 필요성 제기

전환 필요성이 제기된 것은 단순히 금융협동조합의 정체성 위기 때문만은 아니다. 1980년대에 들어서면서 정부는 금융 자유화 조치를 취하기 시작하였다. 이때 정부는 금융협동조합의 지속 가능성에 의문을 제기하고 있었는데, 금융 자유화에 따른 금융기관 간 경쟁 격화는 이들의 경쟁력을 더욱 약화시킬 것이라고 판단하였다. 이러한 우려와 인식이 금융협동조합의 전환 필요성을 제기한 주요 이유이다.

금융 자유화와 관련된 연구에는 정부가 주요 조치를 취하기 전에 이루어진 연구들이 많으며, 관련 업계가 의뢰하여 이루어진 연구들도 있다. 여기서는 1980~1990년대에 발표된 연구 중 신협과 직접 및 간접으로 연관이 있는 연구들을 중심으로 살펴보기로 한다. 이 글은 정부의 금융 자유화 조치 및 제기된 전환 필요성에 대한 신협의 대응을 살펴보는 데 그 목적이 있으므로 신협중앙회가 발간하는 각종 문건, 특히 조사연구지에 실린 논의도 중요한 검토대상이 된다.

금융 자유화와 관련된 연구를 시작한 것은 한국은행이다. 1981년 한국은행은 외부연구자들에게 의뢰하여 은행과 비통화금융기관의 발전방안을 제시하도록 요구하였다. 조순 외(1981), 『일반은행제도의 개편방향에 관한 연구』와 김병주 외(1981), 『비통화금융기관의 발전방향에 관한 연구』가 그것이다. 김병주 외(1981)는 협동조합은 사회적 기능과 경제적 기능을 겸하고 있는데, 현재 경제적 기능이 부각되고 있다(김병주 외, 1981 : 306)고 지적한 후, 당시 신협이 안고 있는 문제점을 공동유대별로 다음과 같이 기술한다.

먼저 농촌신협운동은 "농촌저축추진체계의 다양화로 신협운동의 기반이 약화되고 있다는 점, 조합운영관리기술이 미숙하다는 점, 또한 농민들의 인식부족으로 출자가 부진하다는 점 등"의 문제가 있으며, 직장신협은 "기업주가 종업원의 후생복리라는 경제적 기능을 강조하기 때문에 신협이 한낱 회사의 1개 부서로 취급되고 있다." 그리고 "조합의 운영에 있어서도 총회 및 이사회가 유명무실하여 … 이것은 조합의 민주성 확보와 참여의식의 제고를 통해 시정되어야 한다."(이상 김병주 외, 1981 : 306) 마지막으로 지역신협에 대해서는 "대규모 신협의 자본집단화 경향 및 공동유대 의식의 약화경향은 경제발전과정에서 불가피한 현실문제로 받아들이지 않으면 안될 것이다. 따라서 이러한 대규모 신협의 금융기능의 제고를 위하여 상호신용금고 등과 같이 보다 조직화된 기타 금융기관으로 점진적으로 전환될 수 있도록 길을 터주는 조치가 있어야 하겠다."(김병주 외, 1981 : 308) 한편 그들은 새마을금고에 대해서는 조합가입의 강제성 문제 및 그에 따른 조합의 자율성 문제까지 제기하였다.[5]

신협의 구조조정 필요성은 박영철 외(1986)에서 훨씬 강력한 논조를 띤다. 즉, 그들은 "대도시의 일부 대형 신용협동조합은 공동유대 의식이 결여된 외형만의 신협조직이 되었으므로 이들에 대해서는 상호신용금고와 같이 보다 제도화되고 감독기관의 손길에 가까운 금융기관으로 전환하도록 촉구하여야 한다"고 주장하면서, 신협중앙회가 지도 및 교육기능을 강화하고 예금자보호장치도 강화할 것을 요구한다(이상 박영철 외 1986 : 275). 한국은행도 1988년에 발표한 『금융산업 개편방안』에서 규모가 큰 지역신협이 상호신용금고로 전환할 수 있게 허용해야 한다고 주장한다. 이때 한국은행은 신협의 "구성원 간 공동유대관계가 희박할 뿐만 아니라 기능상 상호신용금고와 유사"(한국은행, 1988 : 38)하다는 점을 중시한다.

지역의 대형 신협을 상호신용금고로 전환시켜야 한다는 이상과 같은 주장은 신협운동에 대한 심각한 문제 제기라 할 수 있다. 상당수 신협에서 협동조합 이념이 퇴색하였다는 인식에 기초하고 있기 때문이다. 이에 대해 전철환(1987)은 상호금융은 서민금융 공급을 주된 기능으로 하는 만큼 서민금융을 충족시킬 금융기관이 없으므로 이들의 수와 업무를 확대시켜야 한다고 말한다. 이를 위해 수신 면에서 경쟁 관계에 있는 체신금융이 상호금융에 비해 경쟁우위를 갖지 못하도록 하고, 경쟁금융기관(증권회사와 상호신용금고 등)의 점포 확산을 최소화해야 한다고 주장한다. 한편 신협인의 한 사람인 임진창(1988)은 "금융기관의 개편과 관련하여 일부에서 거론하고 있는 대형 신협의 상호신용금고화 책동(과 같)은 무책임한 · 자발적인 신협운동을 말살하려는 위협적인 도전 …"이라고 말하면서 신협도 조합원 교육을 강화하여 신협운동가로서의 사명감과 자부심과 충성심을 되살려야 한다고 주장한다.

그러나 신협 등은 정체성을 회복하기 위한 별다른 노력을 하지 않았으며, 오히려 지점의 설치와 대형화를 통한 경쟁력 제고를 핵심 경영전략으로 채택하였다. 그러면서 상호신용금고로 전환시켜야 한다는 요구도 지속되었다. 이러한 사정은 금융산업발전심의회 금융제도개편연구소위가 1993년에 발표한 『금융제도개편연구 : 총론』에 잘 나타난다. 이 보고서는 신협의 경우 "협동조합적인 성격을 강화하는 것이 경쟁력을 유지하는 방안"이며, "협동조합적 성격을 상실한 대도시의 신용협동조합은 조합형 상호신용금고로 전환하는 것이 타당하다"(이상 금융산업발전심의회 금융제도개편연구소위, 1993 : 274)고 말한다.

협동조합으로서의 성격이 퇴조된 규모가 큰 지역신협을 상호신용금고로 전환시켜야 한다는 김병주 외(1981)의 주장은 김병주(1987)(1989)에서도 이어지고 있다. 그런데 김병주는 여기서 신협이 협동조합답게 운영되어야 한다고 말하면서 새로운 발전방안을 제시한다. 그가 말하는 협동조합다운 신협이란 지역금융기관을 의미한다. 김병주(1989)는 외국의 사례를 언급한 후 신협이 도출해야 할 교훈은 "신용협동조합들이 지역밀착, 조합원 밀착, 환원주의 충실 등의 방향으로 금융변혁기에 대처함으로써 여타 금융기관들이 넘보기 어려운 독특한 영업기반, 말하자면 niche를 구축"하는 것이라고 주장한다.

신협이 지역금융기관으로 나아가야 한다는 지적이 의미하는 바는 이재웅 · 최장봉(1989)에서 명확해지는데, 그들은 지역금융기관이 은행에 비해 신용도가 낮은 계층에게 금융서비스를 제공해야 한다고 말한다. 즉, 그들은 은행과 상호신용금고, 신용협동조합, 농 · 수 · 축협 등이 예금, 대출, 부금 등 거의 모든 업무를 취급하도록 업무영역을 조정해야 한다고 말하면서 "이러한 방향에서 업무영역이 조정될 경우 은행과 저축기관은 업무 자체에서보다는 대상고객으로 구분될 것이다. 즉 은행이 대기업, 중소기업, 가계 및 국제금융 등의 업무분야에 치중하는 반면 저축기관은 지역적, 계층별, 부문별로 시장을 분할해서 고객에게 은행과 유사한 금융서비스를 줌으로써 편의를 제공할 수 있을 것이다. 은행이 상대적으로 기업대출 등 낮은 위험부담의 고객을 대상으로 하는 데 비해서 상호신용금고와 같은 저축기관은 대체로 서민금융, 지역금융 등 비교적 신용도가 낮은 특정계층에 금융서비스를 제공한다."(이재웅 · 최장봉, 1989 : 69) 이러한 주장은 사실상 신협이 지역의 서민금융기관으로 발전해야 한다는 말과 같다.

신협을 지역의 저신용계층을 위한 금융기관으로 발전시켜야 한다는 생각은 1993년 금융발전심의회가 『금융제도개편 연구보고서』를 발표하면서 공식화된 것으로 보이는데, 이 보고서는 신협을 상호신용금고 등과 함께 지역사회에 밀착한 지역서민금융기관으로 발전시킨다고 말한다.[6] 금융발전심의회가 제시한 이러한 의견을 1993년의 신경제5개년계획 금융개혁부문(안)은 그대로 수용하고 있다.[7]

신협을 지역의 저신용계층에게 금융서비스를 제공하는 금융기관으로 발전시켜야 한다는 의견과 정부(안)은 전문가들의 논의를 거치면서 공론화되고 나아가 이론적으로 정교하게 다듬어졌다. 예컨대 이재웅(1995), 김세진(1996) 등은 김병주(1987)(1989)와 같이 신협이 지역금융기관으로서 틈새시장에서 경쟁력을 확보해야 한다고 주장한다. 이덕훈(1996)은 "신용협동조합은 구성원들의 단순한 협동조직에서 서민금융에 특화된 전문금융조직으로 변신할 수 있어야 한다"고 말하는데, 이는 이재웅 · 최장봉(1989)의 견해를 수용하는 것이다. 한편 이천우(1996)와 이인실(1997)은 신협이 지역금융시장에서 경쟁력을 가질 수 있다는 논의를 정보의 비대칭성 이론으로 뒷받침한다.

이들이 신협이 지역금융기관으로 나아가야 한다고 주장하는 이유는 그렇지 않으면 공신력, 가격경쟁력, 금융서비스 제공능력 등이 은행에 미치지 못하여 경쟁이 치열해지는 금융시장에서 생존하기 힘들다고 판단하기 때문이다. 그러한 사정을 손상호(1996)는 다음과 같이 말한다. 신협은 자금의 초과수요 상태에서 세제상의 혜택을 받았던 시기(즉, 금융 자유화 이전)에는 은행과 거래하기 힘든 계층을 대상으로 여수신 기반을 지속적으로 확충할 수 있었다. "그러나 …은행이 소매금융을 확충하자 신용협동조합의 입지는 급격히 약화되고 있다."

그런데 이러한 주장은 금융시장의 효율성을 제고하기 위해 신협 등이 지역의 서민을 위해 신용을 공급할 수 있어야 한다는 생각을 반영하는 것이기도 하다. 이천우(1996)는 이를 힘주어 강조한다. 즉, "금융시장은 … 정보의 비대칭성이 강하므로 … 분할된 시장이 존재한다. … 은행 등이 서민의 소매금융분야에 진출한다 할지라도 은행으로부터 금융서비스를 받기 어려운 가계와 영세소상인은 남게 된다. 바로 이 같은 서민가계와 영세소상인의 존재가 신협존립의 기초가 된다."

## 4. 신협의 대응과 문제점

정부의 입장에서 본다면 금융협동조합이 저소득계층, 저신용계층의 금융적 수요를 충족시켜주는 서민금융기관이 된다면 매우 바람직한 일이다. 금융 자유화와 함께 가난한 사람들이 금융기관 신용에 접근하는 것이 이전보다 더 어려워질 우려가 있는 반면, 금융협동조합의 경쟁력은 더욱 저하될 수 있기 때문이다. 이러한 우려는 선진국에서는 이미 현실화되었는데, 영국 정부가 1980년대 들어 신용조합을 육성하기 위해 적극 개입한 것은 이 때문이다.[8]

신협은 정부의 서민금융화 정책에 대해 반대의견을 제시하지 않았다. 상호신용금고로 전환할 필요가 있다는 권고할 때와는 매우 달랐다. 그 이유는 분명하지 않다. 그러나 다음과 같은 추론이 가능하다. 신협인들이 신협을 서민을 위한 금융기관이라고 인식하였다는 점이다. 즉, 상업적 금융기관의 신용에 접근이 제약되어 있는 사람들의 조합이므로 신협이 서민을 위한 금융기관이 되어야 한다는 견해를 별다른 반감 없이 받아들였다는 것이다. 상호신용금고로 전환시켜야 한다는 주장에 대해 상호금융은 서민금융 공급을 주된 기능으로 하는 만큼, 그리고 서민금융을 충족시킬 금융기관이 없으므로 이들의 수와 업무를 확대시켜야 한다는 전철환(1987)의 주장은 이를 대변하는 것으로 보인다.

그러나 이러한 추론은 당시 신협의 인식과는 괴리가 있다. 제1부 제1장에서 살펴본 바와 같이 신협은 1980년대 초반부터 서민들이 더 이상 자신들을 필요로 하지 않으며, 사실상 서민금융기관이라는 시대적 사명을 완수했다고 생각하였다. 나아가 신협이 서민대중의 사회경제적 지위향상을 위한 조직이라는 점을 부정하고 있었다. 그러면서 중산층을 조합원으로 적극 끌어들여야 한다고 주장하였다. 공동유대를 확대하고, 지사무소 설치제한을 완화하며, 동일인 대출한도를 확대해 주도록 요구한 것, 그리고 특히 성장론자들의 주장을 수용하여 중장기 발전전략을 수립한 것 등은 이러한 생각을 반영한다.

만약 진정 서민금융기관으로 되어야 한다고 판단하였다면 서민들을 조합원으로 적극 끌어들인 후 상부상조하여 자신들의 어려움을 해결할 수 있어야 한다고 말했을 것이다. 또는 공동유대를 강화할 필요가 있다고 주장했을 것이다. 서민금융기관으로 되어야 한다는 일부 논의는 신협이 더 이상 협동조합일 필요가 없다는 주장도 제기하고 있었기 때문이다. 이러한 주장은 협동조합으로서의 성격이 크게 약화되었다는 분석 결과 전환의 문제가 야기되었다는 점을 감안하면 전혀 이상한 것도 아니다. 그러나 신협중앙회(1996)는 이러한 주장에 저항하지 않았을 뿐 아니라, 한걸음 더 나아가 자본주의가 발전하고 개인주의가 확대되면서 인적단체로서 신협의 조직력이 약화되어 협동조합 정신과 이념만으로는 신협은 더 이상 발전하기 곤란하다, 따라서 합병을 통해 대형화하고, 공동유대를 확대하여 경쟁력을 강화해야 한다고 주장하였다.

결국 신협 등이 서민금융기관으로 되어야 한다는 정부 등의 주장에 동의한 것은 그것이 자신의 경쟁력을 강화하고 지속 가능성을 제고하는 데 의미가 있다고 판단했기 때문이다. 특히 1980년대 들어 금융기관 간 경쟁이 심화되면서 자금운용에 어려움이 나타나고 경영 사정도 불안정해진 상황에서 이른바 틈새시장(niche market)을 겨냥할 필요가 있다는 의견은 지속 가능성을 보여주는 의미 있는 방안으로 비쳐졌을 것이다.

## 5. 결론

그렇지만 그들은 신협을 서민금융기관으로 특화시켜야 한다는 주장을 보다 면밀히 검토했어야 한다. 협동조합으로서 정체성에 매우 부정적인 영향을 미치는 정책이며, 나아가 협동조합일 필요가 없으며 서민금융기관으로 전환(conversion)할 필요가 있다는 전제에 입각하고 있는 정책 제안이었기 때문이다.

금융협동조합이 틈새시장에서 영업 기반을 찾게 되면 금융제도의 효율성은 전반적으로 높아진다. 그렇지 않으면 저소득계층이나 저신용계층은 금융제약에 직면하게 되는데, 이들이 금융기관 신용에 접근할 수 없다는 것은 금융제도가 효율적으로 작동하지 않는다는 것을 의미한다. 그러나 틈새시장을 개척한다고 해도 금융협동조합의 생존이 항상 보장되지는 않는다. 우리는 DeYoung et al.(2004)의 다음과 같은 설명에 귀를 기울일 필요가 있다. 틈새시장은 은행이 지역에 지점을 확대하는 방식으로 지역수준에서 영업력을 강화할 때 쉽게 공략될 수 있다. 다른 한편 최근과 같이 개인의 신용평가기술이 발달하고 신용도가 신용공여 여부를 결정하기 위한 핵심적인 기준이 될 경우 틈새시장은 곧 저소득계층이나 저신용자의 시장이 될 수 있다. 그 결과 틈새시장에서 활동하는 금융기관은 과도하게 위험을 인수하게 된다. 틈새시장이 저신용자의 시장이 되어 있고 금융협동조합이 위험을 과도하게 인수하고 있다는 점은 우리의 현실을 잘 보여준다.

그러나 진정 그 자신이 서민을 위한 금융기관으로서의 역할을 충실히 수행할 필요가 있다고 판단하였다면 협동조합으로서의 대안을 제시할 수 있었어야 한다. 비록 상업적 금융기관 신용에 접근하기 곤란한 가난한 사람들이 만든 조직이지만 그것은 어디까지나 서로 힘을 모아 자신들의 경제적 문제를 해결하려는 조합원이 설립한 조합원을 위한 조직 = 협동조합이다. 가난한 사람을 위한 조직이 아니다. 따라서 만약 가난한 사람들이 금융적 수요를 충족하는 데 기여하려면 서민들에게 협동조합의 정신 등을 교육한 후 조합에 적극 가입하도록 권유해야 한다. 그러고 나서 신협으로 하여금 그러한 목적을 충실히 실행하도록 서민들이 조합경영에 참여하고 경영에 적극 개입하도록 해야 한다.

신협은 서민금융기관화 정책을 너무 쉽게 수용했다. 그 정책이 의미하는 바를 협동조합이라는 점, 특히 금융협동조합의 주인인 조합원을 위해 봉사하는 것을 목적으로 한다는 점을 너무 쉽게 망각했다. 서민금융기관화 정책이 신협의 정체성을 약화시킬 수 있다는 판단을 했더라면 그 정책의 수용이 초래할 부정적인 측면을 완화시킬 방안을 모색할 수 있었을 것이다.

5장

# 서민금융의 공급과 정부

**제1절** 서론 / **제2절** 금융협동조합의 저조한 서민금융 공급
**제3절** 정부의 실패와 시장의 실패 / **제4절** 관계형 금융과 금융협동조합
**제5절** 서민금융기관화 정책의 문제점 / **제6절** 결론

## 1. 서론

우리나라에서 서민금융기관으로 불리는 금융기관은 다양한데, 상호저축은행, 금융협동조합(농협, 수협, 임협의 상호금융, 신협, 새마을금고 등), 기타(카드, 캐피탈 회사, 대금업 등)가 그것이다. 이들이 서민금융기관으로 불리는 것은 저신용 · 저소득계층에게 신용을 공급하기 때문이며, 이들이 공급하는 서민금융의 이자율은 대체로 높은 편이다.[1] 그러나 여기서는 서민금융기관을 금융협동조합에 한정한다. 상호저축은행은 공금융과 사금융의 경계선에 있다. 기타의 카드와 캐피탈 회사는 중심업무가 금융업에 있지 않으며, 대금업은 전형적인 고리대를 취급하는 회사이다.

금융협동조합은 서민금융을 기대만큼 공급하지 않는다. 햇살론이 그들이 취급하는 거의 유일한 서민금융이라 할 수 있는데, 이는 정부의 규제에 의해 피동적으로 이루어진다. 서민금융에는 은행의 새희망홀씨대출, 미소금융 등도 있는데, 이 또한 정부가 주도한다. 햇살론, 새희망홀씨대출, 미소금융은 핵심 서민금융상품으로 불리는데, 이들이 모두 정부의 규제와 개입에 의해 이루어진다는 점에서 서민금융시장을 계획하고 통제하는 것은 정부라 할 수 있다.

서론에 이어 제2절에서는 서민금융의 공급실태를 개관하면서 어떤 문제점이 있는지 살펴본다. 제3절에서는 기존 논의가 서민금융 공급이 안고 있는 문제를 어떻게 진단하고 어떤 정책제안을 하고 있는지 살펴본다. 이어서 제4절에서는 협동조합이론가들은 관계형 금융이 금융협동조합에 어떤 영향을 미친다고 평가하는지를 검토한다. 제5절에서는 서민금융기관화 문제점을 검토하며, 제6절은 이상의 논의를 정리한다.

## 2. 금융협동조합의 저조한 서민금융 공급

서민금융시장은 계획이나 운영의 거의 모든 면에서 정부에 의해 주도되고 있으며, 참여하는 금융기관이나 정부기관 등은 서민금융을 공급하는 창구로서의 성격이 강하다. 예컨대 정부는 서민이 제도권 금융

**〈표 5-1〉 서민정책금융의 구조 개관**

| 구분 | 주요 관련 기관 | 주요 지원내용 |
|---|---|---|
| **공급**<br>(일반) | 은행,<br>상호금융기관,<br>상호저축은행,<br>미소금융중앙재단,<br>한국여성경제인협회 | 생계, 긴급생계, 대환, 창업, 사업운영 |
| **공급**<br>(긴급생활자금, 생활안정자금) | 미소금융중앙재단,<br>근로복지공단,<br>신용회복위원회,<br>한국장학재단,<br>주택도시기금,<br>근로복지공단 | 대학생 · 청년햇살론, 임대주택보증금,<br>소액보험사업, 근로자생활안정자금, 생활비,<br>주거비, 의료비, 장례비, 학자금,<br>버팀목전세자금, 저소득가구 주거안정월세대출, 임금체불근로자생계비융자, 전세자금 |
| **공급**<br>(지원계속) | 미소금융중앙재단,<br>은행,<br>한국자산관리공사,<br>신용회복위원회 | 성실 상환자 긴급생계자금,<br>징검다리론, 소액 대출, 소액 신용카드 발급 |
| **사후관리** | 한국자산관리공사,<br>미소금융중앙재단,<br>신용회복위원회,<br>예금보험공사 | 바꿔드림론(고금리차환자금),<br>신용회복 지원 |
| **기타** | 미소금융중앙재단,<br>자산관리공사,<br>신용회복위원회,<br>보건복지부,<br>서울시 | 재산형성 지원 |

**자료** : 손상호(2016)에 의거하여 작성.

에 접근할 수 있게 할 뿐 아니라 체계적으로 지원과 관리가 이루어질 수 있도록 상업적 금융기관과 관련 기관을 규제한다.

보다 구체적으로 살펴보면 은행과 상업적 서민금융기관(상호저축은행+금융협동조합) 모두가 새희망홀씨대출이나 햇살론을 공급하도록 정부가 규제하고 있으며, 미소금융도 그러하다. 그리고 서민금융을 취급하는 관련 기관이 사금융(또는 대부업)과 보다 효율적으로 투쟁할 수 있게 긴급생활자금, 생활안정자금도 공급하도록 하고 있으며, 이 과정에서 서민금융 공급창구가 확대되고 있다. 대금업 이용자를 대상으로 조사한 바에 따르면 자금용도의 60% 이상이 생활자금이다.

**〈표 5-2〉 대형 대부업체의 이용자별 대부자금 용도**(신규대부액 기준)

| 구분 | 대부의 목적 | | | | | 합계(억 원) |
|---|---|---|---|---|---|---|
| | 생활비 | 사업자금 | 타대출상환 | 물품구매 | 기타 | |
| 회사원 | 13,265 | 603 | 1,829 | 207 | 2,056 | 17,960 (67.0) |
| 자영업 | 1,933 | 2,555 | 579 | 125 | 550 | 5,742 (21.4) |
| 주부 | 1,577 | 106 | 138 | 11 | 169 | 2,001 (7.5) |
| 기타 | 183 | 616 | 138 | 3 | 176 | 1,116 (4.2) |
| 합계 | 16,958 | 3,880 | 2,684 | 346 | 2,951 | 26,819(100.0) |
| 2016.6 의 비중 | 63.2 | 14.5 | 10.0 | 1.3 | 11.0 | 100.0 |

**자료** : 금융위원회 보도자료.

정부는 서민을 위한 자금공급이 일회성 지원에 그치지 않고 서민이 계속 이용할 수 있도록 배려하고 있는데, 성실 상환자 긴급생계자금이나 징검다리론이 그것이다. 차입자에 대한 사후관리도 하고 있는데, 고금리자금을 저금리자금으로 전환할 수 있게 고금리차환자금을 공급하거나 보다 직접적으로 신용회복을 지원한다. 다른 한편 정부는 저소득층 등의 재산형성을 지원하기 위해 노력한다.

정부가 규제하는 가운데 서민정책금융이 공급되고 있지만 서민의 금융제약은 완화될 기미를 보이지 않는다. 대부업 시장의 성장은 이를 보여주는 중요한 지표이다. 〈표 5-3〉에 의하면 대부업 이용자의 약 80%는 신용등급 7~10이다. 이용자 수는 2012년 이후 감소하지 않고 있으며, 이용 금액도 계속 증가하고 있다. 즉 2016년 6월 말을 기준으로 대부업 이용자는 263만 명이며 이는 2012년의 250만 명에 비해 5.2% 증가한 것이다. 그리고 이들이 이용한 금액도 증가하여 2012년에는 8조 6,903억 원이었으나 2016년 6월에는 이보다 1.7배 정도 증가한 14조 4,227억 원을 기록하였다. 대부업은 갈수록 대규모 대부업체에 의해 지배되고 있다. 대부업체 전체 이용자와 이용금액을 기준으로 볼 때 대규모 대부업체가 점하는 비중은 각각 95% 전후로 높으며, 그들이 점하는 비중은 상승세를 나타내고 있다.

〈표 5-3〉 대부업 거래자의 신용등급별 현황

| 구분 | 2014 | | 2015 | | 2016.6 | |
|---|---|---|---|---|---|---|
| | 거래자 수(명) | 비중(%) | 거래자 수(명) | 비중(%) | 거래자 수(명) | 비중(%) |
| 1~3등급 | 40 | 0.0 | 6 | 0.0 | 23 | 0.0 |
| 4~6등급 | 317,859 | 21.6 | 344,425 | 22.1 | 361,300 | 23.3 |
| 7~10등급 | 1,155,194 | 78.4 | 1,212,712 | 77.9 | 1,191,363 | 76.7 |
| 합계 | 1,473,093 | 100.0 | 1,557,143 | 100.0 | 1,552,686 | 100.0 |

주 : 연말 기준. 단 2016년은 6월 말 기준.

자료 : 금융위원회의 각년도 대부업 실태조사 결과.

그러나 서민금융기관에 의한 서민금융 공급은 매우 저조하다. 금융협동조합 중 하나인 신협을 중심으로 살펴보기로 한다. 신협(지역신협 기준)의 경우 총대출금에서 무보증신용대출이 점하는 비중은 2015년 말 현재 4%를 약간 상회하고 있는데, 이들 대부분은 신용등급이 높은 차입자에게 제공된다(손상호, 2016). 햇살론이 포함되는 신용담보대출의 점유율은 지속적으로 하락하는 가운데 2015년 말 현재 1.21%에 불과하다. 이에 반해 거액담보대출 비중은 빠른 속도로 증가하고 있는데, 건당 5억 원을 초과하는 대출의 점유율은 14% 전후이며, 2억 원 이상으로 범위를 늘리면 그것은 40%를 상회한다.[2] 이에 반해 1천만 원 이하의 소액대출이 점하는 비중은 꾸준히 감소하고 있다. 이렇게 엄밀한 의미의 서민금융이라 할 수 있는 소액의 무보증신용대출은 거의 이루어지지 않으며, 햇살론을 제외하면 거의 없을 것으로 보인다. 상호금융(농수축협과 임협)과 새마을금고도 크게 차이가 없을 것으로 추론된다.

**〈표 5-4〉 신협의 소액대출과 신용대출이 전체 대출에서 점하는 비율**

(단위 : %)

| 년도 | 500만 원 이하 | 500~1,000만 원 | 신용담보 | 무보증신용담보 |
|---|---|---|---|---|
| 2009 | 5.15 | 5.16 | 6.19 | 2.37 |
| 2010 | 2.26 | 5.51 | 4.45 | 2.47 |
| 2011 | 1.95 | 4.65 | 3.61 | 2.49 |
| 2012 | 1.81 | 4.34 | 3.58 | 2.78 |
| 2013 | 1.55 | 4.16 | 2.64 | 3.35 |
| 2014 | 1.31 | 3.85 | 1.78 | 4.02 |
| 2015 | 1.10 | 3.36 | 1.21 | 4.44 |

**자료** : 신협중앙회.

## 3. 정부의 실패와 시장의 실패

정부는 1980년대 금융 자유화 조치를 취하면서 금융협동조합을 서민금융기관으로 육성하기 시작하였다. 이 정책에 금융협동조합들이 사실상 동의하면서 금융협동조합은 서민금융기관으로서의 길을 걷기 시작하였으며, 오늘날에는 금융협동조합뿐 아니라 대부분의 연구자들과 일반 시민들도 그들을 서민금융기관으로 인식하고 있다. 그러나 이들은 서민금융을 거의 공급하지 않는다.

서민금융은 상업적 서민금융, 정책서민금융, 소액금융(microfinance) 등으로 구분할 수 있는데, 정책서민금융에는 햇살론(주된 공급자는 금융협동조합과 상호저축은행), 새희망홀씨대출(주된 공급자는 은행) 등이 있으며, 소액금융은 주로 미소금융재단, 사회연대은행, 신나는 조합 등에 의해 공급된다. 그리고 상업적 서민금융을 공급하는 금융기관에는 금융협동조합, 상호저축은행, 카드회사, 캐피탈 회사, 대부업 등이 있다.[3] 그런데 대표적인 서민금융기관이라고 할 수 있는 금융협동조합에 의한 서민금융의 공급은 매우 부진하다. 이는 서민금융에 대한 논의를 촉발하고 있는데, 이러한 논의는 이른바 정부의 실패와 시장의 실패라는 구도 속에서 이루어진다.

정부의 실패를 주장하는 논의는 시장의 실패를 보정하는 역할에 머물러야 할 정부가 서민금융을 주도하기 때문에 서민금융시장이 왜곡된다고 말한다. 이러한 논의들은 우리나라의 정책서민금융이 안고 있는 문제점으로 다음 세 가지를 지적한다.[4] 첫째, 정책서민금융의 낮은 금리이다. 정책서민금융상품의 금리가 차주의 신용위험과 비교하여 너무 낮게 책정되어 서민금융기관의 시장진출을 원천적으로 봉쇄하고 있으며, 그 결과 정책금융이 계속 확대되어야 한다. 즉, 저금리가 시장의 왜곡을 초래하고 시장기능을 구축(驅逐)한다는 것이다.

둘째, 정책서민금융의 높은 부실률이다. 이는 정책서민금융을 공급하는 금융기관이 채무자의 상환능력에 대한 검증을 소홀히 하는 데서 기인한다. 다음 지적은 이와 관련된 문제를 잘 보여준다. "대출 적격요건은 물론 대출상환, 금리, 대출용도, 상환방식 등 계약의 거의 모든 사항에 걸쳐 정책당국이 제시한 획일적 기준이 적용"된다(박창균, 2014a). 그 결과 정책금융의 지속 가능성이 위협받을 뿐 아니라, 공급자의 도덕적 해이도 야기된다.

셋째, 신용평가가 제대로 이루어지지 않은 채 상환능력을 넘어서는 신용이 공급되기 때문에 서민계층의 부채부담이 과도하게 높은 상황이 발생한다. 그런데 과도한 채무는 채무자의 정상적인 활동을 저해할 수 있는바 정부는 채무자의 채무를 경감 또는 탕감해주는 조치를 취하게 되는데, 이는 채무자의 채무상환에 대한 의지를 약화시키는 문제, 즉 도덕적 해이를 초래하게 된다.

정부실패 중에서 가장 큰 문제는 금융협동조합이 서민금융을 적극적으로 공급하지 않는다는 점이다. 즉, 시장실패가 나타나고 그 결과 대부업 시장이 확대된다. 금융협동조합이 서민금융을 공급하지 않는 또는 못 하는 또 다른 이유도 있다. 그들이 차입자의 신용을 평가할 때 주로 CSS에 의존한다는 점이 그것이다. 서민의 경우 객관적으로 입증할 수 있는 정량적인 정보가 없을 뿐 아니라 그것을 생산할 능력도 부족하다. 따라서 CSS에 의존할 경우 많은 서민들은 금융협동조합의 신용에 접근할 수 없게 된다. 이에 그들은 금융협동조합이 서민금융을 공급할 수 있으려면 관계형 금융기법을 활용해야 한다고 주장한다. 즉,

고객과의 장기 지속적인 접촉을 통해 상환 의지나 주위의 평판과 같은 정성적 정보에 기초하여 차입자의 신용을 평가할 수 있어야 한다.

그들에 의하면 관계형 금융기법을 활용하게 되면 금융협동조합은 차입자의 신용위험 수준을 감안하여 금리를 책정할 수 있게 되어 대부업 시장의 성장을 억제할 수 있다(손상호, 2016 ; 박창균, 2014a). 이때 그들은 관계형 금융이 활성화되면 중금리대의 개인신용대출시장이 형성될 수 있으며, 그리하여 시장실패가 시정될 수 있다고 말한다. 예컨대 손상호(2016)와 구정한 외(2016)는 정부의 실패를 교정하기 위해서는 서민금융의 공급을 시장에 맡겨야 하는데, 서민금융기관에 의한 중금리금융상품 공급 여부가 시장실패 시정의 열쇠라고 말한다.[5]

이들이 서민의 신용을 평가하기 위한 제도를 구축하는 것이 용이하지 않다는 점을 간과하는 것은 아니다.[6] 그럼에도 불구하고 그들은 금융협동조합이 서민의 금융제약을 완화하는 데 기여하고 서민금융시장을 정상화하기 위해 중금리대출상품을 출시할 수 있어야 한다고 말하는데, 이때 그들이 중시하는 것은 금융협동조합에 의한 관계형 금융기법의 활용이다.[7] 최근에 출범한 서민금융진흥원에 대한 이들의 기대는 이를 반영하고 있다.

금융기관이 중금리대출상품을 출시하려면 7등급 이하 고객에 대한 신용평가모델이 보다 세분화되어야 한다고 말하면서 손상호(2016 : 166)는 정책서민금융기관(또는 서민금융진흥원)이 서민에 대한 금융정보를 축적 · 통합한 뒤 이를 분석함으로써 7단계 이하 고객에 대한 신용등급 세분화작업을 추진해야 한다고 말한다. 그는 서민금융진흥원이 정량적 정보에 의거하여 7단계 이하 고객에 대한 세부적인 신용평가모형을 구축하여, 이를 저축은행, 금융협동조합 등 각 서민금융기관들과 공유하고 이들 기관은 각 기관의 특성에 맞게 신용평가모형을 새롭게 구축할 것을 제안한다. 그런데 자신의 특성에 맞는 신용평가모형을 구축하기 위해 서민금융기관은 정성적 정보를 수집, 분석하고 평가할 수 있어야 한다.[8] 나아가 그들은 금융기관이 관계형 금융기법을 활용하는 데 드는 비용부담을 완화해주기 위해 정부가 지원할 것을 제언하기도 한다(이재연 · 이시연, 2013 : 17 ; 이재연 외, 2012 : 145).

이러한 전제조건이 충족되지 않았음에도 불구하고 정부는 2016년 은행과 상호저축은행에게 중금리대출상품인 사잇돌대출의 출시를 허용하였으며, 금융협동조합도 2017년 6월부터 사잇돌대출을 취급하기 시작하였다. 그것의 금리는 6~14%대이며, 금융협동조합은 전체 사잇돌대출 공급규모 2조 원 중에서 2천억 원 규모의 대출을 공급할 예정이다(나머지 1조 8천억 원은 은행과 저축은행이 각각 9,000억 원을 공급할 예정이다).

이재연과 이시연은 중금리대출상품의 적정 금리를 10% 전반~후반으로 예측하였으나 이보다 낮게 책정되었다.[9] 그러나 서민금융진흥원이 신용평가모형을 준비하기에는 기간이 짧았으며, 금융협동조합을 비롯한 서민금융기관도 관계형 금융기법을 활용할 준비를 거의 갖추지 못하고 있다. 즉, 손상호(2016), 구정한 외(2016) 등이 제시하는 하부구조가 구축되지 않았으며, 서민금융기관들도 아직은 정성적 정보 취득 · 평가에 무관심하다. 서울보증보험으로 하여금 보증을 제공하도록 설계된 것은 이 때문이다. 결국 서민금융진흥원을 정점으로 하는 서민금융시장에서 서민금융기관이 적극적인 참가자로서 기능하기까지는 아직은 좀 더 많은 시간이 필요해 보인다.

## 4. 관계형 금융과 금융협동조합

우리나라의 서민금융 연구자들은 서민금융을 활성화하기 위해 금융협동조합이 관계형 금융기법을 채택해야 한다고 주장한다. 이러한 주장은 금융협동조합이 협동조합이라기보다는 서민금융기관, 즉 영리를 목적으로 하는 금융기관이라는 인식에 근거하고 있다. 그러나 우리는 그것의 설립근거인 법률이나 현실의 조직체계를 생각할 때 그것이 협동조합이라는 점을 부인할 수 없다. 이러한 점을 염두에 두면서 이하에서는 금융협동조합의 관계형 금융기법의 활용과 관련된 문제를 검토해 보기로 한다.

금융협동조합의 목적은 이윤극대화에 있지 않다. 그것은 조합원의 만족을 극대화하는 데 있는데, 이를 위해서는 보다 높은 예금이자율과 보다 낮은 대출이자율을 유지해야 한다.[10] 이는 협동조합과 조합원 간 신뢰 관계를 지지하기 위해 보다 낮은 가격과 더 나은 품질이 중요하다는 협동조합계의 오래된 생각(Spear, 2004 ; Syrjä, et al., 2012 ; Puusa et al., 2013)을 반영하는 것이다.

우리나라 금융협동조합은 보다 높은 예금이자율과 보다 높은 대출이자율 구조를 가지고 있다. 그리고 은행에 비해 순이자마진은 큰 편이다. 1990년대 초반, 늦어도 은행이 가계금융시장에 본격적으로 진입하기 시작한 1990년대 후반까지만 해도 금융협동조합은 사실상 가계금융시장의 핵심(= 독점적) 공급자였다. 그럼에도 불구하고 보다 높은 예금이자율과 보다 높은 대출이자율을 유지한 것은 성장 지향적 전략을 추구하였기 때문이다. 금융협동조합이 예금을 수신하기 시작한 것은 1972년 신협법이 제정된 이후이다. 법 제정 이전에는 조합원의 출자금이 대출을 위한 주요 자금원이었는데, 법이 시행되면서 예금을 본격적으로 수취할 수 있게 되었다. 이것은 금융협동조합 지도자들이 경쟁적으로 예금수취를 확대하여 자산성장을 이루도록 하는 유인으로 작용하였는데, 1970년대 중반 이후 한국 신협에서 전개된 정체성 논쟁은 이를 잘 보여준다.

높은 예금과 대출이자율구조는 금융협동조합의 낮은 공신력을 반영하기도 한다(이민환, 2013 ; 안승용, 2012). 그러나 성장 지향적인 정책을 추진하는 과정에서 정체성이 크게 약화되었다는 점을 감안하면 빨리 성장하려는 조급함이 공신력 제고에도 부정적인 영향을 미친 것으로 보인다. 이러한 요인들이 상호작용하면서 현재 우리나라 금융협동조합은 높은 이자율 구조를 계속 유지하고 있다(박덕배, 2006).

높은 대출이자율은 역선택과 도덕적 해이를 야기할 수 있다.[11] 높은 이자율은 신용도가 낮은 차입자를 유인할 수 있는데, 이에 대응하기 위해 금융협동조합은 신용평가를 강화하면서 담보 등으로 차입자의 낮은 신용도를 보완하고자 한다. 그러나 서민금융의 수요자인 서민들은 제공할 수 있는 담보가 없거나 적다. 이에 금융협동조합은 서민금융보다는 담보대출을, 그리고 신용도가 높은 차입자에 대한 대출을 선호하게 된다(이재연 · 이시연, 2003). 다른 한편 서민들은 신용평가에 필요한 객관적으로 입증될 수 있는 정보를 제공하는 데 어려움이 있기 때문에 금융협동조합의 신용에 접근하는 데 많은 어려움을 겪게 된다. 서민금융을 활성화하기 위해 금융협동조합이 관계형 금융기법을 활용해야 한다고 주장하는 것은 이 때문이다.

관계형 금융을 하려면 금융협동조합은 정성적인 정보를 수집, 분석, 평가할 수 있어야 하는데, 이는 많은 비용을 야기한다. 그러나 지역에 밀착된 금융기관은 비교적 적은 비용으로 차입자의 비재무적 정보를 수집하고 평가할 수 있다는 이점을 지니고 있다(Berger & Udell, 2006). 규모가 작은 금융기관의 경우에는 대출담당직원이 확보한 연성 정보가 조직 내부에서 원활하게 소통되지 못하여 발생하는 대리인 문제가 최소화된다는 이점도 있다(Berger & Udell, 2006 ; Degryse et al., 2009). 이 때문에 지역의 소규모 금융기관은 관계형 금융을 통해 경쟁적 이점을 누릴 수 있는데, 금융협동조합의 경우에는 주인인 조합원과 긴밀하고 지속적인 관계를 유지하므로 이들의 정성적 정보를 수집함에 있어 또 다른 이점도 누릴 수 있다.

그런데 금융협동조합에 있어 관계형 금융은 중요한 문제를 야기할 수 있다. 그것의 정체성을 약화시킬 수 있다는 우려가 그것이다. 관계형 금융을 할 경우 금융협동조합은 조합원 개인에 대한 정보의 취득과 분석에 치중하게 된다. 이때 문제가 되는 것은 금융협동조합이 저소득계층이나 저신용계층의 금융배제를 개인의 문제로 바라보게 된다는 점인데, 그 결과 사회의 취약계층들의 집합적인 대응체계라는 자신의 설립목적을 간과하게 된다. 결국 관계적 금융은 금융협동조합으로 하여금 "이윤의 극대화보다 보편적 · 상호적인 이해를 충족시키고, 공공선에 대한 기여와 특정집단이 가진 사회적 욕구의 충족을 위해 만들어졌다는 철학"(Ervers & Laville, 2004 : 25)을 망각하게 만든다. 이는 금융협동조합의 정체성이 위협받는다는 것을 의미하는데, 이러한 사정을 Giagnocavo et al.(2012 : 285)은 이렇게 요약한다. 관계금융은 "협동조합은행의 근본 특성을 변화시키고, 조합원에 의한 조직통제의 문제를 야기하고, 조합원과 조합 간의 연대를 이완시켜 협동조합의 정체성을 약화시킬 수 있다."

금융협동조합이 관계형 금융기법을 채택한다는 것은 공동유대가 약화되었다는 것을 함의한다. 공동유대는 사람을 조합원이 되지 못하게 배제하기 위해서가 아니라 대출의 안전성과 건전성을 확인하기 위해 필요하다(Plackett, 2003 ; 구정옥, 2007). 공동유대가 강건하면 금융협동조합은 조합원의 성격이나 개인의 신용이력에 대해 잘 알게 되어, 조합원의 평판, 저축 이력(saving profile)에 기초하여 신속한 신용을 평가할 수 있다. 바꾸어 말하자면 금융협동조합은 조합원의 소득이나 자산이 아니라 능력에 기초하여 대출(capacity-based lending)을 할 수 있게 된다.

그러나 공동유대가 이완되면 이러한 대출방식을 취할 수 없다. 무엇보다 조합원들이 서로를 잘 알지 못하게 되고, 조합원의 조합에 대한 충성심과 헌신의지를 약화시키기 때문인데, 그 결과 도덕적 권유를 통해 채무불이행을 최소화할 수 없게 된다(Goth et al., 2006 ; Guinnane, 1997 ; Banarjee et al., 1994 ; Hollis & Sweetman, 1998). 이렇게 도덕적 권유 등이 효력을 발휘할 수 없게 되면 금융협동조합은 신용평가제도를 점점 더 많이 사용하게 된다(Goth et al., 2006). 우리나라 금융협동조합은 CSS를 도입하기 이전에는 조합원 간 연대보증제도를 이용하였으며, 이는 연체율을 낮추는 데 의미 있는 기여를 한 것으로 보인다.[12] 그러나 외환위기 이후 급격히 효력을 상실하였는데, 신용대출 비중이 높던 다수의 금융협동조합의 경영위기는 이를 보여준다.

서민금융 공급에 있어 정부와 시장의 실패를 강조하는 연구는 관계형 금융을 선(善)으로 여긴다. 그리고 관계형 금융을 활용하여 서민들의 금융제약을 완화해주지 못하는 금융협동조합이 서민금융기관으로서의 정체성을 상실하였다고 말한다(손상호, 2016 ; 이재연 · 이시연,

2013). 그러나 우리나라 금융협동조합이 CSS나 관계형 금융기법을 활용하지 않으면 안 되는 것 자체는 공동유대의 이완, 그리고 나아가 협동조합으로서의 정체성이 약화된 현실을 반영하는 것이다.

관계형 금융은 서민들의 금융제약을 완화하는 데 어느 정도 기여할 수 있다. 그러나 아무리 정량적 정보와 함께 정성적 정보를 수집, 분석, 평가해도 금융기관의 신용에 접근할 수 없는 서민들이 존재하게 된다.[13] 협동조합이 가난 문제에 대처하려면 공동체를 만들어야 한다(Laidlaw, 1980)는 주장에서 엿볼 수 있듯이 금융협동조합이 서민금융의 문제에 적극 대체할 수 있으려면 공동유대를 강화하는 등의 조치를 취할 필요가 있다.

## 5. 서민금융기관화 정책의 문제점

정부는 1980년대 금융 자유화 조치를 취하면서 금융협동조합을 서민금융기관으로 하고자 하였다. 1980년을 전후하여 금융협동조합들은 금융사고가 발생하는 등 여러 가지 사회적 문제를 야기하였는데, 이는 새마을금고나 신협의 상업적 금융기관으로의 전환 필요성을 야기하였다. 전환문제를 제기한 이들이 중시한 금융협동조합이 안고 있는 문제는 공동유대 이완, 그리고 특히 협동조합 정신의 해이이다. 금융협동조합의 상업적 금융기관으로의 전환문제를 검토하는 외국의 논의에서 확인할 수 있듯이 협동조합 정신의 해이는 전환을 야기하는 핵심 요인이다(Theriault, 2000 ; Merrick, 2001 ; Davis, 2005).

이들이 제기한 전환문제는 큰 관심을 끌지 못하였다. 그러나 1980년대 중후반 이후 금융협동조합을 지역의 서민금융기관으로 육성해야 한다는 주장은 사회적으로 큰 반향을 일으켰다. 당시 정부는 금융산업을 구조조정하면서 어떻게 하면 금융협동조합과 같은 소규모 금융기관의 존립 기반을 확고히 하고 금융시장의 효율성을 제고할 것인지에 대해 많은 주의를 기울이고 있었다. 정부는 금융협동조합을 서민금융기관으로 육성할 경우 이러한 문제가 상당 정도 해소될 것으로 판단한 것으로 보인다. 서민금융기관으로 육성해야 한다는 논의는 금융협동조합이 경쟁이 치열해지는 금융시장에서 생존하려면 지역의 저소득계층과 저신용계층을 위한 틈새시장에서 경쟁력을 확보할 수 있을 것이라고 주장하였기 때문이다. 상호신용금고로 전환시켜야 한다는 주장에 크게 반발하던 금융협동조합도 서민금융기관으로 육성해야 한다는 주장에 대해서는 사실상 동의하였다.

그러나 정부의 개입은 서민(= 조합원)의 경제적 및 사회적 지위를 향상시킨다는 금융협동조합의 목적 달성을 방해하였다. 지역서민금융기관으로 육성되는 가운데 금융협동조합은 영리를 추구하는 상업적 금융기관으로서의 모습을 강화하고 있기 때문이다. 구체적으로 살펴보면 먼저 틈새시장에서 경쟁력을 확보하고 금융시장의 효율성을 제고하는 데 기여하도록 한다는 것은 금융협동조합이 경제적 효율성을 중시한다는 것을 의미한다. 다음으로 서민금융기관화 정책은 조합원의 동의를 구하지 않은 채 진행되었다. 그렇지 않아도 정체성이 약화되는 상황에서 조합원의 참여가 부진하였는데, 서민금융기관화 정책은 조합원의 참여 의지를 사실상 억압하는 것이었다. 참여가 부진하면 민주적 통제도 어려워지는데, 그 결과 조합의 경영자와 직원들은 정책의 형성과 실행의 모든 단계에서, 소비자인 조합원의 견해를 경시할 우려가 있다(Plackett, 2003 : 34). 우리나라 금융협동조합에 대리인 문제가 존재한다는 주장이 제기되고 있는데, 대리인 문제는 조합원의 참여가 부진하고 민주적 통제가 결여될 때 나타나는 문제이다.[14]

서민금융기관화 정책은 금융협동조합을 서민을 위한 협동조합으로 인식되도록 하므로 금융협동조합의 운동성을 약화시킨다.[15] 이러한 문제는 협동조합의 가치에 별다른 관심이 없는 지역주민을 조합원으로 만들 때 더욱 악화될 수 있다. 1970년대 중반 이후 도입된 비과세 예금제도는 이러한 점에서 협동조합운동에 부정적인 영향을 끼쳤다. 그것은 정부가 자금동원능력을 높여 서민의 금융제약을 완화할 수 있게 하려고 도입한 것이다. 제도 도입 이후 금융협동조합은 기대 이상으로 많은 자금을 동원할 수 있었는데, 저금리시대를 맞이하여 저축자들의 금리민감성이 높아진 최근 들어 특히 그러하다. 자금동원능력 제고는 조합원 기반의 확대와 함께 이루어졌다. 그런데 문제는 이들이 주로 비과세라는 경제적 혜택에 이끌리는 중위소득 이상의 계층이라는 점이다. 이들은 물론 서로 힘을 합쳐 시장에서 충족될 수 없는 문제를 완화할 필요도 의지도 없다. 그 결과 조합의 주인인 조합원이지만 주인의식을 거의 가지지 않게 된다.

협동조합운동에 관심이 적거나 없는 조합원은 참여 의지가 낮기 때문에 민주주의를 약화시킨다(Davis, 2005 ; Spears, 2004 ; Chaves & Sajardo-Moreno, 2004). 다음으로 이러한 조합원이 증가하면 조직의 사회적 목적을 중시하는 조합원 비중의 감소가 감소하면서, 금융협동조합으로 하여금 경제적 효율성 제고를 우선적인 목표로 삼도록 압력을 행사한다. 상호성에도 나쁜 영향을 미친다. 경제적 혜택, 특히 높은 실질이자율(높은 예금이자율이나 배당률)을 겨냥하는 조합원의 경우 조합이 제공하는 신용에는 별다른 관심을 보이지 않는다. 최근 들어 소수의 조합원 및 비조합원에 대한 거액대출의 비중이 증가하는 것은 이와 밀접한 관련이 있다.

이상의 문제는 결국 금융협동조합의 협동조합으로서의 정체성 약화를 초래한다. 그러면서 금융협동조합이 (지역의) 저소득계층이나 저신용계층의 경제적 안정에 노력하도록 요구하지 않는다. 관계형 금융은 서민들의 금융제약을 완화하는 데 어느 정도 기여할 수 있다. 그러나 아무리 정량적 정보와 함께 정성적 정보를 수집, 분석, 평가해도 금융기관의 신용에 접근할 수 없는 서민들이 존재하게 된다.[16] 상호성 원칙을 훼손하지 않으면서 서민의 금융제약을 완화하는 데 기여하려면 금융협동조합은 서민들을 조합원이 되도록 적극 유인할 필요가 있다. 그리고 이들을 교육하여 조합경영에 적극 참여하도록 해 민주적 관리가 이루어지도록 촉구할 필요가 있다. 예컨대 금융협동조합으로 하여금 상호성 원칙을 준수하도록 적극 개입할 필요가 있다. 우리는 지역경제 재생수단으로서 상부상조라는 분명한 비전은 신용조합 성공의 열쇠라는 지적(Plackett, 2003 : 59)에 주목할 필요가 있다.

## 6. 결론

금융협동조합이 서민금융기관으로서 정체성을 회복해야 한다는 손상호(2016), 이재연 · 이시연(2012), 이재연 외(2012 : 123) 등은 금융협동조합이 중금리대출을 활성화해야 한다고 주장한다. 그러나 이는 가난한 서민의 빈곤 프리미엄(poverty premium) 지불을 당연시하는 것이다. 한편 이들은 서민금융진흥원이 개인, 특히 신용도가 낮고 소득수준이 높지 않은 서민의 신용을 정확하게 평가할 수 있는 신용평가모형을 구축하여 이를 금융협동조합에 공급하고, 금융협동조합은 이를 기초로 차입자의 신용을 평가하여 신용위험에 어울리는 이자율로 대출을 실행해야 한다고 주장한다. 정부는 2016년부터 중금리대출상품인 사잇돌대출을 출시하였다. 그러나 이들이 필요하다고 생각하는 이러한 전제조건은 거의 충족되지 않았으며, 금융협동조합 등의 사잇돌대출을 사실상 지지하는 것은 신용보증기관이다.

보다 중요한 문제는 정부가 금융협동조합을 사회 · 경제적 목표 달성을 위해 이용하면서 협동조합의 기본원칙이 곡해되었다는 점이다. 정부의 개입이 지속되고 강화되는 가운데 협동조합으로서의 정체성이 더욱 약화되고 협동조합은 이윤을 목적으로 하는 금융기관으로 변질되고 있다. 사실상 정부는 금융협동조합이 협동조합으로서의 정상적인 발전을 저해하고 있다.

우리나라 금융협동조합은 자산성장 등의 측면에서 볼 때 사업적인 성공을 거둔 것으로 보인다. 규모가 가장 작은 신협만 해도 자산규모 면에서 세계 4대 신협으로 성장하였다(Sibbald et al., 2002). 그러나 금융협동조합이 서민금융의 공급에 매우 미온적인 태도를 보이자 국내의 논의 대부분은 이들 금융협동조합이 제공할 담보도 충분하지 않고 신용도도 높지 않은 서민의 금융 제약을 완화하기 위해서는 신용대출을 확대할 수 있어야 한다고 주장한다. 나아가 일부 논의들은 금융협동조합이 자신들의 본분을 소홀히 한다고 비난한다. 예컨대 이재연과 이시연은 "상호금융기관이 은행과 유사한 영업을 하면서 경쟁하기보다는 정체성 확립을 통해 중소서민금융의 특성을 고려하여 은행의 자금중개기능을 보완"(이재연 · 이시연, 2013 : 13)해야 한다고 말한다. 금융협동조합이 서민금융기관으로서 정체성을 확립해야 한다는 것이다. 나아가 서민의 금융제약을 완화하는 데 별다른 기여를 하지 못하는 금융협동조합을 '지역 및 상호은행'으로 전환시키자는 주장도 제기되고 있다.[17] 1980년대와는 또 다른 의미의 전환 필요성을 제기하는 이러한 주장 속에는 서민금융기관(=금융협동조합)이 협동조합이라는 인식도 거의 없다.

금융협동조합에 대해 제기되는 많은 문제들, 예컨대 자산운용상 여러 문제, 대리인 문제, 취약한 공신력, 낮은 경쟁력, 서민금융 공급 위축 등과 같은 문제들은 그들을 서민금융기관으로 육성하려는 또는 육성하고 있는 정부 정책과 밀접한 관련이 있다. 그 결과 진정 서민의 생활을 안정시키기 위한 그들의 노력을 기대할 수 없게 되었다. 정부는 금융협동조합에 대한 정책을 다시 설계할 필요가 있다. 지금과 같은 개입방식은 금융협동조합의 정체성을 위협하고, 금융협동조합이 지역 주민과 조합원의 생활을 안정시키기 위해 적극 나서지 못하게 한다. 서민의 금융제약, 나아가 그들의 생활안정에 기여하도록 하려면 서민금융기관이 아니라 협동조합으로서 바로 설 수 있도록 할 필요가 있다.

금융협동조합도 자신을 향해 가해지는 비판들을 겸허한 마음으로 받아들이고 이를 바로잡기 위해 노력해야 할 것이다. 현재와 같은 방식으로 조합을 운영한다면 공신력을 제고하고 나아가 은행과 대등한 경쟁력을 가질 수 없을 것이다. 자산규모 등의 측면에서 볼 때 우리나라 금융협동조합은 어느 나라의 그것에 뒤처지지 않는다. 우리나라의 은행들에 비해서도 그렇다. 그럼에도 불구하고 한계적 금융기관이라는 인식을 벗어나지 못하고 있다. 주류금융기관의 대열에 참여할 수 있도록 노력할 필요가 있는데, 협동조합으로서 정체성을 회복하기 위한 노력은 이를 위한 가장 기본이 되면서 중요한 일이다.

6장

# 금융협동조합의 햇살론 공급 현황과 시사점

**제1절** 서론 / **제2절** 이론 검토 / **제3절** 자료 / **제4절** 계량분석과 함의

**제5절** 결론과 시사점

## 1. 서론

서민금융의 문제는 1990년대 말 발발한 외환위기 이후 제기되기 시작하였으며, 2000년대 초 신용카드 사태를 계기로 다수의 신용불량자들이 발생하면서 사회적인 관심을 끌기 시작하였다. 2000년대 중후반 이후 이 문제는 정부가 직접 개입하지 않으면 안 될 정도로 심각해졌다. 그러나 정부의 적극적인 개입에도 불구하고 서민금융의 문제는 아직까지 완화되지 않고 있는데, 대부업의 높은 성장세는 이를 반영하는 중요한 지표이다. 금융위원회 등이 발표하는 대부업 실태조사에 따르면 대부업 이용자의 약 80%는 신용등급이 7~10등급이다. 그리고 대부업 이용자 수와 이들이 이용하는 금액은 계속 증가하고 있다. 이에 따라 정부와 연구자들의 서민금융과 서민금융기관에 대한 관심도 높아지기 시작하였다.

그러나 서민금융기관들은 서민금융의 공급에 적극적이지 않다. 제3부 9장의 실증분석 결과에 따르면, 과거 10년 동안 자산증가율이 높은 고성장 신협에 있어서 자산증가율과 거액대출 간에 강한 상관관계가 있다. 반면에 저성장 신협의 자산증가율과 거액대출 간 상관관계는 유의미하지 않았다. 고성장 전략을 추구하는 신협의 경우 소액대출이면서 대출취급비용이 많이 소요되는 햇살론의 취급에는 소홀한 것으로 보인다. 물론 서민이 신용위험은 상대적으로 높지만 담보가 적거나 없다는 점도 서민금융의 취급을 회피하도록 만든다.

이 장에서는 성장 중심의 자산경쟁을 추구하는 신협이 햇살론을 취급하는 방식에 있어 나타나는 특성을 분석하고자 한다. 성장을 추구하는 신협은 햇살론에 소극적일 수 있으며, 그 결과 서민금융정책이 효율적으로 그 목적을 달성할 수 없게 될지도 모른다. 이와 관련하여 우리가 살펴보고자 하는 것은 두 가지이다. 첫째, 햇살론 연체율에 대한 분석을 통해 상업적인 성장을 추구하는 신협이 연성정보를 이용한 관계형 금융에 얼마나 적극적인가 살펴본다. 많은 논의들은 신협이 관계형 금융을 취급하지 않는다고 주장한다. 그러나 이하의 서술에서 보듯이 이들은 재무적 정보뿐 아니라 비재무적 정보를 수집하여 분석 및 평가하고 있다. 비록 비재무적 정보의 양이 많지는 않지만 이렇게 수집되고 평가된 비재무적 정보는 대출의사결정에 중요한 영향을 미치고 있기 때문에, 신협에 따라 관계형 금융의 정도는 달라질 수도 있다. 다음으로 상업적 성장을 추구하는 신협은 햇살론을 얼마나 취급하고 있는가를 살펴본다. 이러한 두 가지 문제에 대한 접근을 통해 신협이 햇살론이라는 서민금융정책에 얼마나 적극적인지 검토하고자 한다.

우리는 실증분석을 위해서 대출년도가 2014년, 2015년인 29,731건수의 햇살론 전수 자료를 사용한다. 아울러 성장을 추구하는 신협과 햇살론의 연체율 및 햇살론 취급액 간의 관계를 파악하기 위해서 2014년, 2015년 지역신협의 재무 및 대출정보를 사용한다.

실증분석을 통해 우리가 밝혀낸 것은 다음과 같다.

(1) 차주의 개별적인 속성 중 관계형 금융을 대리하는 장기거래 변수들, 즉 햇살론 제외한 다른 대출액, 출자금, 예금액은 모든 모형에서 유의미하게 연체율을 낮춘다.
(2) 성장성을 추구하는 신협을 대리하는 거액대출비율과 거액대출증가율은 연체율을 증가시킨다. 거액대출을 중심으로 성장성을 추구할 경우 상대적으로 소액이며 상업성이 부재한 햇살론을

취급할 때 소극적일 수 있으며, 그 결과 선별과정과 관리과정에서 연성정보를 이용한 면밀한 업무수행을 하지 않았다는 해석이 가능하다.

(3) 성장성을 대리하는 거액대출 관련 변수들이 클수록, 햇살론의 크기나 자산 대비 비율이 감소한다. 이러한 관계 역시 거액대출을 중심으로 성장성을 추구하는 신협의 햇살론에 대한 소극성을 보여준다.

우리는 이러한 실증결과를 바탕으로 서민들의 금융제약을 완화하기 위한 서민금융정책이 상업적인 속성을 가진 금융기관과 결합될 때 그 목적을 달성할 수 없으며, 새로운 서민금융정책의 방향과 구체적인 실현방안이 마련될 필요가 있음을 주장한다.

## 2. 이론 검토

Angelini et al.(1998), Ferri & Messori(2000), Presbitero & Zazzaro(2011), Catturani & Borzaga(2014) 등은 금융협동조합을 분석하면서 그들이 관계형 금융기법을 활용해야 한다고 주장한다. Presbitero & Zazzaro(2011)는 은행규모와 조직규모는 대출성향과 자산배분, 즉 연성정보에 기반한 대출 대 경성정보에 기반한 대출에 영향을 미친다는 기존 논의에 동의한다. 이때 그들은 다음과 같은 사정을 중시한다. 첫째, 금융협동조합은 대부분 소규모이다. 둘째, 그들의 조직구조가 비교적 단순하기 때문에 대출담당자를 감시 · 감독하기 위한 비용이 매우 적다. 즉, 대리인 비용이 최소화될 수 있다. 셋째, 금융협동조합의 영업구역이 크지 않다. 따라서 차입자와 금융협동조합 본점 사이의 거리가 가까워 정보의 전달을 곤란하게 하거나 정보를 진부화시킬 우려가 크지 않다.[1]

차입자에 대한 연성정보의 생산이 활성화되려면, Berger & Udell (2006)과 Howorth & Moro(2006)가 강조하듯이, 금융협동조합-차입자 간 신뢰가 구축되어야 한다. 신뢰가 구축되지 않은 상태에서는 차입자는 자신의 사적인 정보를 금융협동조합에 기꺼이 제공하지 않을 것이다. 이러한 점에서 금융협동조합은 매우 유리한데, 이러한 사정을 Cornée(2014)는 이렇게 말한다. 연성정보의 질, 즉 그에 대한 해석의 정확성은 은행직원이 지역사회에 뿌리내린 정도와 그들이 고객과 사전적으로 친근한 유대를 형성하고 있는지의 여부에 의존한다. 또는 "신뢰와 협동적 기초는 대출자와 차입자 간 질적이고 비공식적인 사실의 원활한 흐름에 매우 중요하다." 그런데 금융협동조합은 조합원이 소유하고 있기 때문에 금융협동조합과 조합원 = 차입자의 유대는 매우 긴밀하다.

이상을 Fried et al.(1999)과 Guinnane(1997)의 주장을 빌리면 다음과 같이 말할 수 있다. 동일한 공동유대를 가진 사람들끼리 조합을 결성하는 금융협동조합은 소규모 지역으로 영업구역이 한정되는데, 따라서 조합은 "조합원 상호 간의 습관, 성격, 능력에 대해 상당한 정보를 보유"하게 되고 나아가 "서로에 대해 다양한 경제적 및 초경제적 제재를 가할 수" 있다. 한편 Banarjee et al.(1994)은 이를 장기상호작용가설(long-term interaction view)과 동료감시가설(peer monitoring view)이라는 두 개의 가설로 이론화한다. 이에 따르면 금융협동조합은 조합원과 장기간 거래하는 과정에서 조합원에 대해 양적으로 많고 질적으로 우수한 비재무적 정보를 취득할 수 있게 되며, 조합원은 지역공동체에 기초하여 조합으로부터 대출받은 다른 조합원을 감시할 유인을 가지게 된다.[2]

우리나라 금융협동조합들도 2000년대 중반 이후 CSS를 도입하였다. 그러나 이 제도는 개인의 신용을 평가할 때 차입자의 재무적 및 비재무적 정보를 포괄하고 있다. 보다 구체적으로 살펴보자. 〈표 6-1〉에서 보듯이 A 금융협동조합의 CSS 주요 평점항목은 외부신용정보와 내부신용정보로 구분된다. 전자는 주로 대출신청자의 연체유무와 같은 재무적 정보를 포함하며, 후자는 이른바 비재무적 정보이다. 비재무적 정보는 그 양이 많지 않고 포괄범위도 작다. 그러나 일반적으로 논의되는 바와 달리 우리는 여기서 금융협동조합이 관계형 금융기법을 활용하고 있다는 점을 확인할 수 있다.

그런데 성장 지향적인 대규모 금융협동조합은 관계형 금융을 활용하는 데 어려움이 있다. 그들은 규모를 늘려가는 과정에서 지점을 늘려가고 있는데, 이는 조직구조를 위계적이며 복잡하게 한다. 이러한 구

**〈표 6-1〉 A 금융협동조합의 CSS 주요 평점항목**

| 외부 신용정보 | 내부 신용정보 | |
|---|---|---|
| | 신청서정보 | 실적정보 |
| ■ (채무/공공) 최근 발생일로부터의 기간<br>■ 미상환 주택담보 제외 대출 총건수<br>■ 최근 1년간 최장 연체 경험 기간<br>■ 미해제 연체 총건수<br>■ 3개월 내(월 말) 신용카드 유효 이용잔액한도 소진율 | ■ 주택형태/주거구분<br>■ 입사일/사업개시일 경과월수 | ■ 최근 3개월 최장 연체 일수<br>■ 최근 6개원 고정성 수신평잔<br>■ 조합원 가입기간<br>■ 3개월 유동성 수신평잔<br>■ 공제 해약환급금 − 공제약관대출금액 |

**자료** : A 금융협동조합.

조적 특징은 대출심사를 할 때 이용되는 정보의 유형과 대출기법에 영향을 미친다(Degryse et al., 2009). 윌리암슨형 조직적 불경제(Williamson-type organizational diseconomies)가 나타나기 때문이다.

은행이 관계적 대출을 거래적 대출(또는 다른 도매금융) 서비스와 함께 공급할 때 불경제가 나타난다는 지적은 대출담당직원이 가지고 있는 연성정보가 조직 내부에서 용이하게 소통되지 못한다는 대리인 문제로 구체화된다(Berger & Udell, 2006). 대리인 비용은 대규모 은행이 관계형 금융의 활용을 억제하는 가장 중요한 문제인데, 그 내용을 Berger & Udell(2002)은 이렇게 말한다. 즉, 은행규모가 확대되고 복잡해지면 대출심사역을 감시 · 감독하는 대리인 비용이 증가하고, 그 결과 대규모 은행은 관계형 금융기법을 채택하지 못하게 된다. 결국 조직규모가 위계적이고 복잡한 금융기관은 조직 내의 권한배분이 대리인 유인(agents' incentive)을 형성하기 때문에, 중앙 집중적이고 위계적 조직을 갖춘 은행은 소통하기 쉽고 조직 내부에 저장이 용이한 경성정보에 보다 많이 의존하게 된다(Degryse et al., 2009).

## 3. 자료

이 절의 실증분석을 위해 사용할 변수들의 이름과 계산방법을 아래 표에서 제시하였다.

〈표 6-2〉 변수에 대한 설명

| | 변수 | 계산방법 또는 출처 |
|---|---|---|
| 종속변수 | 햇살론연체율 | 연체=1, 그 외=0 더미변수. 기준시점은 2017년 8월 |
| | 햇살론 대출액 | 차주별, 조합별 모두 사용함. |
| | 자산 대비 햇살론 대출액 | $\frac{\text{조합의 햇살론 대출 합계}}{\text{조합의 자산 총액}}$ |
| 설명변수 | 신용등급 | 1~10까지 |
| | 더미$_{\text{비조합원}}$, 더미$_{\text{간주조합원}}$ | 비조합원=1, 그 외=0, 간주조합원=1, 그 외=0 더미변수 |
| | 더미$_{\text{개인사업자}}$ | 차주가 개인사업자이면=1, 그 외=0 더미변수 |
| | 더미$_{\text{채무차환목적}}$ | 차주의 대출목적이 다른 대출을 상환하기 위한 것이면=1, 그 외=0 |
| | 햇살론을 제외한 다른 대출 | 차주 개인별 자료. 차주가 햇살론 대출 이외의 대출을 한 경우 그 금액을 의미 |
| | 예금액 | 차주가 해당 조합에 예금한 금액 |
| | 출자금 | 차주가 해당 조합에 조합원으로서 출자한 금액 |
| | 자산순이익률(ROA) | $\frac{\text{조합의 당기순이익}}{\text{조합의 자산총액}}$ |
| | 부실대출비율 | $\frac{\text{요주의}+\text{고정}+\text{회수의문}+\text{추정손실}}{\text{조합 전체대출}}$ |
| | 거액대출비율 | $\frac{\text{5억 원 이상 대출}}{\text{조합 대출총액}}$ |
| | 예대율 | $\frac{\text{조합 대출총액}}{\text{조합 예금총액}}$ |
| | 거액대출증가율 | $\ln(\text{거액대출}_t)-\ln(\text{거액대출}_{t-1})$ |
| | 대출자산증가율 | $\ln(\text{대출총액}_t)-\ln(\text{대출총액}_{t-1})$ |
| | 지역별 어음부도율 | 한국은행 경제통계시스템 |
| | 지역 시중은행 대비 신협의 대출비율 | $\frac{\text{해당 지역의 신협 대출총액}}{\text{해당 지역의 시중은행 대출총액}}$ |
| | 지역 신협대출 대비 해당 신협의 대출비율 | $\frac{\text{해당 신협 대출총액}}{\text{해당 지역의 신협 대출총액}}$ |
| | 그 외 더미 | 연도, 공동유대의 종류에 따라 면, 읍, 일반 시 더미변수 |

먼저, 정성적인 정보를 이용한 관계형 금융이 햇살론의 대출에 사용되었는지 파악하기 위해 연체율 더미변수를 종속변수로 설정하였다. 또한 신협의 햇살론 취급 정도를 알아보기 위해 종속변수로 조합별 햇살론 대출액과 자산 대비 햇살론 대출액을 사용하였다.

다음으로 설명변수를 살펴보자. 차주의 개별적 속성을 나타내는 신용등급(이는 외부 신용등급이다), 조합원 여부, 채무목적, 햇살론을 제외한 다른 대출액, 예금액, 출자금 등의 변수를 사용하였다. 신용등급은 연체율과 아주 밀접한 관계가 있을 것으로 기대된다. 우리는 햇살론을 제외한 다른 대출액, 예금액, 출자금에 특히 주목하였는데, 그 이유는 이러한 변수들이 차주와 신협 간의 장기거래 여부를 대리하여 관계형 금융의 중요한 지표가 될 수 있기 때문이다.

설명변수에 차주의 개별적 속성 이외의 조합별 변수를 포함시켰는데, 그 이유는 신협의 특성이 연체율과 햇살론 취급액에 영향을 주는지 확인하기 위해서이다. 먼저 금융기관 대상 계량분석에 흔히 포함되는 수익성, 부실채권비율, 예대율을 설명변수로 포함시켰다. 우리가 관심을 갖는 변수들은 거액대출 관련 변수인 자산 대비 거액대출비율, 거액대출증가율이다. 아래의 그림에서 확인할 수 있듯이, 최근 10년 동안 신협의 대출 중에서 가장 눈에 띄게 변화된 것이 거액대출비율이며, 거액대출이 신협의 자산증가율에 매우 유의미하게 기여하고 있기 때문이다.[3]

또한 우리는 지역별 어음부도율을 설명변수로 사용하였으며, 해당 지역에서의 신협이 시중은행에 비하여 얼마나 경쟁력을 갖추고 있는지를 대리하는 변수로 지역 시중은행 대비 신협의 대출비율을 사용하였다. 아울러 해당 신협이 신협 중에서의 경쟁력을 확인하기 위해서 지역

[그림 6-1] 신협의 대출 현황(%) : 2005~2015

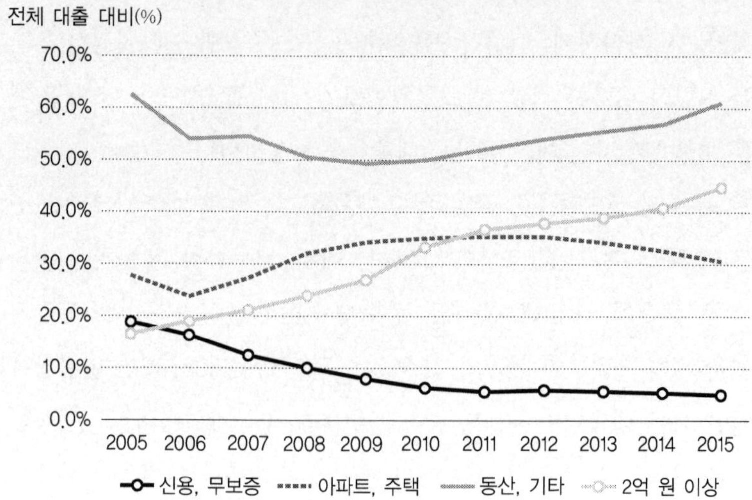


신협대출 대비 해당 신협의 대출비율을 설명변수에 포함시켰다. 그 외 더미 변수로 지역신협의 공동유대의 종류, 즉 면, 읍, 일반시, 광역시 등의 변수를 포함시켰다.

〈표 6-3〉은 이러한 변수들의 요약통계량이다. 우리가 확보한 자료는 대출년도가 2014년, 2015년인 햇살론 전수 자료 29,731건이며, 연체기준일은 2017년 8월 현재이다. 2013년 이전의 자료는 대출만료일이 지난 경우가 많아 기록으로 남아 있는 자료에 특정 편의가 있을 것으로 우려되어 2014년, 2015년 자료만을 사용하였다. 대출기관인 신협의 자료 역시 2014년, 2015년의 지역신협의 재무 및 대출정보이다.

다음의 표에서 햇살론의 연체율은 12.6%이고, 대출액의 평균 금액은 약 967만 원, 신용등급은 평균 6등급 정도임을 알 수 있다. [그림 6-2]에서 신용등급의 분포를 보면, 6등급, 5등급, 7등급이 가장 많은 것으로 보인다. 조합원이 대출한 경우가 83.11%(비조합원과 간주조합원

이외의 경우)이며, 평균 408만 원 정도의 다른 대출이 있고 42만 원 정도의 예금이 있다는 등의 정보를 확인할 수 있다.

〈표 6-3〉 주요 변수의 요약통계량

| | 변수명 | Obs | Mean | Std. Dev. | Min | Max |
|---|---|---|---|---|---|---|
| 개인차주별자료 | 햇살론 연체율 | 29,731 | 0.1260 | 0.3318 | 0.0000 | 1.0000 |
| | 햇살론 대출액(원) | 29,731 | 9,677,452 | 3,023,205 | 1,000,000 | 50,000,000 |
| | 신용등급 | 29,731 | 6.0851 | 2.1481 | 0.0000 | 10.0000 |
| | 더미$_{비조합원}$ | 29,731 | 0.1528 | 0.3598 | 0.0000 | 1.0000 |
| | 더미$_{간주조합원}$ | 29,731 | 0.0161 | 0.1260 | 0.0000 | 1.0000 |
| | 더미$_{개인사업자}$ | 29,731 | 0.0854 | 0.2795 | 0.0000 | 1.0000 |
| | 더미$_{채무차환목적}$ | 29,731 | 0.2388 | 0.4264 | 0.0000 | 1.0000 |
| | 햇살론을 제외한 대출액(원) | 29,731 | 4,084,827 | 2,455,395 | 8,029 | 32,400,000 |
| | 출자금 | 29,731 | 119,703 | 469,301 | 0 | 28,900,000 |
| | 예금액 | 29,731 | 426,173 | 2,287,051 | 0 | 80,200,000 |
| 신협별 | 햇살론 대출액(백만 원) | 1,288 | 192 | 319 | 0 | 4,290 |
| | 자산 대비 햇살론 대출액 | 1,288 | 0.0026 | 0.0048 | 0.0000 | 0.0686 |
| | *ROA* | 1,288 | 0.0017 | 0.0110 | −0.2971 | 0.0183 |
| | 거액대출비율 | 1,288 | 0.3120 | 0.1827 | 0.0000 | 0.8628 |
| 신협별 | 예대율 | 1,288 | 0.6791 | 0.1231 | 0.2651 | 0.9966 |
| | 부실대출비율 | 1,288 | 0.0485 | 0.0484 | 0.0000 | 0.7157 |
| | 대출증가율 | 1,287 | 0.1273 | 0.1495 | −0.6978 | 1.2843 |
| | 거액대출증가율 | 1,166 | 0.2477 | 0.3517 | −0.7102 | 2.6676 |
| | 지역 어음부도율 | 1,288 | 0.4280 | 0.7349 | 0.1033 | 4.9208 |
| | 지역 시중은행 대비 신협의 대출비율 | 지역별 | 0.0020 | 0.0032 | 0.0000 | 0.0400 |
| | 지역 신협대출 대비 개별 신협 대출비율 | 1,288 | 0.0016 | 0.0025 | 0.0000 | 0.0305 |

한편 햇살론 대출액을 신협 개별로 합계를 구해보면 약 1억 9천 2백만 원 정도이다. 우리 자료에 사용된 지역신협의 수는 2년 동안 1,288개이므로 매년 약 644개 신협자료가 여기에 포함되었는데, 분포

**[그림 6-2] 햇살론 대출 현황 및 차주의 신용등급분포**

조합별 햇살론 대출총액(백만 원, 2014~2015년)

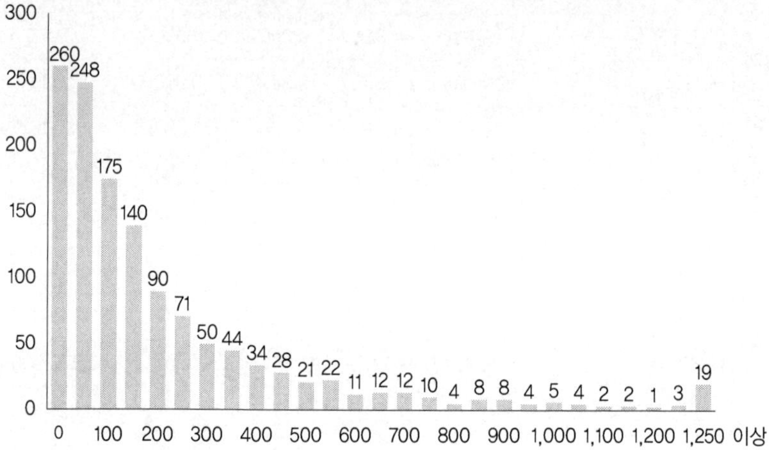


햇살론 차주의 신용등급분포

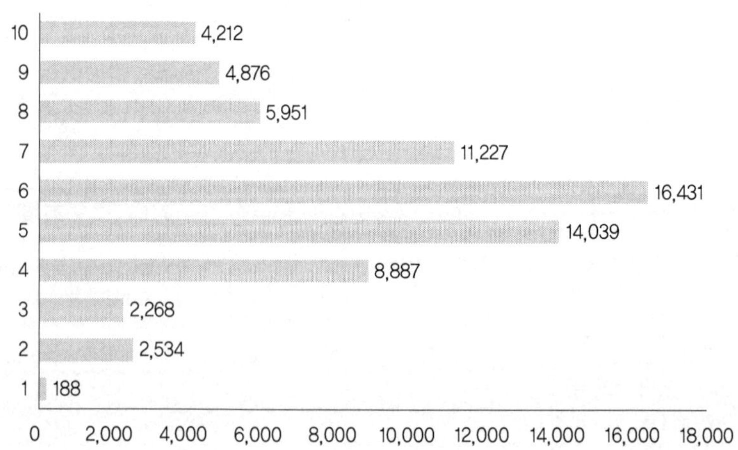

도를 보면 매년 130개 정도의 신협은 햇살론을 전혀 취급하지 않았다. 자산 대비 햇살론의 비율 역시 0.26%로 아주 미약한데, 서울지역에 있는 논골 신협과 같이 정부 정책에 호응하여 서민금융을 적극적으로 취급하는 경우에는 6%를 상회한다.

# 4. 계량분석과 함의

## 4.1 계량분석 수식 소개

여기에서 이용한 계량분석 수식은 아래의 두 가지이다.

$$\text{연체율}_i = const + \beta \times Borrower_i + \gamma \times CU_j + \delta \times Other_h + \epsilon_i \quad (1)$$

$$\text{햇살론 대출액 관련 변수}_j = const + \gamma \times CU_j + \delta \times Other_h + \epsilon_i \quad (2)$$

다양한 변수들이 연체율에 미치는 영향을 분석하는 수식 (1)은 관계형 금융과 관련된 함의를 이끌어내기 위해 사용된다. *Borrower*는 차주 개인의 특성을 나타내는 변수들인데, 여기에는 조합원 여부에서부터 채무목적 등의 변수가 포함된다. 앞서 말했듯이, 이 중에서 우리는 차주와 신협 간의 장기거래를 나타내는 변수가 다른 조건이 모두 일정할 때 연체율에 영향을 주는지 살펴보고자 하였다. 예컨대 동일한 신용등급, 동일한 채무목적 등의 조건 속에서도 예금액, 햇살론을 제외한 다른 대출액, 출자금 등이 연체율에 유의미한 영향을 준다면 이는 장기거래를 통한 연성정보가 대출과정과 사후관리에 영향을 주었다는 해석을 가능하게 하기 때문이다.

수식 (1)에 사용된 *CU*는 햇살론 대출을 한 신협의 재무적 속성과 대출 특성을 변수화한 것들이다. 변수 부족으로 인한 가성회귀문제를 피하고자 수익성, 예대율, 부실채권 비율 등을 통제변수로 사용하였다. 가장 의미가 큰 변수는 신협의 성장 중심적 대출행태를 대표하는 거액대출 관련 변수들인데, 이것의 부호로부터 성장 중심적 신협이 햇살론에 대한 소극적 입장과 그로 인한 대출과정에서의 연성정보 이용의 소홀성을 파악하고자 했다.

수식 (1)과 수식 (2)의 *Other*는 지역의 어음부도율, 지역신협의 공동유대의 종류, 연도더미 등의 통제변수들이다. 이러한 통제변수들은 공동유대에 따라, 그리고 해당 시기 정부 정책의 차이 또는 대출지역의 지역경제의 현황에 따라 발생되는 햇살론 대출 양상의 변화를 통제하기 위해서 포함시킨 변수들이다.

수식 (2)은 신협별 자료만이 사용되었다. 종속변수는 연도별 조합의 자산총액 대비 햇살론 대출 총액이며, 비교 목적으로 햇살론 총액을 사용하기도 하였다. *CU*에는 예대율, 부실대출비율, 자산순이익률, 거액대출비율과 증가율, 대출자산증가율 등이 포함된다. 수식 (2)의 목적은 성장성을 대리하는 거액대출 관련 변수들이 클수록, 햇살론의 크기나 자산 대비 비율에 어떤 영향을 주는가를 살펴보는 것이다. 모든 신협이 서민의 금융제약을 완화한다는 목적을 염두에 두고 대출행위를 한다면, 특별한 대출패턴을 보이는 신협에서 햇살론을 적게 취급할 이유가 없을 것이다. 우리는 신협의 성장 중심적 대출형태가 햇살론 대출에 대한 소극성과 밀접한 관련이 있는지 검토하고자 수식 (2)를 제시하였다.

## 4.2 분석 결과

수식 (1)에 대한 계량분석 결과를 아래에 제시하였다. 먼저 2014년, 2015년에 발생한 대출에 대한 자료이고 종속변수가 2017년 8월 기준 연체 여부이기 때문에, 패널자료가 아니므로 OLS 분석을 실시하였다. 이와 동시에 더미 변수인 종속변수를 연속형 정규분포로 전환시켜 분석하는 로짓분석을 병행하였다는 점을 밝힌다.

먼저 차주의 특성이 연체율에 미치는 영향을 정리해보자. 먼저 신용등급이 높을수록 연체율이 높아진다는 자연스런 결과를 확인할 수 있다. 한편 조합원인지, 비조합원인지, 간주조합원인지를 의미하는 더미변수가 연체율에 미치는 영향은 거의 없다는 점은 매우 특이하다. 말하자면 조합원이라는 규정이나 자격이 연성정보의 취득에 영향을 주지 않는 매우 형식적이라는 것을 의미한다. 햇살론 차입자의 경우 대체로 신협에 조합원으로 가입하는 것으로 보이지만, 햇살론 차입을 전후하여 조합에 가입하기 때문에 많은 경우 조합은 햇살론 차입자에 대한 다양한 정보에 접근하기 어렵다. 또한 개인사업자 여부나 채무의 목적 등도 영향을 주지 않는 것으로 나타났다.

반면, 햇살론을 제외한 다른 대출액, 예금액, 출자금은 연체율에 매우 유의미한 (-)영향력을 준다는 것을 모든 모형에서 확인할 수 있다. 이는 형식적인 조합원 여부보다는 장기거래나 다면거래의 유무가 연체율에 더 중요한 의미를 갖는다는 해석을 가능하게 한다. 관계형 금융이론에 따르면 다양한 다면거래와 장기적인 거래 관계를 통해 얻어진 연성정보가 관계형 금융의 핵심 도구가 되는데, 이런 논리를 여기에 적용해보면 햇살론 이외의 대출이나 예금, 출자금 등의 거래 관계가 차주

〈표 6-4〉 햇살론 연체율에 대한 회귀분석 결과

| | 모델 1(OLS) | | 모델 2(OLS) | | 모델 3(logistic regression) | |
|---|---|---|---|---|---|---|
| | Coef. | Std. Err. | Coef. | Std. Err. | Coef. | Std. Err. |
| 신용등급 | 0.069[3] | 0.001 | 0.068[3] | 0.001 | 1.204[3] | 0.024 |
| 더미$_{비조합원}$ | 0.004 | 0.004 | −0.002 | 0.005 | −0.049 | 0.086 |
| 더미$_{간주조합원}$ | 0.005 | 0.012 | −0.003 | 0.014 | 0.124 | 0.237 |
| 더미$_{개인사업자}$ | 0.037[3] | 0.005 | 0.028[3] | 0.006 | 0.043 | 0.114 |
| 더미$_{채무차환목적}$ | 0.000 | 0.004 | −0.001 | 0.004 | 0.115 | 0.070 |
| 햇살론을 제외한 다른 대출액 | −0.061[3] | 0.001 | −0.059[3] | 0.001 | −0.302[3] | 0.015 |
| 예금액 | −0.001[2] | 0.001 | −0.001[2] | 0.001 | −2.470[3] | 0.320 |
| 출자금 | −0.012[3] | 0.003 | −0.012[3] | 0.003 | −0.999[3] | 0.266 |
| 햇살론 대출액 | 0.031[3] | 0.001 | 0.030[3] | 0.001 | 0.116[3] | 0.012 |
| 더미$_{2015년}$ | 0.082[3] | 0.003 | 0.080[3] | 0.004 | 0.165[3] | 0.064 |
| 자산순이익률 $(ROA)_{조합변수}$ | | | −0.801[2] | 0.394 | −14.349[2] | 6.086 |
| 부실대출비율$_{조합변수}$ | | | 0.091[1] | 0.051 | 1.798[2] | 0.867 |
| 예대율$_{조합변수}$ | | | −0.056[3] | 0.018 | −0.196 | 0.312 |
| 해당 지역의 어음 부도율$_{지역변수}$ | | | 0.000 | 0.004 | −0.005 | 0.062 |
| 거액대출비율$_{조합변수}$ | | | 0.053[3] | 0.011 | 0.632[3] | 0.204 |
| 대출자산증가율$_{조합변수}$ | | | −0.010 | 0.015 | −0.044 | 0.264 |
| 거액대출자산 증가율$_{조합변수}$ | | | 0.021[3] | 0.008 | 0.350[2] | 0.137 |
| 절편 | −0.391[3] | 0.007 | −0.371[3] | 0.014 | −11.349[3] | 0.313 |
| 관측치 | 29,731 | | 24,760 | | 24,760 | |
| 결정계수 | 0.400 | | 0.388 | | Pseudo $R^2$ | 0.573 |
| F-value | 1,986[3] | | 924[3] | | LR $chi_2$ (17) | 10,590 |

주 : 1) $p < 0.1$, 2) $p < 0.05$, 3) $p < 0.01$

의 특성에 대한 연성정보를 수집하는 통로가 되고 그 결과 신용등급 등의 일반적인 조건이 동일하더라도 연체율은 낮추는 데 기여한다는 것이다. 신협 등 금융협동조합은 개인신용등급평가표에 연성정보를 포함하고 있으므로, 연성정보는 대출 여부, 대출금액, 대출기간, 이자율 등에 중요한 영향을 미칠 수 있다. 관계형 금융과 관련된 변수가 연체율에 유의미한 영향을 미친다는 이상의 분석 결과는 이를 뒷받침하는 것으로 보인다.

신협의 개별적인 특성 중에서 우리가 관심을 갖는 것은 성장 지향적 속성을 대변하는 거액대출과 관련된 변수들이 햇살론 연체율에 영향을 주는가이다. 실증분석 결과 우리는 거액대출의 증가율, 거액대출 비율 모두 연체율을 높인다는 점을 확인할 수 있었다. 이는 성장성을 추구하고 거액대출을 중심으로 한 자산경쟁에 뛰어드는 신협일수록 연성정보를 이용한 관계형 금융을 중시하지 않게 되고 그 결과 차주 선별과정과 관리과정을 소홀히 하는 경향이 있는 것이 아닌가라는 해석을 가능하게 한다.

다음으로 개별조합이 햇살론을 취급하는 크기와 비율에 대해서 분석해보자. 우리가 관심을 갖는 것은 서민들의 금융제약이 정책금융에 의해, 그리고 그 정책금융을 수행하는 이른바 서민금융기관에 의해 완화될 수 있는지 하는 문제이다. 〈표 6-5〉에서 보듯이, 대부업 거래자 중 햇살론과 중첩되는 4~6등급의 거래자는 꾸준히 증가되는 양상을 보이고 있고, 전체적인 수치 역시 줄어들지 않고 있다는 것을 확인할 수 있다.

**〈표 6-5〉 대부업 거래자의 신용등급별 현황**

(단위 : 명, %)

| 구분 | 2014 | | 2015 | | 2016.6 | |
|---|---|---|---|---|---|---|
| | 거래자 수 | 비중 | 거래자 수 | 비중 | 거래자 수 | 비중 |
| 1~3등급 | 40 | 0.0 | 6 | 0.0 | 23 | 0.0 |
| 4~6등급 | 317,859 | 21.6 | 344,425 | 22.1 | 361,300 | 23.3 |
| 7~10등급 | 1,155,194 | 78.4 | 1,212,712 | 77.9 | 1,191,363 | 76.7 |
| 합계 | 1,473,093 | 100.0 | 1,557,143 | 100.0 | 1,552,686 | 100.0 |

주 : 연말 기준. 단 2016년은 6월 말 기준.
자료 : 금융위원회의 각 년도 대부업 실태조사 결과.

금융제약으로 인해 서민들이 대부업체를 이용할 경우 발생할 약탈적 대출과 고금리로 인한 고통, 서민들의 빈민으로의 추락은 심각한 사회문제를 양산한다. 따라서 서민금융기관이 서민금융정책에 대해 보이는 태도는 매우 중요한데, 우리는 성장 지향적인 신협의 경우 햇살론에 대해 소극적일 수 있다는 생각을 가지고 있다. 앞서 제시하였듯이 수식 (2)는 이러한 우리의 입장이 실증적으로 입증될 수 있는지 확인하기 위한 것이며, 그 결과는 〈표 6-6〉과 같다.

여기서 종속변수는 햇살론의 크기와 자산 대비 햇살론의 비율이며 개별조합 단위의 자료이다. 앞서 말했듯이, 1,288개의 관측치 중에서 약 20%에 해당하는 260개의 관측치에서 햇살론 대출이 전혀 없는 것으로 나타났으며, 이는 본 자료의 지역신협 640개 중 130개 조합이 햇살론을 취급하지 않는 것을 의미한다.

한편 햇살론을 자산 대비 비율로 구해보아도 앞의 요약통계량에서 정리하였듯이 0.26%의 평균값을 가지고 있고, 평균 햇살론 취급총액 역시 1억 9천만 원 정도로 미진한 실정이다. 이러한 수치만 보더라도

〈표 6-6〉 햇살론 취급금액에 대한 회귀분석 결과

| | 모델 1(OLS) 종속변수 : 자산 대비 햇살론 비율 | | 모델 2(OLS) 종속변수 : 자산 대비 햇살론 비율 | | 모델 3(OLS) 종속변수 : 햇살론 금액 | |
|---|---|---|---|---|---|---|
| | Coef. | Std. Err. | Coef. | Std. Err. | Coef. | Std. Err. |
| 자산(10억 원) | 0.000 | 0.000 | 0.000 | 0.000 | 0.003[3)] | 0.000 |
| 자산순이익률(*ROA*) | −0.003 | 0.013 | 0.006 | 0.013 | 0.853 | 0.991 |
| 부실대출비율 | 0.000 | 0.004 | 0.003 | 0.004 | 0.581[1)] | 0.300 |
| 예대율 | 0.004[3)] | 0.001 | 0.004[3)] | 0.001 | 0.339[3)] | 0.087 |
| 지역 어음부도율 | −0.000 | 0.000 | 0.000 | 0.000 | −0.007 | 0.012 |
| 거액대출자산비율 | −0.006[3)] | 0.001 | −0.006[3)] | 0.001 | −0.394[3)] | 0.070 |
| 대출자산증가율 | −0.001 | 0.001 | −0.001 | 0.001 | 0.017 | 0.078 |
| 거액대출자산증가율 | −0.001[2)] | 0.000 | −0.001[3)] | 0.000 | −0.057[1)] | 0.031 |
| 더미$_{\text{면 단위}}$ | | | −0.002[3)] | 0.000 | −0.070[2)] | 0.031 |
| 더미$_{\text{읍 단위}}$ | | | −0.002[3)] | 0.000 | −0.103[3)] | 0.028 |
| 더미$_{\text{일반시}}$ | | | 0.000 | 0.000 | −0.004 | 0.023 |
| 더미$_{2015}$ | | | 0.001[3)] | 0.000 | 0.053[3)] | 0.018 |
| 지역의 시중은행 대비 신협의 대출비율 | −0.013[3)] | 0.002 | −0.011[3)] | 0.002 | −0.619[3)] | 0.121 |
| 지역의 신형대출 대비 해당 신협 대출비율 | −0.001 | 0.014 | −0.007 | 0.014 | −2.670[2)] | 1.050 |
| 절편 | 0.004[3)] | 0.001 | 0.004[3)] | 0.001 | −0.013 | 0.058 |
| 관측치 | 1,166 | | 1,166 | | 1,166 | |
| 결정계수 | 0.081 | | 0.142 | | 0.2026 | |
| F-value | 11.14[3)] | | 11.73[3)] | | 22.15[3)] | |

주 : 1) $p < 0.1$, 2) $p < 0.05$, 3) $p < 0.01$

신협의 자산운용에서 햇살론이 차지하는 비율은 너무나 적다. 그러나 이러한 그림은 대략적인 분석에 해당한다. 우리는 햇살론과 신협의 특성변수를 연결시켜 신협의 어떤 특성이 햇살론 취급에 소극적이게 하였는지 분석하였다.

분석의 결과를 제시한 〈표 6-6〉을 보면, 모든 모형에서 유의미하게 설명력이 있는 조합 관련 변수는 예대율과 거액대출비율, 그리고 거액대출증가율이다. 특히 우리는 거액대출과 거액대출증가율에 관심을 두었는데, 그 이유는 성장 지향적 신협의 대출정책의 대리변수인 거액대출과 거액대출증가율이 높을 경우 서민금융정책 상품인 햇살론에 대한 소극적 자세를 보이기 쉽다는 점을 확인하기 위해서이다. 성장성은 상업성과 동전의 양면이므로 성장성을 추구하는 신협은 햇살론을 단지 의무로만 인식하게 된다. 협동조합 본연의 특성과 사회적 임무를 생각한다면 서민금융정책에 적극적이어야 한다. 그러나 2000년대 이후 신협의 재편과정에서 서민금융제약을 완화시키는 역할을 하는 신협으로 하여금 그 역할을 더욱 효과적이고 광범위하게 수행하도록 자산을 증가시켜야 한다는 성장논리는 도리어 신협의 협동조합 특성을 약화시켜 버렸다. 이러한 상황에서 서민금융제약을 위해 햇살론을 취급하라는 정책적 의무사항은 효과를 발휘하기 힘들 것이다. 위의 실증분석 결과는 이러한 현실의 반영으로 보여진다.

한편 추가적으로 언급할 필요가 있는 것은, 햇살론은 신협이 위치한 지역 특성에 의해서도 영향을 받는다는 것이다. 농촌이나 면 단위, 읍 단위보다는 일반시와 광역시의 신협이 햇살론을 상대적으로 많이 취급한다. 아울러 다른 조건이 일정하다면 시중은행의 영향력이 클수록, 다시 말하자면 신협 대출액보다 시중은행의 대출액 크기가 클수록,

신협의 햇살론 취급은 증대된다. 이 이유는 신협이 햇살론을 일반 대출이 아니라 틈새대출로 인식하기 때문인 것으로 보인다. 은행과 경쟁에 직면하게 되어 대출에 어려움을 겪는 조합은, 그렇지 않는 조합에 비해 자산운용의 어려움을 극복하기 위한 수단의 하나로 햇살론 취급에 적극적이다.

## 5. 결론과 시사점

지금까지의 분석을 정리하면 다음과 같다.

먼저, 관계형 금융을 대리하는 장기거래 변수들, 즉 햇살론을 제외한 다른 대출액, 출자금, 예금액 등이 유의미하게 연체율을 낮춘다는 분석을 통해 관계형 금융이론을 지지하는 특성을 확인할 수 있다. 다음으로 신협의 성장 지향적 특성을 대표하는 거액대출비율과 거액대출증가율은 햇살론의 연체율을 증가시키는데, 이는 거액대출을 중심으로 성장성을 추구할 경우 상대적으로 소액이며 상업성이 부재한 햇살론을 취급할 때 소극적일 수 있으며, 그 결과 선별과정과 관리과정을 면밀하게 진행하지 않은 것으로 해석할 수 있다. 성장 지향적 신협의 경우 조직이 위계적이며 복잡해지는데, 그러한 구조적 특성도 관계형 금융의 취급을 억제한 것으로 보인다. 마지막으로 거액대출 관련 변수들이 클수록 햇살론의 크기나 자산 대비 햇살론의 비율이 감소한다는 점을 확인하였는데, 이 역시 거액대출을 중심으로 성장성을 추구하는 신협의 햇살론에 대한 소극성을 보여주는 증거가 될 수 있다.

서민금융에 관한 대부분의 논의에서 햇살론 역시 다른 정책금융과 마찬가지로 정부의 실패가 심각한 것으로 분석되고 있다. 서민금융 연구자들은 이러한 문제에 대응하기 위해 서민금융기관이 관계형 금융기법을 활용해야 한다고 주장한다. 그러나 이 장의 분석 결과에 따르면 신협은 현재 어느 정도 관계형 금융기법을 활용하고 있으며, 연성정보의 파악과 관련된 지표(출자금의 규모, 햇살론 이외의 대출 등)는 햇살론의 연체율 개선에 긍정적인 영향을 미치고 있다. 따라서 관계형 금융기법의 활용을 촉구하기보다는 서민들로 하여금 신협 조합원으로 가입하여 조합에게 노출시키게 되는 연성정보의 양과 질을 개선하도록 하는 것이 현실적인 대안이 될 수 있을 것이다.

신협은 차입 조합원의 신용을 보완하기 위해 대부분의 대출을 담보 위주로 운용하고 있다. 이러한 자산운용방식은 담보가 적거나 없는 서민들이 신협의 신용에 접근하기 어렵게 하는 중요한 요인이다. 그렇지만 서민들도 신협 등 금융협동조합에 대한 생각을 바꿀 필요가 있다. 현재 서민들은 신협 조합원으로 가입하는 것을 꺼려하고 있다. 무엇보다 신협의 신용에 접근하지 못한다는 현실이 중요한 장벽으로 보인다. 그러나 금융제약을 해소할 필요를 느끼는 사람이라면, 협동조합이 개방적인 조합원 제도를 도입하고 있는 만큼, 적극적으로 조합에 가입할 필요가 있다. 그리고 협동조합으로 하여금 조합원들의 필요를 충족시키는 데 기여하도록 촉구할 필요가 있다. 협동조합은 조합원의 것이며, 조합원을 위해 존재하고 기능할 때 존재 의미를 가진다.

정부도 이러한 점을 간과해서는 안 된다. 정책서민금융을 공급하는 등 서민금융기관으로서의 기능활성화를 강조하는 데 그쳐서는 안 되며, 서민금융기관이 안으로부터 서민금융의 문제를 해소할 수 있게 하는 방안을 강구할 필요가 있다. 서민들이 조합원이 되고 그들이 협동조합의 가치 등에 대한 충분한 교육을 받을 수 있도록 제도적 장치를 마련하는 것도 중요하다. 이렇게 하면 서민금융기관은 내부로부터의 힘에 의해 스스로 서민금융의 문제를 완화하는 데 기여하게 될 것이다.

정부당국과 신협중앙회는 조합의 건전성을 제고하기 위해 합병을 촉진하고 지점개설을 통한 조합의 공동유대 확대를 용인하고 있다. 조합원의 경제적 지위를 향상하는 데 기여하는 것은 협동조합의 중요한 목적 중 하나이다. 신협이 이러한 목적을 실현하도록 하기 위해 정부와 신협중앙회는 성장 지향적인 전략을 억제할 필요가 있다. 또는 적어도 조합의 재무건전성 제고와 사회적 목표의 달성 간에 균형을 이루도록 해야 할 것이다.

# 협동조합의 지배구조와 한국 금융협동조합의 대리인 문제

**7장** 한국 신협의 성장 지향적 정책과 문제점

**8장** 한국 신협의 성장 특징

**9장** 협동조합의 지배구조 문제와 우리나라의 금융협동조합

**10장** 한국 신협과 대리인 문제

part three

3

7장

# 한국 신협의 성장 지향적 정책과 문제점

**제1절** 서론 / **제2절** 고금리와 정보의 비대칭성

**제3절** 성장 지향적 정책의 채택과 신협의 시련

**제4절** 신협의 문제점과 과제 / **제5절** 결론

# 1. 서론

우리나라에는 신협, 새마을금고, 농협과 같은 금융협동조합이 있다. 그들은 영업구역이 소규모 지역에 한정되어 있기 때문에 지역금융기관으로 분류되기도 한다. 지역경제개발에 대한 관심은 2012년 협동조합기본법이 제정 및 시행되면서 급증하였다. 협동조합의 설립도 활기를 띠고 있다. 그러나 이들의 설립과 성장을 촉진하고 지원할 금융공급은 원활하지 않다. 또한 지역금융기관인 금융협동조합에 대한 기대가 높아지고 있지만 지역에서 존재감이 크지 않다.[1] 이는 그들이 적절한 기능을 수행하지 못한다는 것을 의미한다.

그들이 지역금융기관으로서의 기능을 적절히 수행하지 못하는 것은 그들의 성장전략과 낮은 공신력에서 연유한다. 그들은 1980년대 금융 자유화가 추진되는 과정에서 지역의 서민금융기관으로서의 길을 선택하였다. 정부도 이러한 성장전략을 적극 지원하였다. 그런데 경영이 안정되지 못하고 공신력이 낮아 은행과 경쟁하기 위해 상대적으로 높은 수신금리를 제시해야 했는데, 이는 높은 여신금리를 불가피하게 하였다. 그들이 1980년대에 확정한 고금리에 기반한 성장전략은 오늘까지 지속되고 있다.

또한, 서민금융기관으로서의 길은 사실상 협동조합으로서의 본령을 소홀히 하는 과정이기도 하였기 때문에 협동조합으로서 정체성을 위협받고 있다. 조합원은 서로 힘을 합하여 자신들의 금융적 필요를 충족시키기 위해 금융협동조합을 설립하고 가입하였지만 이제 그들은 조합의 경영에 참여하지 않고 있으며, 단순한 서비스 이용자로 전락하고 있다. 조합도 조합원과 지역을 위해 헌신하지 않았기 때문에 상호헌신은 기대할 수 없게 되었다.

다른 한편 그들의 불안정한 경영은 금융기관으로서 평판에도 부정적인 영향을 미치고 있다. 서비스 이용자로 전락한 조합원의 예금을 유치하기 위해 기관위험 프리미엄을 지불하고 있다는 주장은 이러한 사정을 반영하고 있다. 그들의 주된 차입층은 저소득계층과 저신용계층이다. 높은 수신금리와 함께 그들의 높은 신용위험은 여신금리를 은행보다 높은 수준으로 밀어 올린다.

이 장에서는 이러한 문제의식에 입각하여 우리나라 신협의 성장 지향적 정책의 문제점을 검토하려 한다. 신협은 밑으로부터의 협동조합운동에 의거하여 설립된 우리나라 유일의 금융협동조합이다. 그리고 정체성 문제를 둘러싸고 논쟁을 벌인 유일한 협동조합이기도 하다. 이에 여기서는 신협에 한정하여 논의한다. 제2절에서는 정보의 비대칭성 이론에 입각하여 고금리가 신협에 어떠한 문제를 야기하게 되는지 검토한다. 1980~1990년대 초반에 걸쳐 내부의 논쟁과 정부 정책에 의해 성장전략을 확정한 한국 신협이 1990년대, 그리고 특히 1997년 외환위기와 함께 진행된 경기침체기에 어떠한 상황에 처했고 그것은 무엇을 의미하는지를 검토한다. 제4절에서는 최근 신협이 처한 문제점을 정보의 비대칭성 이론에 입각하여 구체적으로 분석하고 이에 대한 대책을 제시한다. 제5절은 이상의 논의를 정리한다.

## 2. 고금리와 정보의 비대칭성

우리나라의 신협은 관계적 금융이론 또는 지역금융이론에 기초하여 지역서민금융기관으로서의 길을 성장전략으로 채택하였다. 이러한 이론은 정보의 비대칭성이 존재할 경우 소규모 금융기관은 틈새시장을 개척하여 이를 핵심 영업 기반으로 삼을 때 대규모 금융기관에 대한 경쟁적 이점을 지닐 수 있다고 말한다. 다른 한편 신협은 낮은 공신력이라는 취약점을 극복하면서 은행과 경쟁하기 위해 고금리를 유지하고 있다. 그런데 이러한 성장전략, 즉 고금리에 의존한 지역서민금융기관으로서의 길이 금융기관으로서의 위상, 그리고 특히 협동조합으로서 자신의 정체성을 강화하는 데 기여할 수 있을까? 이러한 질문에 대한 답을 모색하기 위해 우리는 또 다른 질문을 해본다. 정보의 비대칭성이 존재함에도 불구하고 어떤 금융기관이 대출금리를 높게 유지하면 어떻게 될까?

정보의 비대칭성 이론은 정보의 비대칭성이 존재할 경우 역선택(adverse selection)과 도덕적 해이(moral hazard)의 문제가 존재하므로 금융기관은 시장균형이자율 이하로 이자율을 유지하면서 신용을 할당해야 한다고 말한다. 그럼에도 불구하고 높은 이자율을 유지하면 정보의 비대칭성 이론이 예측하는 대로 금융기관은 먼저 역선택의 위험에 직면하게 된다. 신용위험이 낮은 차입자는 고금리 때문에 금융기관의 신용에 접근하지 않으려 하지만 신용위험이 높은 차입자는 그것의 신용에 접근하려 하기 때문이다. 그리고 금융제도 안에서 위상도 약화된다. 어떤 금융기관이 저신용등급 선호현상(flight to captivity)을 보이면 저신용자를 위한 금융기관으로 전락할 수 있기 때문이다(Dell'Ariccia & Marquez, 2001). 이러한 문제를 극복하고 합리적인 대출자라는 평판을 얻기 위해 금융기관은 위험이 낮은 차입자에게 대출하려고 한다.[2]

저신용자를 위한 금융기관으로 전락하고 합리적인 대출자라는 평판을 얻지 못하면 금융기관은 평판위험이 높아지면서 공신력도 저하된다. 그런데 공신력이 저하되면 예금을 동원하기 위해 기관위험 프리미엄을 지불해야 한다. 그리하여 고금리가 고착화될 위험이 있는데, 높은 수신금리는 높은 여신금리를 초래하기 때문이다.

저신용자에게 대출하면 도덕적 해이의 문제가 심각해질 수 있다. 이에 대처하기 위해 금융기관은 담보를 요구하고 감시를 강화하게 된다. 담보는 도덕적 해이를 억제하는 데 도움이 된다. 그리고 신용위험이 높은 대출신청자를 선별하는 데에도 도움을 주기 때문에 담보대출은 고금리를 유지하는 금융기관이 선택하는 자산운용의 중요한 특징이 된다.

그러나 자신보다 가격경쟁력이 우월한 다른 금융기관도 담보대출을 선호한다면 고금리를 유지하는 금융기관은 또 다른 문제에 직면하게 된다. 가치의 변동성이 낮고 유동성이 높은 우량담보를 취득하기 곤란하다는 것이 그것이다. 현재 우리나라 금융기관의 가계대출은 대부분 부동산담보대출의 형식을 취한다. 이러한 상황에서 고금리를 유지하는 금융기관은 가격경쟁력이 우월한 금융기관에 비해 우량담보를 취득하기 어렵다. 현재 신협이 취득하는 부동산 담보에서 아파트보다는 주택, 상가, 토지와 같이 가치 변동성이 비교적 크고 유동성이 낮은 담보가 많은 비중을 차지하게 되는 이유는 여기에 있다.[3]

한편 담보대출을 둘러싼 경쟁이 치열해지면 금융기관은 담보가격 대비 대출비율(Loan to Value ; LTV)을 상향조정하는 방법으로 대출을 확대하기도 한다. 이 경우 담보취득을 통한 신용보강은 불충분해지며 도덕적 해이의 문제가 심화될 수 있다. 나아가 금융기관의 자산규모가 커지면 소규모 신용대출보다는 담보대출, 특히 거액담보대출을 선호하게 된다. 신협과 같이 직원이 많지 않고 상위직급(이사장과 실무책임자 등) 직원이 자산운용에 중요한 역할을 하는 경우에는 특히 그러하다. 역외대출, 조합 간 연계대출과 같은 비조합원 대출 등은 주로 이들에 의해 실행되고 있는데, 이러한 대출은 보통 거액담보대출의 형태를 취한다.

고금리를 유지하는 금융기관은 차입자에 대한 감시를 강화해야 한다. 차입자의 도덕적 해이가 적정금리를 유지하는 금융기관에 비해 높기 때문이다. 그러나 감시를 하는 데는 많은 비용이 소요된다. Carletti (2004)에 따르면 감시비용에는 규모의 불경제가 존재한다. 즉, 감시할 대상이 많아지면 비용은 비례 이상으로 증가하므로 이윤을 극대화하려는 금융기관은 감시대상을 줄이려 한다. 소액대출이 많으면 감시비용 자체가 부담이 되며, 게다가 직원도 소수라면 금융기관은 감시대상을 늘리는 데 어려움에 직면하게 된다. 신협이 소액대출(특히 신용대출)을 억제하고 거액(담보)대출을 선호하는 이유는 여기에서도 찾을 수 있다. 이렇게 감시비용에 규모의 불경제가 존재하고 감시할 수 있는 인력도 부족하면 감시를 소홀히 하게 된다는 또 다른 문제점도 생긴다.

이렇게 정보의 비대칭성이 존재하는 사회에서 고금리를 유지하면 금융기관은 역선택 위험의 증가, 도덕적 해이의 심화, 감시비용의 증가 및 그에 따른 부실한 감시라는 다양하고 복잡하며, 상호작용하는 문제에 직면하게 된다. 그리고 그 결과 금융기관은 부실대출의 증가, 대손충당금 적립의 증가, 이익의 감소라는 어려움을 겪으면서 부실한 경영을 모면하기 어렵게 된다.

고금리로 자금을 운용하면 신협은 조합원과 지역사회와의 관계도 소원해진다. 차입자는 고금리를 요구하는 금융기관과 장기적으로 거래하지 않으려 한다. 높은 이자율 때문에 가능한 한 짧은 기간 동안만 차입하려 하기 때문이다. 이렇게 조합원이 단기거래를 선호하게 되면 조합과 조합원은 장기적이고 안정적인 관계를 맺을 수 없고 상호적인 헌신도 할 수 없게 된다. 나아가 조합원이 조합을 소중히 여기지 않으면 조합은 지역사회와 긴밀한 유대를 맺을 수도 없다. 그 결과 신협은 지역금융기관으로서 정보의 비대칭성을 완화하면서 틈새시장을 구축하는 데 결코 성공할 수 없을 것이다.

## 3. 성장 지향적 정책의 채택과 신협의 시련

내부의 논쟁을 거치면서, 그리고 정부 정책의 영향을 받으면서 신협은 성장 지향적 정책을 선택하였는데, 그것은 금융기관으로서 경쟁력을 강화하고 지속 가능성을 제고해야 한다는 성장주의자들의 견해를 수용하는 것이었다. 그러면서 협동조합으로서 정체성을 보전하기 위해 노력해야 한다는 정형보전론자들의 주장은 기각되었다. 서민금융기관으로서 성장한다는 신협의 전략에 호응하듯 정부도 서민금융과 지역경제를 활성화할 목적으로 신협의 신규설립 요건을 대폭 완화해주었다. 그 결과 "1990년대 전반기는 한국 신협운동 역사에서 신규조합 설립이 가장 활발했던 시기로 기록"된다(신협중앙회, 2011 a : 202). 그러나 조합의 경영성과는 그리 만족할 만한 것이 아니었다. 1994년부터 도산하는 조합이 갑자기 증가하기 시작하였다. 서민금융기관으로서의 길이 도전을 받은 것이다.[4]

〈표 7-1〉 1990~1997년간 조합 수의 변화

(단위 : 개)

| | 1990 | 1991 | 1992 | 1993 | 1994 | 1995 | 1996 | 1997 |
|---|---|---|---|---|---|---|---|---|
| 인가조합 | 39 | 57 | 109 | 103 | 86 | 71 | 40 | 28 |
| 소멸조합 | 10 | 9 | 11 | 9 | 24 | 23 | 34 | 33 |
| 합계 | 1,315 | 1,363 | 1,461 | 1,555 | 1,617 | 1,665 | 1,671 | 1,666 |

**자료** : 신협중앙회(2011a), 『한국 신협운동 50년사』, p.201.

1997년의 외환위기는 신협을 커다란 소용돌이로 몰아넣었다. 신협은 1998~2002년 사이에 폭넓은 구조조정을 경험하였다. 이 기간 중 파산(330개), 합병(107개), 해산(150개), 인가취소(2개) 등의 방식으로 총 589개 조합이 소멸되었는데, 이는 1997년 말 현재 조합 수(1,666개) 대비 35.4%를 차지하는 것이다.

신협의 경영을 정상화하기 위해 정부는 폭넓게 개입하였다. 한편으로는 부실조합을 선정하여 영업을 정지시키고, 다른 한편으로는 각종 지원책을 강구하였다. 먼저 예금보험공사는 1998~2003년 사이에 퇴출된 341개 조합을 위해 공적자금 4조 7,240억 원을 투입하였다(신협중앙회, 2011a : 256). 다음으로 1998년 신협법을 개정하여 조합원의 예금을 보호하기 위해 신협이 자체적으로 만든 안전기금을 예금보험공사로 이관하고 1999년부터 2000년까지 조합원의 예금과 적금, 그리고 출자금을 전액 보장해주었다.[5] 셋째, 신협중앙회의 경영을 정상화하기 위해 2007년부터 3년간 총 2,600억 원의 자금을 투입하였다. 신협중앙회는 신용사업결손금 등 때문에 1998년 말 현재 3,520억 원의 누적손실을 기록하였는데, 2003년에는 그 규모가 7,059억 원으로 증가하였다(신협중앙회, 2011a : 251-2).

〈표 7-2〉 외환위기 직후 신협의 현황

| | 1997 | 1998 | 1999 | 2000 | 2001 | 2002 | 2003 |
|---|---|---|---|---|---|---|---|
| **조합원 수**(만 명) | 517 | 519 | 500 | 528 | 537 | 470 | 467 |
| **총조합 수**(개) | 1,666 | 1,592 | 1,442 | 1,317 | 1,268 | 1,233 | 1,086 |
| **소멸조합**(개) | 36 | 89 | 156 | 118 | 49 | 35 | 149 |
| **자산**(조 원) | 19 | 20 | 19 | 20 | 22 | 19 | 19 |

**자료** : 신협중앙회(2011a), 『한국 신협운동 50년사』, p.231 및 237.

조합경영이 위기에 처한 것은 내실을 기하지 않은 채 고금리에 의존하는 성장전략을 채택한 데서 기인한다.[6] 즉, 조합경영의 위기는 고금리에 의존하는 성장 지향적 전략의 실패라 할 수 있다. 조합의 경영위기와 그에 따른 조합의 대규모 퇴출은 금융기관으로서 신협의 평판을 크게 위협하였다. 그 결과 외환위기 이후 부실조합이 퇴출되는 가운데 예금인출사태가 빚어졌다(신협중앙회, 2011a : 232). 정부의 각종 지원책은 악화되는 평판위험으로부터 신협을 보호해주는 데 그 목적이 있었다. 외환위기 전후 혹독한 시련을 겪었지만 신협의 성장전략은 변함없이 오늘에 이르고 있다. 제4절에서는 신협이 오늘날 안고 있는 문제점을 정보의 비대칭성 이론에 입각하여 구체적으로 살펴보고 이러한 문제점을 극복하기 위한 대책을 모색해보기로 한다.

# 4. 신협의 문제점과 과제

## 4.1 신협 여신거래자의 신용등급 현황

신협 여신거래자의 신용등급은 은행은 물론 같은 금융협동조합인 농협이나 새마을금고에 비해서도 낮다. 금융기관별 신용등급별 고객 현황을 보면 2012년 10월 현재 은행은 1~4등급이, 금융협동조합은 4~7등급이 주를 이룬다. 그렇지만 신협은 다른 금융협동조합에 비해 5~7등급이 상대적으로 많다. 구체적으로 보면 은행은 1~3등급 차입자가 전체 차입자에서 차지하는 비중이 47.7%이며, 농협과 새마을금고는 각각 23.5%, 22.4%이다. 그러나 신협은 이들보다 10%p 정도 낮은 13.4%로 금융협동조합 평균구성비(19.8%)에도 미치지 못한다. 신협 차입자 중에서 4~6등급 차입자의 비중은 46.2%로 농협(47.6%), 새마을금고(51.5%)에 미치지 못한다. 그러나 7~10등급 차입자의 비중은 40.3%로 은행은 물론이거니와 농협(28.9%), 새마을금고(26.2%)

**〈표 7-3〉 금융기관별 신용등급별 고객 현황**(2012년 10월 기준)

(단위 : %)

| 구분 | 1등급 | 2등급 | 3등급 | 4등급 | 5등급 | 6등급 | 7등급 | 8등급 | 9등급 | 10등급 |
|---|---|---|---|---|---|---|---|---|---|---|
| 은행 | 16.1 | 16.0 | 15.6 | 16.5 | 14.4 | 9.8 | 7.8 | 2.2 | 0.8 | 0.9 |
| 농협 | 4.4 | 8.0 | 11.1 | 15.8 | 18.0 | 13.7 | 15.3 | 6.5 | 3.1 | 4.0 |
| 새마을금고 | 2.1 | 6.6 | 13.7 | 18.4 | 18.9 | 14.2 | 16.1 | 5.7 | 2.4 | 2.0 |
| 신협 | 1.7 | 4.2 | 7.5 | 12.9 | 17.9 | 15.4 | 21.1 | 9.6 | 3.8 | 5.8 |
| 금융협동조합 | 2.7 | 6.3 | 10.8 | 15.7 | 18.3 | 14.4 | 17.5 | 7.3 | 3.1 | 3.9 |

**자료** : KCB(김대익(2013)에서 재인용).

에 비해서도 매우 높다. 그리고 금융협동조합 평균구성비(31.8%)보다 8.5%p 높다.

신용대출에 한정하여 살펴봐도 신협 차입자의 신용등급은 다른 금융협동조합 차입자에 비해 낮다(이민환, 2013). 한편 지역신협에 한정하여 살펴봐도 신협 차입자의 신용등급은 은행 차입자의 신용등급에 비해 낮다(안승용, 2012c). 이렇게 금융구조 내에서 신협은 은행, 농협, 그리고 새마을금고 밑에 위치하고 있다. 여신거래자의 신용등급 차이는 금융기관의 재무성과에 중요한 영향을 미치고 있다. 안승용(2012c)에 의하면 신협의 연체율, 고정이하 여신비율 등은 새마을금고나 농협에 비해 훨씬 높다. 즉, 2012년 6월 현재 신협의 그것은 각각 6.58%와 3.98%이지만, 새마을금고와 농협의 그것은 각각 3.55%와 2.50%, 3.78%와 2.07%이다.

금융구조 내에서 신협의 낮은 위상은 평판에 부정적인 영향을 미치고 있다. 차입자의 신용등급이 중 · 하위 신용등급이고 다른 금융기관에 비해 연체율 등 재무건전성이 좋지 않기 때문에 신협은 저신용채무기관으로 평가되고 있다고 하면서 안승용(2012c)은 이러한 평가가 우량차입자의 유입을 어렵게 할 뿐 아니라 수신에 있어 높은 기관위험 프리미엄을 부담하게 만든다고 지적한다. 기관위험 프리미엄을 부담한다는 것은 신협이 예금을 유치하기 위해 다른 금융기관보다 높은 금리를 제시해야 한다는 것을 의미한다. 높은 수신금리는 높은 여신금리를 야기하고, 높은 여신금리는 비우량차입자를 유인함으로써 신용위험을 높일 뿐 아니라 신협이 저신용자를 위한 금융기관이라는 평판을 낳게 된다. 이러한 악순환을 극복하여 낮은 평판가치를 떨쳐내지 못하는 한 신협은 저신용채무기관 또는 저신용자를 위한 금융기관이라는 평판을 모면할 수 없다. 이러한 문제를 극복하기 위해 안승용(2012c)과 김대익(2013)은 신협이 평판위험을 관리할 필요가 있다고 말하는데, 이민환(2013)은 신협의 평판위험이 상승할 수 있다고 경고한다.

높은 평판위험은 금융안정기에는 잠복되어 있지만 금융위기의 순간에는 예금인출사태로 그 모습을 드러낸다. 2000년대 초반 구조조정으로 대부분의 조합경영은 정상화되었으며, 특별한 사건이 발생하지도 않았다. 그러나 2011~2012년 사이 20개 상호저축은행의 영업이 정지되자 많은 조합원이 예금을 인출하였다. 당시 사정을 보다 구체적으로 살펴보면 2011년 1월과 2월 8개 상호저축은행의 영업이 정지되자, 2011년 2월 중 신협의 총수신은 전월 대비 3,915억 원(0.93%) 감소하였다(신협중앙회, 2011b). 그리고 2011년 하반기 12개의 상호저축은행의 영업이 추가로 정지되면서 모든 지역조합의 예금이 또다시 감소하였는데(안승용, 2012b), 2011년 한 해 동안 조합이 받은 충격은 무시할 수 없었다(이선호, 2013b). 특히 손실조합이 받은 충격이 심각하였는데, 그들의 예금은 2011년 한 해 동안 336억 원(2010년 말 대비 1.8%), 출자금은 36억 원(2010년 말 대비 5.6%) 감소하였다(이정화, 2012). 신협중앙회는 모든 조합에 예치된 5천만 원 이하의 예금에 대해 예금보험을 제공하고 있다. 그러나 조합원은 이것도 그리 신뢰하지 않았다.

평판위험은 결코 단기간에 해소될 수 없다. 그렇지만 평판위험은 상업적인 금융기관으로서의 존립마저도 위협할 수 있으므로 신협은 경영안정을 위해 많은 노력을 경주해야 한다. 지역조합은 자산이 꾸준히 성장하고 있으며, 연체율도 지속적으로 개선되고 있다. 자산이 급격히 증가하면서 2011년까지는 총자산수익률(*ROA*)도 개선되고 있다. 그러나 2012년 이후 재무상태가 악화되고 있다. 특히 적자조합 수가 2012

년 급증한 후 2013년까지 계속 늘어났으며, 순자본비율이 2%에 미치지 못하는 재무상태개선조합의 수도 감소세에서 반전되어 2013년에 다시 늘어났다. 경영안정을 위해 조합은 위험인수를 최대한 억제하면서 신용위험을 적절하게 관리할 필요가 있다. 그리고 이를 위해 자신의 자금운용 능력에 맞게 수신이자율을 설정하여 수신증가세를 조정해야 한다. 이것은 신협의 고금리에 의존한 성장 위주 전략에 수정을 가할 필요가 있다는 것을 의미하는데, 신협중앙회는 이를 받아들이려 하지 않는다. 2011년 금융감독원의 규제에 대한 신협의 반응은 이를 잘 보여준다.

〈표 7-4〉 지역조합의 주요 경영지표

| 구분 | 2006 | 2007 | 2008 | 2009 | 2010 | 2011 | 2012 | 2013 |
|---|---|---|---|---|---|---|---|---|
| 자산(10억 원) | 22,069 | 23,386 | 26,618 | 34,455 | 41,710 | 43,255 | 48,395 | 49,558 |
| ROA(%) | 0.32 | 0.42 | 0.22 | 0.38 | 0.70 | 0.53 | 0.25 | 0.17 |
| 연체율 | 12.1 | 9.5 | 8.6 | 7.2 | 6.7 | 6.1 | 6.6 | 5.5 |
| 재무상태 조합(개) | 238 | 218 | 209 | 205 | 171 | 146 | 137 | 188 |
| 전체조합 대비(%) | 35.7 | 32.1 | 31.5 | 30.9 | 25.8 | 21.8 | 20.0 | 27.6 |
| 적자조합(개) | 120 | 106 | 157 | 117 | 56 | 50 | 122 | 147 |
| 전체조합 대비(%) | 18.0 | 15.6 | 23.6 | 17.6 | 8.4 | 7.5 | 17.8 | 21.6 |

**자료** : 신협중앙회.

2011년 2월 금융감독원은 자산이 급격히 증가하는 신협 33개를 관리대상으로 선정하였다. 선정기준은 2009년 대비 2010년 말 자산성장률이 50% 이상인 조합이다. 조사결과 자산성장의 방법으로 이들 조합은 고금리예금을 예치하고 지점설치 등을 통해 영업구역을 확대한 것으로 드러났다. 그러나 신협중앙회는 선정된 조합 대부분이 소형 조합으로 "조직활성화 내지 규모의 경제를 실현하기 위해서는 성장중심의 정책이 가장 필요"하다고 주장한다(신협중앙회, 2011c). 이때 신협중앙회는 "자산증가로 인해 건전성과 수익성이 개선되고 있으며, 수익규모도 확대"된다는 점을 중시한다(신협중앙회, 2011c). 그러나 이러한 주장은 높은 수신금리가 조합이 정상적으로 운용할 수 있는 규모 이상의 자금을 유입시켜 역외대출, 연계대출, 그리고 간주조합원대출과 같은 건전하지 못한 대출을 부추겼다는 점은 간과하고 있다. 신협중앙회(2011a)에 의하면 역외대출 등의 비중이 높은 조합의 경우 다른 조합에 비해 수신이자율이 상대적으로 높다. 이정화(2012)도 손실조합을 분석하면서 손실조합 가운데 총자산 300억 원 이하의 조합이 71.0%를 차지한다고 말하면서 손실조합, 특히 대출금 비율이 70% 이하인 조합은 "비조합원대출한도(30%) 소진, 조합 간 공동대출 적극 모색 등의 공간적 확장전략을 적극 추진할 필요"가 있다고 주장한다.[7]

신협중앙회는 금융감독원의 권고를 받아들이려 하지 않았지만 금융감독원의 생각은 단호하였다. 금융감독원은 2011년 6월 29일 가계대출 연착륙 종합대책을 통해 건전성 분류기준 강화, 충당금 적립률 상향, 자기자본기준 동일인 대출한도 설정, 간주조합원 폐지 등의 조치를 취하였다. 그리고 2012년 2월 26일에는 제2금융권 가계부채 보완대책을 발표하고 예대율 규제(80% 이하), 고위험대출 규제 및 감독 강화, 상환능력 서면 확인, 강화된 건전성 및 충당금 적립률 기준 조기 적용 등의 조치를 실행하였다.

## 4.2 담보 위주의 대출

상대적으로 높은 여신금리를 유지하면서 신용위험이 높은 차입자를 유인하고 있는 신협은 차입자의 도덕적 해이를 완화하기 위해 부동산담보 위주의 대출을 실행하고 있다. 지역조합의 경우 2013년 말 현재 총대출에서 부동산담보대출이 점하는 비중은 86.8%이다. 신용대출 비중은 2013년 말 현재 7.5%이다.

부동산담보에는 아파트, 주택, 기타부동산 등이 있다. 차입자의 소

〈표 7-5〉 지역조합의 담보별 여신구성비

(단위 : %)

| | 2006 | 2007 | 2008 | 2009 | 2010 | 2011 | 2012 | 2013 |
|---|---|---|---|---|---|---|---|---|
| 무보증 신용 | 16.6 | 12.6 | 10.5 | 2.4 | 2.4 | 2.4 | 2.7 | 3.3 |
| 신용 | – | – | – | 6.1 | 4.3 | 3.4 | 3.4 | 2.5 |
| 금융기관보증 | – | – | 0.8 | 2.4 | 2.6 | 2.7 | 2.3 | 1.7 |
| 신용대출소계 | 16.6 | 12.6 | 11.3 | 10.9 | 9.3 | 8.5 | 8.4 | 7.5 |
| 아파트 | 10.2 | 11.6 | 13.2 | 14.0 | 15.2 | 16.0 | 15.9 | 15.4 |
| 주택 | 14.1 | 16.8 | 19.6 | 20.6 | 19.9 | 19.5 | 19.5 | 19.0 |
| 기타부동산 | 54.3 | 53.9 | 50.8 | 50.4 | 50.5 | 51.6 | 51.3 | 52.4 |
| 부동산 담보 대출 소계 | 78.6 | 82.3 | 83.6 | 85.0 | 85.6 | 87.1 | 86.7 | 86.8 |
| 예금 적금 | 4.6 | 3.7 | 5.0 | 4.1 | 2.6 | 2.7 | 2.3 | 1.7 |
| 동산 | 0.2 | 0.8 | 0.1 | 0.2 | 1.0 | 1.1 | 2.3 | 3.1 |
| 출자금 | – | 0.7 | – | – | – | – | – | – |
| 기타 담보 대출 소계 | 4.8 | 5.2 | 5.1 | 4.3 | 3.6 | 3.8 | 4.6 | 4.8 |
| 합계 | 100.0 | 100.0 | 100.0 | 100.0 | 100.0 | 100.0 | 100.0 | 100.0 |

자료 : 신협중앙회.

득수준, 담보의 가격변동성과 유동성 등을 감안하면, 아파트가 가장 좋은 담보이고 다음이 주택이다. 상가, 토지 등의 기타부동산은 다른 부동산에 비해 가격의 변동성이 크고 유동성이 낮아 일반적으로 비우량담보라 부른다. 신협의 경우 기타부동산담보가 50%를 상회한다. 우리나라 금융기관은 가계대출을 실행할 때 거의 대부분 부동산을 담보로 취득하고 있는데, 신협이 담보로 취득하는 부동산이 기타부동산 위주로 되어 있다는 것은 다른 금융기관과의 경쟁에서 열세에 있다는 것을 의미한다.

담보취득을 통해 차입자의 도덕적 해이를 방지하려는 노력도 충분한 성과를 거두지 못하고 있다. 조합의 담보별 연체율 현황을 보면 2012년 6월 말 현재 아파트담보대출연체율(4.17%)과 주택담보대출연체율(5.06%)은 조합의 담보대출연체율 평균(6.45%)에 미치지 못하지만 주택 외 부동산대출의 연체율은 7.88%로 평균연체율을 1.43%p나 상회한다(안승용, 2012c).

신용대출은 다른 사람이나 금융기관의 보증에 기초하여 실행되는 대출과 보증 없이 실행되는 무보증신용대출로 구분된다. 무보증신용대출의 비중은 2008년까지는 10%를 상회하였지만 2009년에 2.4%로 갑자기 감소한 후 지금까지 낮은 수준을 유지하고 있다. 이는 정부 정책에 기인하는 것으로 보인다. 정부는 2008년 이후 저신용자와 저소득자들이 금융제약을 완화하도록 여러 가지 정책을 실행하였다.[8] 그리고 이를 장려하기 위해 정부는 이러한 대출을 취급하는 금융기관에 보증을 제공하고 있다.

그러나 이러한 정책이 실행되면서 조합은 무보증신용대출을 신용담보대출이나 금융기관담보대출로 전환하였다. 이를 반영하여 무보증

신용대출은 감소하였으나 담보에 기초하여 이루어지는 신용대출은 증가하였다. 그러나 지역조합의 신용대출총액은 2006년 2조 1,424억 원을 기록하였으나 지속적으로 감소하여 2008년에는 2조 원 이하가 되었다. 이후 점증하여 2013년 2조 5,548억 원을 기록하였으나 절대규모는 크게 변하지 않았다. 오히려 총대출액이 늘어나면서 신용대출총액의 점유율은 16.6%(2006년)에서 8.3%(2013년)로 크게 하락하였다. 정부정책이 조합의 자금운용방식에 영향을 준 것은 분명하지만 저소득계층이나 저신용계층의 신용제약을 완화하는 데 기여하지는 못하였다. 오히려 무담보신용대출이 크게 감소하면서 조합의 조합원이나 지역에의 밀착(또는 밀착필요성)에 부정적인 영향을 미쳤다.

신협은 지금도 고금리를 지렛대로 하는 성장전략을 적극 추진하고 있는데, 조합의 담보대출이 안고 있는 문제점에 대한 설명을 마치기 전에 이러한 전략이 지니는 의미와 문제점을 비조합원대출문제를 통해 살펴보기로 한다. 비조합원대출은 수익률은 높지만 위험이 크다. 그리고 도덕적 해이와 같은 문제점도 간과할 수 없다. 그럼에도 불구하고 조합들은 고금리를 지렛대로 하는 성장전략을 추진하는 과정에서 비조합원대출을 크게 확대하였으며, 이는 최근 조합성장을 견인하는 중요한 요인이 되고 있다.

2009년 지역조합의 수신은 전년에 비해 37.9%나 증가하였다. 이러한 증가는 비과세 예금한도가 2천만 원에서 3천만 원으로 증가한 데 따른 것이다.[9] 그런데 조합은 수신증가가 예상되었음에도 불구하고 은행수신과 이자율 차이를 오히려 확대하였다. 2009년 조합과 은행의 수신금리 차이는 2008년의 0.61%p에서 1.45%p로 확대되었다. 2009년도에는 시중이자율이 큰 폭으로 하락하면서 은행수신이자율도 전년의 5.69%에서 3.33%로 2.36%p 하락하였다. 그러나 조합의 이자율은 6.30%에서 4.78%로 1.52%p 하락하는 데 머물렀다.[10]

**〈표 7-6〉 지역조합의 여수신 현황**

(단위 : 10억 원)

| | 2006 | 2007 | 2008 | 2009 | 2010 | 2011 | 2012 | 2013 |
|---|---|---|---|---|---|---|---|---|
| **수신**(a) | 19,187.7 | 21,455.7 | 23,154.7 | 31,920.2 | 36,853.6 | 38,391.9 | 43,686.6 | 45,012.2 |
| **증가율**(%) | – | 11.8 | 7.9 | 37.9 | 15.5 | 4.2 | 13.8 | 3.0 |
| **여신**(b) | 12,875.6 | 15,094.2 | 17,630.7 | 20,038.4 | 24,330.1 | 27,460.3 | 28,961.1 | 30,553.1 |
| **증가율**(%) | – | 17.2 | 16.8 | 13.7 | 21.4 | 12.9 | 5.5 | 5.5 |
| **b/a**(%) | 67.1 | 70.4 | 76.1 | 62.8 | 66.0 | 71.5 | 66.3 | 67.9 |

주 : 증가율은 전년비.
자료 : 신협중앙회.

수신이 급격히 증가하자 조합은 자금을 운용하는 데 어려움에 직면하게 되었다. 이를 보여주는 지표는 예금 중 대출된 비율, 즉 예대율인데, 지역조합의 예대율은 2008년 말의 76.1%에서 2009년 말에는 62.8%로 13.3%p 하락하였다. 이에 조합들은 비조합원 대출을 적극적으로 실행하였으며, 그것은 2009년 이후 조합의 대출과 자산성장을 견인하였다.[11] 안승용(2012b)은 "(자산이 성장한 것은) 지방조합의 수도권 주택담보대출, 조합 간 고액의 공동대출 등을 통해 조달된 자금의 운용이 가능했기 때문"이라고 말하는데, 그에 따르면 2010년 6월~2011년 3월 동안 대출순증액(38,475억 원)의 57.0%(21,932억 원)가 비조합원대출이다.

그런데 비조합원대출은 정보의 비대칭성 문제가 심각하다. "조합과의 첫 접촉과 동시에 대출실행이 이루어"지기 때문이다(이정화, 2012). 이에 조합은 대출심사를 할 때 "차주의 소득수준, 현금흐름 등보다는 담보물건의 환가성에 비중"을 두게 된다. 그 결과 대출금의 상환 가능성이 부동산 시황에 크게 의존하게 된다(안승용, 2012c). 그러나 비조합원대출은 담보물과 차입자가 공동유대 밖에 소재하므로 감시가 용이하지 않으며 감시비용도 매우 높다는 문제점이 있다.

비조합원대출의 연체율이 높은 것은 이를 반영한다. 안승용(2012c)에 의하면 2012년 6월 현재 조합의 영업구역 외(권역 외) 대출의 연체율은 9.70%로 영업구역 내(권역 내) 대출의 연체율(5.42%)에 비해 매우 높다. 그리고 조합 간 공동대출의 연체율은 12.72%에 이른다. 이러한 문제는 비조합원대출이 본격화된 직후부터 발생한 것으로 보인다. 신협중앙회(2011d)에 의하면 2009년도에 실행된 대출의 2010년 말 기준 연체율은 연계대출 18.0%, 권역 외 대출 10.2%, 비개인대출 9.9%, 개인대출 6.4%로 매우 높다. 이렇게 정보의 비대칭성이 높은 차입자인 비조합원에 대한 대출이 늘어나면서 조합은 어려움에 처하고 있다.

수신규모가 증가하면서 여신규모도 증가하고 있다. 건당 5억 원을 초과하는 거액여신의 증가가 눈에 띄는데, 동 비율은 2006년 말 현재 5.5%이었으나 2013년 말 현재 15.7%로 크게 상승하였다. 이에 반해 5천만 원 이하 여신이 차지하는 비중은 같은 기간 47.0%에서 24.6%로 위축되었다. 그중에서도 2천만 원 이하의 구성비 저하가 현저하여 같은 기간에 24.1%에서 11.4%로 하락하였다. 신용대출이 주로 소액으로 이루어지고 거액대출은 담보에 기반한다는 점을 감안하면 이러한 변화는 소액신용대출의 감소와 거액담보여신의 신장을 의미한다. 이렇게 규모가 확대되면서 거액여신이 확대되고 있지만 경영은 안정되지 못하고 있다. 나아가 정체성도 위협받고 있다. 신협중앙회도 이러한 문제를 인식하고 있다. 담보 위주의 비조합원대출이 조합의 수익성과 건전성

〈표 7-7〉 지역조합의 여신규모별 구성비

(단위 : %)

| | 2006 | 2007 | 2008 | 2009 | 2010 | 2011 | 2012 | 2013 |
|---|---|---|---|---|---|---|---|---|
| 5백만 원 이하 | 3.7 | 2.9 | 2.4 | 5.1 | 2.2 | 1.9 | 1.7 | 1.5 |
| 5백~1천만 원 | 7.6 | 6.2 | 5.8 | 5.1 | 5.3 | 4.5 | 4.2 | 4.0 |
| 1~2천만 원 | 12.8 | 10.7 | 9.2 | 5.5 | 0.0 | 0.0 | 0.0 | 5.9 |
| 2~5천만 원 | 22.9 | 22.2 | 20.4 | 19.4 | 22.6 | 21.3 | 20.2 | 13.2 |
| 5천~1억 원 | 16.8 | 18.2 | 18.8 | 18.3 | 17.5 | 16.3 | 16.3 | 27.8 |
| 1~2억 원 | 17.4 | 18.5 | 19.3 | 19.6 | 19.0 | 19.3 | 19.8 | 20.2 |
| 2~5억 원 | 13.4 | 14.6 | 15.9 | 17.4 | 18.7 | 20.2 | 21.8 | 11.7 |
| 5억 원 초과 | 5.5 | 6.8 | 8.1 | 9.6 | 14.7 | 16.5 | 16.0 | 15.7 |
| 합계 | 100.0 | 100.0 | 100.0 | 100.0 | 100.0 | 100.0 | 100.0 | 100.0 |

**자료** : 신협중앙회.

을 개선하는 데 기여한다고 긍정적으로 평가하면서도 안승용(2012b)은 "공동대출, 비조합원대출, 간주조합원대출 등은 협동조합금융의 특성과 배치된다"고 시인한다.

정부는 가계대출 연착륙 종합대책(2011년 6월)과 제2금융권 가계부채 보완대책(2012년 2월) 등을 발표하여 조합이 과도하게 위험을 인수하지 못하도록 규제하였다. 그러나 구체적이고 세부적인 규제는 신협의 경영을 정상화하는 데에 별다른 기여를 하지 못하고 있다. 특히 고금리에 기반한 신협의 성장전략까지는 영향을 미칠 수는 없었다. 저소득계층과 저신용계층의 신용제약을 완화하기 위해 도입한 정책도 그러하다. 그런데 지역사회 관여라는 협동조합 원칙에 충실한 신협이 중점을 두는 사업은 바로 이러한 것들이다. 정부는 신협으로 하여금 지역사회에 관여하도록 하는 것이 정부의 정책목표를 달성하는 효과적인 길이며 동시에 신협의 문제도 해소할 수 있다는 것을 인식할 필요가 있다.

### 4.3 여신거래자 · 수신거래자 비율

조합이 안정적인 성장을 도모하려면 장기적이고 안정적인 믿음에 기초하여 조합과 조합원이 상호헌신할 필요가 있다는 점을 주장하기 위해 마지막으로 낮은 여신거래자 · 수신거래자 비율의 문제를 검토한다. 서로 힘을 합해 자신들이 안고 있는 문제, 즉 상업적인 금융기관 신용에 접근하지 못하여 생기는 금융배제 문제를 완화하기 위해 협동조합을 결성한다는 점을 생각하면 상호성은 금융협동조합으로서 신협의 존재 의미를 확인할 수 있는 중요한 지표이다.

지역조합의 수신거래자와 여신거래자는 꾸준히 증가하고 있다. 그러나 수신거래자의 증가세가 여신거래자의 증가세를 상회하고 있는데, 그 결과 수신거래자에 대한 여신거래자의 비율은 지속적으로 하락하고 있다. 즉, 2006년 그 비율은 13.1%이었으나 2013년에는 9.8%로 감소하였다.

〈표 7-8〉 지역조합의 여신거래자와 수신거래자 비율 추이

| | 2006 | 2007 | 2008 | 2009 | 2010 | 2011 | 2012 | 2013 |
|---|---|---|---|---|---|---|---|---|
| 수신거래자 (천 명)(A) | 3,999 | 4,133 | 5,221 | 5,211 | 5,532 | 5,876 | 6,332 | 6,314 |
| 여신거래자 (천 명)(B) | 458 | 456 | 468 | 519 | 603 | 625 | 621 | 538 |
| A/B(%) | 13.1 | 12.8 | 10.7 | 12.3 | 12.3 | 12.0 | 11.1 | 9.8 |

자료 : 신협중앙회.

극단적인 사례로 보이지만 조합원에 대한 대출이 거의 없는 조합도 있다. 2009년 말 현재 자산규모가 1,000억 원 수준인 어느 조합 수신거래자의 여신거래 현황을 분석한 자료에 의하면 "수신거래자(수신 잔액 100만 원 이상)가 보유한 조합 내 대출금은 3백만 원에 불과"하다(안승용, 2012a). 문제는 수신거래를 하는 조합원의 차입수요가 없는 것이 아니라는 데 있다. 이들은 조합 이외의 금융기관으로부터 640억 원 이상 차입하고 있다. 이 중 56.7%(351억 8천만 원)은 은행에서 차입하고 나머지 45.3%(291억 4,800만 원)는 농협, 새마을금고와 같은 비은행에서 차입하였다.

조합원이 조합의 신용이용을 기피하기 때문에 조합은 비조합원대출을 실행할 수밖에 없다. 조합원의 참여가 저조하고 조합원이 조합의 민주적 관리에도 관심을 가지지 않는 것은 오히려 당연하게 보인다. 조합원의 조합신용 기피현상은 조합이 더 이상 안정적으로 성장할 수 없다는 것을 극명하게 보여준다. 나아가 조합의 존재 의미를 심각하게 생각하게 만든다.

**〈표 7-9〉 A조합 수신거래자의 여수신거래 현황**(2009년 말)

(단위 : 백만 원)

| 구분 | 출자금 | 요구불 예금 | 저축성 예금 | 조합 대출금 | 조합 외 대출금 | | |
|---|---|---|---|---|---|---|---|
| | | | | | 계 | 은행 | 비은행 |
| 1~3등급 | 1,567 | 933 | 32,086 | 1 | 34,173 | 21,427 | 12,746 |
| 4~6등급 | 1,356 | 720 | 26,290 | 2 | 20,207 | 8,671 | 11,536 |
| 7~8등급 | 154 | 103 | 1,292 | | 6,856 | 3,661 | 3,195 |
| 기타 | 245 | 86 | 3,934 | | 3,092 | 1,421 | 1,671 |
| 합계 | 3,322 | 1,842 | 63,602 | 3 | 64,328 | 35,180 | 29,148 |

**자료** : 안승용(2012a), p.41.

조합의 고금리는 자금의 장기안정적인 운용도 제약한다. 대출금리가 고금리여서 차입자들은 가능한 빨리 차입금을 상환하려 하기 때문인데, 그 결과 신협은 지속적으로 새로운 대출자를 찾아야 한다. 이러한 사정을 안승용(2012c)은 이렇게 표현한다. 즉, "(대출의 만기가 짧은 것은) 신협의 대출금리가 실수요자들이 장기 · 안정적으로 대출을 이용하기에 지나치게 높은 수준이라는 점이 근본 원인"이다. 조합원이 조합신용의 이용을 회피하고 비록 이용을 해도 가능한 빨리 상환하려 한다면 조합은 조합원에 밀착된 경영을 할 수 없다.

### 4.4 대책

정부가 제시한 지역의 서민금융기관으로서의 길은 평판위험을 안고 있는 신협이 선택할 수 있는 손쉬운 길이었을 것이다. 그렇지만 그러한 성장전략을 채택하였기 때문에 높은 수신금리와 여신금리를 유지하는 가운데 평판위험은 완화되지 않았으며, 나아가 신협이 고금리와 높은 신용위험을 추구하는 금융기관이라는 인식을 조합원과 국민들에게 심어주게 되었다. 현재 신협중앙회는 한국은행의 금융결제망에 가입하였으며(2001년), 사실상 금융기관으로 된 신협중앙회 신용사업부의 업무영역을 확대하기 위해 노력하고 있다. 비조합원대출이 인정되면서 조합의 업무영역은 크게 확대되었으며, 조합은 고금리에 의존하는 성장전략을 추진하는 과정에서 꾸준히 대형화되고 있다. 그렇지만 금융구조의 위계질서 속에서 신협은 계속해서 하위금융기관으로 남아 있다.

신협이 금융기관으로서의 위상을 강화하고 협동조합으로서의 정체성을 회복하기 위해서는 무엇보다 고금리정책을 지양해야 한다. 고금리는 역선택과 도덕적 해이의 문제와 증대된 감시비용 → 수익성 악화 → 고수익-고위험 전략을 추구 → 경영 불안정성 심화 → 기관위험 프리미엄 상승 → 고금리라는 악순환의 고리를 야기하는 중요한 요인이기 때문이다. 적정금리를 유지하는 가운데 조합의 위험선호가 완화되고 경영이 안정되면 조합원의 조합신용 이용이 증가하면서 조합은 조합원경제를 촉진할 수 있게 된다. 그러나 지금과 같이 조합원이 조합신용을 기피한다면 신협은 조합원경제를 촉진한다는 협동조합으로서의 목표도 달성할 수 없을 것이다.

조합의 수신은 현재 저축성예금 중심으로 이루어졌다. 그리고 저축성예금이 차지하는 비중은 갈수록 높아지고 있다. 요구불예금은 이른바 저원가성 수신으로 조합의 가격경쟁력을 제고하는 데 중요한 기여를 하는 핵심예금(core deposit)이다. 최근 조합은 요구불예금을 늘리기 위해 많은 노력을 기울이고 있다. 그런데 요구불예금의 비중이 낮은 것은 조합이 조합원의 경제활동에서 유리되어 있다는 것을 의미한다. 따라서 인위적으로 요구불예금의 비중을 늘리려고 하기보다는 자금의 운용이 조합원 경제와 밀착되도록 노력하는 것이 보다 의미 있고 바람직한 전략일 것이다.

고금리를 유지하면서 초래된 하위금융위계질서 속으로의 편입은 신협에 또 다른 문제들을 야기하고 있다. 먼저 신협은 고금리를 유지하

**〈표 7-10〉 지역조합의 수신에서 요구불예금이 점하는 비율**

(단위 : %)

| | 2006 | 2007 | 2008 | 2009 | 2010 | 2011 | 2012 | 2013 |
|---|---|---|---|---|---|---|---|---|
| 비율 | 10.3 | 9.8 | 8.5 | 8.0 | 7.5 | 7.4 | 7.3 | 8.5 |

**자료** : 신협중앙회.

면서 저신용자를 주된 차입자로 하고 있다. 그러면서 위계적으로 되어 있는 금융구조의 하부에 위치하고 있다. 그런데 이러한 금융구조—즉, 은행 = 고신용자, 신협 = 저신용자로 이루어진 위계적인 금융구조—는 일국의 모든 금융기관이 하나가 되어 독점적 시장구조를 만들어내고 그에 기초하여 최대의 독점이윤을 창출하기 위한 고도의 가격차별 정책을 실행할 수 있게 한다. 이것은 신협이 금융독점체의 하나의 구성 부분으로서 저신용자를 착취한다는 것을 함의한다. 다음으로 신용평점 제도는 금융독점체를 만들어내는 데 중추적인 역할을 하고 있다. 그런데 신용평점제도가 모든 금융기관에 널리 활용되고 금융기관이 신용도가 높은 차입자를 우대하면서 "저신용자의 금융소외현상이 심화"(이민환, 2013)되고 있다.[12] 신용평점제도를 엄격하게 적용하면 신협은 경제적으로 더 많은 이윤을 얻을 수 있다. 그러나 저소득계층과 저신용계층을 낙오시키게 되는 결과를 초래한다.

협동조합은 시장실패를 초래하는 독점구조에 대항할 필요가 있는 사업에 종사해야 하며, 그리함으로써 조합원에게 혜택을 부여할 수 있어야 한다(Jussila et al., 2008). 이러한 의미에서 한국 신협은 독점력을 구축하고 행사하려는 일반기업과 다르다고 말할 수 없다. "협동조합의 목적은 조합원에게 다른 경쟁자들보다 저렴한 가격으로 제품과 서비스를 제공하는 것이다"(Jussila et al., 2008)는 지적에 귀를 기울여야 할 것이다. 그리고 신협은 저소득계층과 저신용계층을 낙오시키지 않으려면 금융공급에 머무르지 말고 이들을 위한 특별한 프로그램을 마련해야 한다. 즉, 신협은 이들이 "포괄적인 경제적 해결책을 찾을 수 있도록 도움을 주기 위해 도전해야 한다."(Giagnocavo et al., 2012)

신협의 기관위험 프리미엄은 비과세 예금제도 덕분에 낮은 수준에 머물러 있는 것으로 보인다. 비과세한도가 있지만 예금과 적금의 이자소득과 출자금에 대한 배당소득이 비과세되기 때문에 과세 후 이자율로 비교하면 은행과 신협의 예금이자율 격차는 세전이자율을 기준으로 할 때보다 크게 확대된다. 만약 비과세 예금제도가 없어지고 지금과 동일한 수준의 기관위험 프리미엄을 지불해야 한다면 신협의 이자율은 비과세되는 비율만큼 상향조정되어야 할 것이다. 물론 대출이자율도 수신이자율이 상승하는 만큼 상향조정되어야 할 것이다.

비과세 예금제도는 1976년에 처음 도입되었으며, 1992년과 2009년 두 차례에 걸쳐 비과세 예금한도가 상향조정되었다. 그런데 정부는 현행 비과세 예금제도를 2015년에 종료하고, 2016년에 발생한 이자소득에 대해 5%의 세율을 적용하고, 2017년 이후 발생하는 이자소득에 대해서는 9%를 부과하되, 자율분리과세제도는 유지할 예정이다(김대익, 2013). 따라서 비과세 예금제도가 사실상 폐지되기 이전에 신협은 성장전략을 수정하고 조합의 경영안정성을 확고히 하기 위해 노력해야 할 것이다.

우리나라 신협은 지역서민금융기관으로서의 길을 충실히 따르고 있다. 그럼에도 불구하고 금융기관으로서 평판위험이 높은 데다 정체성은 위기에 직면해 있다. 이는 신협이 채택한 성장전략이 고금리에 의존하고 소재하고 있는 지역의 사회적 및 경제적 도전에 맞설 준비를 하지 않고 있기 때문이다. 또 지역서민금융기관으로서의 길은 협동조합으로서 차별성을 강화하거나 협동조합으로서 정체성을 강화하는 데 기여하지 못한다. 지역사회개발에 적극 관여하면서 조합원과 지역사회의 경제적 사회적 후생을 증진시키기 위해 노력할 때 우리나라 신협은 진정으로 서민(=조합원)을 위해 봉사할 수 있고 경쟁력 있는 협동조합으로서 성장해나갈 수 있을 것이다.

## 5. 결론

현재 신협은 정체성 위기에 처해 있으며, 나아가 낮은 공신력, 평판위험 등은 금융기관로서의 존립 기반까지 위협하고 있다. 신협은 서민금융기관으로서 서민의 사회적 · 경제적 후생을 증진시키기 위해 어떠한 노력을 기울이고 있는지 자신의 성장전략을 되돌아볼 필요가 있다. 이러한 반성에 기초하여 평판위험을 완화하고 나아가 정체성을 회복하여 진정 서민을 위한 신협으로 거듭나기 위해 체계적이고 장기적인 계획을 입안하고 꾸준히 실행해야 할 것이다.

신협은 지역사회 관여라는 사회적 목표를 추구하는 조직이라는 점을 명확히 하면서 지역주민으로 하여금 조합원으로 가입하게 해야 한다. 나아가 그러한 길을 계속 추진하도록 조합원이 신협의 경영에 적극 참여하도록 해야 한다. 자신의 목표를 명확히 제시하지 않은 채 높은 (실질) 이자율을 중요한 무기로 하여 끌어들인다면 조합원은 높은 이자율과 출자배당률 이외에는 관심을 갖지 않을 것이다. 물론 조합원은 조합의 경영에 참여할 명분도 찾지 못하거나 찾으려 하지도 않을 것이다.

Macpherson(2012)은 협동조합에 참여한 사람들이 "한 협동조합 또는 협동조합그룹을 어떻게 더욱 효과적으로 만들 것인가, 자비심 없는 시장에서 어떻게 경쟁할 것인가, 혹은 운동의 성장을 가능케 할 정부 정책을 어떻게 보장해 낼 것인가"와 같은 실용적 문제에 몰두하는 경우 정체성 회복문제에 관심을 기울이지 않는다고 말한다. 이러한 관점에서 평가한다면 한국 신협은 현재 극히 실용적인 문제에만 관심을 한정하고 있으며, 그 결과 정체성이 위기에 처하게 되었다. 즉, 협동조합으로서의 차별성을 명확히 하지 못한 채 상업적 금융기관으로 되어가는 것 자체가 한국 신협 정체성 위기의 내용이자 근본적인 원인이다.

Sibbald et al.(2002)은 한국 신협이 자산규모로 볼 때 세계 4대 신협이며, 성숙단계에 진입했다고 평가한다. 그런데 신협이 창업기-전환기-성숙기의 발전단계를 거친다고 주장하는 이들은, 성숙단계 이후의 단계, 즉 신협의 탈상호화를 배제하지 않았다. 이때 그들은 미국 신용협동조합이 상장된 유한회사(public limited company)로 전환되고 있다는 Theriault(2000)와 Merrick(2001)의 논의를 염두에 두었던 것으로 보인다. 이러한 전환의 배경에는 분명히 신협 설립강령의 가치가 훼손되었다는 문제(Merrick, 2001)가 놓여 있는데, 정체성 위기가 심화되면 한국 신협도 이러한 문제를 비켜가기 힘들 것이다.

한국 정부는 기회가 있을 때마다 신협이 정체성 위기에 처해 있다고 말한다. 이때 정부는 분명 신협이 저소득계층, 저신용계층을 위해 신용을 적극적으로 공급하지 않는다는 점을 염두에 두고 있다. 그러면서 조합원과 지역사회에 밀착된 경영을 통해 이들이 신용제약을 완화할 수 있도록 해야 한다고 말한다. 공동유대를 확대하고, 지점설치에 대한 규제를 완화하며, 신협중앙회의 비회원대출 한도를 확대해 달라는 신협의 요구를 거부하는 것도 이와 관련이 있다. 나아가 정부는 신협이 고금리로 동원한 자금을 PF대출 등에 운용하는 등 자산성장을 추구하던, 그리고 결국에는 영업정지를 당한 상호저축은행의 전철을 밟을 수 있다는 우려도 내비치고 있다. 그러나 자신의 잘못된 정책 자체가 신협의 정체성을 약화시키고 있다는 점에는 주목하지 않는다.

# 한국 신협의 성장 특징 8장

**제1절** 문제 제기 / **제2절** 신협의 성장방식에 대한 분석 / **제3절** 자료

**제4절** 실증분석 / **제5절** 결론

## 1. 문제 제기

한국 지역신협은 1960년부터 설립되기 시작하였다. 조합원의 자발적인 운동을 통해 설립되고 성장해왔다는 점에서 우리나라의 다른 금융협동조합과는 차별성을 지니고 있다. 그러나 최근 들어 "사회적 경제로서의 규범이나 가치를 구현하지" 못하고 있다(김정원, 2014)는 비판에서 자유롭지 못하다. 협동조합으로서 정체성이 약화되면 지역신협은 영리를 목적으로 하는 상업적 금융기관과의 차이를 명확히 할 수 없게 된다. 이때 특히 문제가 되는 것은 지역신협이 조합원을 위해 존재하고 봉사한다는 점을 명확히 할 수 없다는 점이다. 그럼에도 불구하고 지역신협에 대한 기존 논의는 지역신협의 성장이 무엇을 의미하는지에 대해 거의 주목하지 않고 있다.

이러한 문제의식에 입각하여 이 글은 지역신협의 성장방식을 분석하고 특징을 도출하려 한다.[1] 이러한 목적을 수행하기 위해 이 글은 신협중앙회에서 제공한 2004~2015년 개별조합의 재무제표와 대출 및 예금 자료를 이용하였는데, 이 글에서 밝혀낸 것은 다음과 같다.

먼저, 2000년대 신협의 성장에는 1970년대 이후 진행된 정체성 논쟁 내지는 적정성장방식에 대한 논쟁에서 승리한 성장론자의 논리가 고스란히 반영되었다고 평가할 수 있다. 정부의 비과세 예금정책의 도움을 받아 자금을 성공적으로 조달받았으며 늘어난 자금을 신협은 거액대출, 담보대출, 기타담보대출로 운용하였다. 이는 조합원 간의 상호성과 민주적 경영참여 등을 강조하는 협동조합의 정신과는 거리가 있으며, 지역신협이 성장일변도의 금융기관적 성장경로를 밟아 왔다는 평가의 근거가 된다.

다음으로 이 글에서는 개별 지역신협 자료를 이용한 실증분석을 통해 지역신협의 성장방식을 보다 구체적으로 제시하였다. 특히 비과세 예금 중심의 자금조달과 거액대출, 담보대출 및 기타담보대출과 자산증가율 사이의 관계, 그리고 자산증가와 신규조합원 대출 간의 관계를 구체적으로 제시하였다. 이를 통해 고성장 지역신협의 경우, 저성장 지역신협과 달리, 비과세 예금의 증가와 거액대출의 증가, 담보대출 및 기타담보대출의 증가가 자산성장을 이끈 핵심 변수였고, 이러한 예금과 대출의 증가는 또한 조합가입 기간이 짧은 조합원에 대한 대출비율에도 영향을 주었다는 것을 실증적으로 제시하였다.

마지막으로 지역신협의 이러한 성장방식이 장기적으로 자산 건전성은 물론, 수익성에도 그다지 도움이 되지 않는다는 점을 밝혔다.

이 글은 다음과 같이 구성되었다. 제2절은 2004~2015년 동안 지역신협의 성장방식을 예금, 대출을 중심으로 개략적으로 분석한다. 제3절에서는 실증분석에 사용될 변수를 소개하고 그것의 기초통계량을 정리하였다. 제4절에서는 패널분석을 통해 지역신협의 성장에 기여한 핵심 변수를 추출해내고 이를 통해 지역신협의 성장방식을 평가한다. 동시에 지역신협의 성장방식이 자산 건전성과 수익성에 미치는 영향을 실증분석한다. 마지막으로 제5절에서는 이상의 논의를 요약한다.

## 2. 신협의 성장방식에 대한 분석

2000년대의 지역신협 성장은 1970년대부터 진행된 정형보전론자와 성장론자의 논쟁의 연장선상에서 고찰될 수 있다. 교육을 통한 협동조합 정신의 강화, 조합원에 의한 민주적 관리 등을 강조한 정형보전론자의 주장이 약화되고 정부의 금융정책에 힘입어 틈새시장인 서민금융 시장을 중심으로 금융기관의 길을 걸어가야 한다는 성장론자의 주장이 2000년대 이후 지역신협의 성장과정에 그대로 투영되어 있다. 먼저 [그림 8-1]은 예금은행, 비은행 금융기관 및 지역신협의 자산증가 현황을 보여준다.

**[그림 8-1] 지역신협의 자산 현황**(소재 지역별 및 시중은행과의 비교)

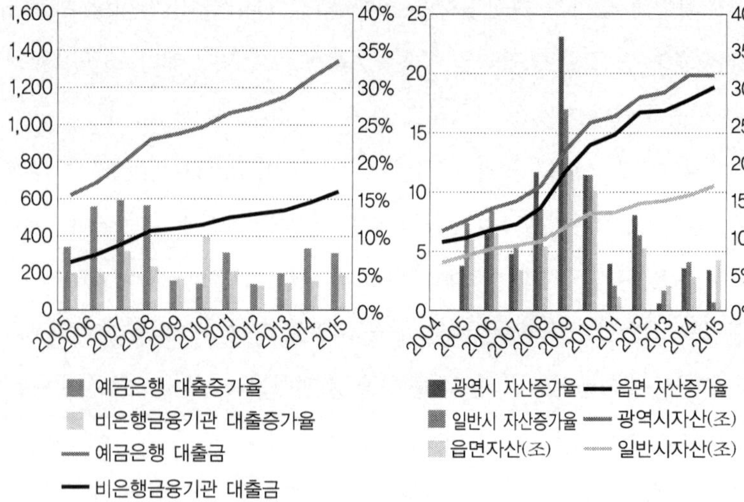


**자료** : 한국은행 경제통계시스템, 신협중앙회.

예금은행은 2005~2015년 연평균 8.28%의 대출자산증가율을 기록하였으며, 저축은행, 새마을금고, 신협 등의 비은행 금융기관들의 자산증가율은 5.39%였다. 이에 반해 지역신협은 연평균 10.68%의 자산증가율을 기록하였다(필자 계산). 특히 지역신협의 성장은 2008~2010년에 집중적으로 이루어졌다. 당시는 예금은행이 대출자산 건전성을 강화하면서 보수적으로 영업을 하고 저축은행 부실에 의한 금융시장 불안정성이 고조되는 시기로 그 반사이익을 통해 지역신협이 괄목할만한 성장을 이루었던 것이다. 이후 지역신협은 다른 금융기관과 유사하게 낮은 성장률을 기록하게 된다. 시중은행의 가계대출시장 진입은 지역신협이 비교우위를 가지고 구축한 서민대출이라는 틈새시장에서의 경쟁력을 급격하게 약화시켰다. 2010년 이후 지역신협의 성장경로는 시중은행과의 경쟁을 딛고 급격하게 성장하려는 성장 지향적 지역신협에서부터 시중은행과의 경쟁에 수세적으로 대응하면서 소규모 금융기관으로 명맥을 유지하는 정체된 지역신협에 이르기까지 다양하게 분화되었음을 아래 [그림 8-2]에서 확인할 수 있다. 자산규모의 분포를 볼

**[그림 8-2] 지역신협 자산 분포의 변화**(2005년과 2015년 비교)

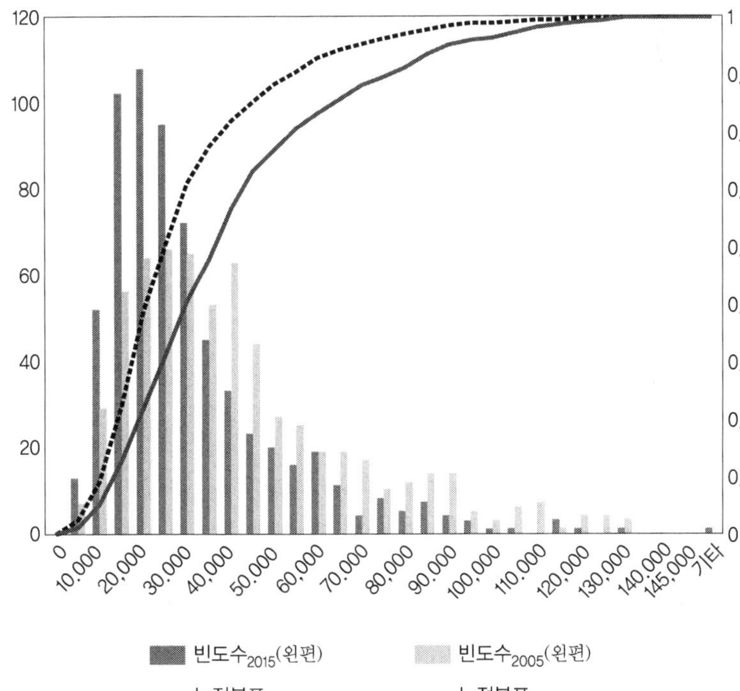


주 : 2015년의 자산을 $\frac{\text{2015년 자산}}{1+\text{물가상승률}+GDP\text{성장률}} = \frac{\text{2015년 자산}}{1+27.5\%+69.5\%}$으로 조정하였음.

때 2005년에는 다수의 지역신협이 유사한 자산규모를 가졌으나 2015년에는 자산규모에서의 분화가 관찰되는데, 이는 급속히 성장한 지역신협이 다수 생겨났기 때문으로 보인다.

2008~2010년 동안 지역신협의 성장은 비과세 대상 예금의 증가에 크게 의존한 것으로 보인다. 지역신협의 자금조달에서 발생한 변화를 그린 [그림 8-3]의 A, B는 2008년 이후 비과세 예금이 포함된 2~5천만 원 예금을 통한 자금조달이 얼마나 중요하였는가를 보여준다. 비과세 예금제도는 정부의 서민금융기관 육성정책의 일환으로 서민금융기관이 시중은행에 대한 경쟁력을 유지할 수 있게 한 조치였지만, 높은 예금이자율을 얻기 위해 자산을 선택하는 고소득계층의 포트폴리오 투자로 활용된다. 2천만 원이 비과세 한도액이었을 때는 1~2천만 원 예금의 비율이 아주 높았으나 3천만 원으로 한도액이 늘어나자 2~5천만 원 예금의 증가가 도드라졌다는 것은 지역신협 조합원이 지역신협을 이용하는 이유가 대부분 협동조합 정신에 동의해서가 아니라 상대적으로 높은 금리 때문이라는 것을 반영한다.

지역신협의 조합원들이 서민층에서 고소득자에 이르기까지 다양해지고 협동조합 정신에 관심이 없는 조합원이 늘어남에 따라, 조합원에 의한 민주적 통제는 불가능해진다. 경영진이 지역신협의 주인인 조합원을 위해서가 아니라 자신의 이익추구와 성장일변도의 정책을 추진하게 되는 대리인 문제가 발생할 수도 있다. 그리고 지역신협의 경영진이 금융기관적 성장을 대안으로 생각하게 될 때, 상업적으로 매우 매력적인 사업을 추구하는 방향으로 대출을 증가시키게 된다. [그림 8-3]의 C, D는 대출의 변화양상을 보여준다.

대출의 양상 역시 2009년에 크게 바뀌었는데, 이전 시기에는 5천

**[그림 8-3] 지역신협의 예금금액별 증가 현황**

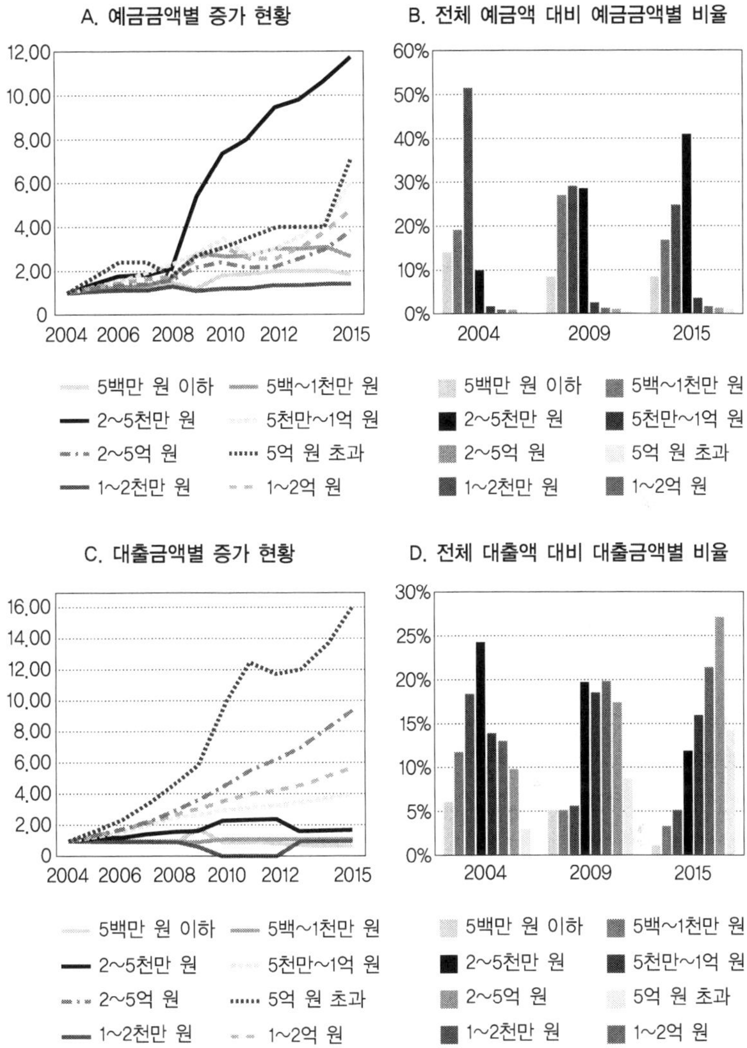

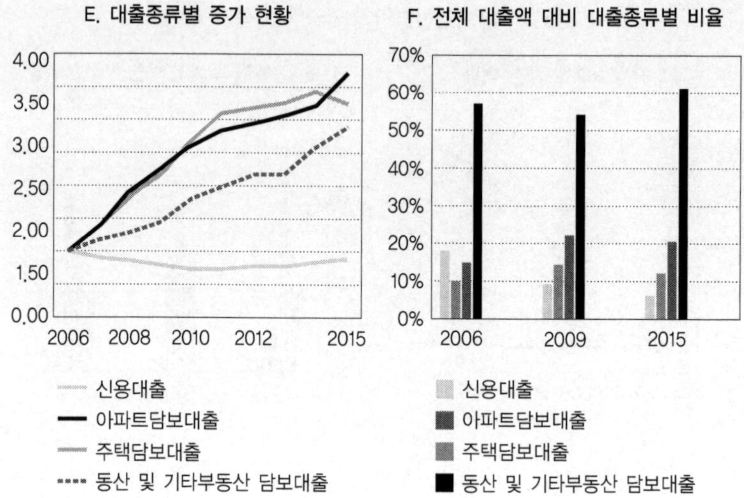


주 : 왼쪽 그림은 2006=100으로 설정. 오른쪽 그림은 대출총액(또는 예금총액) 대비 규모별 및 형태별 비율임.

만 원 이하와 2천만 원 이하의 대출이 가장 많았으나 시간이 흐를수록 5억 초과, 2~5억 원, 1~2억 원 대출이 순서대로 크게 증가하였고([그림 8-3] C), 신용대출은 줄어들고 아파트와 주택담보대출, 그리고 기타 부동산대출의 순으로 크게 증가하였으며([그림 8-3] E), 대출에서 가장 중요한 것은 2015년 기준 전체자산의 60%를 차지하는 기타담보대출로 확인되었다([그림 8-3] F).

요약하자면, 협동조합의 사회적 목적과 지역경제에 대한 기여에 관심을 갖지 않고 경제적 동기를 중시하는 조합원으로부터 자금을 조달하면서 조합원의 경영참여는 약화될 수 있다. 또한 대출자산이 조합원에 대한 소규모 대출보다는 거액담보대출을 중심으로 운용됨으로써 경제적 약자들의 금융적 필요를 충족시키고자 하는 지역신협의 협동조합 정신은 약화된다. 최근 지역신협의 괄목할만한 성장은 협동조합의 정신에서 점점 멀어지고 시중은행과 같은 금융기관의 길을 따라가고 있다는 해석이 가능하다.

지역신협의 성장방식에 대한 이러한 분석은 대략적으로 그림을 그리는 것에 불과하다. 개별 지역신협의 미시적 자료를 통해 인과관계를 파악하고 결론에 도달해야 할 것인데, 이는 제3절 이하의 과제이다.

## 3. 자료

이 글은 실증분석을 위해 〈표 8-1〉에서 제시된 변수들을 사용하였다.

지역신협의 성장방식을 분석하기 위해 종속변수로 자산증가율, 신규대출 중 조합가입 1년 미만 대출의 비율을 사용하였으며, 성장이 자산 건전성과 수익성에 미치는 영향을 분석하기 위해서 부실대출비율과 *ROA*를 사용하였다. 설명변수로는 비과세 예금비율, 담보대출비율, 거액대출비율, 기타담보대출비율, 중앙회 예치금 비율 등의 예금 및 대출 관련 변수들이 사용되었으며, 지역어음부도율, BBB 등급의 회사채 이자율과 연도 더미 등의 변수들이 거시경제 및 지역경제의 특성을 통제하기 위해서 사용되었다. 자산 상위 1%와 하위 1%를 제거하여 극단치(outlier)로부터 발생할 수 있는 문제와 영세 지역신협의 재무정보 생성 과정에서의 낮은 신뢰성 문제를 해결하고자 하였다. 〈표 8-2〉는 주요 변수의 요약통계량이다.

〈표 8-1〉 핵심 변수에 대한 설명

| 구분 | 변수 | 계산방법 또는 출처 |
|---|---|---|
| 종속변수 | 자산증가율 | $In$(자산$_t$) − $In$(자산$_{t-1}$) |
| | 조합원가입 1년 미만 신규 대출비율* | $\frac{\text{신규대출액 중 조합가입 1년 미만 조합원 신규대출액}}{\text{신규대출액}}$ |
| | 자산순이익률($ROA$) | $\frac{\text{당기순이익}}{\text{자산}}$ |
| | 부실대출비율 | $\frac{\text{요주의} + \text{고정} + \text{회수의문} + \text{추정손실}}{\text{대출총액}}$ |
| 설명변수 | 신용대출증가율 | $In$(신용대출$_t$) − $In$(신용대출$_{t-1}$) |
| | 거액대출증가율 | $In$(2억 원 이상 대출$_t$) − $In$(2억 원 이상 대출$_{t-1}$) |
| | 기타담보대출 증가율 | $In$(기타담보대출$_t$) − $In$(기타담보대출$_{t-1}$) |
| | 소액대출증가율 | $In$(1천만 원 이하 대출$_t$) − $In$(1천만 원 이하 대출$_{t-1}$) |
| | 소액예금증가율 | $In$(2억 원 이상 대출$_t$) − $In$(2억 원 이상 대출$_{t-1}$) |
| | 비과세 예금증가율 | $In$(1천만 원 이하 예금$_t$) − $In$(1천만 원 이하 예금$_{t-1}$) |
| | 거액예금증가율 | $In$(2억 원 이상 예금$_t$) − $In$(2억 원 이상 예금$_{t-1}$) |
| | 비과세 예금비율 | $\frac{\text{2∼5천만 원 예금}}{\text{예금총액}}$ |
| | 중앙회 예치금 비율 | $\frac{\text{신협중앙회 예치금}}{\text{자산}}$ |
| | 거액대출비율 | $\frac{\text{2억 원 이상 대출}}{\text{대출총액}}$ |
| | 담보대출비율 | $\frac{\text{담보대출}}{\text{대출총액}}$ |
| | 기타담보대출비율 | $\frac{\text{동산 및 기타 담보대출}}{\text{담보대출}}$ |
| | 자본자산비율 | $\frac{\text{자본}}{\text{자산}}$ |
| | 지역별 어음부도율 | 한국은행 경제통계시스템 |
| | 회사채 BBB 등급 만기수익률 | 한국은행 경제통계시스템 |

〈표 8-2〉 주요 변수의 요약 통계량

| 변수명 | Obs | Mean | Std. D. | Min | Max |
|---|---|---|---|---|---|
| 자산증가율 | 7156 | 0.1068 | 0.1275 | −0.5544 | 1.4319 |
| 신용대출증가율 | 7086 | −0.0366 | 0.2800 | −2.1282 | 3.1553 |
| 거액대출증가율 | 7086 | 0.3054 | 0.4828 | −1.6027 | 3.9611 |
| 기타담보대출 증가율 | 6462 | 0.1235 | 0.2625 | −2.7620 | 3.2824 |
| 소액대출증가율 | 7086 | −0.0077 | 0.2545 | −2.3964 | 2.3788 |
| 소액예금증가율 | 7083 | 0.0837 | 0.1418 | −1.0256 | 1.4028 |
| 비과세 예금증가율 | 7083 | 0.2383 | 0.2995 | −0.6472 | 3.3266 |
| 거액예금증가율 | 7083 | 0.1334 | 0.7582 | −3.8224 | 4.3476 |
| 자산순이익(*ROA*) | 7817 | 0.0024 | 0.0130 | −0.3650 | 0.0398 |
| 부실대출비율 | 7817 | 0.0657 | 0.0576 | 0.0000 | 0.7157 |
| 조합가입 1년 미만 신규대출비율* | 3194 | 0.4888 | 0.1926 | 0.0200 | 0.9600 |
| 비과세 예금비율 | 7815 | 0.2614 | 0.1176 | 0.0000 | 0.5418 |
| 중앙회 예치금 비율 | 7817 | 0.2745 | 0.1071 | 0.0473 | 0.8443 |
| 거액대출비율 | 7817 | 0.1932 | 0.1840 | 0.0000 | 0.8628 |
| 담보대출비율 | 7817 | 0.8864 | 0.1796 | 0.0505 | 3.1335 |
| 기타담보대출비율 | 7817 | 0.5445 | 0.2597 | 0.0000 | 0.9995 |
| 자본자산비율 | 7817 | 0.0586 | 0.0518 | −0.3206 | 0.4274 |
| 지역별 어음부도율 | 7817 | 0.3841 | 0.3590 | 0.0642 | 4.9208 |
| 회사채 BBB 등급 만기 수익률 | 7817 | 9.3359 | 1.0808 | 7.9970 | 11.7600 |

주 : *는 신규대출 중 조합원이 가입한 지 1년 미만의 신규대출비율임. 이 변수는 신협중앙회의 전산시스템에서 개별 대출자료를 이용하여 추출해낸 것인데, 개별 대출에 대한 전산시스템이 통합된 것이 2011년 정도였으므로 관측치가 다른 변수에 비하여 적음.

자료 : 신협중앙회, 한국은행 경제통계시스템.

# 4. 실증분석

## 4.1 패널분석 수식

이 글은 2004~2015년 신협자료를 이용하여 지역신협 성장에 기여한 핵심 요인을 추출하고 지역신협 성장의 의미를 도출하고자 하였다. 지역신협 전체 자료를 이용한 제2절의 대략적인 분석에서 우리는 지역신협이 비과세 예금을 중심으로 자금을 조달하고, 거액대출, 담보대출, 특히 기타담보대출을 중심으로 대출자산을 운용하였음을 보였다. 개별자료를 이용하여 지역신협의 성장방식을 분석할 경우에도 이러한 주장이 타당한지 검토하고 그 시사점을 제공하고자 하는 것이 본 실증분석의 목표이다. 아울러 지역신협의 이러한 성장형태가 자산 건전성과 수익성에 미치는 장기적인 영향을 검토하고자 한다.

내생성 문제를 완화하는 패널분석을 수행하였으며 계량분석의 수식은 아래와 같다.

$$g\_asset_{i,t} = const + \alpha_i + v_t + \beta X_{i,t} + \mu Z_{i,t} + \epsilon_{i,t} \tag{1}$$

$$\begin{aligned} ratio\_less1year_{i,t} = {} & const + \alpha_i + v_t + \lambda g\_asset_{i,t} \\ & + \beta X_{i,t} + \mu Z_{i,t} + \epsilon_{i,t} \end{aligned} \tag{2}$$

$$\begin{aligned} ratio\_badloan_{i,t} = {} & const + \alpha_i + v_t + \sum_{j=0}^{5} \beta_{t-j} X_{i,t-j} \\ & + \mu Z_t + \epsilon_{i,t} \end{aligned} \tag{3}$$

$$ROA_{i,t} = const + \alpha_i + v_t + \sum_{j=0}^{5} \beta_{t-j} X_{i,t-j} + \mu Z_t + \epsilon_{i,t} \tag{4}$$

종속변수로 사용된 *g_asset*은 자산증가율을, *ratio_less*1*year*는 조합가입 1년 미만의 신규대출비율, *ratio_badloan*은 부실대출비율을, *ROA*는 자산순이익률을 의미한다. 먼저 자산증가율을 종속변수로 설정한 수식 (1)은 자산증가에 크게 기여한 변수를 파악하기 위해 사용되었다. 이를 통해 지역신협의 성장방식과 그 특성을 규명하려고 하였다. 조합가입 1년 미만 신규대출비율이 있는 수식 (2)는 자산증가율이나 거액대출증가율, 기타담보대출증가율 등이 증가할 때 신규조합원 대출이 얼마나 증가되는지를 살펴보고자 사용되었다. 수식 (2)의 결과를 통해 오랜 거래 관계를 가진 조합원이 아니라 신규조합원에 대한 대출로 자산이 크게 성장하였다는 것을 밝힌다면, 이는 사실상 대출을 얻기 위해 신규가입을 한 조합원이 많다는 것을 의미하고 협동조합의 특성과 잘 맞지 않는 운영방식에 해당한다. 부실대출비율이 종속변수로 사용된 수식 (3)은 자산 또는 거액대출, 기타담보대출 등이 증가할 경우 시차를 두고 발생할 수 있는 부실대출을 살펴보고자 하기 위함이며, *ROA*를 종속변수로 한 수식 (4)는 다양한 대출의 변화가 수익성에 미치는 영향을 살펴보기 위해서이다.

$Z_{i,t}$는 몇 가지 통제변수인데, 자본자산비율와 같은 개별 지역신협의 특성변수와 거시경제 및 지역경제 관련 통제변수인 해당 지역의 어음부도율과 회사채 BBB 등급의 만기수익률 등을 포함한다. 아울러 시간더미 $v_t$를 사용하여 변수화되지 않는 거시경제 상황을 통제하였다. $\alpha_i$는 패널 개체의 이질성(heterogeneity)을 나타내며, 고정효과 모델에서는 시간에 따라 변하지 않는 개별 특성을 의미한다. 우리가 관심을 갖는 설명변수는 $X_{i,t}$인데, 여기에는 거액대출비율(또는 증가율), 비과세예금비율(또는 증가율), 기타담보대출비율(또는 증가율) 등이 포함된다.

한편 이 글의 주제와는 다소 거리가 있지만 지역신협의 자산운용 약 20%를 차지하는 중앙회 예치금 역시 설명변수에 포함시켰다.

### 4.2 지역신협의 자산성장에 대한 분석

실증분석에 사용된 모델은, 개체 내 평균으로 횡단면 분석을 수행한 횡단면 모형(Between Model), 개체 내 변동을 분석하는 고정효과 모델(Fixed Effect Model)이다. 고정효과 모델 대신 임의효과 모델(Random Effect Model)을 사용할 것인가를 결정하기 위해 하우스만 테스트를 하였고 그 결과 임의효과 모델의 계수 값이 고정효과 모델의 계수 값과 체계적으로 다르지 않다는 귀무가설이 기각되어 고정효과 모델의 계수를 사용하였다.

〈표 8-3〉에 제시된 모델(Fixed $Model_{low}$)와 모델(Fixed $Model_{high}$)는 과거 10여 년 동안의 연평균자산증가율이 평균인 10.68%를 초과하는 경우를 고성장(high)으로, 그보다 낮은 지역신협을 저성장(low)신협으로 분류하여 각각 회귀분석한 결과들인데 이를 통해 고성장 지역신협과 저성장 지역신협의 차이를 파악하고자 하였다.

## 〈표 8-3〉 자산증가률에 대한 패널분석 결과

| 종속변수 : 자산증가율 | BE | | Fixed Model | | Fixed Model$_{low}$ | | Fixed Model$_{high}$ | |
|---|---|---|---|---|---|---|---|---|
| | coef | SE | coef | SE | coef | SE | coef | SE |
| 비과세 예금비율 | 0.095[2)] | 0.04 | 0.329[3)] | 0.05 | 0.321[3)] | 0.06 | 0.419[3)] | 0.09 |
| 중앙회 예치금 비율 | −0.138[3)] | 0.03 | 0.041[2)] | 0.02 | 0.024 | 0.02 | 0.017 | 0.03 |
| 거액대출비율 | −0.022 | 0.02 | 0.014 | 0.02 | 0.033 | 0.02 | 0.071[3)] | 0.03 |
| 담보대출비율 | 0.085[3)] | 0.02 | 0.051[3)] | 0.01 | 0.017 | 0.02 | 0.079[3)] | 0.02 |
| 기타담보대출비율 | −0.028[2)] | 0.01 | 0.012 | 0.01 | −0.025[1)] | 0.01 | 0.035[2)] | 0.02 |
| 자본자산비율 | −0.088[1)] | 0.05 | −0.274[3)] | 0.06 | −0.415[3)] | 0.08 | −0.244[3)] | 0.09 |
| 부실대출비율 | −0.270[3)] | 0.05 | −0.434[3)] | 0.03 | −0.334[3)] | 0.04 | −0.479[3)] | 0.05 |
| 지역어음부도율 | −0.029[2)] | 0.01 | −0.001 | 0.00 | 0.002 | 0.00 | −0.011 | 0.01 |
| 사채BBB 이자율 | 0.041[3)] | 0.09 | −0.003 | 0.01 | 0.040[3)] | 0.01 | −0.048[2)] | 0.02 |
| 연도더미$_{2007}$ | | | −0.058[3)] | 0.01 | −0.059[3)] | 0.01 | −0.058[3)] | 0.01 |
| 연도더미$_{2008}$ | | | 0.011 | 0.02 | −0.068[3)] | 0.02 | 0.091[3)] | 0.03 |
| 연도더미$_{2009}$ | | | 0.095[2)] | 0.04 | −0.067 | 0.04 | 0.246[3)] | 0.07 |
| 연도더미$_{2010}$ | | | 0.011 | 0.03 | −0.098[3)] | 0.03 | 0.097[2)] | 0.05 |
| 연도더미$_{2011}$ | | | −0.144[3)] | 0.03 | −0.215[3)] | 0.03 | −0.101[2)] | 0.04 |
| 연도더미$_{2012}$ | | | −0.072[3)] | 0.02 | −0.102[3)] | 0.02 | −0.075[3)] | 0.03 |
| 연도더미$_{2013}$ | | | −0.166[3)] | 0.01 | −0.153[3)] | 0.02 | −0.214[3)] | 0.02 |
| 연도더미$_{2014}$ | | | −0.130[3)] | 0.01 | −0.123[3)] | 0.02 | −0.175[3)] | 0.02 |
| 연도더미$_{2015}$ | | | −0.142[3)] | 0.02 | −0.105[3)] | 0.02 | −0.222[3)] | 0.03 |
| 절편 | −0.290[3)] | 0.089 | 0.075 | 0.10 | −0.264[2)] | 0.10 | 0.440[3)] | 0.16 |
| 연도더미 | No | | YES | | YES | | YES | |
| 관측치 | 7,156 | | 7,156 | | 3,605 | | 3,551 | |
| 조합수 | 706 | | 706 | | 329 | | 377 | |
| $R^2$ | 0.2371 | | 0.3218(within) | | 0.3484(within) | | 0.3384(within) | |
| F−value | 22.04[3)] | | 169.53[3)] | | 96.76[3)] | | 89.67[3)] | |
| Hausman test | | | 82.18[3)] | | 52.02[3)] | | 676.74[3)] | |

주 : 1) $p < 0.1$, 2) $p < 0.05$, 3) $p < 0.01$

위의 분석 결과 모든 모형에서 비과세 예금이 자산증가율에 큰 영향을 준다는 것을 확인할 수 있다. 예컨대 횡단면 모형을 본다면, 예금총액 대비 비과세 예금의 비율이 높은 지역신협은 자산증가율이 다른 지역신협보다 높다고 해석할 수 있다. 고정효과 모형을 통해서는 개별지역신협의 비과세 예금비율이 1% 증가하는 경우 자산증가율이 0.329% 정도 높아진다는 점을 확인할 수 있으며, 특히 고성장 지역신협의 경우 0.419% 증가하여 저성장 지역신협보다 비과세 예금이 성장에 기여하는 바가 유의미하게 크다는 점을 확인할 수 있다.

정체성 논쟁에서 성장론자가 승리를 거두면서 신협은 금융기관으로서의 성장전략을 확고히 하게 되고, 정부의 서민금융기관 육성책의 하나인 비과세 예금제도는 신협의 성장전략에 필요한 예금을 끌어들이는 데 기여하게 된다. 그러나 문제는 그 과정에서 상호성이나 조직의 사회적 목적이 중요하지 않다고 생각하는 조합원이 늘어나게 된다는 점이다. 이에 더하여 지역신협의 임직원들이 지역신협 설립자들의 사회적 목표를 간과하면 더욱 상업적으로 매력적인 사업을 추구하면서 지역신협 고유의(original) 고객보다는 고소득집단의 조합원-고객을 끌어들이는 방향으로 초점을 바꿀 수 있다. 고소득계층 조합원의 증가는 더욱 심각한 문제를 야기할 수 있다. 신협은 저축을 동원하기 위해 이들을 조합원으로 적극 받아들이지만, 많은 경우 이들은 협동조합의 사회적 목적을 존중하지 않는다. 상호성이나 조직의 사회적 목적이 중요하다고 생각하는 조합원이 줄어든다면 조합원의 경영참여 의지가 약해지면서 전반적으로 지역신협의 민주주의는 약화되고 특히 사회적 목적을 실현하기 위한 지역신협의 노력도 감소하면서 협동조합으로서 정체성이 약화될 수 있다.

다음으로 거액대출비율과 담보대출비율, 그리고 기타담보대출비율이 자산증가율에 미친 영향을 보면, 저성장 지역신협의 경우 이 변수들이 자산증가율에 미친 영향이 통계적으로 유의미하지 않다. 이와 달리 고성장 지역신협의 경우 이 변수들의 자산증가율에 미친 영향이 유의미하게 높게 나타났는데, 이는 거액대출과 담보대출, 그리고 기타담보대출의 비율을 증가시키는 지역신협은 자산증가율을 더욱 높일 수 있다는 것을 의미한다.

앞의 [그림 8-3]의 F에서 확인할 수 있듯이 2004년에는 1~2천만 원과 2~5천만 원 대출이 가장 많은 부분을 차지하였지만 2015년에는 2~5억 원의 대출이 압도적인 부분을 차지하게 된다. 이러한 거액대출은 대부분 담보대출의 형태를 취하고 많은 경우 시중은행에서 대출을 거부당한 사업자들에 대한 대출로 기타담보대출이 많다. 이러한 대출 변화는 신협이 소액예금과 소액대출을 중심으로 자금을 운용하고 조합원 간 상호성을 기반으로 한 협동조합적 금융기관이 아니라 비과세 예금과 거액담보대출을 중심으로 영업하는 금융기관의 전형적 모습으로 진화해가고 있음을 시사한다. 조합원의 상호성에 대한 간단한 지표로서 $\frac{\text{대출자의 수}}{\text{예금자의 수}}$를 생각해볼 수 있는데, 2004년 0.134에서 지속적으로 하락하여 2015년에는 0.079였다.

한편 대부분의 모형에서 자본자산비율이나 부실대출비율이 높은 지역신협이나 이를 높이는 지역신협은 모두 다소 보수적으로 자산운용을 하여 자산증가율이 감소하는 모습이 확인되었으며, 고성장하는 지역신협의 경우 2008년과 2009년, 그리고 2010년에 급속히 성장하는 모습을 연도 더미변수의 계수값으로부터 확인할 수 있다.

다음으로 지역신협의 성장이 오랫동안 거래한 조합원에 대한 거래액을 증가시킴으로써 가능했는지 확인해보자. 만약 신규가입자에 대한 대출이 크게 늘어났다면, 이는 대출만을 목적으로 가입한 조합원에게 신용을 공급한 것이다. 자산증가를 이끈 대출이 주로 거액대출 및 담보대출, 특히 기타담보대출이라는 사정을 감안한다면, 조합원이라고 할 만한 거래 관계가 없는 차입자에게 담보를 근거로 신용을 제공한 것이라고 할 수 있으니 조합원 간의 상호성에 기반한 금융협동조합의 업무라고 보기 어렵다.

먼저 자산의 증가율이 높을수록 조합가입 1년 미만 신규대출의 비율이 높다는 것을 BE와 고정효과 모델 1(Fixed $Model_1$)을 통해 확인할 수 있다. 그런데 지역신협의 자산을 구성하는 다양한 대출이나 부채를 구성하는 다양한 예금들이 모두 조합가입 1년 미만 신규대출을 증가시키는 것이 아님을 고정효과 모델 3(Fixed $Model_3$)에서 확인할 수 있다. 신용대출이 증가하거나, 소액대출이 증가하거나, 비과세 예금이 아닌 거액예금이 증가할 경우, 조합가입 1년 미만의 신규대출비율을 증가시키지 않는 것으로 나타났다. 결론적으로 지역신협의 성장을 이끈 핵심요인인 비과세 예금과 거액대출, 담보대출 및 기타담보대출은 신규차입자를 중심으로 크게 증가되었으며, 이는 조합원들 간의 상호성을 근간으로 하는 협동조합의 정신과 거리가 있다. 또한 성장중심의 발전이 조합원의 상호성보다는 경제적 이익을 바탕으로 한 것인데 이러한 성장전략이 결과론적으로 안정성, 더 나아가 수익성에 좋지 않은 영향을 줄 가능성이 있음을 생각해 보아야 한다. 이는 다음 부분에서 다룬다.

〈표 8-4〉 조합가입 1년 미만 신규대출비율에 대한 패널분석

| 종속변수 : 조합가입 1년 미만 신규대출비율 | BE | | Fixed $Model_1$ | | Fixed $Model_2$ | | Fixed $Model_3$ | |
|---|---|---|---|---|---|---|---|---|
| | coef | S.E. | coef | S.E. | coef | S.E. | coef | S.E. |
| 자산증가율 | 0.900[3)] | 0.11 | 0.297[3)] | 0.02 | | | | |
| 비과세 예금 증가율 | | | | | 0.138[3)] | 0.02 | 0.075[3)] | 0.02 |
| 거액대출증가율 | | | | | 0.047[3)] | 0.01 | 0.070[3)] | 0.01 |
| 기타담보대출증가율 | | | | | 0.066[3)] | 0.01 | 0.051[3)] | 0.01 |
| 신용대출증가율 | | | | | | | −0.011 | 0.01 |
| 소액대출증가율 | | | | | | | 0.013 | 0.02 |
| 거액예금증가율 | | | | | | | −0.001 | 0.00 |
| 자본자산비율 | −0.820[3)] | 0.13 | −1.053[3)] | 0.18 | −1.036[3)] | 0.18 | −0.827[3)] | 0.22 |
| 지역어음부도율 | −0.174[3)] | 0.02 | −0.007[1)] | 0.00 | −0.007[1)] | 0.00 | −0.007 | 0.00 |
| 사채BBB 이자율 | | | −0.023[3)] | 0.00 | −0.026[3)] | 0.00 | −0.026[3)] | 0.00 |
| 연도더미$_{2012}$ | | | −0.090[3)] | 0.00 | −0.073[3)] | 0.01 | −0.074[3)] | 0.01 |
| 연도더미$_{2013}$ | | | −0.059[3)] | 0.00 | −0.054[3)] | 0.01 | −0.058[3)] | 0.01 |
| 연도더미$_{2014}$ | | | −0.029[3)] | 0.00 | −0.026[3)] | 0.00 | −0.025[3)] | 0.01 |
| 절편 | 0.542[3)] | 0.02 | 0.775[3)] | 0.02 | 0.805[3)] | 0.03 | 0.788[3)] | 0.03 |
| 연도더미 | No | | YES | | YES | | YES | |
| 관측치 | 3,191 | | 3,191 | | 2,813 | | 1,995 | |
| 조합수 | 655 | | 655 | | 604 | | 524 | |
| $R^2$ | 0.2053 | | 0.2177(within) | | 0.2743(within) | | 0.2768(within) | |
| F-value | 56.07[3)] | | 100.54[3)] | | 92.40[3)] | | 46.53[3)] | |
| Hausman test | | | | | 287.66[3)] | | 491.83[3)] | |

주 : 1) $p < 0.1$, 2) $p < 0.05$, 3) $p < 0.01$

## 4.3 성장 중심적 발전과 수익성 및 안정성과의 관계

〈표 8-5〉 자산증가율, 기타담보대출증가율, 거액대출증가율이 부실대출에 미치는 영향

| 종속변수 : 부실대출비율 | Fixed Model$_1$ | | Fixed Model$_2$ | | Fixed Model$_3$ | | Fixed Model$_4$ | |
|---|---|---|---|---|---|---|---|---|
| | coef | S.E. | coef | S.E. | coef | S.E. | coef | S.E. |
| 자산증가율(t) | −0.040[3] | 0.008 | | | | | | |
| 자산증가율(t-1) | −0.021[3] | 0.007 | | | | | | |
| 자산증가율(t-2) | −0.001 | 0.007 | | | | | | |
| 자산증가율(t-3) | 0.018[3] | 0.007 | | | | | | |
| 자산증가율(t-4) | 0.005 | 0.006 | | | | | | |
| 자산증가율(t-5) | 0.010[1] | 0.006 | | | | | | |
| 기타담보대출증가율(t) | | | −0.009[3] | 0.003 | | | | |
| 기타담보대출증가율(t-1) | | | −0.002 | 0.003 | | | | |
| 기타담보대출증가율(t-2) | | | 0.012[3] | 0.003 | | | | |
| 기타담보대출증가율(t-3) | | | 0.010[3] | 0.003 | | | | |
| 기타담보대출증가율(t-4) | | | 0.007[3] | 0.002 | | | | |
| 기타담보대출증가율(t-5) | | | 0.003 | 0.003 | | | | |
| 거액대출증가율(t) | | | | | −0.020[3] | 0.003 | −0.020[3] | 0.003 |
| 거액대출증가율(t-1) | | | | | −0.002 | 0.003 | −0.002 | 0.003 |
| 거액대출증가율(t-2) | | | | | 0.005[1] | 0.003 | 0.006[2] | 0.003 |
| 거액대출증가율(t-3) | | | | | 0.007[3] | 0.003 | 0.007[3] | 0.003 |
| 거액대출증가율(t-4) | | | | | 0.008[3] | 0.002 | 0.008[3] | 0.002 |
| 거액대출증가율(t-5) | | | | | 0.003[1] | 0.002 | 0.003[1] | 0.002 |
| 소액대출증가율(t) | | | | | | | −0.004 | 0.005 |
| 소액대출증가율(t-1) | | | | | | | −0.007 | 0.004 |
| 소액대출증가율(t-2) | | | | | | | −0.002 | 0.004 |
| 소액대출증가율(t-3) | | | | | | | 0.002 | 0.004 |

| 소액대출증가율(t-4) | | | | | | | 0.001 | 0.004 |
|---|---|---|---|---|---|---|---|---|
| 소액대출증가율(t-5) | | | | | | | 0.004 | 0.004 |
| 지역부도율 | 0.001 | 0.001 | 0.000 | 0.001 | -0.000 | 0.002 | -0.000 | 0.002 |
| 사채BBB 이자율 | 0.012[3)] | 0.001 | 0.002 | 0.002 | -0.007[3)] | 0.002 | -0.005[1)] | 0.003 |
| 절편 | -0.054[3)] | 0.009 | 0.057[3)] | 0.019 | 0.145[3)] | 0.022 | 0.123[3)] | 0.026 |
| 연도더미 | YES | | YES | | YES | | YES | |
| 관측치 | 3,696 | | 3,060 | | 2,135 | | 2,133 | |
| 조합수 | 643 | | 635 | | 483 | | 482 | |
| $R^2$ | 0.1387(within) | | 0.1828(within) | | 0.1812(within) | | 0.1831(within) | |
| F-value | 40.79[3)] | | 49.11[3)] | | 30.25[3)] | | 20.33[3)] | |

주 : 1) $p < 0.1$, 2) $p < 0.05$, 3) $p < 0.01$

먼저 모델 1에서 자산증가율이 증가되면 초기에는 부실대출비율을 감소시키지만 뒤로 갈수록 증가되는 경향이 어느 정도 관찰되었다. 초기 부실대출이 줄어드는 것은 이 변수의 분모인 대출총액이 증가되었고 부실대출이 일정 시간이 지난 뒤 나타나기 때문으로 파악된다. 이러한 현상은 모델 2와 3, 그리고 4의 기타담보대출증가율, 거액대출증가율의 계수값에서 체계적이고 강하게 관찰된다. 2년, 3년, 4년, 5년으로 갈수록 초기의 부실대출비율 감소효과는 소멸되고 오히려 부실대출비율이 증가됨을 확인할 수 있다.

급격하게 자산을 증가시키는 경우 시중은행에게서 대출이 거부되었던 주변부 대출이 기타담보를 근거로 이루어질 가능성이 높다. 한편 생각지도 못한 생략된 변수에 의해, 거액대출과 기타담보대출 등의 증가가 우연히 부실대출비율을 증가시킬 수 있으므로, 비교목적으로 모델 4를 추가하였다. 모델 4의 결과, 거액대출 등이 시차를 두고 부실대출비율을 증가시켜는 반면 소액대출의 증가율이 부실대출비율을 증가시켰다는 유의미한 증거는 찾기 힘들었다. 마지막으로 자산증가율이 *ROA*에 준 영향을 확인해보았는데, 유의미한 증거를 찾지는 못하였다. 자산증가율이 수익성 개선에 큰 영향을 주지 않은 것으로 보인다. *ROA* 이외의 수익성 지표로 자산 대비 영업이익을 사용해도 동일하게 뚜렷한 관계를 찾지 못하였다(여기에 소개하지 않음).

**〈표 8-6〉 수익성에 미치는 영향**

| 종속변수 : 부실대출비율 | Fixed $Model_1$ | | Fixed $Model_2$ | | Fixed $Model_3$ | | Fixed $Model_4$ | |
|---|---|---|---|---|---|---|---|---|
| | coef | S.E. | coef | S.E. | coef | S.E. | coef | S.E. |
| 자산증가율(t) | 0.008[3)] | 0.001 | | | | | | |
| 자산증가율(t-1) | −0.001 | 0.001 | | | | | | |
| 자산증가율(t-2) | 0.000 | 0.001 | | | | | | |
| 자산증가율(t-3) | 0.000 | 0.001 | | | | | | |
| 자산증가율(t-4) | −0.001 | 0.001 | | | | | | |
| 자산증가율(t-5) | 0.001 | 0.001 | | | | | | |
| 기타담보대출 증가율(t) | | | −0.001 | 0.001 | | | | |
| 기타담보대출 증가율(t-1) | | | 0.001 | 0.001 | | | | |
| 기타담보대출 증가율(t-2) | | | −0.001 | 0.001 | | | | |
| 기타담보대출 증가율(t-3) | | | −0.000 | 0.001 | | | | |
| 기타담보대출 증가율(t-4) | | | −0.000 | 0.001 | | | | |
| 기타담보대출 증가율(t-5) | | | 0.001 | 0.001 | | | | |

| | | | | | | | | |
|---|---|---|---|---|---|---|---|---|
| 거액대출증가율(t) | | | | | −0.001 | 0.001 | −0.001 | 0.001 |
| 거액대출증가율(t−1) | | | | | 0.000 | 0.001 | 0.000 | 0.001 |
| 거액대출증가율(t−2) | | | | | −0.000 | 0.001 | −0.000 | 0.001 |
| 거액대출증가율(t−3) | | | | | −0.000 | 0.000 | −0.000 | 0.000 |
| 거액대출증가율(t−4) | | | | | −0.000 | 0.000 | −0.000 | 0.000 |
| 거액대출증가율(t−5) | | | | | −0.00[1)] | 0.000 | −0.00[1)] | 0.000 |
| 소액대출증가율(t) | | | | | | | −0.000 | 0.001 |
| 소액대출증가율(t−1) | | | | | | | −0.000 | 0.001 |
| 소액대출증가율(t−2) | | | | | | | −0.001 | 0.001 |
| 소액대출증가율(t−3) | | | | | | | 0.000 | 0.001 |
| 소액대출증가율(t−4) | | | | | | | −0.000 | 0.001 |
| 소액대출증가율(t−5) | | | | | | | −0.000 | 0.001 |
| 지역부도율 | −0.000 | 0.000 | 0.000 | 0.000 | 0.000 | 0.000 | 0.000 | 0.000 |
| 사채BBB 이자율 | 0.001[3)] | 0.000 | 0.003[3)] | 0.000 | 0.003[3)] | 0.000 | 0.003[3)] | 0.000 |
| 절편 | −0.009[3)] | 0.002 | −0.024[3)] | 0.004 | −0.025[3)] | 0.004 | −0.028[3)] | 0.005 |
| 연도더미 | Yes | | YES | | YES | | YES | |
| 관측치 | 3,696 | | 3,060 | | 2,135 | | 2,133 | |
| 조합수 | 643 | | 635 | | 483 | | 482 | |
| $R^2$ | 0.0846(within) | | 0.0462(within) | | 0.0802(within) | | 0.0817(within) | |
| F−value | 56.07[3)] | | 10.71[3)] | | 11.92[3)] | | 9.07[3)] | |

주 : 1) p < 0.1, 2) p < 0.05, 3) p < 0.01

## 5. 결론

이 글은 신협이 금융협동조합의 길이 아니라 성장을 강조하는 금융기관의 성장경로를 밟아왔다고 평가한다. 이는 1970년대 이후 지속된 신협성장과 관련된 정체성 논쟁에서 성장론자의 승리와 정부의 서민금융정책이 낳은 복합적인 결과이다. 이 글은 이러한 맥락에서 2000년대 이후 지역신협의 성장방식을 추적하고 실증분석하여 시사점을 도출하고자 시도하였다.

이 글에서는 지역신협의 성장이 비과세 예금을 중심으로 한 자금조달, 거액대출과 담보대출 및 기타담보대출을 통한 대출자산의 증가를 중심으로 이루어졌음을 실증분석하였다. 비과세 예금은 지역경제에 대한 관심과 협동조합의 정신, 지역신협의 사회적 목적에 대한 인식을 갖춘 조합원이 아니라 저금리 시대에 상대적으로 높은 예금금리를 얻으려는 조합원을 증가시키고, 조합원에 의한 민주적 관리를 어렵게 하는 문제를 낳는다.

또한 거액대출과 담보대출 및 기타담보대출을 통한 성장전략은 조합원들 간의 예금과 대출의 상호연결성을 약화시키고 은행에서 대출을 거부당한 차입자들이 대출을 받기 위해 조합에 신규가입하는 비율을 높이는 경향을 낳았다. 상호성 약화와 정보가 취약한 신규가입자에 대한 담보대출 증가는 협동조합의 성격과도 거리가 멀 뿐만 아니라 장기적으로 지역신협의 자산 건전성에도 나쁜 영향을 줄 가능성이 있다.

자산성장과 자산 건전성, 그리고 수익성 간의 관계를 실증분석한 결과 자산증가는 단기적으로 자산 건전성에 좋은 영향을 주지만 시간이 지남에 따라 나쁜 영향을 주는 것으로 나타났으며, 특히 거액대출과 기타담보대출 등의 경우 부정적인 영향이 큰 것으로 나타났다. 초기에는 자산의 크기를 증가시켜 부실대출의 비율을 감소시키지만 시간이 지남에 따라 신용위험이 증가되기 때문으로 파악된다. 특히 시중은행에서 대출을 거부당한 자들이 상대적으로 안정성이 낮은 기타담보대출로 자금을 차입한 경우 부실대출의 증가를 발생시킬 수 있다는 해석이 가능하다.

이상과 같은 결과는 지역신협의 지속 가능성에 다소 부정적이다. 무엇보다 자산성장이 자산 건전성에 나쁜 영향을 주기 때문이다. 특히 금융기관으로서의 성격이 강화되면서 조합 임직원의 자산운영에서 조합 임직원의 재량권은 강화되고 있는데, 이는 다시 지역신협의 위험선호를 높이면서 안정적인 성장을 저해할 우려가 있다. 그렇지만 보다 우려되는 점은 협동조합으로서의 성격이 약화되고 있다는 점이다. 소규모 금융기관으로서 지역신협의 핵심 경쟁력은 지역사회에 밀착하는 데서 나온다고 말할 수 있다. 그런데 조합원 구성의 다양성, 민주적 관리의 저해 등은 지역신협의 지역밀착 노력이 성과를 거둘 수 없게 한다.

9장

# 협동조합의 지배구조 문제와 우리나라의 금융협동조합

**제1절** 서론 / **제2절** 협동조합 지배구조의 특징과 대리인 문제
**제3절** 대리인 문제 해결을 위한 대책, 그리고 한국의 금융협동조합
**제4절** 요약 / **제5절** 결론

## 1. 서론

외국에서 협동조합의 지배구조는 1980년대부터 주목을 받기 시작하였으며, 그에 대한 논의는 최근 들어 더욱 활기를 띠고 있다. 이는 자연스러운 현상이라고 말할 수 있다. 협동조합의 지배구조 문제는 정체성 약화와 밀접히 연관되어 있는데, 협동조합의 정체성 문제가 ICA 차원에서 공식적으로 제기된 것은 1980년이다. 그리고 2000년 전후에는 금융협동조합들의 주식회사 등으로 전환되는 경우가 많아지면서 지배구조 문제가 협동조합에 더욱 확산되었다.[1]

협동조합 진영에서 지배구조에 관한 관심이 확산된 이유를 Spear (2004)는 다음 네 가지로 정리한다. 첫째, 경영자의 과도한 권한과 보수, 부패, 어설픈 의사결정이다. 둘째, 소유자가 경영자를 통제할 수 있도록 하는 제도가 비효율적이고 장애가 된다는 우려이다. 셋째, 국제화와 국민국가의 상대적으로 허약한 규제력 때문에 경영자에 대한 몇몇 효율적인 규제가 필요하다. 넷째, 환경에 대한 관심과 공유재산에 대한 시장실패, 그리고 사회적 책무에 대한 증대하는 요구이다. 그러나 보다 중요한 문제는 협동조합이 투자자소유기업과의 차별성을 분명히 할 수 없게 되었다는 점이다.[2]

서민대중들이 협동조합을 필요로 하는 것은 그것이 자신들의 삶에 깃든 불확실성, 그리고 현실적 욕구와 필요에 대응해서 조직적으로 문제를 해결하기 위한 하나의 길을 보여주기 때문이다(신명호, 2004). 지역사회가 당면하고 있는 다양한 문제에 도전하기 위한 수단으로서도 의미가 있는데, 협동조합기본법이 제정된 이후 협동조합 설립을 활성화하기 위해 우리나라 지방정부가 많은 노력을 기울이는 것도 이 때문이다. 우리나라에서 협동조합의 지배구조(문제)에 대한 관심은 크지 않다. 그러나 협동조합의 안정적이고 지속적인 성장을 위해 지배구조 문제는 결코 간과할 수 없는 문제이다. 만약 지배구조 문제가 협동조합의 지역사회 관여에 부정적인 영향을 미쳐 협동조합이 지역사회의 안정적인 성장에 기여하지 못하게 한다면 더욱 그러하다. 이러한 점을 염두에 두면서 이 글은 외국에서 전개되고 있는 협동조합의 지배구조에 대한 논의를 검토하는 것을 목적으로 한다. 이를 위해 제2절에서는 협동조합 지배구조의 특징과 대리인 문제를 서술하며, 이어지는 제3절에서는 지배구조 문제에 대처하기 위해 필요하다고 제안된 대책들과 우리나라 금융협동조합의 현실을 살펴본다. 제4절은 이상의 논의를 요약하고 결론을 맺는다.

## 2. 협동조합 지배구조의 특징과 대리인 문제

### 2.1 지배구조의 특징

지배구조이론은 투자자소유기업에서 어떻게 하면 투자자인 주주의 권익을 제대로 보호할 것인가 하는 문제의식에서 출발하였다. 그것은 주주통제의 허구, 이사회에 의한 경영자 규제의 비효율성 등을 논의하면서 경영자 지배를 주장하는 Berle & Means의 1932년 저술(The Modern Corporation and Private Property, New York)에 기원을 두고 있다. 그들의 이론은 여러 학자들에 의해 계승되고 발전되었는데, 주요 이론에는 대리인이론, 거래비용이론, 사회적 책무이론(stewardship approach), 수탁자이론 등이 있다(Spear, 2004). 이 중 대리인이론과 거래비용이론은 지배구조이론의 주된 흐름을 이루는데, 그것은 소유와 경영이 분리된 상황에서 기업경영에 강력한 영향력을 행사하는 경영자 통제 문제에 관심을 기울인다. 기업소유권에 대한 유력한 개념들은 협동조합에 적용되지 않는다는 비판이 존재한다(Borgström, 2013). 그러나 협동조합의 지배구조를 분석하는 많은 논의는 이러한 이론에 기초하고 있다.

대리인이론에 의하면 협동조합의 지배구조는 비효율적이다. 조합원의 경영자에 대한 통제를 약화시키기 때문이다. 여기서는 다음 세 가지 관점에서 이 문제를 검토하기로 한다. 먼저 조합원과 경영자 통제의 문제이다. 대부분의 경우 협동조합의 조합원이 되기 위해서는 출자금을 납부한다. 그러나 조합원의 소유권은 크게 제한되어 있다. 협동조합 출자증서는 액면가격으로 협동조합하고만 거래될 수 있다(Gorton & Schmid, 1999). 이는 협동조합의 경영성과가 출자증서의 가격에 영향을 미치지 못하며[3], 조합원-소유자가 협동조합을 탈퇴해도 축적된 공동의 부에 대한 몫을 요구할 권리가 없다는 것을 의미한다(Davis, 2001). 이는 소유권거래시장이 없다는 것을 의미하기도 하는데, 1인 1표이기 때문에 주요 주주(block shareholders)가 없다는 점과 함께, 협동조합의 적대적 합병을 방지하는 역할을 한다(Gorton & Schmid, 1999 ; Davis, 2001). 다음으로 출자증서에 대한 배당이 낮다(Ory & Lemzeri, 2012). 협동조합은 배당을 제한하여 협동조합의 발전, 조합원의 사업이용실적에 비례한 편익 제공, 조합원의 동의를 얻은 활동의 지원 등을 위해 사용하는 것이 보통이다. 즉, 조합원의 주된 역할은 투자자가 아니며 따라서 배당률은 주어진 재산에 대한 보상이 아니다(Spear, 2004).

이렇게 보유하는 출자증서의 '가격'은 낮고, 배당률도 낮은 편이기 때문에 협동조합의 사업에 대한 조합원의 관심 부족이 초래되는데(Borgström, 2013), 이는 다음과 같은 주장으로 이어진다. 즉, 협동조합 조합원은 투자자소유기업의 주주에 비해 이사회 모임이나 투표에 참여하여 경영자에 대한 통제권을 행사하는 데 관심이 적다(Leggett & Strand, 2002). 또는 경영자들이 전혀 감시받지 않기 때문에 협동조합에는 사실상 주주가 없다(Gorton & Schmid, 1999). 결국 조합원의 제한된 소유권, 출자증서에 대한 낮은 배당, 그리고 협동조합의 성과와 약한 상호관계는 조합원의 경영자 통제유인을 약화시킨다(Ory & Lemzeri, 2012).

둘째, 이사회와 경영자 통제의 문제이다. 대리인이론에 따르면 주인이 효과적인 이사회를 선출하여 경영자를 통제하고, 보상체계를 설계하고, 대리인의 행동을 감시하지 않으면, 경영자는 책임을 회피하거나 기회주의적인 행동을 한다(Spear, 2004). 이렇게 이사회의 주요 기능은 경영자를 통제하는 것이지만 협동조합의 이사회는 전문성이 낮거나(Cornforth, 2004), 개인적인 관점에서 볼 때 관심이 적은 이사들로 구성된다고 여겨진다(Borgström, 2013). 이때 문제가 되는 것은 협동조합규모의 증대, 조직의 복잡성 및 그에 따른 전문가의 권한 강화이다.

1911년 협동조합 규모의 증대와 그에 따른 조직의 복잡성 증대가 초래하는 문제를 제기한 Michel에 의하면 사회적 경제의 경우 사회적·전문적 리더십이 조합원 간에 불공정하게 분배되어 있다. 그리고 민주적 조직의 규모와 복잡성이 증가하면 지도자와 경영자는 안정을 필요로 한다. 그 결과 분업이 진전되고 조직이 확장되면 전문적인 경영자가 요청되고, 그에게 의사결정권한이 축적된다.[4] 저명한 국제적인 협동조합운동가인 Itkonen도 이러한 주장에 동의하는데, 그는 이렇게 말한다. 협동조합의 권한과 의사결정은 극소수의 사람들에게 집중되어 있다. 법이 정한 이사회는 존재하지만 그들은 과거의 성과를 검토하고 경영자결정을 승인하기 위해 존재한다. 그들은 경영자의 정책과 전략에 대해 이의를 제기하지 않는다(Cornforth(2004)에서 재인용).

이사회에 의한 경영자 통제문제는 조합원의 낮은 참여에 의해서도 야기된다. Spear(2004)가 말하듯이 이사회를 선출하기 위한 조합원의 투표율이 낮으면 이사회의 합법성과 신뢰가 떨어진다. 그리고 동일한 사회 혹은 문화집단, 고소득 및 고등교육 집단, 지역유지가 지배하면서 이사회의 신뢰와 합법성은 더욱 떨어진다. 선출된 이사들의 태도도 문제가 되는데, 영국협동조합위원회의 2001년 보고서는 이사들이 조합원의 이익이 아니라 조직의 경쟁력과 성공을 위해 봉사한다고 지적한다.[5] 결국 "소유자 대표자들이 통제에 관심이 없으면, 최고경영자와 경영자의 역할은 자신의 이해관계로 권력의 공백을 메운다고 여겨진다."(Borgström, 2013)[6]

셋째, 기업 외부의 규율문제이다. 이때 중시되는 점은 출자증서가 상장되지 않아 금융시장(특히 기업통제권시장)을 통한 규율이나 인수위험이 없다는 점과 조합원 권리를 보호하기 위한 법률이 미비하다(Ory & Lemzeri, 2012 ; Spears, 2004 ; Cornforth, 2004 ; Leggett & Strand, 2002)는 점이다. 바꾸어 말하자면 협동조합의 출자증서를 위한 시장이 없기 때문에 모든 것은 협동조합의 이사회나 총회에 귀착되는데, 그것들이 비효율적이라는 것이다(Borgström, 2013).

## 2.2 지배구조의 문제들

협동조합의 지배구조, 특히 경영자에 대한 약화된 통제는 여러 가지 문제를 낳는다. 경영자의 자의적인 의사결정권, 투자선택에서의 기회주의와 그에 따른 자원 낭비, 과잉인력에 따른 낮은 생산성, 비용과 경비절감을 위한 유인결여 등이 그것으로 이러한 문제들은 결국 협동조합이 효율적으로 경쟁할 수 없도록 하여 조직적 비효율성과 취약성을 낳는다(Ory & Lemzeri(2012)). 이하에서는 이러한 문제를 중심으로 지배구조의 문제점들을 살펴보기로 한다.

Syrjä, et al.(2012)은 "협동조합의 경우 대리인인 경영자가 전통적인 기업의 경영자보다 더 많은 행동의 자유를 누리고 있으며, 조합원의 이익을 위해 성과를 내라는 압력은 덜 받는다"고 말하는데, 많은 사람들은 협동조합에서 경영자의 권력은 투자자소유기업보다 더 강하다는 데 동의한다(Spear, 2004 ; Spear, 2004 ; Davis, 2001).

대리인 문제와 관련하여 가장 흔히 논의되는 것은 참호파기이다. 즉, 경영자가 기회주의적인 행동을 통해 주인의 이해관계를 희생시키고 자신의 이익을 극대화하는 데 관심을 가진다는 것이다. 이 문제는 최근 들어 행동주의적 전제에 입각하여 경영자자본(managerial capital)이라는 개념으로 논의되고 있다. 경영자가 경영자자본을 극대화하려 한다는 것인데 그것은 다음 요인들의 합이다. 일자리의 안정성, 승진기회, 그리고/또는 새로운 직위에 대한 기회, 소득, 세력권(자신과 가까운 사람들을 위해 일자리를 발견하고 승진시킬 능력)을 확대하는 것. 더불어 회사 내에서 행동의 자유, 그들의 승진, 그리고 평판(권위) 등을 극대화하는 것이 그것이다(Chaves & Sajardo-Moreno, 2004).

경영자자본에 대해 설명하면서 Chaves & Sajardo-Moreno(2004)는 사회적 기업 경영자는 한편으로는 경제적 대리인으로서 금융적 관심이 있고, 다른 한편으로는 그들의 경영자 문화가 있다고 말한다. 여기서 금융적 관심은 경영자자본을 가리킨다. 경영자 문화란 신념 및 개념을 가치체계 및 경영양식과 합치시킨다는 의미를 지니고 있으며, 그것은 경영자행위의 인지적 기초를 이룬다. 그들은 사회적 경제의 경영자는 경영대학(business school) 출신 경영자와는 다른 특성을 지니고 있다고 말한다.[7] 그렇지만 그들도 사회적 경제 경영자가 대리인 비용을 야기한다는 점을 부정하지는 않는데, 이에 사회적 경제가 정체성을 간직하기 위해서는 경영자의 적절한 행동의 자유를 정의해야 한다고 주장한다.

그리고 그들은 사회적 기업에서 기업지배는 민주적 의사결정원칙에 기초하는데, 사회적 기업에서 경영자 지배를 주장하는 경영자이론 또는 내부적 통제는 민주주의의 퇴보를 의미한다고 주장한다. 그것은 소수경영자에게 혜택을 주는 것을 의미하기 때문이다. 보다 포괄적으로 말하자면 이것은 협동조합이 직원을 위한 협동조합으로 될 수 있다는 것을 의미한다. 이와 관련하여 여기서는 집단적 사고(group thinking)에 관한 Cornée의 설명을 인용해두고자 한다. "비효율적인 조직적 통제의 맥락에서, 집단적 사고는 특정 범주의 이해관계자들(예컨대 대출직원들)이 자신들의 결정을 조직의 임무 및 목적과 별개로 합리화할 때 발생한다. 집단적인 사고를 하는 직원들에게 부여된 경영상의 재량권은 조직에 해를 끼치기 때문에, 이러한 상황은 잠재적으로 대리인 문제를 초래한다. 그들은 조직에 이롭고, 창조적이고, 혁신적인 업무를 채택하기보다는 자신의 이익을 추구한다. 이러한 이유들 때문에 보다 많은 권한이 현장직원에게 부여될 때 은행은 대출담당직원과 그들의 개인적인 포트폴리오를 감시하기 위해 자원을 지출한다."(Cornée, 2014) 이 지적은 대리인 문제를 완화하기 위해 임직원이 협동조합의 가치와 원칙을 존중하도록 교육할 필요가 있다는 것을 함의한다.

협동조합 경영자에는 한계도 존재한다. 성장과 이윤처럼 경영자가 극대화하도록 훈련된 전통적인 성과지표와 조합원에 연계된 성과지표 간의 불협화음이 그것이다(Spear, 2004). 그럼에도 불구하고 대리인 비용의 존재는 협동조합의 경영성과에 부정적인 영향을 미칠 수 있다. 좋은 경영자가 있으면 성과에 영향을 미치지 않는다. 그러나 무능한 경영자는 적은 노력, 적은 갈등, 보다 많은 보상을 위한 기회로 이용한다. 그리고 성과에도 나쁜 영향을 줄 수 있다고 말하면서 Spears(2004)는 "나쁜 지배구조는 소비자협동조합의 전반적인 쇠퇴에 기여했다"고 주장한다. 협동조합과 유한책임회사의 경영성과를 비교분석한 후 Syrjä, et al.(2012)도 대리인 문제가 존재하기 때문에 협동조합의 성과가 유한책임회사보다 나쁘다고 말한다.

## 3. 대리인 문제 해결을 위한 대책, 그리고 한국의 금융협동조합

지배구조 문제가 제기되는 것은 협동조합에는 치명적이라고 말할 수 있다. 그것은 정체성 상실을 의미하기 때문이다. Desrochers & Fischer(2005)는 금융협동조합에 대리인 문제가 존재한다고 말하는데, 은행그룹으로 변모해가는 금융협동조합에 대해 일부에서는 협동조합 사업모델이 모호하고 시대에 뒤떨어졌으며, 나아가 자본주의에 항복하

였다고 비판한다(Groeneveld, 2014).[8]

협동조합의 대리인 문제에 대해 말하면서 Oczkowski 등은 협동조합의 가치와 원칙은 협동조합조직이론과 경영이론을 발전시키기 위한 출발점이라고 말하는데, "원칙들은 협동조합운용의 필수요소"(Oczkowski et al., 2013)이기 때문이다.[9] 이러한 견해는 협동조합이 자본주의적 운용원칙을 채택하면서 자신의 고유원칙이 희생되었다(Puusa et al., 2013)고 평가한다. 협동조합 지배구조 문제에 대한 이러한 인식은 문제의 해결책 제시에도 반영되는데, 대책은 협동조합 원칙을 중심으로 제시된다. 여기서는 제시된 대책들을 검토하면서 이러한 대책들에 비추어 볼 때 한국 금융협동조합의 현실은 어떤지 살펴보기로 한다.

### 3.1 조합원의 참여(의식) 제고

협동조합의 대리인 문제와 관련하여 가장 중시되는 문제의 하나는 조합원의 참여 부진이다.[10] 협동조합의 대리인 문제를 야기하는 주요 요인으로 참여, 민주주의, 민주적 관리와 같은 원칙의 훼손이 있는데, 이러한 문제의 저변에는 조합원의 참여 부진이 있다. 1995년 ICA가 정체성 선언을 할 때 가장 우려하였던 것도 성장을 위해 외부자본에 의존하면서 조합원의 통제와 참여가 배제될 수 있다는 점이었다.

조합원들은 그들이 수취하는 조합원혜택에 만족하지 말고 경영자의 의사결정에 영향을 미칠 권리가 있다는 것을 기억해야 한다고 말하면서 Syrjä 등은 참여제고 및 그를 통한 조합원 민주주의 실현의 중요성을 이렇게 강조한다. "이렇게 증대된 조합원 권한은 경영자의 대리인 비용과 기회주의적 행위를 억제할 가장 중요한 방법 중 하나이다. 이에 우리는 앞으로 조합원 민주주의를 보다 효율화하는 데 주목해야 한다."
(Syrjä, et al., 2012)

조합원 민주주의를 회복하고 강력한 조합원 지위를 구축하기 위해서는 조합원의 참여유인이 중요하다고 생각하는 Birchall & Simmons (2004)는 상호유인이론(Mutual Incentives Theory)에 의거하여 영국 협동조합 조합원의 참여유인을 분석한다. 그들은 협동조합 조합원에게 참여유인을 제공하는 주된 기제가 집단적 유인이라고 주장하면서 공유목표, 공유가치와 공동체 의식이 조합원의 참여를 이끄는 주요 요인이라고 말한다.[11] 따라서 조합원의 참여를 촉진하고 조합민주주의를 제고하기 위해서는 공유목표, 공유가치, 공동체 의식을 강조할 필요가 있다. 이는 협동조합교육은 개인적 혜택을 강조하기보다는 사회적 가치, 이념적 가치에 중점을 둘 필요가 있다는 것을 의미한다.

Jussila & Tuominen(2010)는 소유자로서의 의식이 약하기 때문에 조합원의 참여가 부족하다고 말하면서 어떻게 하면 이를 강화할 것인지 논의하고 있다.[12] 많은 학자들은 고객의 역할과 소유자 역할의 결합은 고객과 협동조합 간의 친밀한 관계, 즉 특별한 협동조합적 연계를 발전시킨다고 말한다.[13] 또는 특수한 관계는 협동조합의 경쟁적 이점의 원천이라고 주장한다. 그러나 그들에 의하면 강한 연계의 의미는 명백하지 않은데, 그 이유를 그들은 심리적 소유권(psychological ownership)이 강하지 않다는 점에서 찾는다.[14] 그들은 심리적 소유를 위한 동기에는 효력과 효능(efficacy and effectance), 자기 정체성(self-identity), 장소를 가지는 것(having a place), 자극(stimulation) 등이 있으며, 경영자는 조합원의 심리적 소유권을 개발해야 한다고 말한다. 이를 위해 경영자는 조합원이 영향력을 행사하고 통제력을 가질 수 있게 새로운 방법을 개발해야 하고, 협동조합의 질적인 특성을 알게 할 효율적인 방법을 제공해야 하며, 조합원이 조합에 에너지, 지혜, 노하우를 투자하도록 추가적인 방법과 모임을 소개해야 한다.

Borgström(2013)도 조합원의 참여를 활성화하고 이를 통해 성공적인 협동조합의 지배구조를 만들기 위해서는 조합원의 소유권 의식을 제고해야 한다고 주장한다.[15] 그에 따르면 소유권이 결합적(associational)이면 심리적인 소유권 동기부여(psychological ownership motivation)가 작동하며, 조합원이 협동조합이 자기들 것이라고 느끼면 그들은 자신들의 목소리를 내도록 동기가 부여된다. 소유권 의식을 가진 경영자도 기여하는 지배인이 된다고 말하면서 그는 소유권 의식의 중요성을 이렇게 강조한다. "기업으로서 협동조합의 성공과 미래를 확고히 하는 것은 심리적인 소유권이다."(Borgström, 2013) 이때 그는 다음 두 가지에 주목한다. 하나는 협동조합 조합원과 투자자소유기업의 주주가 다르고[16], 다른 하나는 "조합원의 협동조합에 대한 사회적이고 심리적인 애착은 협동조합의 기본원칙들 — 협동조합이 하는 모든 것은 직접적으로나 간접적으로 조합원 촉진을 향해 나아간다 — 에 의하여 조장된다"는 것이다.

조합원의 소유권 의식을 강화해야 한다는 주장이 제기되고 있지만 이는 쉽지 않은 과제이다. 핀란드 소비자협동조합인 S group 조합원을 대상으로 설문조사한 결과를 발표한 Jussila et al.(2012)에 따르면 조합원 가운데 기업을 소유하고 있는 소유자라고 생각하는 사람은 거의 없다. 그들은 1인 1표 하에서 소유자의 힘이 무력하기 때문이라는 주장에 동의하지 않으며, 조합원이 자신을 고객으로서만 인식하는 이유는 투자자소유모델이 조합원의 사고를 지배하기 때문이라고 주장한다. 즉,

조합원들이 자신을 단순한 주주로 간주하며, 주인으로 생각하지는 않는다는 것이다. 이는 자본주의 사회에서 조합원의 소유권 의식을 강화하여 조합경영에 적극 참여하도록 하는 것이 만만치 않은 일이라는 것을 잘 보여준다.

조합원의 참여와 관련하여 중시되는 또 다른 문제는 정보의 제공이다. 경영자 권한의 원천은 기업의 전략적 정보에 대한 통제력에 있다. 그런데 정보를 장악하고 있는 경영자들은 무슨 정보를 알려줄 것인가, 어디에 그 정보를 줄 것인가, 그리고 언제 알려줄 것인가를 선택할 수 있다(Chaves & Sajardo-Moreno, 2004). 경영자에 의한 정보통제력은 조합이 채택하는 경영모델에 의해 강화되는데, 특히 "투명성 모델과 CSR모델에서는 자신들의 이해관계와 (자신들의 필요와 도전을 충족시키기 위한) 선호하는 전략을 정의함에 있어 이해관계자라는 투입요소는 무시된다."(Giagnocavo et al., 2012. ( )는 인용자가 삽입). 이는 투자자소유기업모델에 의존하여 조합의 경영이 이루어지면 핵심 이해관계자인 조합원을 사실상 무시하게 된다는, 그리하여 조합원 참여가 제한되게 된다는 경고이다.

이상으로부터 우리는 조합원의 참여를 또는 참여 의지를 제고하는 일이 용이하지 않다는 것을 알 수 있다. 그러나 Borgström(2013)의 논의로부터 우리는 조합원의 참여를 증진시키고 조합민주주의를 실현하기 위해서는 협동조합 원칙을 지키기 위한 조합과 조합원의 노력이 필요하다는 것을 확인할 수 있다. Borgström은 소유권 의식의 중요성을 강조하면서 덴마크의 생산자협동조합과 핀란드의 임업협동조합의 사례를 들고 있다. 이들 조합은 규모가 크다. 그러나 협동조합과의 거래가 조합원 경제를 위해 실질적인 역할을 하므로 조합원의 관심이 존재한다. 다음으로 이들은 전국적인 수준에서 조직된 대규모 조합이지만 모든 조합원이 자신의 목소리를 낼 수 있도록 민주주의가 보장되어 있으며, 지배구조에 참여하는 모든 활동적인 조합원은 협동조합의 성공을 위해 중요한 과업을 수행하고 있다. 그리고 선출된 비상임이사(non-executive members)와 경영자를 위한 지방 및 지역(local and regional) 수준의 회의가 연간 수백 건씩 개최되고 있다. 이는 협동조합 민주주의는 대규모 투명성에 의해 충족되고 있으며, 의사결정은 광범위한 기반 위에서 이루어진다는 것을 보여준다. 여기서 우리는 소유자로서의 역할이 조합원의 활동에 의해 보장된다는 것을 알 수 있다.

한국 금융협동조합의 조합원 참여는 매우 부진하며, 민주적 관리도 거의 이루어지지 않고 있다. 신협중앙회는 조합원의 참여를 강조하고 있다. 1991년도에 발간된 『신협운동 30년사』에서 신협중앙회는 조직전략의 차원에서 조합원 참여제고 필요성을 설명하고 있다. 즉, 신협중앙회는 조합원이 주인이고 조합경영에 책임이 있다는 것을 실행하는 것이 중요하므로 "조합운영에 있어 조합원의 직접참여의 폭을" 넓혀야 한다고 말한다. "그러나 이것은 의사결정과정에 직접 개입할 수 있는 장치를 만드는 것을 의미하는 것이 아니라"고 주장한다(신협중앙회, 1991 : 752-3).

이렇게 신협중앙회는 조합원 참여의 의미를 왜곡하고 있는데, 이는 2000년대 들어서도 계속되고 있다. 참조합원 제도는 이를 잘 보여준다. 신협중앙회는 이렇게 말한다. "2005년 4월 신협은 안정성장 기반 구축을 위한 경쟁력 강화 방안의 하나로 참조합원 제도를 도입하여 시행했다. … 참조합원 제도는 거래기여도가 높은 우수조합원을 '참조합원'으로 선정하여 이들에게 우대금리 적용과 각종 수수료 면제 등의 혜택을 주는 제도로, 신협을 단순한 금융기관으로 인식해온 조합원에게 신협 주거래화를 유도하는 것이 주된 목적이다."(신협중앙회, 2011 : 299)

새마을금고의 운영은 7대 기초원칙과 8대 지도원칙에 기초하고 있다. 8대 지도원칙에는 자치의 원칙이 들어 있으며, 세부사항의 하나로 임원에 의한 운영을 규정하고 있는데, 그것은 "새마을금고는 회원이 선출한 임원에 의하여 운영되어야 한다"(황두영, 1990 : 40)고 말하고 있다. 그러나 회원참여나 민주적 관리에 대한 규정은 없다.

회원참여와 민주적 관리에 대한 새마을금고의 최근 생각을 알 수는 없다. 그러나 비이자수익을 확대하기 위한 백승대(2008)의 제언에서 어느 정도 짐작할 수 있다. 그는 비이자수익을 극대화하기 위한 전략으로 회원으로 하여금 새마을금고를 주거래은행으로 만들고 이들을 주거래 고객으로 할 것을 제안한다. 그리고 이를 추진하기 위한 방안 두 가지를 제안한다. "첫째는 회원의 수를 확대하거나 기존 회원의 출자액을 높임으로써 자연스럽게 충성고객으로 유도, 두 번째는 기존 고객(회원) 중 높은 수익을 제공해주거나 줄 것으로 기대되는 기존 고객을 보다 확실한 충성고객으로 만드는 것이다."(백승대, 2008) 이렇게 새마을금고도 신협의 자세와 크게 다르지 않은 것으로 보인다.

그런데 출자금의 증액과 관련해서는 한 가지 부연해둘 필요가 있다. 회원참여를 제고하기 위해 출자금을 높여야 한다는 백승대(2008)의 주장은, 비록 회원참여가 의미하는 바가 정확히 일치한다고 말할 수는 없지만[17], 출자금의 증가는 조합원의 조합에 대한 적극적인 참여를 유도하고 공동유대를 강화하는 데 기여할 수 있다는 전철환(1990)과 조복현(2010)의 생각과 유사하다. 그러나 출자금의 증대가 회원의 참여나 회원의 충성도를 높이는 데 중요한 역할을 하지는 않는다. 조합원이 상호필요를 충족시키기 위해 조합을 결성한다는 공유목표를 가지지 않고 민주적 관리를 위해 적극 참여하지 않는 상태에서 출자금(및 그것의 증액)은 비과세 예금과 마찬가지로 순전히 경제적 동기에 의해 이루어질 수 있기 때문이다.

Birchall & Simmons(2004)는 조합원 참여를 이끄는 주요 요인 중 하나로 공동체 의식을 강조한다. 공동체가 중요하다고 또는 협동조합은 이완된 공동체를 복원하기 위해 노력해야 한다고 생각하였기 때문에 협동조합운동은 초기부터 지역사회건설을 지향하였다(Madane, 2006). 바꾸어 말하자면 "지역사회와의 연계는 국제 협동조합운동 역사에서 근본적인 차원"(Macpherson, 2012)인데, ICA가 정체성 선언을 하면서 지역사회 관여를 협동조합 원칙에 추가한 것은 지역사회와의 연계를 소홀히 하면서 협동조합의 정체성이 위기에 처하게 되었기 때문이다. 이러한 사정은 정체성 위기에 처한 협동조합을 위한 제언에서 협동조합이 가난한 사람들의 생활안정에 기여할 수 있으려면 지역사회 속에 동화되어 (또는 지역사회에 밀착하여) 이완되는 공동유대를 복원하도록 노력해야 한다(Laidlaw, 1980 : 121)는 주장에 잘 나타나 있다.

우리는 급속히 진행된 산업화가 지역공동체를 이완시킨 것을 부인할 수 없다. 그리고 우리나라 금융협동조합이 이를 복원하기 위해 노력하지 않았다는 것도 부인할 수 없다. 1970년대 후반 새마을금고의 부실화가 사회문제로 대두되었다. 이에 1978년 4월 17일부터 5월 25일까지 마을금고에 대한 정부부처의 합동조사가 시행되었다. 합동조사 결과 제기된 문제점은 두 가지로 요약할 수 있는데, 하나는 경영의 전문성 부족이고, 다른 하나는 공동체의 붕괴이다. 후자에 대해 새마을금고중앙회는 이렇게 말한다. "도시마을금고는 회원 상호 간의 공동유대 의식이 결여되어 있다. 공동유대 의식의 결핍은 마을금고 존립 의미의 상실을 의미한다. 본연의 기능을 상실할 경우에는 마을금고 임원의 탈선과 방종을 유발하고 소수에 의한 독점적 운영의 위험성이 있다. 즉 영리적 자본단체화할 우려가 있다."(새마을금고중앙회, 2013 : 183) 이러한 문제점에도 불구하고 새마을금고는 이후에도 지역공동체를 건설하기 위한 특별한 노력을 기울이지 않았다. 오히려 경영정상화를 기한다는 명목으로 새마을금고의 공동유대를 확대하는 데 치중해왔다.

새마을금고보다 조금 뒤에 드러났지만 신협도 예외는 아니었다. 개별조합의 사고가 세상에 알려진 후 신협도 새마을금고와 마찬가지로 정부의 강력한 규제를 받게 되었다. 그러나 그들은 엄격한 규제가 경쟁력을 저해한다고 주장하면서 공동유대의 확대, 조합 간 합병할 때 공동유대의 범위제한 완화, 지사무소 설치제한 완화, 동일인 대출한도 확대 등을 지속적으로 요구하였다.[18] 그런데 신협중앙회는 한걸음 더 나아가 공동체의 유효성을 부정한다. 1996년에 작성한 보고서 「신용협동조합의 합병방안연구」에서 신협중앙회는 효율적인 경영을 위해 합병을 통해 규모의 경제를 실현하고 대외경쟁력을 강화해야 한다고 주장하였다. 이때 그들이 내세운 논리는 자본주의 발전과 개인주의의 확대로 인적단체로서의 조직력이 약화되어 지금까지의 이념과 정신만으로는 발전에 한계가 있다는 것이었다.

지역공동체는 지역사회개발에 적극 관여하는 가운데 건설될 수 있다. 그리고 지역공동체를 건설하기 위한 노력을 게을리해서는 안 된다. 우리나라 금융협동조합은 문진수(2013)의 다음과 같은 지적에 귀 기울일 필요가 있다. "… 현재 신협이 지속가능한 발전을 도모할 수 있는 가장 확실한 길은 은행 등 대형금융기관과의 경쟁에서 살아남을 수 있는 전략을 수립하는 것이 아니라 지역공동체 안에서 튼튼하게 뿌리를 내리는 것"이다.

한편 사회적 은행이 중시하는 가치 중 하나인 투명성은 지배구조 문제를 논의할 때 중요한 의미를 지닌다. 그들의 논의에 따르면 조합원의 참여와 민주적 관리는 투명성을 중시하는 과정에서, 또는 사회적 은행이 스스로 내세우는 가치를 실현하기 위해 노력한다는 것을 보여주는 과정에서, 자연스럽게 이루어진다. 투명성은 사회적 은행의 경영자가 은행이 존중하는 가치를 지키기 위해 노력한다는 것을 조합원=예금자에게 보여주면서 예금자의 은행경영에의 참여와 민주적 관리가 이루어지도록 하는 효과를 가지기 때문이다.[19] 그러나 우리나라 금융협동조합은 투명성을 통해 조합원의 참여를 유도하는 데는 많은 한계가 있다. 자산을 운용할 때 그것이 지향하는 가치를 실현한다는 의식이 거의 없기 때문이다. 예컨대 그것은 저소득계층의 생활을 안정시키기 위해 눈에 띄는 노력을 하지는 않는다. 그리고 자산은 주로 거액담보부대출의 형태를 띠고 있다. 한국 신협의 성장을 견인하는 요인을 분석한 제3부 제8장에 의하면, 비과세 예금제도를 통해 동원한 자금을 거액의 부동산담보대출로 운용하는 것 자체가 한국 신협의 성장을 이끌고 있다. 이러한 자산운용은 조합원경제에 결코 의미 있는 영향을 줄 수 없다.

### 3.2 협동조합의 대형화

Spears(2004)는 경영자를 규제하기 위해서는 적절한 감시를 위한 노력이 요청된다고 말한다. 그러나 조합원과 경영자를 규제할 임무를 부여받은 이사회 모두 문제가 있다. 먼저 대부분의 협동조합에서 조합원의 1~5%만 이사투표에 참여하는데, 조합원 규모가 커지면 투표참여율이 낮아지는 규모의 효과도 나타난다. 그 결과 규모가 커지고 설립된 지 오래될수록 활동적인 조합원과 민주주의가 쇠퇴하게 된다. 특히 "통제하는 데 정보가 불가결하지만 조합원은 시간의 흐름과 함께 조직, 이사회, 그리고 경영자와 편안한 관계에 빠져든다. 그 결과 감시나 통제가 불필요하다고 생각한다. 그리고 정보가 배분되기보다는 이용가능하게 된다." 그리고 조합원은 "감시와 통제에 참여하지 않은 채 고객혜택(배당금과 같은)에 참여한다는 경제적 측면에 더욱 제한된 기대를 가진다."(이상 Spears, 2004)

그리하여 협동조합이 성장함에 따라 조합원들은 통제권을 선출된 이사들에게, 그리고 사업운영은 경영자들에게 양도하게 된다(Birchall & Simmons, 2004). 그러나 이사도 전문성이 부족할 뿐 아니라, 경영자의 정책과 전략에 이의를 제기하지 않고 경영자결정을 승인하기 위해 존재하게 된다(Cornforth, 2004).

규모의 증가는 공동유대의 확대에 의해 더욱 조장된다. 그런데 공동유대가 확대되면 조합원의 수가 더욱 증가하면서 경영자의 권력은 더욱 커지게 된다. 미국 신용조합의 사례를 분석하면서 Leggett & Strand(2002)는 경영자 유인과 공동유대 확대에 의해 촉진된 조합의 성장(자산, 조합원 수, 대출자산규모) 사이에 강한 상관관계가 존재한다고 주장한다. 그들은 자신들의 분석 결과를 이렇게 요약한다. "공동유대의 제약완화는 경영자와 조합원 간 관계를 단절시킨다. 결과 동기의 일탈을 촉진하여 대리인 문제를 야기할 여지가 증가한다."(Leggett & Strand, 2002)

이렇게 하여 규모가 커지면서 경영자 권한이 증가하고 지배하게 되는데, 경제적 목표가 협동조합의 사회적 목표와 경영목표를 지배하면 더욱 그렇게 된다. 조합원의 무관심이 증대되고 이념적 동기부여가 감소하기 때문이다. 이는 조합원의 목표변화를 함의한다. 회사형성을 지지하는 고유가치가 감소하고 조합원이 보다 경제적으로 동기부여되기 때문이다(Chaves & Sajardo-Moreno, 2004).

Giagnocavo et al.(2012)는 규모의 확대 → 대리인 문제 발생 → 민주주의의 퇴보로 이어진다는 주장에 반대한다. 규모의 성장에 따라 정체성이 위협받는다는 주장도 받아들이지 않는데, 이때 그들은 지역사회 관여문제를 중시한다. 즉, 사회적 목표와 경제적 목표의 균형이 문제라는 것이다. 조합원이 경제적으로 동기부여되는 것이 규모의 성장 때문이라고 단언할 수는 없다. 그러나 우리는 규모의 확대와 함께 협동조합의 가치가 훼손되면서 조합원이 경제적 혜택에 관심이 쏠리고 있다는 사실을 부정할 수 없을 것이다. 우리나라 신협에도 대리인 문제가 존재한다(제3부 제10장). 최근 우리나라 금융협동조합은 구조조정을 하면서 지속적으로 대형화를 추진하고 있다. 대리인 문제를 완화하기 위해서는 대형화 문제와 함께 조합원의 참여 문제에 관심을 기울여야 할 것이다.

### 3.3 교육의 중요성

Oczkowski et al.(2013)는 협동조합 원칙의 준수와 관련하여 이사의 교육을 중시하는데, 대리인 문제에 대해서도 동일한 주장을 할 수 있다. 이사에 대한 교육의 필요성과 관련하여 그들은 다음 두 가지를 강조한다. 하나는 협동조합이사들은 협동조합의 운영문화에 책임을 져야 하며, 이 문화는 협동조합간부와 조합원에게 전파된다. 다른 하나는 협동조합이사회의 중요한 역할은 원칙을 따르고, 받아들이고, 교육하고, 사랑하는지 확인하는 것이다. 그러나 경영자에 대한 교육도 이에 못지않게 중요하다. 경영자가 조합원 목표와 협동조합 정신(ethos)에 대해 공감하는 경우 경영자의 동기와 이념적 헌신이 균형을 이룰 수 있기 때문이다(Spears, 2004). Chaves & Sajardo-Moreno(2004)는 참호파기 문제와 그에 따른 사회적 정체성 약화문제에 대응함에 있어 경영자문화가 의미가 있다고 말하는데, 이것도 또한 경영자교육의 중요성을 말하는 것이다. 집단적 사고를 하는 직원들이 대리인 문제를 야기한다는 Cornée(2014)도 대리인 문제를 완화하기 위해 임직원에 대한 교육이 필요하다고 주장한다.[20] 교육의 필요성에 대한 이상의 논의 대부분은 협동조합의 사회적 가치, 이념적 가치에 대한 교육을 중시한다.

한편 이사회 구성원의 민주성과 전문성을 동시에 확보하는 방안을 제시하는 Cornforth(2004)는 다음 두 가지를 강조한다. 첫째, 이사가 되려는 조합원의 질을 개선하는 것과 현재 및 잠재적인 이사들이 이용할 수 있는 훈련과 지원(training and support)의 질을 개선하는 것이다. 그에 따르면 노르웨이 소비자협동조합에서는 잠재적인 이사에게 훈련을 제공하고 있는데, 그 조합은 조합원의 1%를 자질과 능력을 갖춘 이사로 훈련시킨다는 목표를 설정해두고 있다. 그리고 선거관리위원회가 잠재적 (이사)지원자를 선정하는 제도를 도입하여 이사가 되려는 조합원의 질을 개선하기 위해 노력한다. 둘째, 능력과 경험이 있는 사람을 조합원으로 만든 후 그를 이사로 선임하는 것이다. 영국 농협은 이 제도를 활용하고 있다. 이와는 별개로 조합원의 참여를 촉진하기 위해 보다 많은 조합원을 이사로 선출해야 한다고 주장도 있다(Oczkowski et al., 2013).

협동조합을 중심으로 지역공동체를 건설하려면 조합원과 지역주민들이 어떤 특별한 가치를 공유할 수 있어야 한다. 또는 협동조합 조직이 "가치를 위한 도구"(Böök, 1992 : 44)가 될 수 있어야 한다. 협동조합의 가치를 기본적 가치, 윤리적 가치, 기본적 원칙으로 나누어 정의한 후 Böök는 이들 가치와 원칙이 "협동조합의 형태와 구조에 가치를 투입"(Böök, 1992 : 47)하며, 동시에 가치는 사회와 인간집단의 근본적인 신념을 형성한다고 말한다. 이렇게 보면 협동조합의 조합원은 협동조합이 지향하는 가치를 신봉하고 이를 실천하기 위해 노력하는 사람들이라 말할 수 있다.

한편 조합원들이 공유하는 가치와 신념은 현재 자신이 당면하고 있는 어려움을 극복하고 개선할 수 있다는 연대의 가치를 확인할 수 있을 때 확고해지며, 이는 조합원 간 신뢰구축으로 나아간다. 즉, 연대의 가치를 확인할 수 있을 때 신뢰 관계는 응집력을 가질 수 있으며, 이 응집력은 협동조합의 설립을 가능케 하고 지속시키는 원동력이 된다.

새마을금고 사고를 조사한 후 정부는 사고원인의 하나로 새마을금고 지도자들에 대한 교육이 충분하지 못했고 협동조합 정신도 체득하지 못했다고 지적하였다.[21] 이는 새마을금고 설립에 치중한 결과 협동조합 정신을 실현할 자질과 능력이 없는 사람까지 지도자로 행세하게 되었다는 것을 의미한다. 한편 신협의 사고내용을 분석하면서 신협중앙회는 임직원의 신협정신 결여, 조합원의 주인의식 결핍 등을 사고의 가장 중요한 요인으로 꼽고 있다.[22] 우리는 오늘날에도 우리나라 금융협동조합의 조합원이나 임직원들이 협동조합 정신에 투철하다는 인정을 받지 못하고 있다는 것을 부인할 수 없다.

협동조합의 가치는 끊임없는 교육을 통해 확인되고 강화되어야 한다. 협동조합의 지역사회 관여원칙을 설명하면서 Macpherson(2012)은 조합원의 사전교육과 협상의 중요성을 매우 강조한다. 인용하자면 다음과 같다. 현실에서 우리 모두는 혼합된 정체성을 가지고 있으며, 협동조합의 조합원이 되고자 하는 사람에게도 많은 정체성이 혼합되어 있다. 이렇게 협동조합은 많은 정체성을 지닌 사람들이 만나는 곳이므로, 조합원이 되고자 하는 사람들의 협동조합과 그것의 운동에 대한 관심에 적절히 대응할 수 있어야 한다. 즉, 그들에게 협동조합과 협동조합운동에 대해 사전교육이 제공되어야 한다. 만약 사전교육이 충분히 이루어지지 않는다면 조합원은 자신이 가입한 조직의 독특한 특성을 제대로 이해하지 못하고, 협동조합은 자신의 정체성을 심화시킬 가능성을 충분히 탐색하지 못하게 된다.

그런데 현실적으로 조합원에 대한 교육은 충분히 이루어지지 않고 있다. 이에 Macpherson은 협동조합은 조합원들의 모든 정체성이 협동조합 내에 자리 잡을 수 있도록 "하나 이상의 사업 활동을 운영하는 조직의 맥락 속에서 합리적이고 책임 있게 대응하도록 협상"해야 한다고 말한다. 협상은 결코 쉽지 않은 일이다. 그러나 "조합원의 자기 지역사회에 대한 반응은 그 협동조합의 운명을 결정하는 데 매우 중요하며, 심지어 결정적이기까지 하다." 이에 지역사회에 지속적으로 관여할 수 있으려면 협동조합은 지속적으로 조합원과 합리적이고 책임 있게 협상해야 한다.[23] 지역사회 관여라는 원칙을 설명하면서 타인에 대한 배려라는 협동조합의 윤리적 가치가 언급되는 것도 이러한 맥락에서 이해할 수 있다.[24] 그런데 우리나라 금융협동조합은 조합원 교육을 소홀히

하고 있다.[25]

임직원에 대한 교육도 문제가 있다. ICA는 협동조합의 요구에 맞는 교육 및 훈련 프로그램이 부족한 상태에서 주류 경영기법에 의존하고 있다는 우려를 제기하고 있다(Borzaga & Galera, 2012). 금융협동조합의 경우 금융업에 중점을 두며, 특히 사회적 기능이 취약하기 때문에 이러한 문제에서 비켜날 수 없다. Stiglitz의 다음 지적에 주목할 필요가 있다. "자본주의 기업을 위해 설계된 조직모형과 경영규칙을 단순히 협동조합에 이식하는 데 그친다면, 결국 협동조합의 정체성을 갉아먹고 종래에는 협동조합의 소멸을 자초하게 될 것이다."(Zamagni & Zamagni, 2009 : 71에서 재인용). 우리나라 금융협동조합의 임직원 교육은 금융업무의 전문성을 제고하고 강화하는 데 역점을 두고 있는데, 이 과정은 대부분 주류경영기법 학습으로 채워져 있다.

### 3.4 중앙회의 강화

Fischer(2002)는 금융협동조합의 성과 또는 효율성을 비교평가하기 위해 금융협동조합의 모델을 중앙지배적인 연합 네트워크 모델(centrally governed federated network model)과 원자화된 경쟁적 모델(atomized-competitive model)로 구분한다. DEA 방식을 이용하여 분석한 결과에 따르면 성숙단계에 들어선 중앙지배적인 연합 네트워크 모델(9개)의 성과가 원자화된 경쟁적인 모델(7개)보다 성과가 우월하다.[26] 이러한 결과를 바탕으로 그는 위계제도(hierarchies)를 시장규율을 대체하는 수단으로 삼을 필요가 있다고 주장한다. 이때 그는 금융협동조합이, 공개된 주식회사와는 달리, 잔여청구권과 소유권시장이 결여되어 경영자를 규율할 수 없다는 점을 중시한다.

중앙회 - 개별조합으로 된 중앙지배적 네트워크 모델이 대리인을 규율할 수 있고 개별조합의 성과를 제고할 수 있다는 그의 주장은 Desrochers & Fischer(2003)(2005)에서도 이어진다. Desrochers & Fischer (2005)는 대리인 비용을 억제하기 위해 협동조합은행은 네트워크를 구축할 필요가 있다고 주장한다. 협동조합은행의 네트워크를 원자적 조직(낮은 수준의 통합), 합의 네트워크(중간 수준의 통합), 전략적 네트워크(높은 수준의 통합)의 세 가지로 구분하는 그들은 전략적 네트워크를 중시한다. 네트워크 본부는 개별 협동조합은행의 하위목표 추구 및 그에 따른 자원의 하위최적배분을 억제하기 위해 전략목표계획을 수립하고 통제함으로서 대리인 비용을 통제할 수 있다. "전략적 네트워크는 유용위험(appropriability hazard)을 통제하기 위해 창출되었다"(Desrochers & Fischer, 2005)고 말할 정도로 그들은 전략적 네트워크를 높이 평가한다.

그들이 말하는 전략적 네트워크는 유럽 협동조합은행그룹과 유사한 의미와 내용을 가지고 있다. 그런데 그것은 전형적으로 내부통제의 특징을 지니는 지배구조를 발전시켰으며, 그 결과 통제권 일부는 조합원(그러나 점차 조직의 최상층부로 이전되었다)에게, 또 일부는 (상장회사의 설립에 의해 태어난 새로운 이해관계자인) 주주에게 부여되었다 (Ory & Lemzeri, 2012). 즉, 그룹화된다고 해서 조합원에 의한 통제와 참여라는 협동조합의 원칙이 지켜지는 것은 아니며, 협동조합은행이 민주적으로 관리되는 것도 아니다. 그룹화 또는 네트워크화는 협동조합의 지배구조 문제를 주식회사의 그것으로 변화시킬 뿐이다.

우리나라 금융협동조합도 금융지주회사로의 도약(?)을 목표로 하고 있으며, 농협의 경우에는 이미 금융지주회사가 되었다. 그러나 지배구조 문제가 존재하는 한 금융지주회사로의 성장은 지배구조 문제를 더욱 악화시킬 수 있다.

### 3.5 지역사회 관여

Puusa et al.(2013)은 협동조합이 자본주의적 운용원칙을 채택하였기 때문에 협동조합의 고유원칙이 희생되었다고 평가한다. 이들이 특히 중시하는 것은 협동조합의 사회적 목적이다. 그리고 Birchall & Simmons(2004)는 사회적 목표와 윤리적 실천을 사업전략에 통합하면 협동조합은 경쟁자들보다 우월한 상업적 이점을 지닐 수 있다고 주장한다. Giagnocavo et al.(2012)도 이들의 주장에 동의한다. 예컨대 그들은 협동조합은행의 성장이 반드시 협동조합의 특성 상실과 등치되지는 않으며, "기업의 사회적 책임은 지역이 당면하는 지속가능한 발전과 도전들이라는 목표와는 거리가 있다"고 말한다. 그러면서 그들은 등한시되고 있는 지역사회의 문제를 해결하기 위해 금융협동조합과 새로운 그리고 기존의 협동조합 및 사회적 기업 사이의 상호작용에 주목해야 한다고 주장한다.

그들에 의하면 내부지배구조나 기업의 사회적 책임과 같은 논의들은 실효성이 없다. 이에 반해 지역사회개발은 시급한 문제 — 실업, 양극화와 그에 따른 빈곤심화 등 — 에 대처하기 위한 실용성도 갖추고 있다. 따라서 금융협동조합은 지역개발에 적극 참여하여 정체성을 강화해야 한다. 지역개발을 위한 금융협동조합의 적극적인 참여를 강조하면서 그들은 이렇게 말한다. 금융협동조합은 지역에 널리 분산된 대표적인 금융기관으로 협동사회조직을 건설(사회적 기업 + 지역개발)하는 중요한 역할을 한다. 그러나 문제가 있다. 금융협동조합은 "세계화의 위급성과 지역개발에 대한 구체적 요구 사이의 상승작용을 창출"하기 위해 노력하기보다는 세계화로 인한 위급성을 확대하고 지역개발 노력을 게을리하고 있다.[27]

우리나라 금융협동조합은 지역사회개발에 나서고 있다. 그러나 스스로가 지역사회개발'사업'이라고 부르듯이 그것은 자신의 자금을 운용하면서 또 다른 수익원을 창출하려는 목적으로 이루어지고 있다.[28] 이는 저소득계층의 생활을 안정시키면서 지역공동체를 건설한다는 참된 의미의 지역사회개발과는 거리가 있다는 것을 의미한다.

## 4. 요약

협동조합의 지배구조 문제는 협동조합 원칙의 문제이다. 협동조합의 민주적 관리를 위한 조합원 참여(의식) 제고, 조합원과 임직원의 교육, 지역사회 관여 등은 협동조합의 원칙들인데, 이들이 제대로 지켜지지 않는다는 것은 협동조합의 정체성이 문제가 되었다는 것을 의미한다. 즉, 원칙들은 협동조합의 가치를 표현하고 있으며, "협동조합의 실천은 원칙을 반영해야"(Birchall, 1997 : 325) 하기 때문에 원칙과 그것이 표현하는 가치가 훼손되고 있다면 협동조합의 정체성도 훼손되었다고 말할 수 있다.

투자자소유기업의 지배구조에 대한 연구들은 이 문제를 완화하기 위해 여러 가지 대책을 제시하고 있으며, 현실적으로 일정한 효과를 거두고 있는 것으로 평가되고 있다. 그런데 협동조합의 경우 대책마련이 쉽지 않다. 무엇보다 조합과 조합원이 경영자와 타협할, 그리하여 대리인 문제를 완화할 수 있는 여지가 거의 없기 때문이다. 대리인 문제의 존재 자체가 협동조합 원칙, 그리고 보다 근본적으로는 협동조합 가치의 훼손을 의미하기 때문이다. 예컨대 Leggett & Strand(2002)에 의하면 Fama와 Jensen은 1983년도에 발표한 논문에서 미국 신용협동조합 경영자의 권한을 제한할 필요가 있다고 말하면서 그를 위한 방법 중 하나로 조합원이 집단적으로 예금을 인출하는 것을 제안하였다. 이는 주주가 주식을 시장에서 매도하는 시장규율의 방법을 모방하는 것인데, 시장규율과는 달리 예금을 인출할 경우 신협은 더 이상 존재할 수가 없게 된다. 대리인 문제가 심화될 경우 협동조합은 더 이상 협동조합으로 남아 있을 수 없게 된다.

조합원의 참여(의지)를 제고하는 것은 지배구조 문제를 억제하기 위한 가장 근본적인 문제로 인식되고 있다. 그러나 Jussila et al.(2012)의 연구가 보여주듯이 자본주의 사회에서 조합원의 소유권 의식을 강화하여 조합경영에 적극 참여하도록 하는 것은 결코 만만한 일이 아니다. 이와 관련하여 협동조합이 가치 있는 일을 하고 있다는 것을 조합원과 지역사회주민에게 보여줄 수 있어야 한다는 Macpherson의 지적은 새겨둘 만하다. 그에 의하면 협동조합운동과 사회적 경제 전통은 "지역사회 주민이 그것들을 이해하고, 그들이 가치 있다고 느끼고 참여할 때, 의미를 가지게 된다."(Macpherson, 2008)

한편 사회적 은행에 대한 대부분의 논의는 투명성을 중시하는데, 그것은 예금자들에게 그들 돈이 하는 일을 보여주는 것이다(Arup, 2010). 이를 통해 사회적 은행은 예금자와 대화하고 그들과 관계를 맺을 수 있게 되고, 협동조합인 사이의 직접적인 접촉을 촉진한다(De Clark,

2010). 특히 예금자와 차입자 모임을 소규모 지역 단위로 조직할 수 있게 되는데, 이때 사회적 은행은 "사람들을 연결해주는 다리"이면서 스스로도 네트워크의 일원으로 된다(Descours et al., 2010). 이렇게 투명성은 사회적 경제조직이 구성원에 의해 민주적으로 통제되어야 한다는 사회적 경제의 기본원칙을 살아 있게 하는 사회적 금융 가치 중 하나가 된다. Borgström(2013)도 소유자로서의 역할은 조합원의 활동에 의해 보장된다고 말하는데, 조합원의 소유권 의식 제고와 적극적인 참여를 독려하려면 협동조합이 투명성을 제고하기 위해 노력해야 할 것이다.

협동조합의 성장은 조합원의 참여와 민주적 관리를 저해하는 요인으로 인식되고 있다. 그러나 Giagnocavo et al.(2012)가 말하듯이 규모의 확대가 항상 민주주의의 퇴보로 이어지는 것은 아니다. 협동조합으로서의 가치를 유지하기 위해 무엇을 어떻게 해야 하는가를 확인하고 실천하는 것이 무엇보다 중요하다. 마지막으로 지역사회에의 관여라는 협동조합의 원칙은 정체성 강화 또는 지배구조 문제에 대한 대책으로서 의미가 크다. 1990년대와 달라진 최근의 협동조합에 대한 연구분위기에 대해 언급하면서 Giagnocavo et al.(2012)도 강조하고 있지만, 우리는 자본주의적 접근을 모방해 협동조합이 사라질 위기 상황이 도래하면서 지역사회와의 관계에 대한 질문이 중요해졌다는 지적(Macpherson, 2012)에 주목할 필요가 있다.

## 5. 결론

협동조합의 지배구조 문제는 1980년대 이후 많은 관심을 끌게 되었다. ICA는 1995년 정체성 선언을 하면서 협동조합의 정체성을 지키고 나아가 발전시키기 위해서는 협동조합운동가나 실무자들이 문제를 매우 심각하고 신중하게 다루어야 한다고 경고하였다. 그러나 금융협동조합에 한정하여 말한다면 협동조합이 자본주의에 항복하였다는 비판이 제기될 정도로 금융협동조합그룹의 형성이 주요한 흐름으로 되고 있다. 사회적 은행이 신설되기 시작한 것도 기존의 금융협동조합에 대해 더 이상 기대할 수 없다는 실망감을 표현하는 것이다.

우리나라 금융협동조합에도 대리인 문제가 존재한다. 그렇지만 유렵 등과는 달리 우리나라의 경우 금융협동조합을 대신할만한 새로운 유형의 사회적 은행이 설립될 전망도 크지 않다. 불안정한 고용, 소득의 양극화, 금융배제 등은 현재 우리 사회를 특징짓는 주요 현상이라 할 수 있다. 협동조합은 이러한 문제를 완화할 수 있는 매우 유용한 대안으로 생각되고 있다. 그러나 우리나라 금융협동조합은 이러한 문제에 적절한 대응을 하지 않고 있다. 대리인 문제가 존재하는 한 앞으로 이러한 기대가 충족되기는 어려울 것이다. 특히 우리나라 금융협동조합은 지역사회개발에 적극 나서지 않기 때문에 지역사회의 안정적인 성장에 기여하지 못하고 있다. 조합원에 의한 민주적 관리가 사실상 배제되고 지역공동체를 건설하기 위한 노력도 찾아보기 어렵기 때문에, 지역주민 스스로가 지역문제를 해결할 수 있도록 동기를 부여하거나 유인을 제공하지 못하고 있다. 우리나라 금융협동조합은 정체성을 회복하고 조합원과 지역사회개발을 위하는 협동조합이 되기 위해 노력해야 할 것이다. 우리나라 협동조합운동가들이나 연구자들, 그리고 정책당국자들도 우리나라 금융협동조합의 지배구조에 대해 거의 관심을 기울이지 않고 있다. 중요성을 감안할 때 보다 앞으로 보다 많은 관심과 연구가 이루어져야 할 것이다.

# 한국 신협과 대리인 문제

10장

제1절 서론 / 제2절 기존 논의 검토 / 제3절 변수와 자료
제4절 계량분석 / 제5절 결론

## 1. 서론

협동조합에서 지배구조 문제가 관심을 끌기 시작한 것은 금융 자유화, 자본의 국제화 등으로 국내외 경제 환경이 변화하기 시작한 1970년대 이후이다. 이는 1980년 Laidlaw가 ICA에 제출한 보고서 『서기 2000년의 협동조합』(Co-operatives in the Year 2000)에서 확인된다. 정체성 선언을 하는 등 계속 노력하였지만 협동조합의 정체성 문제는 오늘날까지 ICA를 괴롭히고 있다. 활발하게 이루어지고 있는 협동조합의 지배구조 문제에 대한 논의는 이를 반영한다. 금융협동조합의 지배구조에 대한 논의도 1980년대 이후 지속되고 있다.

협동조합 지배구조에 관한 대부분의 논의는 협동조합의 경우 투자자소유기업보다 경영자권력이 더 강하다 또는 대리인 문제가 더 심각하다는 데 동의한다(Syrjä, et al., 2012 ; Spear, 2004 ; Davis, 2001 ; Gorton & Schmid, 1999). 금융협동조합을 분석하는 논의에서도 지배구조 문제가 심각하다고 주장하는데, 이러한 사정은 그룹화된 유럽 금융협동조합을 검토하는 논의에서 잘 나타난다. 예컨대 1990년대 이후 주류경제학은 협동조합은행 그룹이 투자자소유은행과 효율적으로 경쟁하고 성장할 수 있을지에 대해 의문을 제기하고 있는데, 이때 그들이 중시한 점은 협동조합은행의 법적 지위가 부적절하고 합리적인 지배구조가 결여되어 있다는 점이다(Ory & Lemzeri, 2012). 나아가 그들은 유럽 협동조합은행의 경우 협동조합사업모델이 모호하고, 시대에 뒤떨어지고 전체 은행부문에 해로운 것으로 간주하고 있다(Groeneveld, 2014).

현재 한국에서는 협동조합운동가, 연구자, 정책당국자 어느 쪽도 금융협동조합의 지배구조 문제에 대해 거의 주목하지 않는다. 우리나라 금융협동조합의 역사는 오래되었으며, 조합원 수도 3천만 명 전후로 많고, 자산규모도 개별은행에 견주어 크게 뒤지지 않거나 그보다도 규모가 크다.[1] 그렇지만 일반국민의 금융협동조합에 대한 관심이나 이해의 정도는 높지 않다. 공신력이 낮고 2등 금융기관으로서 금융산업의 변두리에 위치한다고 여기는 것 자체가 금융협동조합의 지배구조 문제에 대한 관심부족을 설명해준다. 2012년 협동조합기본법이 실행되면서 많은 사람들은 금융협동조합이 새로 설립될 협동조합과 지역사회를 위해 보다 많은 역할을 수행할 것으로 기대하였다. 그러나 그러한 기대는 오늘까지 충족되지 못하고 있는데, 만약 금융협동조합의 지배구조가 개선되고 나아가 정체성이 회복된다면 보다 바람직한 적극적인 역할을 수행할 수 있게 될 것이다.

이러한 점을 염두에 두면서 이 글은 우리나라 금융협동조합의 대리인 문제를 분석하는 것을 목적으로 한다. 이 글은 다음과 같이 전개된다. 제2절에서는 대리인 문제에 대한 기존 논의를 검토한다. 제3절에서는 지배구조와 대리인 문제의 실증분석을 위해 사용될 자료를 소개하고 정리한다. 제4절에서는 패널계량분석을 통한 연구결과를 제시하고 해석하고자 한다. 마지막 제5절은 이 글의 결론이다.

## 2. 기존 논의 검토

협동조합의 대리인 비용에 관한 실증분석은 많지 않으며, 많은 경우 실증분석은 조합원 수, 자산규모 증가가 조합원의 참여에 부정적인 영향을 미치고 그 결과 대리인 문제를 야기한다는 점에 초점을 맞추고 있다.

핀란드의 협동조합이 그들의 설립목적에 맞게 운영되는지 확인하기 위해 Syrjä, et al.(2012)은 대리인 비용과 잉여분배가 소비자협동조합과 유한책임의 비상장개인회사 간에 어떻게 다른지 분석한다. 그들이 비상장개인회사의 대리인 비용의 대리변수로 이용하는 것은 자산이용비율(= 총자산/연간판매액 비율)과 개인적 비용/매출액 비율인데, 후자에서 임금 대신 개인적 비용을 이용하는 것은 핀란드에서는 임금이 규제되고 있기 때문이다. 분석 결과 저자들은, 이전의 연구에서와 마찬가지로, 핀란드의 소비자협동조합에서 대리인 비용이 유한책임회사에서보다 의미 있게 높다는 것을 발견하였다.

금융협동조합의 지배구조 문제를 검토하는 논의에는 Stefancic (2014), Gorton & Schmid(1999), Leggett & Strand(2002) 등이 있다. Stefancic(2014)는 경영자 교체가 규율기제로서 중요하다는 전제하에서 이탈리아은행의 경영자 이직률을 실증분석하고 있다. 분석 결과에 의하면 상업은행 경영자보다 금융협동조합의 경영자 이직률이 상대적으로 낮으며, 경영성과가 좋지 않은 경우에도 그들은 자리를 지킨다. 이러한 결과가 나타난 원인으로 그는 상업은행과 금융협동조합의 소유권 구조와 소유자 유형에 차이가 있다는 점을 들었다. 이러한 차이는 협동조합 조합원이 경영자에 대한 압력을 행사하기 곤란하게 만든다. 그는 좋은 경영성과를 달성하기 위해서는 금융협동조합의 민주적 지배구조를 강화해야 한다고 말한다.

Gorton & Schmid(1999)는 오스트리아 금융협동조합의 대리인 비용을 실증한다. 그들은 소유권과 통제의 정도를 조합원 수로 지수화한다. 이것은 소유권 구조의 제약 때문에 조합원 수가 늘어나면 대리인 비용의 크기가 증가한다는 협동조합 지배구조에 관한 논의를 반영하는 것이다. 물론 이것은 협동조합주식은 액면가격으로 협동조합하고만 거래될 수 있으며(즉, 소유권거래시장이 없기 때문에 적대적 합병이 일어나지 않는다), 1인 1표이기 때문에 주요 주주가 없다는 협동조합 지배구조의 특징을 반영하는 것이기도 하다. 분석을 위해 그들은 효율임금이론(efficiency wage theory)을 이용하는데, 이 이론은 감시강도가 저하되면 최적 효율임금이 증가한다고 말한다. 분석 결과에 따르면 조합원 수가 증가하면서 *ROA*로 측정된 기업성과가 저하되는데, 이는 조합원의 무임승차가 증가하면서 경영자에 대한 감시가 충분하게 이루어지지 못하고 그 결과 대리인 비용이 존재한다는 것을 의미한다.

Leggett & Strand(2002)는 조합원 집단이 다양화하고 조합원 수가 증가하면 경영자에 대한 조합원의 통제력이 약화되기 때문에 대리인 문제가 증가한다고 주장한다. 그들은 미국 신용협동조합의 경우 상이한 공동유대를 가진 조합 간 합병이 허용되어 조합원 집단이 다양화하였다는 점에 주목하고 있는데, 그들의 분석 결과는 공동유대의 확대가 대리인 문제에 영향을 미친다는 것을 보여주는 것이기도 하다.[2] 그들은 대리인 문제를 경영자가 참여(유인)부족, 협동조합 정신 약화 등의 문제를 어떻게 적극 활용하는가 하는 문제와 결부시켜 논의하고 있다. 즉, 경영자가 자신에게 유리한 환경을 어떻게 이용하여 자신의 이익을 극대화하는가 하는 측면에서 대리인 비용의 문제를 검토하고 있다.

## 3. 변수와 자료

### 3.1 기존 논의에서 사용된 변수들

Leggett & Strand(2002)는 대출이자율과 예금이자율의 차이를 나타내는 순이자마진(net interest margin)을 이용하여 미국 신용조합의 대리인 문제를 실증분석하였다. Syrjä, et al.(2012)과 마찬가지로 Leggett & Strand(2002)도 금융협동조합에서 대리인 문제의 존재 여부는 잔여소득(residual earnings)의 배분에서 잘 나타난다고 주장한다. 잔여소득은 예금하는 조합원과 차입하는 조합원, 그리고 잠재적 조합원에게 높은 예금이자율과 낮은 대출이자율의 형태로 배분되는데, 보다 낮은 이자율과 보다 높은 이자율로 순이자마진을 확대한다는 것은 잔여소득이 소유자인 조합원이 아니라 경영자에게 배분된다는 것을 의미한다.[3]

Leggett & Strand(2002)가 말하듯이 높은 순이자마진이 협동조합의 자본충실화에 도움이 되면 조합원에게 좋은 일이다. 그러나 그것은 예금보험기구가 보증하는 수준을 넘어서는 고액을 예금하는 조합원에게나 의미 있다. 높은 순이자마진에 대한 부정적 평가는 높은 이윤이 조합원의 출자지분 가치에 영향을 미치지 않는다는 사실과도 관련이 있다. 그 결과 협동조합의 높은 순이자마진은 조합원의 만족을 극대화하는 데 전혀 기여하지 않을 뿐 아니라 조합은 조합원의 신뢰를 얻을 수도 없다. 나아가 대리인 문제가 존재하면 조합원의 권익은 투자자소유기업의 주주만큼도 보호받지 못한다.

대리인 문제는 협동조합에 대한 정부의 지원에 대해서도 의문을 제기한다. Leggett & Strand(2002)는 다른 금융기관에 대한 미국 신용협동조합의 경쟁적 이점이 연방소득세 공제에서 나오는데, 대리인 문제가 존재하는 한 조세공제의 혜택은 경영자에게 귀속된다고 주장한다. 이러한 문제에 특별히 주목한 것은 Frame et al.(2003)이다. 그들에 의하면 신용협동조합의 소유권이 분산되어 있어 감시의 한계비용은 높지만 한계수익은 낮기 때문에 조합원 감시를 통해 주인-대리인 문제를 완화하는 데 한계가 있다. 그리하여 연방소득세 감면제도가 보다 높은 급여, 보다 많은 직원을 고용하게 하는 문제, 즉 비용선호행위를 야기할 수 있다.[4]

한국 정부는 비과세 예금제도에 대해서 부정적인 인식을 가지고 있으며 폐지를 강력히 주장한다. 그러면서 이렇게 말한다. "조합은 …(비과세 예금제도를 이용하여) 덩치만 불려 임직원의 이익만 챙기려는 '도덕적 해이' 문제가 발생"할 수 있으므로 그것을 폐지하거나 축소해야 한다(이선호, 2013a). 비과세 예금으로 늘어나는 조합의 이익이 조합원이나 사회를 위해 기여하지 않는다는 이러한 인식은 Frame et al.(2003)의 주장과 같은 의미와 내용을 가지는 것이다.

정리하면, 금융협동조합에서의 대리인 문제를 분석한 대부분의 연구들이 조합원의 경영참여 약화의 대리변수로 조합원 규모를 이용하였으며, 그 결과 초래되는 대리인 문제를 대리하는 변수로 순이자마진과 임직원의 임금보상비율(또는 자산 대비 운영비 비율 등)을 이용하였다. 그리고 이들의 관계를 정확히 보여주기 위해서 자본자산비율, 예대율, 연체율, 허핀달-허쉬만지수 등을 통제변수로 사용하였다.

### 3.2 주요 변수와 요약 통계

여기서는 신협 연구소에서 제공한 2004~2015년 동안 개별조합의 재무상태표와 손익계산서의 주요 계정, 그리고 대출정보를 이용하였다. 제공된 자료는 지역신협, 단체신협, 직장신협을 모두 포함하지만, 여기서는 지역신협을 중심으로 분석한다.

〈표 10-1〉에서 알 수 있듯이, 지역신협은 조합원의 수와 자산의 규모에 있어 압도적인 모습을 보이고 있다. 이와 더불어 서민금융과 지역금융이라는 금융정책의 측면에서 보더라도 지역을 공동유대로 하는 지역신협은 매우 중요하다.

지역신협의 자산과 조합원의 규모는 2008~2012년에 급격히 증가하였다. 2008년 26조 원의 자산이 2009년에는 34조 원으로, 2010년 41조 원, 2012년 48조 원으로 급격히 증가하였으며 그 다음에는 점진적으로 증가되었다. 과거 10여 년 동안 신협에서 일어난 변화를 알아보기 위해 개별 신협 재무상태표에서 자산운용 관련 계정들을 살펴보았다. 이를 통해 우리는 신협의 주요한 변화들을 추출해내고 이를 대리인

**〈표 10-1〉 2004~2015년 신협 현황**

| 조합종류 | | 2004 | 2008 | 2012 | 2015 |
|---|---|---|---|---|---|
| 지역신협 | 자산(10억 원) | 17,600 | 26,060 | 48,180 | 58,400 |
| | 조합원(만 명) | 400 | 420 | 520 | 510 |
| 단체신협 | 자산(10억 원) | 2,570 | 2,730 | 4,206 | 4,228 |
| | 조합원(만 명) | 45 | 41 | 39 | 32 |
| 직장신협 | 자산(10억 원) | 1,987 | 2,076 | 2,954 | 3,190 |
| | 조합원(만 명) | 33 | 32 | 31 | 34 |

**자료** : 신협 연구소.

문제와 연결시켜 분석하고자 한다.

먼저 자산은 2004년 17조 6천억 원에서 2015년 58조 4천억 원으로

〈표 10-2〉 2004~2015년 신협 재무상태표에서의 주요변동

| 변수명 | 2004 (10억) | 2015 (10억) | 기하평균 증가율* | 2004* (자산 대비 비율) | 2015 (자산 대비 비율) |
|---|---|---|---|---|---|
| 자산 | 17,600 | 58,400 | 8.32% | 100.00% | 100.00% |
| 현금 및 예치금 | 4,650 | 14,240 | 7.75% | 26.42% | 24.38% |
| 예치금 | 4,555 | 13,970 | 7.76% | 25.88% | 23.92% |
| 유가증권 | 2,138 | 2,888 | 2.02% | 12.15% | 4.95% |
| 대출채권 | 9,628 | 39,110 | 9.80% | 54.70% | 66.97% |
| 5백만 원 이하 대출 | 616 | 401 | −2.82% | 3.50% | 0.69% |
| 5백~1천만 원 대출 | 1,190 | 1,230 | 0.22% | 6.76% | 2.11% |
| 1~2천만 원 대출 | 1,839 | 1,911 | 0.26% | 10.45% | 3.27% |
| 2~5천만 원 대출 | 2,432 | 4,398 | 4.03% | 13.82% | 7.53% |
| 5천~1억 원 대출 | 1,413 | 6,075 | 10.21% | 8.03% | 10.40% |
| 1~2억 원 대출 | 1,306 | 8,077 | 12.92% | 7.42% | 13.83% |
| 2~5억 원 대출 | 1,006 | 10,250 | 16.74% | 5.72% | 17.55% |
| 5억 원 이상 대출 | 336 | 7,636 | 23.16% | 1.91% | 13.08% |
| 유형자산 | 628 | 1,131 | 4.00% | 3.57% | 1.94% |
| 투자자산 | 50 | 91 | 4.14% | 0.28% | 0.16% |
| 부채 | 16,380 | 54,380 | 8.33% | 93.07% | 93.12% |
| 예금 | 15,700 | 52,910 | 8.44% | 89.20% | 90.60% |
| 요구불예금 | 1,570 | 5,549 | 8.78% | 8.92% | 9.50% |
| 저축성예금 | 14,130 | 47,360 | 8.40% | 80.28% | 81.10% |
| 차입금 | 195 | 388 | 4.70% | 1.11% | 0.66% |

주 : *은 기하평균증가율로서 $\left(\frac{x_{2015}}{x_{2004}}\right)^{\frac{1}{15}} - 1$임.
자료 : 신협 연구소.

연평균 8.32%의 증가율을 기록하였다. 자산에서 가장 큰 비중을 차지하는 것은 대출자산(66.97%)이며 예치금(23.92%)이 그 다음을 차지하여 이 두 계정의 잔액을 합치면 신협 자산의 약 90%를 설명한다. 한편 대출자산의 구성을 보면, 5천만 원 이하의 소액대출은 줄어들고 1억 원 이상의 거액대출이 상대적으로 증가하였다. 대출자산 중 1억 원 이상 거액대출의 비중은 이 기간 동안 27.51%($\frac{1,306 + 1,006 + 336}{9,628}$)에서 66.38%($\frac{8,077+ 10,250+ 7,636}{39,110}$)로 증가하였다. 중앙회 예치금이 신협의 중요한 자산운용방식이라는 점과 거액대출자산이 점점 중요해진다는 점을 고려한다면, 저소득층이 필요로 하는 소액의 신용을 제공한다는 전통적인 서민금융 내지는 지역금융의 모습을 신협에서 더 이상 찾을 수 없다.

신협은 조합원이 적극적으로 경영에 참여하여 장기적인 비전을 설정할 뿐만 아니라 대출채권 등 자산운용과 대출이자율 결정 등과 관련된 의사결정에 영향력을 미칠 수 있는 협동조합이라는 특성을 가지고 있다. 거액대출의 비중이 늘어나고 자산의 상당부분을 중앙회에 예치하는 현재 신협의 자산운용방식은 조합원이 경영에 참여하지 못하는 구조적 문제와 조합에 무관심한 조합원의 의식적 한계가 빚어낸 결과라고 할 수 있다.

조합원에 의한 민주적 통제가 이루어지지 않는다면 신협의 의사결정주체는 경영자가 될 것이다. 조합원의 통제를 받지 않는 경영자는 신협에서 창출된 경제적 잉여를 조합원에게 배분하기보다는 자신에게로 귀속시키려는 경향을 가진다. 선행연구에서와 마찬가지로 우리는 순이자마진과 임금보상비율(영업이익 대비 임직원의 임금비 비율)을 조합원에게 잉여를 배분하지 않고 경영자에게 귀속시키는 정도를 나타내는 대리변수라고 간주하고, 재무적 · 비재무적 요인들이 순이자마진과 자산대비 임직원임금 비율에 미치는 영향을 계량경제학적 기법으로 분석하고자 한다.

여기에서는 선행연구들에서 포함시킨 표준적인 변수들을 설명변수로 이용하는 동시에, 한국 신협의 특성을 반영하여 새롭게 변수를 추가하여 실증분석하고자 한다. 설명변수로 Leggett & Strand(2002)가 채택한 변수들인 자본자산비율, 예대율, 부실대출비율, 조합원 수, 자산규모 등을 이용하였다. 그리고 이들 모델에 포함된 통제변수인 허핀달-허쉬만지수는 개별 신협의 대출과 해당 지역 신협 전체의 대출과의 비율, 그리고 해당 지역의 신협의 대출과 시중은행의 대출비율로 대체하였다. 여기에 더하여 박정희(2016)에서 사용된 변수들인 회사채이자율, 지역별 어음부도율을 설명변수로 추가하여 국민경제 및 지역경제적 특성을 통제하였다. 무엇보다도 의미 있는 것은, 한국 신협의 과거 10여년간의 변화가 가진 의미를 대리인 문제와 연결시켜 해석하기 위하여 거액 대출비율, 중앙회 예치금을 포함시켰다는 점이다. 이러한 변수들에 대한 정의와 계산방법을 〈표 10-3〉에서 소개하였다.

강건한 실증분석을 위해서는 횡단면 자료와 패널 자료취합 과정에서 으레 나타나는 오류를 제거할 필요가 있다. 여기서는 극단치(outlier)로부터 발생하는 문제와 영세 조합에서의 자료생성상 오류 문제를 피하기 위해 자산 및 조합원 규모 상하위 1%의 조합 자료를 제거하였다. 특히 하위 1%에서 담보대출이 전체 대출액보다 크거나 자산 대비 임금보상 비율이 50%를 초과하는 등 비정상적이며 극단적인 수치들이 집중적으로 나타났다. 변수들의 요약통계는 〈표 10-4〉와 같다.

〈표 10-3〉 주요 변수의 내용과 자료 계산 방법

| | 변수 | 계산방법 또는 출처 |
|---|---|---|
| 종속 변수 | 순이자마진 | $\frac{이자수익}{대출총액} - \frac{이자비용}{예금총액}$ |
| | 임금보상비율(영업수익 대비) | $\frac{인건비 + 복리후생비 + 퇴직급여금}{영업수익}$ |
| 신협 특성 변수 | 자산규모 | $ln$(자산) |
| | 조합원 수 | $ln$(조합원 수) |
| | 영업수익 | $ln$(영업수익) |
| | 부실대출비율 | $\frac{요주의 + 고정 + 회수의문 + 추정손실}{영업수익}$ |
| | 예대율 | $\frac{대출총액}{예금총액}$ |
| | 중앙회 예치금 | $\frac{중앙회\ 예치금}{대출총액}$ |
| | 거액대출비율 | $\frac{1억\ 이상\ 대출액}{대출총액}$ |
| | 자본자산비율 | $\frac{자본}{자산}$ |
| | 해당 조합의 지역타입 더미 | 광역시, 일반시, 읍 · 면 단위 더미변수 |
| 거시 경제 및 지역 경제 변수 | 시중은행 대비 해당 지역 신협 대출비율(지역별) | $\frac{지역신협\ 대출총액}{지역의\ 시중은행\ 대출총액}$ (말잔) |
| | 해당 지역 신협 대출 총액 대비 개별 신협 대출비율 | $\frac{개별\ 신협\ 대출액}{지역신협\ 대출총액}$ (말잔) |
| | 회사채 BBB 만기수익률 | 한국은행 경제통계시스템(연평균) |
| | 지역별어음부도율 | 한국은행 경제통계시스템(연평균) |
| | 연도 더미 | 해당 연도 = 1, 그 외 = 0 |

**자료** : 신협 연구소, 한국은행 경제통계시스템.

<표 10-4> 주요 변수의 요약 통계

| 변수명 | Mean | Std. D. | Min | Max | skewness | kurtosis | Obs |
|---|---|---|---|---|---|---|---|
| 순이자마진 | 0.0343 | 0.0113 | −0.0137 | 0.1632 | 0.842 | 7.174 | 7,817 |
| 임금보상비율 (영업수익 대비) | 0.0111 | 0.0038 | 0.0030 | 0.0375 | 1.012 | 5.172 | |
| 자산 (백만 단위) | 50,900 | 41,400 | 3,360 | 257,000 | 1.704 | 6.274 | |
| 조합원 수 (1명 단위) | 6,584 | 4,231 | 907 | 25,651 | 1.389 | 5.015 | |
| 영업수익 (백만 단위) | 3,090 | 2,420 | 186 | 26,700 | 1.790 | 7.526 | |
| 부실대출비율 | 0.0657 | 0.0576 | 0.0000 | 0.7157 | 2.548 | 14.568 | |
| 예대율 | 0.6478 | 0.1519 | 0.0673 | 1.2087 | −0.455 | 3.098 | |
| 중앙회 예치금 비율 | 0.2745 | 0.1071 | 0.0473 | 0.8443 | 0.748 | 3.556 | |
| 거액대출비율 | 0.3728 | 0.2230 | 0.0000 | 0.9092 | −0.024 | 2.009 | |
| 자본자산비율 | 0.0586 | 0.0518 | −0.3206 | 0.4274 | −0.060 | 6.009 | |
| 시중은행 대비 신협비율 | 0.1083 | 0.0799 | 0.0071 | 0.3120 | 0.676 | 2.444 | |
| 지역신협 대비 조합비율 | 0.0133 | 0.0130 | 0.0004 | 0.1947 | 3.571 | 28.106 | |
| 지역별 어음부도율 | 0.3841 | 0.3590 | 0.0642 | 4.9208 | 8.628 | 105.723 | |
| 회사채 BBB 만기수익률 | 9.3359 | 1.0808 | 7.9970 | 11.7600 | 0.830 | 2.740 | |

**자료** : 신협 연구소, 한국은행 경제통계시스템.

자산의 경우 평균 5백억 원이며, 오른쪽 꼬리가 긴 양(+)의 왜도(skewness)를 갖기 때문에 소형 신협은 평균에 가깝고 대형 신협은 평균과 다소 거리가 멀다고 할 수 있다. 조합원의 규모와 영업이익 등도 이와 유사한 분포를 보인다. 반면 예대율과 중앙회 예치금 비율 등은

(−)의 왜도를 보인다. 지역별 어음부도율은 오른쪽으로 긴 꼬리를 가진 분포를 보이며 첨도 역시 높은 값을 갖는 것으로 보아 지역별 차이 역시 심한 것으로 보인다.

## 4. 계량분석

여기서는 선행연구를 참고하여 순이자마진과 임금보상비율을 대리인 문제의 대리변수로 간주하고 종속변수로 설정하였다. 순이자마진은 조합원들로부터 적절한 대가를 주고 자금을 조달하여 호혜적인 가격으로 자금을 제공하는지를 나타내는 지표로 활용될 수 있기 때문에 순이자마진이 클 경우 대리인 문제가 크게 나타난다고 해석한다. 아울러 임금보상비율은 생산된 부가가치(여기서는 영업수익)가 조합원이 아니라 경영진에게로 귀속된다는 것을 의미하기 때문에 역시 대리인 문제를 나타낸다고 해석할 수 있다. 계량분석은 2004~2015년의 개별 신협의 재무제표를 이용하여 수행되었으며, 고정효과 모델 패널분석을 중심으로 그 결과를 해석하되 횡단면 분석의 결과 역시 제시한다.

아래 수식이 패널분석에 이용되었다.

$$nim_{i,t} = const + \alpha_i + v_t + \beta X_{i,t} + \mu Z_{i,t} + \theta M_t + \epsilon_{i,t} \quad (1)$$

$$wage\_Op\_Rev_{i,t} = const + \alpha_i + v_t + \gamma \mathrm{Ln}Op\_Rev_{i,t} + \lambda nim_{i,t} + \beta X_{i,t} + \mu Z_{i,t} + \theta M_t + \epsilon_{i,t} \quad (2)$$

앞에서 언급하였듯이 순이자마진(*nim*)과 임금보상비율(*wage_Op_Rev* : 영업수익 대비 임금)을 종속변수로 하였으며, 통제변수는 선행연구에서 사용된 통제변수를 빼놓지 않고 사용하였다. $X_{i,t}$는 개별조합의 재무정보와 조합을 둘러싼 지역의 금융기관 간 경쟁을 나타내는 통제변수인데, 자본자산비율, 부실대출비율, 예대율, 지역에서의 시중은행대출 대비 신협 대출비율, 신협대출비율 대비 해당 조합의 대출비율 등이 포함된다. $M_{i,t}$는 거시경제 및 지역경제 관련 통제변수로서 해당 지역의 어음부도율과 회사채 BBB 등급의 만기수익률을 포함시켰다. 시간더미 $v_t$를 사용하여 계량화하기 어려운 거시경제 상황을 추가로 통제하였다. $\alpha_i$는 패널 개체의 이질성(heterogeneity)를 나타내지만 고정효과 모델에서는 시간에 따라 변하지 않는 개별 특성을 의미한다. 무엇보다도 이 글의 관심사는 핵심 설명변수인 $X_{i,t}$의 계수값이다. $X_{i,t}$에는 자산규모와 조합원 규모가 포함되고, 자산운용의 특징을 나타내는 거액대출비율과 중앙회 예치금 비율을 포함시켰다.

임금보상비율에 대한 회귀식인 수식 (2)에는 영업수익(Ln*Op_Rev*)을 통제변수로 포함시켰다. 이는 영업수익이 클 경우 이에 대한 임금비율이 대부분 하락하기 마련이므로 이를 통제하고 다른 변수들의 영향을 살펴보기 위해서이다. 순이자마진은 이자율 차이로 인해 만들어진 이익이 누구에게 배분되는가를 표시하는 변수이므로 설명변수로 포함시켰다.

수식 (1)에 대한 분석 결과는 〈표 10-5〉와 같다.

〈표 10-5〉 순이자마진에 영향을 미치는 변수들에 대한 분석 결과

| 종속변수 : 순이자마진 | Pooled OLS | | Random Effect | | Fixed Effect | |
|---|---|---|---|---|---|---|
| | coef | p-value | coef | p-value | coef | p-value |
| 자산($In_{asset}$) | −0.006[3] | 0.000 | −0.005[3] | 0.000 | −0.005[3] | 0.000 |
| 조합원 수($In_{\text{조합원 수}}$) | 0.006[3] | 0.000 | 0.005[3] | 0.000 | 0.004[3] | 0.000 |
| 중앙회 예치금 비율 | 0.021[3] | 0.000 | 0.027[3] | 0.000 | 0.028[3] | 0.000 |
| 거액대출비율 | −0.008[3] | 0.000 | −0.006[3] | 0.000 | −0.005[3] | 0.000 |
| 자본자산비율 | 0.044[3] | 0.000 | 0.056[3] | 0.000 | 0.062[3] | 0.000 |
| 부실대출비율 | 0.005[2] | 0.022 | 0.005[2] | 0.033 | 0.006[2] | 0.016 |
| 예대율 | 0.000 | 0.758 | −0.006[3] | 0.000 | −0.011[3] | 0.000 |
| 시중은행 대비 신협비율 | −0.004[3] | 0.008 | −0.001 | 0.735 | 0.009 | 0.112 |
| 지역신협 대비 조합비율 | −0.035[3] | 0.003 | −0.022 | 0.217 | 0.024 | 0.451 |
| 지역별 어음부도율 | 0.001[3] | 0.008 | 0.000 | 0.510 | 0.000 | 0.983 |
| 회사채BBB 이자율 | −0.002[2] | 0.035 | −0.002[1] | 0.043 | −0.002 | 0.092 |
| 연도더미$_{2006}$ | −0.004[3] | 0.000 | −0.003[3] | 0.000 | −0.003[3] | 0.000 |
| 연도더미$_{2007}$ | −0.008[3] | 0.000 | −0.007[3] | 0.000 | −0.006[3] | 0.000 |
| 연도더미$_{2008}$ | −0.004[3] | 0.000 | −0.004[3] | 0.001 | −0.003[3] | 0.003 |
| 연도더미$_{2009}$ | 0.005 | 0.120 | 0.004 | 0.185 | 0.003 | 0.289 |
| 연도더미$_{2010}$ | 0.004[2] | 0.034 | 0.003[1] | 0.085 | 0.003 | 0.167 |
| 연도더미$_{2011}$ | 0.003[1] | 0.069 | 0.002 | 0.123 | 0.002 | 0.195 |
| 연도더미$_{2012}$ | 0.000 | 0.803 | −0.001 | 0.148 | −0.001 | 0.185 |
| 연도더미$_{2013}$ | −0.003[3] | 0.000 | −0.003[3] | 0.000 | −0.003[3] | 0.000 |
| 연도더미$_{2014}$ | −0.005[3] | 0.000 | −0.005[3] | 0.000 | −0.005[3] | 0.000 |
| 연도더미$_{2015}$ | −0.009[3] | 0.000 | −0.009[3] | 0.000 | −0.008[3] | 0.000 |
| 조합더미$_{\text{광역시}}$ | −0.004[3] | 0.000 | −0.004[3] | 0.000 | | |
| 조합더미$_{\text{읍}}$ | −0.002[3] | 0.000 | −0.002[3] | 0.003 | | |
| 조합더미$_{\text{일반시}}$ | −0.004[3] | 0.000 | −0.003[3] | 0.000 | | |

| 절편 | 0.143[3] | 0.000 | 0.131[3] | 0.000 | 0.144 | 0.000 |
|---|---|---|---|---|---|---|
| 연도더미 여부 | YES | | YES | | YES | |
| 광역시, 일반시, 읍 단위 더미 | YES | | YES | | No | |
| 관측치 | 7,817 | | 7,817 | | 7,817 | |
| 조합수 | 721 | | 721 | | 721 | |
| $R^2$[2] | 0.3247 | | 0.3151(overall) | | 0.3272(within) | |
| F-value | 157.57[3] | | 3693.43[3] | | 156.41[3] | |
| Hausman test | | | | | 300.58[3] | |

주 : 1) $p < 0.1$, 2) $p < 0.05$, 3) $p < 0.01$

하우스만 테스트의 결과 고정효과와 임의효과의 계수값이 체계적으로 다르지 않다는 귀무가설이 기각되었으므로, 여기에서는 고정효과 모델을 중심으로 설명하고자 한다. 다만 개체 간의 변동과 개체 내 변동에 대한 정보를 모두 사용하는 임의효과 모델과 Pooled OLS 모델의 계수값을 비교대상으로 삼아 설명을 보완하고자 한다.

먼저 대표적인 선행연구인 Leggett and Strand(2002)의 실증결과와 동일하게도 조합원이 증가할수록 순이자마진은 증가하는 것으로 나타났다. Pooled OLS와 임의효과 모델, 그리고 고정효과 모델에서 계수값의 부호가 모두 (+)이며 0.01%의 신뢰수준에서 통계적으로 유의미한 값을 보여주었다. 이는 이 글에서 설정한 가설, 즉 조합원의 수가 증가할수록 경영에 대한 감시와 운영에의 참여가 어렵게 되고 그 결과 조합원에 대한 마진율을 크게 할 가능성이 있다는 주장을 지지한다. 더 나아가 높은 순이자마진은 금융협동조합의 상호성을 위협하는데, 그 이유는 조합원의 조합신용으로의 접근을 제약하거나 대출이 조합원의 경제활동의 촉진과는 멀어질 가능성이 있기 때문이다.

자산규모는 순이자마진율에 (-) 영향을 주는 것으로 나타났으며 모두 통계적으로 아주 유의미하다. 자산규모와 조합원의 수는 약 0.7의 상관계수를 보여 다중공생성의 위험이 존재하지만 효율성을 나타내는 변수인 자산규모는 반드시 통제변수로 들어가야 한다. 또한 다중공선성 문제는 불편추정량을 초래하지 않기 때문에 계수값을 신뢰할 수 있다. 자산의 증가가 순이자마진에 미치는 (-) 영향은 자산이 증가될수록 규모의 경제가 달성되고 운영비 감소 등의 효과로 인해 대출이자율이 높지 않을 수 있다는 것을 의미한다.

신협 자산운용의 핵심적인 요소인 중앙회 예치금은 예금이자율보다 높은 예치금 이자율 때문에 동원된 예금 중 운용되지 못한 부분을 흡수하게 된다. 중앙회는 이를 유가증권, 프로젝트 대출, 대체투자 등의 방식으로 운용한다. 이러한 측면에서 보면 신협중앙회는 마치 거대한 자산운용금융기관의 모습을 갖고 있는 것처럼 보인다. 무엇보다도 중앙회 예치금이 커질수록 조합원의 민주적 관리의 가능성이 좁아진다는 점에서, 중앙회 예치금은 조합원의 조합에 대한 경영참여 지표로 간주될 수 있다. 본 분석에서 중앙회 예치금은 순이자마진을 유의미하게 증가시키는 것으로 나타났다.

앞의 〈표 10-2〉에서 살펴보았듯이, 과거 10여 년 동안 신협 자산운용에서 나타난 가장 큰 특징은 거액대출이었다. 거액대출 증가는 여러 가지 의미를 포함한다. 우선 서민층 조합원으로부터 자금을 조달하여 서민층 조합원에게 신용을 제공하는 서민금융기관으로서의 협동조합 정신 약화를 의미한다. 또한 소액대출을 필요로 하는 서민층과는 이질적인 속성을 갖는 차입자들의 조합원 가입을 뜻하는데 그 이질성으로 인해 조합원의 상호성이 약화될 수 있다. 조합원의 경영참여와 조합원을 위한 자원 이용이라는 측면에서 본다면, 협동조합 정신의 약화나 조합원의 상호성 약화 모두 신협의 협동조합적 특성을 약화시킬 수 있으며 그 결과 경영에의 참여 역시 약화될 수 있다.

거액대출이 순이자마진에 (-) 영향을 준다는 위의 계량분석 결과는 조합원을 위한 서민대출이라고 할 수 없는 거액대출로 인해 순이자마진이 높아질 것이라는 선험적인 예측과 다르다. 그러나 이러한 난처한 결과는 거액대출이 상대적으로 낮은 이자율이 적용되는 담보대출이기 때문인 것으로 보인다.

위의 분석에서 나타난 결과들 중 눈여겨볼 만한 부분은 시중은행 대출 잔고 대비 신협 전체 대출잔고 비율이 높은 경우라도 신협의 마진이 특별히 높아지지는 않았는데 이는 은행과 신협이 대상으로 하는 시장이 분절되었음을 뜻하는 것으로 보인다. 고정효과 모델에는 포함될 수 없는 특성변수인 지역변수 계수값을 임의효과 모델에서 확인해보면, 읍 단위, 일반시, 광역시에 소재하는 신협일수록 순이자마진이 점점 작아진다는 점을 확인할 수 있다. 한편 연도더미 변수를 살펴보면 2008년 금융위기와 뒤이은 3년 동안 순이자마진은 감소되지 않았으나 2004년을 기준으로 볼 때 전반적으로 순이자마진이 하락하는 모습을 확인할 수 있다.

한편 벤치마크 논문인 Leggett and Strand(2002)는 횡단면 분석을 실시하였는데, 그 결과는 이 글의 Pooled OLS와 유사하다. 자산은 순이자마진에 (-) 영향을 주었고, 조합원의 수는 (+) 영향을 주었으며, 연체율과 자본자산비율, 예대율 모두 (+)의 영향을 주었다. 일반적으로 패널분석이 횡단면 분석이 가지는 내생성 문제를 치유하는 데 효과적이기 때문에, 여기서의 실증분석 결과는 선행연구에 비하여 더 신뢰할 수 있다고 보여진다.

다음으로 임금보상비율에 대한 분석을 살펴보자.

**〈표 10-6〉 임금보상비 비율에 영향을 미치는 변수들에 대한 분석 결과**

| 종속변수: 임금보상비율 (영업수익 대비) | Pooled OLS | | Between Model | | Random Effect | | Fixed Effect | |
|---|---|---|---|---|---|---|---|---|
| | coef | p-value | coef | p-value | coef | p-value | coef | p-value |
| 영업수익 | −0.062[3)] | 0.000 | −0.051[2)] | 0.029 | −0.101[3)] | 0.000 | −0.106[3)] | 0.000 |
| 순이자마진 | 0.829[3)] | 0.000 | 1.359[3)] | 0.000 | 0.174[3)] | 0.000 | 0.113[3)] | 0.004 |
| 자산 | 0.005 | 0.416 | 0.005 | 0.831 | 0.028[3)] | 0.000 | 0.025[3)] | 0.000 |
| 조합원 수 | 0.052[3)] | 0.000 | 0.045[3)] | 0.000 | 0.036[3)] | 0.000 | 0.027[3)] | 0.000 |
| 중앙회 예치금 비율 | 0.001 | 0.816 | 0.005 | 0.834 | 0.013[2)] | 0.016 | 0.016[3)] | 0.003 |
| 거액대출비율 | −0.013[3)] | 0.002 | −0.017 | 0.214 | 0.014[3)] | 0.000 | 0.018[3)] | 0.000 |
| 자본자산비율 | 0.250[3)] | 0.000 | 0.183[3)] | 0.000 | 0.224[3)] | 0.000 | 0.203[3)] | 0.000 |
| 부실대출비율 | 0.022[2)] | 0.015 | −0.011 | 0.734 | 0.059[3)] | 0.000 | 0.059[3)] | 0.000 |
| 예대율 | 0.014[3)] | 0.001 | 0.022 | 0.115 | 0.002 | 0.701 | −0.001 | 0.773 |
| 시중은행 대비 신협비율 | 0.022[3)] | 0.002 | 0.019 | 0.362 | −0.031[2)] | 0.020 | −0.061[3)] | 0.001 |
| 지역신협 대비 조합비율 | 0.052 | 0.318 | −0.116 | 0.365 | 0.306[3)] | 0.000 | 0.367[3)] | 0.000 |
| 지역별 어음부도율 | 0.006[3)] | 0.000 | 0.041[3)] | 0.000 | 0.000 | 0.743 | 0.000 | 0.656 |
| 회사채 BBB 이자율 | −0.023[3)] | 0.000 | −0.004 | 0.573 | −0.021[3)] | 0.000 | −0.022[3)] | 0.000 |
| 연도더미$_{2006}$ | −0.002 | 0.637 | | | −0.004 | 0.175 | −0.003 | 0.182 |
| 연도더미$_{2007}$ | 0.006[1)] | 0.092 | | | 0.005[2)] | 0.023 | 0.006[3)] | 0.004 |
| 연도더미$_{2008}$ | 0.036[3)] | 0.000 | | | 0.034[3)] | 0.000 | 0.038[3)] | 0.000 |
| 연도더미$_{2009}$ | 0.069[3)] | 0.000 | | | 0.066[3)] | 0.000 | 0.073[3)] | 0.000 |

| | | | | | | | | |
|---|---|---|---|---|---|---|---|---|
| 연도더미$_{2010}$ | 0.046[3)] | 0.000 | | | 0.046[3)] | 0.000 | 0.055[3)] | 0.000 |
| 연도더미$_{2011}$ | 0.049[3)] | 0.000 | | | 0.051[3)] | 0.000 | 0.061[3)] | 0.000 |
| 연도더미$_{2012}$ | 0.032[3)] | 0.000 | | | 0.034[3)] | 0.000 | 0.043[3)] | 0.000 |
| 연도더미$_{2013}$ | 0.037[3)] | 0.000 | | | 0.036[3)] | 0.000 | 0.044[3)] | 0.000 |
| 연도더미$_{2014}$ | 0.050[3)] | 0.000 | | | 0.045[3)] | 0.000 | 0.053[3)] | 0.000 |
| 연도더미$_{2015}$ | 0.044[3)] | 0.000 | | | 0.036[3)] | 0.000 | 0.044[3)] | 0.000 |
| 더미$_{광역시}$ | −0.032[3)] | 0.000 | −0.026 | 0.000 | −0.025[3)] | 0.000 | | |
| 더미$_{읍}$ | −0.006[3)] | 0.000 | −0.003 | 0.485 | 0.007[3)] | 0.134 | | |
| 더미$_{일반시}$ | −0.014[3)] | 0.000 | −0.011 | 0.012 | 0.000[3)] | 0.987 | | |
| 절편 | 1.097[3)] | 0.000 | 0.734 | 0.000 | 1.499 | 0.000 | 1.746[3)] | 0.000 |
| 연도더미 | YES | | NO | | YES | | YES | |
| 조합종류더미 | YES | | YES | | YES | | No | |
| 관측치 | 7,817 | | 721 | | 7,817 | | 7,817 | |
| 조합수 | 721 | | 721 | | 721 | | 721 | |
| $R^2$[2)] | 0.4028 | | 0.4199 | | 0.3208(overall) | | 0.4802(within) | |
| F-value | 203.80[3)] | | 31.85[3)] | | 6322.10[3)] | | 272.23[3)] | |
| Hausman test | | | | | | | 764.45[3)] | |

주 : 1) $p < 0.1$, 2) $p < 0.05$, 3) $p < 0.01$

위의 분석에는 다음과 같은 횡단면 모형을 추가하였다.

$$\overline{wage\_Op\_Rev_i} = const + \alpha_i + \gamma\overline{\text{Ln}Op\_Rev_i} + \lambda\overline{nim_i} + \beta\overline{X_i} + \mu\overline{Z_i} + \overline{e_i} \tag{3}$$

횡단면 모형은 개체의 평균을 이용한 횡단면 분석이기 때문에, 개체 내에서의 시계열적 변화는 사라지고 개체 간의 한계효과(marginal effect)를 보여준다. 영업이익에 대비한 임금비율을 종속변수로 설정하였기에 영업이익을 통제변수로 포함시켰다.

순이자마진이 임금보상비율에 미치는 영향은 임의효과 모델과 고정효과 모델보다 횡단면 모형에서 매우 크게 나타난다. 순이자마진이 높은 조합은 그렇지 않은 조합에 비하여 임금보상비율이 높지만 개별조합의 순이자마진이 증가할 경우 임금보상비율은 그보다는 적게 증가한다. 아무튼 대출이자율과 예금이자율의 차이가 증가할수록 조합원보다는 임직원의 임금보상비율이 증가하는 것은 사실이다. 높은 순이자마진은 '낮은 가격과 나은 품질'로 조합원에게 이익을 제공해야 한다는 협동조합의 운영원리와 거리가 멀다. 문제는 순이자마진이 누구를 위해 최종적으로 배분되는가라는 부분인데, 위의 분석 결과는 조합원의 경영참여가 부족할수록 경영자를 위해 사용될 가능성이 높다는 이 글의 가설을 지지한다.

조합원의 수는 위의 모든 분석에서 임금보상비율에 (+) 영향을 유의미하게 미쳤다. 조합원의 수가 증가할수록 영업수익의 배분이 임직원에게 유리하게 이루어진다는 것을 의미한다. 이 글과 선행연구에서 주장한 바와 같이, 조합원의 규모 증가는 이익배분에 대한 통제를 어렵게 하는 구조적 요인이라고 할 수 있으며 그 결과 대리인 문제를 심화시키게 된다는 의미를 부여할 수 있다.

횡단면 모형과 Pooled OLS 모델의 결과로 볼 때, 중앙회 예치금이 높은 조합과 낮은 조합 간의 차이가 임금보상비율에 미치는 영향은 없다. 그러나 고정효과와 임의효과 모델을 통해 볼 때 개별조합이 중앙회 예치금과 거액대출을 증가시킬 때 그것의 효과는 임금보상비율을증가시키는 것으로 나타났다. 중앙회 예치금은 조합원의 통제와 감시에서 벗어난 자산운용을 의미하고 거액대출은 다수의 서민조합원을 위한 대출이 아니므로, 이 둘의 증가를 조합원에 의한 참여의 부재를 나타내는 지표로 간주하고자 한다. 임의효과와 고정효과 모델 모두에서 유의미하게 임금보상비율을 증가시키는 것으로 나타났고 이 결과는 대리인 문제를 제기하는 이 글의 가설과 부합한다.

그 외 몇 가지 언급하면, 임금보상비율은 2004년, 2005년, 2006년 이후가 높으나 지속적으로 높아지는 추세는 아닌 것으로 보인다. 임금보상비율은 광역시일수록 낮은 경향이 있으며, 지역 내에서 주도적인 신협일수록 임금보상비율이 높아지는 것으로 나타났다. 그 외 통제변수로 사용한 재무비율변수, 예대율, 부실대출비율, 자본자산비율에 대한 계수값들은 이 글의 주된 관심사가 아닐 뿐만 아니라 좀 더 엄밀한 분석을 통해 그 의미를 부여해야 할 것이다.

## 5. 결론

금융협동조합이 성장을 거듭할수록 맞닥뜨리게 되는 정체성 문제의 근간에는 “조합이 누구를 위해 존재하는가, 조합의 참된 주인은 누구인가”라는 문제가 있다. 조합원의 민주적 의사결정과정을 통한 경영참여가 가능하다면, 금융협동조합은 조합원을 위해 자산을 운용하고 이익을 배분하지만, 반대의 경우 금융협동조합의 임직원들이 자신의 이익을 극대화하는 방향으로 자산을 운용하고 이익을 배분하는 이른바 대리인 문제가 나타난다.

이 글을 통해 이러한 대리인 문제가 한국의 대표적인 금융협동조합의 하나인 신협에 나타나는지 살펴보고자 하였다. 여기서는 대리인 문제를 대표하는 순이자마진과 임금보상비율이라는 두 변수를 종속변수로 설정하고 조합원의 수, 자산규모, 중앙회 예치금, 거액대출, 예대율, 부실대출비율, 자본자산비율 등을 설명변수로 설정하고 지역경제 및 거시경제 상황을 대표하는 변수들을 통제변수로 사용하여 2004~2015년 한국 신협에 대한 계량분석을 실시하였다.

그 결과 조합원의 규모가 증가할수록 대리인 문제를 대리하는 순이자마진과 임금보상비율이 증가하였음을 밝혔으며, 조합원의 통제에서 벗어난 중앙회 예치금과 조합원의 상호성을 제약하는 거액대출이 증가할수록 대리인 문제가 크게 나타남을 실증적으로 보였다. 이러한 연구결과는 한국의 신협에서도 조합원의 참여부재로 인한 대리인 문제가 나타난다는 점을 시사한다.

금융협동조합은 이윤을 추구하는 시중은행과 달리 서민금융과 지역금융에서 중요한 역할을 수행할 수 있을 것이다. 금융협동조합을 누가 통제할 것인가라는 문제를 해결하지 않으면 서민금융과 지역금융에 대한 금융협동조합의 기능은 약화될 것이다. 조합원의 경영에 대한 참여가 규모의 증대라는 구조적 원인에 의해 약화된다면 다른 제도적 장치와 교육을 통한 의식적 노력으로 보완할 필요가 있다.

# 금융협동조합과 지역사회 관여

**11장** 한국의 금융협동조합과 지역사회개발

**12장** 금융배제에 대한 대응전략으로서 금융협동조합의 지역사회개발

part four

4

# 한국의 금융협동조합과 지역사회개발

**제1절** 서론 / **제2절** 협동조합과 지역사회 관여
**제3절** 금융협동조합의 지역사회 관여와 그 사례
**제4절** 우리나라 금융협동조합의 지역사회개발 / **제5절** 결론

## 1. 서론

1995년 ICA는 협동조합의 정체성 선언을 하였다. 선언에는 협동조합운동이 위기에 처하고(Laidlaw, 1980), 협동조합이 사라질 수도 있다(Macpherson, 2012)는 절박함이 담겨있다. 정체성 선언을 하면서 ICA는 협동조합 원칙의 일부 내용을 보완하고 구체화하였으며, 새로운 원칙을 도입하기도 하였다. 협동조합 원칙을 보완하고 구체화한 것은 주로 조합원에 의한 민주적 관리를 확고히 하는 것과 관련되어 있으며, 새로이 도입한 원칙은 협동조합의 사회적 목표를 확고히 하는 데 목적이 있다. 후자는 지역사회 관여(concerns for the community)라는 원칙이다.

우리나라에서 금융협동조합 설립이 활기를 띠기 시작한 것은 1960년대부터이다. 1960년 초반에 신협과 새마을금고가 설립된 데 이어 이미 설립되어 있던 농업협동조합도 1969년 상호금융업무를 도입하였다(농협중앙회, 2000 : 35-37). 1972년 신용협동조합법이 제정되면서 이들 금융협동조합은 지역개발사업을 할 수 있게 되었으며, 1970년대에 접어들면서 지역사회 개발사업을 본격화하였다. 그러나 이들이 현재 수행하고 있는 지역사회 개발사업은 지역사회 관여라는 협동조합의 원칙과는 일정한 거리가 있다. 이 글은 이러한 문제의식을 가지고 우리나라 금융협동조합의 지역사회 개발사업을 분석하는 데 그 목적이 있다.

이러한 과제를 수행하기 위해 제2절에서는 우선 지역사회에의 관여라는 협동조합 원칙이 도입된 배경과 의미를 살펴보고, 이어서 외국의 금융협동조합들이 어떠한 방식으로 지역사회에 관여하는지에 대해 서술한다. 제3절은 금융협동조합의 지역사회 관여와 그 사례를 외국

금융협동조합을 중심으로 살펴본다. 제4절은 제2절의 논의에 기초하여 우리나라 금융협동조합의 지역사회 개발사업의 내용과 문제점을 살펴본다. 제5절은 이상의 논의를 정리한다.

## 2. 협동조합과 지역사회 관여

1995년 정체성 선언을 하면서 ICA는 6개 항으로 이루어진 협동조합의 원칙을 7개 항으로 늘리고 일부 원칙을 수정하고 보완하였다. 협동조합의 정체성을 회복하고 강화하기 위해 이루어진 이러한 조치는 크게 두 가지로 나누어 볼 수 있다. 하나는 협동조합이 자본시장에서 자본을 조달하기 시작하면서 나타난 문제점을 보완하는 것이다. 이를 위해 ICA는 협동조합이 자본시장에서 자본을 조달할 수 있다는 점을 수용하면서 조합원의 경제적 참여원칙을 신설하고, 자본시장에서 자본을 조달할 때 협동조합이 자율성을 유지할 수 있어야 한다는 점을 명확히 하였으며, 마지막으로 민주주의라는 원칙을 조합원에 의한 민주적 관리로 수정하였다.

ICA는 새로운 원칙도 하나 추가하였다. 지역사회 관여원칙이 그것이다. 이 원칙을 추가한 것은 협동조합이 사회적 목적을 경시하면서 협동조합의 운동이 위기에 처하게 되었다는 인식에 기초하고 있다. 이 문제는 Laidlaw의 보고서에서 공식적으로 제기되었다. ICA 요청에 의하여 1980년에 작성된 보고서에서 Laidlaw는 불확실성의 시대를 맞이하여 협동조합운동이 위기에 직면하게 되었다고 진단하였다. 그의 진단은 다음과 같은 현실을 반영한다. “오늘날 협동조합인들 사이에는 이론이나 사상을 경시하는 한편 ‘사업우선’이라고 하는 경향이 크게 일고 있

다."(Laidlaw, 1980 : 67)

협동조합이 사업을 우선시한다는 Laidlaw의 지적은 효율성을 중시한다는 Böök의 현실 인식과 동일한 내용과 의미를 가지는데, 효율성을 중시할 경우 협동조합은 사회적 목적을 경시하게 된다. 협동조합은 시장 안에서 작동하고 그 원리를 받아들인다는 점에서 경제적 차원의 기업이지만, 경제 외적인 목적을 추구하고 다른 주체들과 사회 전체에 긍정적인 외부효과를 낳는다는 점에서 사회적 차원의 단체이다(Zamagni & Zamagni, 2009 : 22). 그런데 중요한 것은 사회적 차원으로서 협동조합은 협동조합의 정체성을 이루는 중요한 측면이라는 점이다. "이중적 성격은 협동조합의 본질, 임무, 정체성을 표현"(Puusa et al., 2013)하기 때문이다.

지역사회 관여원칙은 협동조합의 사회적 책임과 관련된 것으로, 이는 협동조합의 정체성 회복 내지는 강화를 겨냥한다. Macpherson의 다음 지적은 이를 명확히 해준다. "협동조합이 정부 정책에서 덜 강조되고 각 조합이 자본주의적 접근을 모방해 협동조합이 사라질" 위기 상황이 도래하면서 "'협동조합의 차별성'을 증진"할 필요가 생겼는데, 바로 이를 위해 "지역사회와의 관계에 대한 질문"이 중요해졌다(Macpherson, 2012). Puusa et al.(2013) 등에서 보듯이 이러한 인식은 오늘날 일반화되어 있다.

그렇지만 지역사회 관여원칙이 협동조합의 정체성 회복 내지는 강화에만 한정된 것은 아니다. 협동조합은 사회적 책임을 다하면서 자신의 정체성을 회복 내지는 강화하고 나아가 지역사회로부터 좋은 평판을 얻음으로서 자신의 경쟁력을 강화할 수 있다.[1] 지역사회 관여는 협동조합의 의무이며, 사업을 하는 방식이며, 협동조합 가능성을 만드는 방식이다(Macpherson, 2012). 그러나 조합원이 조합경영에 참여하여 협동조합 원칙에 암묵적인 사회적 목표와 윤리적 실천을 촉진하고 이러한 목표와 실천을 사업전략에 통합하면 협동조합은 경쟁자들보다 우월한 상업적 이점을 지닐 수 있다(Birchall & Simmons, 2004).

약화된 정체성을 회복하기 위해 지역사회 관여를 중시하는 금융협동조합도 나타났다. 스페인 Almería 지역과 이탈리아의 Trentino 지역의 금융협동조합이 그들이다. Giagnocavo et al.(2012)에 의하면 이들 협동조합은, 스페인의 협동조합에서 보듯이, 전통적인 영업 기반이 쇠퇴해지자 자금운용영역을 크게 확대하기 시작하였다. 그런데 이러한 움직임은 그들의 이미지를 변화시키고, 정체성을 상실하게 만들었다. 이에 협동조합 원칙으로 되돌아가기 위해 전략적 변화가 요청되었는데, 이때 그들이 중시한 것은 지역사회개발이다. 변화된 전략은 성과를 낳은 것으로 보이는데, 이들의 지역사회개발사례를 소개하면서 Giagnocavo et al.(2012)은 이렇게 말한다. 이들 협동조합의 지역사회개발사례는 "협동조합의 가치를 재발견하고 지역활동을 유지하기 위한 활동"의 본보기이며, "지역 내에서 새로운 사회적 관계, 새로운 네트워크 형성에 기여"한다.

## 3. 금융협동조합의 지역사회 관여와 그 사례

### 3.1 지역사회 관여의 정의와 의미

ICA는 지역사회 관여 원칙에 대해 이렇게 말한다. "협동조합은 조합원의 동의를 얻은 정책을 통해 그들 지역사회의 지속가능한 발전을 위해 노력한다."(Birchall, 1997 : 113) 지역사회 관여에 관한 많은 논의는 그것을 지역사회개발이라는 용어로 바꾸어 표현하기도 하는데, 이 글에서도 지역사회 관여라는 용어와 지역사회개발이라는 용어를 혼용하고 있다. 한편 Giagnocavo et al.(2012)은 협동조합의 내부지배구조와 사회적 책임에 관한 논의를 검토하면서 1990년대에는 오늘날과는 달리 지역개발에서 협동조합은행의 역할과 그들의 사회적 효율성에 관한 논의가 일반적이었다고 말한다. 그러나 지역개발에서 협동조합의 역할에 관한 당시의 논의에 접근하는 것이 용이하지 않아 이 글에서는 지역사회 관여가 협동조합의 일곱 번째 원칙으로 추가된 1995년 이후의 논의, 특히 그것이 협동조합의 원칙으로 추가되게 된 배경과 의미 등을 설명하는 논의를 중심으로 지역사회개발에서 협동조합의 역할에 대해 살펴보고자 한다.

협동조합의 임무는 조합원과 사회에 긍정적인 영향력을 행사하는 것이며, 협동조합은 자발적이며 사업과 관련이 없는 행위를 통해 지역사회의 복지를 증진시켜야 한다(Puusa et al., 2013). "사람들은 협동조합이 지역사회 전체와의 관계에서 사회적 책임을 다할 것을 기대"(Böök, 1992, 하 : 96-97)하기 때문이다. 이러한 점에서 지역개발이 "경제활동에 적극적으로 참여하여 지역사회의 사회 · 경제적 복지를 실현하는 과정"이라는 Giagnocavo et al.(2012)의 정의는 지역사회 관여라는 협동조합의 원칙이 가지는 의미를 잘 보여준다. 지역사회개발에 관한 Fairbairn 등의 설명은 보다 포괄적이다. 그들은 이렇게 말한다. 지역사회개발이란 "지역사회에 뿌리를 두고 온전히 지역사회를 이롭게 하는 기업의 발전을 촉진하기 위한 문구이다. 그것은 지역의 생존, 리더십, 그리고 능력축적에 관한 폭넓은 질문과 관계된다."(Fairbairn et al., 1997 : 3)[2] 동시에 그들은 "지역사회, 민주주의 등의 가치에 의거하여 설정된 우선순위에 따라 사람들이 사회와 경제를 변화시킬 수 있는 힘을 부여하는 과정이다"(Fairbairn et al., 1997 : 12)라고 말하는데, 이렇게 볼 때 지역개발은 경제성장 이상의 것을 의미하며, 지속 가능성이라는 개념과 더 밀접한 관계를 가진다.[3]

한편 Borzaga & Galera(2012)는 협동조합의 사회적 목표는 조합원의 소득과 고용을 보호하는 것이며, 협동조합은 공공정책이 책임져야 할 문제의 해결을 돕고, 종종 노동시장에서 배제되거나 배제될 위험을 안고 있는 불리한 처지의 노동자를 우대해야 한다고 말한다. 이는 지역사회개발의 내용을 보다 구체적으로 보여준다.

그들은 협동조합의 사회적 목표는 조합원의 소득과 고용을 보호하는 데 있다는 점을 특히 강조한다. 그러면서 신뢰와 상호성에 기초하여 창출된 조합원들의 관계가 중소기업, 농부, 저소득가계의 은행신용에의 접근을 의미 있게 증대시키고 지역사회와 사회발전을 촉진할 수 있다고 말한다. 이것이 의미하는 바를 보다 구체적으로 말하자면 다음과 같다. 먼저 금융협동조합은 지역사회에 관여하는 과정에서 조합원들과 신뢰 관계를 형성하고 그에 기초하여 자금을 대출해줄 수 있게 된다. 다음으로 이러한 특성을 가진 지역적 착근성은 금융협동조합으로 하여금 지역사정을 깊이 이해하고 지역사회에 있는 기관들(지방정부당국, 농촌기관, 전문기관, 노동조합, NGO, 공공기관 등) 상호 간의 관계 네트워크로부터 혜택을 받을 수 있게 한다.

나아가 "금융협동조합은 … '대안적' 은행과 함께, 대규모 조직에게는 특별히 매력적이지 않는, 공동체 가치와 전형적으로 [시장, 소기업 그리고 시민들 사이의 불가결한 연계를 대표하는] 강력한 사회적 연대 위에 구축된 관계들 속에서 발전"할 수 있게 되는데, 금융협동조합은 다시 "공동체적 연대를 유지하는 데 기여"(이상 Giagnocavo et al., 2012. [ ]는 인용자가 첨부)하면서 공동체적 연대 강화—금융협동조합의 발전이라는 선순환의 구조를 확고히 하게 된다. 즉, 조합원과의 신뢰에 기초한 지역밀착, 지역사회 네트워크 속으로의 진입은 금융협동조합이 지역주민과 지역사회발전에 기여할 수 있게 하며, 이는 다시 지역의 공동체적 연대를 강화하면서 금융협동조합과 지역사회가 함께 성장하고 발전할 수 있는 토대를 구축하게 된다.

### 3.2 금융협동조합의 지역사회 관여 사례

지역개발을 위해 스페인의 Almería 지역과 이탈리아의 Trentino 지역 금융협동조합은 다음 두 가지에 주목한다.[4] 하나는 사회적 기업과 금융적 및 사회적으로 배제될 위험에 노출된 특정 부문에 대해 금융적으로, 다양한 활동을 통해 지원하는 사업이다. 이를 위해 그들은 보증 필요가 없는 소액신용(micro-credit)을 제공하며, 신용을 공급하고, 조언을 제공하며, 기술습득 및 능력향상을 위한 자원을 공급한다. 그리고 지역주민의 사회적 통합과 일자리 확대와 최근에 졸업한 사람들을 위해 노동시장 진입 프로그램 등을 실행한다. 이와 함께 그들은 금융교육, 자원봉사, 타임뱅크(time bank)를 도입하기도 한다.[5]

다른 하나는 지역의 다른 기구(사회적 협동조합, 민간기구, 공공기관 등)들과 공동으로 계획을 입안하고, 이들과 공동으로 계획을 실행하며, 실현할 조직들을 만드는 활동이다. 이러한 활동은 크게 두 가지로 구분된다. 먼저 지역의 다른 행위자들, 즉 사회적 협동조합, 학교, 공공기관 등과 구축한 긴밀한 협력관계 속에 실현된 '사회적 목적을 가진 특별한 계획'을 만드는 것이고, 다음으로 지역의 다른 기구들(사회적 협동조합, 공공기관, 민간조직)과 공동으로 계획을 실행하고 실현할 수 있는 '위성 조직들'(지역의 상이한 행위자들 속에서 작동하는 협회, 협동조합 혹은 기금)과 같은 새로운 기관들을 설립하는 것이다. 이러한 활동을 통해 이들 금융협동조합은 "협동조합의 가치, 적극적인 조합원 참여, 그리고 상업적 전략 간의 연계를 재구축"한다(Giagnocavo et al., 2012).

첫 번째 활동은 Capber(2000)가 새로운 가치에 기반한 새로운 금융 조직 또는 Evers et al.(2001)이 주류 은행부문이나 복지국가가 지원하려 하지 않거나 할 수 없는 사람들, 부문, 그리고 지역을 돕는 조직들이 수행하는 기능과 유사하다. 금융협동조합들은 이러한 활동을 지속적이고 체계적으로 수행하기 위해 의무적으로 기금을 출연하고 있다. 두 번째 활동에서 우리는 금융협동조합이 지역사회를 개발하기 위해 지역사회에 네트워크를 구축하고 이들과 적극적으로 협조한다는 것을 알 수 있다. 네트워크가 조밀하고 연대의식이 강할수록 지역사회의 공동체 의식과 유대도 강화될 것인데, 이는 다시 이를 기반으로 영업하는 금융협동조합의 경쟁력 강화에 기여하게 된다.

캐나다 금융협동조합도 지역사회 네트워크를 구축하기 위한 노력을 게을리하지 않으며, 동시에 지역주민, 조합원과 직접 관련이 있는 활동도 수행한다. 전자는 지역개발을 위해 노력하는 지역의 다른 조직들을 위한 우호적인 환경을 조성하는 데 중점을 둔다. 지역주민에게 지역과 경제개발을 교육하기 위한 활동의 후원, 지역경제개발기구들과 네트워크를 구성하거나 파트너십을 맺는 것 등이 그것이다. 보다 구체적으로 보면 금융협동조합은 연방지역개발회사와 협업 관계를 구축하여 대출을 하고, 소기업대출협회와 협조체제를 구축하여 소기업에게 소규모 저금리 대출을 제공하고, 지역사회개발에 관여하는 기관이 발행하는 채권을 판매한다. 그리고 지역경제단체나 조직을 지원한다. 다른 한편으로는 스스로 지역 특성에 맞는 지역개발계획을 발의하거나 지방정부, 단체, 개인 등과 함께 공동으로 참여하기도 하고, 지역에 일자리를 창출하기 위해 기업을 유치하려 노력한다.

후자를 위해 금융협동조합은 조합원이 지역에서 생산된 재화나 서비스를 구매하는 데 사용하도록 매력적인 상환조건으로 대출하는 등 지역상품구매운동을 지원하고, 지역경제에 중요한 투자사업을 위해 특별한 조건과 금리로 대출한다. 자영업자의 창업을 지원하기 위해 금융협동조합이 보유하고 있는 공간을 제공하고, 지역쇼핑행사를 개최하여 경품을 지원하기도 한다. "이렇게 지역사회에 관여하는 목적은 주로 (지역사회에) 혜택을 베푸는 데 있으며, 금융협동조합 또는 지역경제를 위한 측정할 수 있는 수익을 낳는 데 있지 않다. 그러나 그러한 관여는 지역사회 리더로서 금융협동조합의 명성과 평판을 강화한다."(Fairbairn et al., 1997 : 8)

Fairbairn 등은 지역기업을 위한 신용공급을 강조한다. 그들은 이렇게 말한다. "북아메리카 신용조합은 경제개발이 아니라 소비자대출에 특화했다." 그런데 "신용조합은 자신을 필요로 한다면 아직도 기업을 발전시키기 위한 대리인이 될 타고난 잠재력을 지니고 있다. 오늘날 농촌, 북부지역, 대도시 내의 지역사회는 생존의 위협에 직면하고 있으며 그들의 필요는 긴급히 충족되어야 한다. 신용조합은 새로운 구조를 채택하고 전혀 새로운 사고방식을 배워야 한다."(Fairbairn et al., 1997 : 11).

Fairbairn 등의 이러한 지적은 소비자신용공급에 특화하여 성장한 한국 금융협동조합에게도 시사하는 바가 크다. 기업대출을 확대하면 한국의 금융협동조합은 자산구조를 변화시키고 자산운용의 어려움을 극복할 수 있을 것이다. 그러나 보다 중요한 점은 지역기업에 대한 대출을 통해 지역개발에 보다 적극적 · 능동적으로 기여할 수 있다는 점이다.

김성호(2011)에 따르면 일본의 신금중앙금고(우리나라 금융협동조합의 중앙회와 같다)는 비즈니스 매칭을 위한 지원을 하였는데, 이는 지역의 중소기업과 대기업과의 거래를 주선하는 좋은 본보기로 거론된다. 이와 함께 신용금고 거래처의 판로확대 지원이나 세미나 개최를 지원하기도 하였다.

### 3.3 소결

이상으로부터 우리는 금융협동조합이 조합원이나 지역기업에 대한 금융지원에 머무르지 않는다는 것을 알 수 있다. 대출에 역점을 두기보다는 지역사회개발을 위해 노력하는 과정에서 구축된 조합원(및 지역주민)과의 신뢰, 그리고 지역사회의 여러 층위의 사람들 및 기관들과 맺어진 네트워크가 금융협동조합의 활동을 촉진 · 활성화하고 있다. 여기서 우리는 금융협동조합이 지역사회에 관여하는 목적이 지역사회에 혜택을 베푸는 데 있으며 수익창출을 겨냥하지 않지만, 그러한 관여가 지역사회 리더로서 명성과 평판을 강화함으로써 금융협동조합이 경제적 목적을 달성할 수 있게 한다는 것, 즉 금융기관으로서 지속 가능성과 성장 가능성을 확고히 해준다는 것이 의미하는 바를 확인할 수 있다.

우리나라 금융협동조합은 스스로를 서민금융기관이라고 부르고 있다. 그러나 서민의 경제를 안정시키거나 그들의 금융제약을 완화하는 데 기여하지 못한다는 비판에 직면하고 있다. 이 자체는 그들이 자신의 역할을 서민에 대한 금융공급에 한정하고 있기 때문이라고 말할 수 있다. 지역사회 관여에 관한 앞의 논의가 보여주듯이 금융협동조합은 지역사회개발에 적극 참여하면서 조합원의 소득과 고용을 보호하고, 공공정책이 책임져야 할 문제의 해결을 돕고, 노동시장에서 배제되거나 배제될 위험이 있는 노동자를 우대해야 한다. 즉, 금융협동조합은 자신의 역할을 지역자금을 지역 내 순환시키는 것으로 한정해서는 안 된다. 또는 상업적 금융기관이 진입하지 않는 또는 못하는 시장, 이른바 틈새시장을 겨냥하는 데 머물러서는 안 된다. 특정한 성격, 사회적 가치, 서비스에 대한 필요를 가지고 있는 조직을 위해 봉사해야 한다. 한국 정부의 금융협동조합에 대한 기대도 바뀔 필요가 있다. 담보가 적거나 없는 저소득계층과 저신용계층에게 신용대출을 확대하도록 요구하는 데 머무르지 말고 참된 의미의 지역사회개발에 관여하도록 요구할 필요가 있다.

다른 한편 우리나라 금융협동조합 연구자들은 관계형 금융을 활성화해야 한다고 권고한다. 그러나 관계형 금융은 금융협동조합과 조합원 또는 지역기업이 신뢰 관계를 구축한 위에서야 비로소 가능하다. Howorth & Moro(2006)는 지역사회 관여(community involvement)와 비공식적인 정보흐름(또는 소문)이 신뢰구축에 미치는 영향을 검토하면서 기업-은행 관계에서 신뢰의 형태 혹은 강도는 다수의 내적 및 외적 요인에 의존한다고 주장한다. 그러면서 그들은 믿는 사람의 특징, 특히 다른 사람을 믿는 성향 = 뿌리내린 신뢰 경향 = 타인을 믿으려는 일반적인 의지가 중요하다고 말한다.[6] 신뢰란 대출을 확대해가면서 쌓여 가는 것이 아니며, 신뢰가 의미 있는 대출을 가능하게 하고 촉진하는 것이다.

금융협동조합의 대출과 관련하여 또 하나 지적하고 싶은 것은 대출 심사가 신축적으로 이루어질 필요가 있다는 것이다. 특히 현재와 같이 개인신용평점제도를 계속 활용하면 금융협동조합은 지역의 저소득계층의 금융제약을 완화하는 데 기여할 수 없으며, 지역기업을 위한 대출을 확대할 수도 없다. 스페인 Almería 지역의 기업과 주민들은 "협동조합은행은 여러 측면에서 파트너로 보인다"고 말하는데, "사회적 기업, 협동조합과 지역개발 행위자들은 협동조합은행과 좋은 관계를 맺고 있으며 대체적으로 금융협동조합은 그들의 금융적 필요를 이해한다고 느꼈다."(Giagnocavo et al., 2012) 만약 상업적 금융기관들과 유사한 금융기법을 활용한다면 스페인 Almería 지역의 경제주체들은 금융협동조합을 파트너로 생각하지 않을 것이며, 금융협동조합들은 지역경제주체들의 금융적 필요도 이해하지 못할 것이다.

한편 금융협동조합은 신용의 공급에 머물러서는 안 된다. 많은 경우 저소득계층과 저신용계층은 금융협동조합의 신용에 접근하기도 곤란할 것이다. 이 때문에 Giagnocavo et al.(2012)는 금융협동조합은 저소득계층과 저신용계층을 낙오시키지 않으려면 금융공급에 머무르지 말고 이들을 위한 특별한 프로그램을 마련해야 한다고 주장한다. 즉, 금융협동조합은 이들이 "포괄적인 경제적 해결책을 찾을 수 있도록 도움을 주기 위해 도전해야 한다."

## 4. 우리나라 금융협동조합의 지역사회개발

Giagnocavo et al.(2012)은 "사회적 기업과 지역개발을 위한 지원은 협동조합적 지역사회 건설을 위한 중요한 부문"이라고 말한다. 이러한 지적은 지역공동체를 건설하기 위해 금융협동조합이 노력해야 할 방향을 보여주는 것이라 할 수 있다. 제3절의 외국 사례를 통해 알 수 있듯이 외국의 금융협동조합들은 스스로가 사업체를 운영하기보다는 주로 지역개발을 위해 지역의 주민이나 조합원을 지원하는 방식을 취하고 있다. 이러한 점을 염두에 두면서 우리나라 금융협동조합의 지역사회 개발사업에 대해 살펴보기로 한다.

### 4.1 현황

새마을금고중앙회는 새마을금고의 세 가지 사업을 이렇게 설명한다. "첫째, 우리 고유의 자율적 협동조직인 계 · 두레 · 향약 등으로 대표되는 공동체정신을 계승한다. 둘째, 협동조합의 원리에 의하여 신용사업 · 공제사업 등의 생활금융사업, 문화 · 복지후생사업, 지역사회 개발사업 등을 수행한다. 셋째, 이들 사업을 통하여 회원의 삶의 질을 향상시키고 나아가 지역공동체의 발전과 국민경제의 균형발전에 기여한다."(새마을금고중앙회, 2013 : 130) 새마을금고의 이러한 사업은 새마을금고법에 명기된 새마을금고의 설립목적을 따르는 것이다.[7]

1972년 제정된 신용협동조합법 목적에는 지역사회개발이 명기되어 있지 않다.[8] 그렇다고 해서 신협이 지역사회 개발사업을 추진하지 않는 것은 아닌데, 신협의 지역개발사업은 1972년에 제정된 신용협동조합법

제31조(업무 등) 제1항 제6호(조합원의 경제적 · 사회적 지위향상을 위한 교육 및 지역사회개발)에 나와 있는 지역개발사업에 근거하고 있다.

새마을금고와 신협이 수행하는 지역개발사업에는 공동구매사업, 공동판매사업, 공동이용시설사업, 기타 부대사업이 있다. 우리나라 금융협동조합이 수행하는 지역개발사업의 근간을 이루는 이러한 사업은 1972년에 내려진 동 조항의 내용에 대한 재무부의 유권해석(신협중앙회, 1991 : 191 ; 새마을금고중앙회, 2013 : 443)에 근거하고 있다. 이러한 유권해석에 근거하여 새마을금고는 지역개발사업을 수행하기 위해 마을금고 조직 내에 새마을사업소라는 직제를 두었다.[9] 1982년 12월에 공표된 새마을금고법도 지역사회 개발사업을 명기하고 있는데, 동 법은 새마을금고의 사업내용을 신용사업, 문화복지후생사업, 회원에 대한 교육사업, 지역사회 개발사업으로 하고 있다(새마을금고중앙회, 2013 : 444).

새마을금고의 경우 지역사회 개발사업을 사회공헌활동의 일환으로 수행하고 있다. 새마을금고의 사회공헌활동은 크게 지역사회 개발사업, 회원에 대한 교육사업, 문화복지후생사업으로 구분되는데, 각 사업의 규모와 중요성은 시기별로 차이가 있다.[10] 초기에는 지역개발사업이 주류를 이루고 있었다. 그러나 2000년대 들어 "지역 단위의 공동체적 사업보다는 회원이 필요에 따라 이용할 수 있는 개별수요사업이 크게 증가"(새마을금고중앙회, 2013 : 447)하면서 문화복지후생사업이 늘어나고 있다. 현재 수행되고 있는 문화복지후생사업의 주요 내용은 다음과 같다. : 공중이용시설(목욕탕, 이용원, 세탁소, 콘도미니엄, 골프장의 회원권 제공 등), 체육시설(탁구장, 헬스클럽, 에어로빅 요가, 스포츠댄스, 생활체조, 밸리댄스, 골프연습장, 단전호흡 등), 노인여가복지시설(경로당, 노인복지회

관, 노인휴양소 등), 보육시설(어린이집), 예식시설(예식장), 장의시설(장례식장운영, 상조서비스 등), 식품접객업소(소외계층을 위한 무료급식사업, 일반 · 휴게음식점 등), 기타(인쇄소, 수입증지 판매, 지하수 무료급수시설, 각종 생활체육 및 강좌, 산악회 등)

김선기 · 신두섭(2014)은 새마을금고 사회공헌활동에 대해 이렇게 말한다. "금융협동조합은 금융을 매개로 사회공동체 발전에 기여하는 것을 존재 이념으로 삼고 있어 사회공헌활동은 금융협동조합의 기반이자 뿌리"이다(김선기 · 신두섭, 2014 : 96). 이는 새마을금고가 우리의 전통적인 지역공동체에 뿌리를 두고 있는 상부상조의 협동조합이라는 설립이념을 반영하는 것이다. 그러면서 그들은 사회공헌활동이 새마을금고가 지역사회와 더불어 성장하는 기반을 구축하는 데 중요하다고 말한다.[11]

이어서 그들은 새마을금고의 사회공헌활동 각각에 대해 사업의 성격과 주요 사업을 다음과 같이 설명한다. 먼저 지역개발사업의 사업성격은 "새마을금고가 지역사회개발을 위해 전부 또는 일부를 투자하여 직접 · 위탁 운영함으로써 발생하는 수익으로 지역경제발전에 기여하는 사업"이며, 주요 사업에는 "미곡처리장, 영농조합법인(농산물저온저장시설), 의료사업(농촌), 주유소 · 휴게소, 복지매장(직장새마을금고), 친환경 농업지구 조성사업, 농자재 판매, 농 · 어촌 체험시설 등"(김선기 · 신두섭, 2014 : 104)이 있다.

둘째, 복지지원사업은 주위의 소외된 이웃들과 따뜻한 마음을 나누기 위하여 다양한 사회복지시설 등을 운영하고 지원하는 사업으로, 주요 활동은 노인여가복지시설사업 운영 · 지원, 영 · 유아보육시설 운영 · 지원, 소년 · 소녀가장의 집 운영, 이 · 수재민 지원, 독거노인 도시락 배달, 무료급식, 예식장 운영 · 지원, 심장병 어린이 후원 등이다. 마지막으로 기타 사업으로 장학사업, 평생교육사업, 문화예술사업, 자원봉사활동, 사랑의 좀도리 운동 등이 있다.

신협의 지역개발사업 내용도 새마을금고와 유사한데, 전체적으로 볼 때 우리나라 금융협동조합의 지역개발사업은 뚜렷한 성과를 거두지 못하고 있으며(김성호, 2011), 체계적이거나 조직적이지도 않다. 이에 여러 가지 개선방안이 제시되고 있는데, 김성호(2011)와 김성호(2010)는 사업의 방향을 지역과의 밀착성을 제고하면서 새마을금고의 수익성을 높일 수 있는 방향으로 바꾸어야 한다고 주장한다.[12] 나아가 김성호(2010)는, 새마을금고의 인지도를 향상시키고, 사업의 지속 가능성도 제고하는 데 기여할 수 있다고 말하면서, 지방자치단체의 지역개발사업에 참여할 것도 제안한다. 다른 한편 김선기와 신두섭은 사회공헌활동을 신용사업과 연계하여 전개해야 한다고 주장한다(김선기 · 신두섭, 2014 : 111). 신협의 사회공헌활동에 대해 설명하는 조태현(2010), 신협중앙회(2011)에서 보듯이 지역사회개발에 대한 신협의 자세도 새마을금고와 유사하다.

## 4.2 문제점

우리나라 금융협동조합은 다양한 방향에서 지역개발사업을 추진하고 있다. 그러나 그들의 기본적인 자세나 연구자들이 제안하는 개선안 등에서 알 수 있듯이 우리나라 금융협동조합이 지역개발사업에 참여하는 주된 목적은, 비록 지역사회 개발사업 등을 통해 지역 밀착성을 강화해야 한다고 말은 하지만, 자신의 수익성을 제고하고 자금운용을 촉진하는 데 있다. 지역사회개발(사업)에 대한 우리나라 금융협동조합의 이러한 자세나 인식은 많은 문제를 안고 있다.

가장 중요한 문제는 현재와 같은 지역사회 개발방식이 조합원 경제를 촉진하거나 지역사회개발에 기여할 수 없다는 데 있다. 대부분의 지역사회 개발사업을 포함한 사회공헌활동은 지역주민 또는 조합원 · 회원의 사업과 경쟁관계에 있다. 그렇기 때문에 금융협동조합 사업은 그들의 경제를 촉진시키기보다는 억압할 가능성이 크다. 그들의 경제가 위축되면 지역사회를 개발한다는 본래의 취지는 크게 퇴색될 것이다.

다른 한편 다수의 사업이 지역주민이나 조합원 · 회원의 이해관계에 반하기 때문에 금융협동조합이 지역사회의 개발을 억제하고, 조합원 · 회원이나 지역주민을 결집시키기보다는 분열시킬 우려가 크다. 만약 금융협동조합의 지역사회 개발사업이 조합원 · 회원이나 지역주민이 경영하는 사업체보다 경쟁적인 가격으로 보다 나은 품질의 제품이나 서비스를 제공한다면 순수한 소비자로서 금융협동조합 사업체를 이용하는 주민이나 조합원 · 회원은 그것을 호의적으로 바라볼지도 모른다. 그러나 사업체를 경영하는 조합원 · 회원과 지역주민, 그리고 특히 협동조합의 바람직한 또는 이상적인 모습에 대해 잘 알고 있는 사람들은 그들의 사업에 대해 적대적이고 부정적인 시각을 갖게 될 것이다.

결국 금융협동조합의 지역개발사업은 지역주민의 원자화를 심화시키면서 협동조합의 가치를 불신하게 될 것이다. 그리고 지역공동체를 더욱 이완시키게 될 것이다. 지역주민이 조합원 · 회원으로 가입해도 예금의 비과세혜택이나 상대적으로 높은 출자금에 대한 배당금 등과 같은 경제적 이익에만 관심을 기울이게 될 것이다. 금융협동조합이 운영하는 사업체 등을 이용할 때에도 그렇다. 김성호(2011)는 새마을금고의 지역공헌활동을 업그레이드해야 한다고 하면서 현재의 사정을 이렇게 평가한다. "지역주민과의 밀착경영을 추진하였으나 소극적 문화복지사업에서 더 이상의 진전이 이루어지지 않고 있는 상황에서 새마을금고가 제공하는 문화복지혜택만을 누리는 체리피커(cherry picker)를 양산하고 복지혜택에 따른 경제적 여유가 새마을금고로 돌아오지 않아 다시 지역으로의 재투자를 기대할 수 없는 악순환이 이어지고 있다."

협동조합 원칙 중 하나인 지역사회 관여(concerns for the community)는 협동조합의 지역사회에 대한 주의와 책임을 강조한다. 즉, 협동조합과 지역사회 공동체의 연계를 확인함으로써 협동조합 활동의 사회적 결과에 대해 세심하게 주의하고 그들이 경영하고 있는 기반인 지역사회를 살펴야 하는 책임감을 가져야 한다는 것이다(Borzaga & Galera, 2012).[13] 그러나 우리나라 금융협동조합의 지역사회 개발사업은 협동조합과 지역사회의 연계를 강화하는 데 기여하지 못하고 있으며, 지역사회를 살펴야 한다는 책임감과도 거리가 있다. 우리나라 금융협동조합은 지역사회개발을 위해 나름대로 자금을 투자하고 있다. 그렇지만 잘못된 방식은 그러한 노력을 제대로 평가받지 못하게 한다.

Laidlaw는 협동조합이 "이론이나 사상을 경시"하고 사업을 우선하면 정체성을 상실할 수 있다고 우려하였다(Laidlaw, 1980 : 67). 이는 금융협동조합이 금융업에 치중하는 것에 대한 비판이라 할 수 있다. 그런데 우리나라 금융협동조합의 경우 지역사회 개발사업 자체가 이러한 측면을 강하게 내포하고 있다. 지역사회 관여를 통한 정체성의 회복 또는 경쟁력의 강화라는 측면에서 본다면 지역사회개발(사업)은 중요한 전환이 요청된다.

## 5. 결론

지역사회 관여와 관련하여 제3절에서 검토한 사례를 보면 선진국 금융협동조합은 저소득계층의 생활안정을 위해 노력하면서, 동시에 지역사회 네트워크에 참여하고 이를 확대하고 활성화하기 위해 노력한다. 이러한 노력 덕분으로 금융협동조합은 조합원 및 지역주민과 긴밀한 유대관계를 형성하고 돈독한 신뢰를 구축한다. 이는 금융협동조합의 중요한 사회적 자본으로 지역사회에 신용을 공급할 때 유용성을 발휘하는 경쟁력의 원천이기도 하다.

우리나라 금융협동조합은 지역사회개발에 나서고 있다. 그러나 스스로가 지역사회개발'사업'이라고 부르듯이 자신의 자금을 운용하면서 또 다른 수익원을 창출하려는 목적으로 이루어지고 있다. 이는 저소득계층의 생활을 안정시키면서 지역공동체를 건설한다는 참된 의미의 지역사회개발과는 거리가 있다는 것을 의미한다.

현재 우리나라의 중앙정부와 지방정부는 지역사회의 다수 취약계층을 지원하기 위해 다양한 정책을 실시하고 있다. 그러나 충분하지는 않다. 만약 금융협동조합이 이들을 적극적으로 돕는다면 정부의 복지정책을 보조하면서 지역의 고용을 창출하는 등 저소득계층의 생활안정에 기여할 수 있다. 지방자치단체와의 관계를 발전시켜 시민단체 등과 연대하여 지역의 지배구조를 창출해낸다면 금융협동조합은 지방자치단체와 함께 지역사회를 위한 정책을 입안하고 추진할 수도 있을 것이다.

한국 금융협동조합이 지역사회 네트워크의 일원이 되면 지역사회의 보다 깊은 신뢰를 얻을 수 있게 되고 나아가 공신력도 강화할 수 있다. 뿐만 아니라 네트워크의 도움을 받아 금융사업을 탄력적으로 전개할 수 있을 것이다. 여기서 금융협동조합이 지역사회에 뿌리내린다는 것의 의미가 구체화되는데, 이는 지역공동체를 건설하고 활성화하는 과정이기도 하다.

12장

# 금융배제에 대한 대응전략으로서 금융협동조합의 지역사회개발

**제1절** 서론 / **제2절** 이론 검토 / **제3절** 금융배제와 우리나라 금융협동조합

**제4절** 지역사회개발과 금융배제의 완화 / **제5절** 결론

## 1. 서론

한국 정부는 1980년대 금융 자유화를 추진하면서 신협 등 금융협동조합을 서민금융기관으로 육성하기 시작하였다. 당시 한국 정부는 은행, 증권, 보험 등 새로운 금융기관의 설립을 허용하는 한편, 은행 등이 가계금융시장에 진출하기 시작하면서 영업 기반이 위축되기 시작한 금융협동조합을 서민을 위한 금융기관으로 육성하려 한 것이다.

그러나 최근 들어 뚜렷해진 바와 같이 금융협동조합은 서민의 금융제약을 완화하는 데 그다지 기여하지 못하고 있다. 금융배제 문제가 완화되지 않는 가운데 대부업이 지속적인 성장세를 보이자 정부가 서민의 금융제약을 완화하기 위해 적극 개입하고 있는 것은 이를 잘 보여준다.

금융배제를 완화하기 위한 정책금융은 한시적으로 도입되는 경우도 있다. 그러나 햇살론에서 보듯이 일부 정책금융은 한시적으로 도입되었지만 계속 시행되기도 한다. 최근에 정부는 분산적으로 운영되던 서민금융업무를 일원화하여 서민들을 대상으로 하는 금융서비스의 편의성을 높이고 종합적인 금융 지원을 담당하기 위해 서민금융진흥원을 설립하였다.

협동조합으로서의 성격을 강화하면서 금융협동조합이 금융배제 문제를 완화할 수 있는 방안을 모색하는 것이 이 글의 목적인데, 이 글은 협동조합 원칙의 하나인 지역사회 관여(concerns for the community)에 주목한다. 이를 위해 서론에 이어지는 제2절에서는 금융배제 문제를 완화하기 위해 영국 정부가 채택한 신용조합 육성정책에 대해 살펴본다. 여기서 우리는 금융배제 문제는 단순히 공급을 증가하는 것으로 해소하기 어렵다는 것을 확인할 수 있다. 제3절에서는 우리나라 금융배제의 현황을 대부업을 통해 살펴보고, 이어서 금융배제에 대처하기 위한 방안 중 하나로 정부가 채택하고 금융협동조합이 실행하고 있는 햇살론의 내용과 한계를 검토한다. 제4절에서는 지역사회개발에 참여함으로써 금융협동조합이 금융배제 완화에 기여할 수 있다는 점을 사회적 협동조합을 설립하기 위한 지원을 통해 살펴본다. 제5절은 이상의 논의를 요약하고 정리한다.

# 2. 이론 검토

## 2.1 영국 정부와 신용조합

금융배제 문제에 대응할 필요성이 커지면서 우리나라 정부는 금융협동조합이 보다 적극적으로 나서도록 독려하고 있다. 1980년대부터 금융협동조합을 서민금융기관으로 육성하고 있는 만큼 이러한 요구는 자연스러운 일로 보인다. 그러나 금융배제 문제가 쉽게 완화되지 않는 가운데, 금융협동조합이 금융배제 문제에 효과적으로 대응하지 못한다는 비난도 가라앉지 않고 있다. 금융협동조합이 금융배제 문제에 얼마나 기여할 수 있는지, 그리고 나아가 어떻게 해야 하는지에 대한 교훈을 우리는 영국의 경험에서 얻을 수 있다. 이에 여기서는 신용조합을 통해 금융배제 문제에 대처하려 한 영국의 경험을 살펴보는 것으로 이론 검토를 시작하고자 한다.

영국 재무성은 금융배제를 "소외된 지역에 살고 있으면서 매우 곤궁한 다수의 주민들이 다른 사람들은 이용할 수 있는 금융서비스에 접근할 수 없고 그 결과 더욱 빈곤해지는 것"(Evans & Broome, 2005)이라고 정의한다.[1] 금융배제의 위험에 처하기 쉬운 대상에는 아녀자, 청년층, 노년층, 실업자, 반숙련자 등이 있는데, 금융배제자는 특정 지역에 편향되기도 한다(Fuller, 1998). 대부분의 영국 연구자들은 금융배제가 나타난 원인으로 1980년대 이후 본격화한 금융 자유화를 거론한다. 즉, 금융 자유화가 진행되면서 은행 등 주류 금융기관들이 저소득층보다 중고소득층 고객을 대상으로 영업을 하고 있기 때문에 금융배제가 나타난다(Jones, 2008 ; Fuller, 1998 ; Fuller et al., 2006 등). 금융배제자가 늘어나면서 금융기관 신용에 접근할 수 없을 것이라는 생각에 스스로 금융기관 신용에 접근하려 하지 않는, 즉 자기배제의 가능성도 커지고 있다(Fuller, 1998). 한편 Marshall(2004)은 금융배제의 원인으로 심화되는 소득불평등, 한 부모 가계와 고령인구 증가와 같은 인구학적 추세도 중시한다.

영국에서 금융적 · 사회적으로 배제된 계층을 포용하기 위한 움직임이 본격화된 것은 1980년대 이후인데, 영국 정부가 금융배제 문제를 완화하는 것이 빈곤을 퇴치함에 있어 중요하다고 판단했기 때문이다. 즉, 영국 정부는 "금융배제는 빈곤의 결과이다. 그러나 그것은 사람들을 더욱 심각한 빈곤과 과잉채무로 이끈다. 따라서 금융포용의 달성은 빈곤퇴치를 위한 요체가 된다"(Jones, 2008)고 생각하였다.

이때 영국 정부는 신용조합에 많은 기대를 하였는데, 이는 신용조합이 저소득가계에 신용을 제공하도록 설계되어 전통적으로 사회적 및 금융적 배제 완화와 결부되어 있다는 인식에 기초하고 있다(Evans & Broome, 2005). 달리 정책 파트너로 삼을만한 금융기관이 없다는 당시의 사정을 반영하는 것이기도 하다. 특히 대부분의 건축조합(building society)이 탈상호화되고 지역개발금융기관(Community Development

Finance Institution ; CDFI)은 아직 영세하여 많은 지역에서 신용조합은 지역에 뿌리내리고 있는 유일한 상호금융기관이었기 때문이다(Marshall, 2004). 이에 영국 정부는 금융배제 문제에 대응하기 위해 보조금 등을 지원하면서 신용조합을 적극 육성하였다(Marshall, 2004).

1980년대 후반 이후 영국 정부는 신용조합(이념)에 많은 투자를 했다.[2] 그러나 금융배제의 완화에 의미 있는 정도로 기여하지 못한 것으로 평가되었다. 이에 영국 정부는 1998년 재무부 안에 특별위원회를 설치하여 신용조합법을 검토한 후 개정하였다.

기존의 신용조합 모델에 대한 비판은 다양하게 이루어졌지만 비판적 논의들이 가장 중시하는 것은 다음 세 가지이다. 먼저 정부의 규제이다. 그들은 정부의 지나친 규제가 신용조합의 성장을 억제하였다고 주장한다. 둘째, 신용조합의 비효율성이다. 이때 그들은 그 이유를 신용조합이 윤리적 접근방식에 기초하여 설립되고 자원봉사자들이 운영하는 데서 찾았다(Goth et al., 2006). 셋째, 신용조합이 가난한 사람의 은행(poor mans' bank)이라는 인식이 발전에 부정적 영향을 미친다는 점이다. 저소득 지역에 거주하는 가난한 사람을 제외하고는 조합원이 되려 하지 않고 그 결과 성장이 어렵게 되었다는 것이다(Ryder, 2002). 이에 그들은 신용조합이 지속적으로 성장하고 금융배제에 봉사할 수 있으려면 일반국민에게 금융서비스를 제공할 수 있어야 한다고 주장한다(Jones, 2006 ; McKillop et al., 2007 ; Fuller, 1998).

이러한 주장을 받아들인 영국 정부는 신용조합법을 개정하였다. 그러나 이는 신용조합운동 방향을 둘러싼 논쟁을 야기하였다. 신용조합이 전문화되고, 금융적으로 생존 가능하며, 재무적으로 건전한 금융제도로 그들의 브랜드와 서비스 공급을 강화해야 한다는 주장과 사회적 및 지역사회 중시 임무를 유지해야 한다는 주장 사이의 논쟁이 그것이다(Cato et al., 2013). 개정된 신용조합법은 전자의 견해를 수용하는 것으로, 영국신용조합연합회(Association of British Credit Union ; ABCUL)와 아일랜드신용조합연합회(Irish League of Credit Union ; ILCU)가 여기에 동조한다.[3] 이들은 가장 많은 신용조합이 가맹하고 있는 연합회이기도 한데, 그들은 새로운 신용조합 모델이 "저소득계층의 필요에 접근할 보다 현실적인 방법"을 제시하고 있다고 평가하며, 개정 신용조합법의 취지에 따라 규모와 범위의 효율성, 조합원에게 제공하는 생산물의 확대를 지향한다. 한편 그들은 신용조합 성장의 중요 요소로 인식되는 신뢰, 지역사회도 빈약하다고 주장하는데, 예컨대 O'Connell(2005)은 이렇게 말한다. "1960년대 아일랜드 신용조합 성장에서 매우 중요했던 유형의 공동유대를 찾는 것은 성배를 찾는 것과 같다."

이에 반해 다른 3개의 연합회는 개정 신용조합법을 지지하지 않는데, 그들은 신용조합의 목적이 "소규모 지역에 기반을 두고, 빈곤을 완화"하는 데 있으며, 신용조합은 "지역사회개발과 자조, 그리고 내생적 발전을 통한 성장"을 추구해야 한다고 주장한다(Goth et al., 2006). 특히 그들은 공동체 의식이 결여된 영국사회에 공동체를 복원하도록 도와주고 조합원 간 접촉을 유지하고 긴밀히 하려면 신용조합의 규모가 커서는 안 된다고 생각한다.[4]

신용조합법 개정을 둘러싼 논의과정에서 드러난 바와 같이 영국 신용조합은 금융소외에 의미 있는 영향을 주지 못하였으며(McKillop & Wilson, 2003), 자신의 경영을 안정시키지도 못하였다. Goth et al.(2006)의 분석에 의하면 2001년 현재 적어도 50%는 장기 생존이 의심스러웠다. 이것은 신용조합이 저소득계층이 필요로 하는 금융서비스를 발전시킬 능력이 없으며, 정부의 투자성과가 기대에 미치지 못한다는 것을 의미하는 것으로 받아들여졌다(Jones, 2006). 그런데 문제는 이러한 문제점이, 신용조합법 개정을 찬성하는 신협연합회들이 주장하듯이, "신협이 규모를 키우고, 보다 넓은 지역에서 봉사하고 신협경영에 있어 전문적인 사업적 접근방식을 채택"(Goth et al., 2006)함으로써 해소될 수 있느냐 하는 데 있다.

영국 정부는 금융적 배제를 위한 방안을 금융공급의 확대에서 찾았다. 그런데 가난한 사람들이 경제적 자립을 이루지 못하는 이유를 자금의 부족에서만 찾을 수는 없다. 많은 저소득계층은 노동시장에 다시 진입할 가능성이 높지 않기 때문에 창업이 경제적 자립을 위한 유력한 방법이다. 그러나 이들은 창업자금을 마련할 여력이 부족할 뿐 아니라, 창업에 필요한 노하우와 기술도 갖추지 못하였으며 창업과정에서 발생하는 시련을 견디는 저항력도 미약(노대명 외, 2003 : 142)하다. 이것은 신용조합이 자금을 공급한다고 해서 저소득계층이 경제적 취약성을 완화하고 소득을 증대시키기 곤란하다는 것을 함의한다. 그들의 이러한 문제는 채무상환 가능성에 역작용할 수 있는데, 그 결과 금융공급에 자신의 기능을 한정하면 신용조합의 자금운용(특히 가난한 조합원에 대한 대출)은 위축될 수 있다. 그리고 지속 가능성도 위협받을 수 있다.

다른 한편 이는 자연스럽게 신용조합이 소득 기반이 다양한 사람들을 조합원으로 받아들이고, 새로운 사업분야에 진출하도록 하는 압력으로 작용할 수 있다. 영국의 개정 신용조합법은 신용조합이 이러한 변화를 꾀할 수 있게 하였다. 그러나 이는 가난한 조합원에 대한 자금공급 감소, 새로운 사업분야에 대한 자금운용 증가 등으로 이어지면서 신용조합이 원래의 설립목적에서 멀어지게 하는 문제를 야기할 수 있다.

이는 ICA의 논의에서 확인할 수 있는데, 1970년대 들어 위기에 처하게 된 협동조합의 정체성 문제를 검토하면서 Laidlaw(1980)는 그 원인을 성장과 사업을 중시하는 협동조합의 태도에서 찾고 있다. 이러한 주장에 따르면 사업성을 강조하는 방향으로 신용조합법을 개정한 영국 정부의 정책은 영국신용조합의 정체성을 위협할 수 있다. 신용조합법 개정을 둘러싸고 전개된 논의과정에서 제기된 여러 문제들, 특히 새로운 신용조합법이 사실상 협동조합의 사회적 목표와 가난한 사람들을 위한 헌신을 포기하도록 할 수 있으며, 정부의 개입이 증가하면서 신용조합의 자율성이 저해될 수도 있다는 지적은 이러한 우려를 반영한다.[5]

협동조합의 임무를 논의하는 논문에서 Puusa et al.(2013)는 협동조합이 자본주의적 운용원칙을 채택하였기 때문에 자신의 고유의 원칙이 희생되었다고 평가한다. 그들이 특히 중시하는 것은 협동조합의 사회적 목적이다. 이러한 점에서 신용조합이 지역사회개발과 자조, 그리고 내생적 발전을 통한 성장을 추구해야 한다는 개정 신용조합법을 지지하지 않는 3개 연합회의 문제 제기는 정당하다고 말할 수 있다.

그러나 그들은 협동조합이 시장의 틈새에서 소규모로만 존재할 수 있으며 그 정체성을 확보 · 유지할 수 있다는 관념(Zamagni & Zamagni, 2009), 이른바 피터팬(Peter Pan) 증후군에서 벗어나지 못하는 한계를 안고 있다. 신용조합의 성장 및 그에 따른 규모 확대 자체가 그것의 정체성을 위협하는 중요한 문제는 아니다. 협동조합의 가치를 유지하기 위해 무엇을 어떻게 해야 하는가를 확인하고 실천하는 것이 무엇보다 중요한데, 이러한 점에서 지역사회 관여라는 협동조합 원칙은 중요한 의미를 가진다. Giagnocavo et al.(2012)에 의하면 금융협동조합의 성장이 반드시 협동조합의 특성 상실과 등치되지는 않는다. 그들은 지역사회개발은 시급한 문제 — 실업, 양극화와 그에 따른 빈곤심화 등 — 에 대처하기 위한 실용성도 갖추고 있다고 말하면서, 금융협동조합은 지역사회개발에 적극 참여하여 정체성을 강화해야 한다고 주장한다. 이러한 견지에서 볼 때 개정 신용조합법을 반대하는 논의들은 금융배제의 문제를 해소하기 위해 무엇을 어떻게 해야 하는지 명확히 하지 못하였다는 비판을 모면할 수 없다. 소규모성이 공동체를 복원하도록 도와주고 조합원 간 접촉을 유지하고 긴밀히 하기 위한 필요하거나 충분한 조건은 아니기 때문이다.

## 2.2 금융배제와 지역사회 관여

Borzaga 등은 협동조합이 조합원의 소득과 고용을 확보하는 데 목표를 두어야 한다고 지적한다. 그러면서 신뢰와 상호성에 기초하여 창출된 조합원들의 관계가 저소득층, 지역 중소기업의 은행신용에 대한 접근을 증대시키고 지역사회의 발전을 촉진할 수 있다고 말한다. 이는 지역사회개발에 적극 참여하는 가운데 지역주민과 조합원 사이에 형성된 믿음과 상호성을 통해 금융협동조합이 지역사회 구성원들에게 신용공급을 증대시켜 지역사회개발에 기여할 수 있다는 것을 의미한다. 이러한 주장은 관계형 금융을 통해 지역경제의 금융제약을 완화해야 한다는 논의와는 구분된다.[6]

금융협동조합은 신용의 공급에 머물러서는 안 된다. 많은 경우 이들은 금융협동조합의 신용에 접근하기도 곤란할 것이다. Giagnocavo et al.(2012)이 금융협동조합이 저소득 및 저신용 계층의 낙오를 방지하려면 금융공급에 머무르지 않고 이들을 위한 보다 구체적인 대안을 마련해야 한다고 주장하는 것은 이 때문이다. 즉, 금융협동조합은 이들이 포괄적인 해결책을 강구할 수 있도록 지원하는 데 역점을 두어야 한다.

우리나라 금융협동조합은 스스로를 서민금융기관이라고 부르고 있다. 그러나 서민의 경제를 안정시키거나 그들의 금융제약을 완화하는 데 기여하지 못한다는 비판에 직면하고 있다. 이 자체는 그들이 자신의 역할을 서민에 대한 금융공급에 한정하고 있기 때문이라고 말할 수 있다. 금융협동조합은 자신의 역할을 지역자금을 지역 내에 순환시키는 것으로 한정해서는 안 된다. 또는 상업적인 금융기관이 진입하기 어려운 시장, 이른바 금융의 틈새시장을 확보하는 데서 멈추어서는 안 된다. 특정한 정체성을 갖고 사회적 가치와 서비스를 필요로 하는 조직에 봉사해야 한다. 즉, 지역사회개발에 적극 참여하면서 조합원의 소득과 고용을 보호하고, 공공정책이 책임져야 할 문제의 해결을 돕고, 노동시장에서 배제되거나 배제될 위험이 있는 노동자를 우대하기 위해 노력해야 한다. 우리 정부의 금융협동조합에 대한 기대도 바뀔 필요가 있다. 담보가 적거나 없는 저소득계층과 저신용계층에게 신용대출을 확대하도록 요구하는 데 머무르지 말고 참된 의미의 지역사회개발에 관여하도록 요구할 필요가 있다. 이를 염두에 두면서 제3절에서는 우리나라의 금융배제 현황과 정부의 대책에 대해 살펴보기로 한다.

## 3. 금융배제와 우리나라 금융협동조합

### 3.1 금융배제 현황

우리나라에서 금융배제는 1997년 외환위기 이후 강력한 구조조정이 이루어지는 과정에서 사회문제로 대두되었다. 2000년대 초반에 대량으로 발생한 신용불량자와 특히 최근 고착되고 있는 낮은 경제성장률과 소득분배의 불평등 심화는 정부당국으로 하여금 금융배제 문제에 대해 적극 대응하도록 요구하고 있다. 이에 정부는 저소득 및 저신용계층의 금융제약을 완화하기 위해 여러 가지 대책을 도입하여 실시하고 있다.

그러나 대부업의 성장에서 보듯이 이들의 금융배제 문제는 완화되지 않고 있다. 많은 연구자들과 정책당국은 대부업 이용자 증가원인 중 하나로 서민금융기관의 역할 부진을 거론하고 있다. 금융협동조합의 자산운용을 보면 전체 대출에서 소액대출이 점하는 비중은 낮으며, 신용대출이 차지하는 비중도 5% 이하로 매우 낮은 수준이다. 이에 반해 거액부동산담보대출의 비중은 높으며 그 비율은 지속적으로 상승하고 있다.[7] 신용등급별로 살펴보면 신용등급이 7~10인 저신용계층에 대한 신협과 새마을금고의 대출비중은 2007년 6월 현재 전체 대출에서 36.9%를 점하였지만 2012년 말에는 21.0%로 하락하였다. 같은 기간 은행의 대출비중이 8.5%에서 6.6%로 낮아진 점을 감안하면 이들의 저신용계층에 대한 대출비중 하락 폭은 매우 크다(남주하, 2013).

그러나 심화되는 금융배제 문제가 금융협동조합의 역할 부진에서만 연유하는 것은 아니다. 현실적으로 은행의 주된 고객은 고신용계층,

금융협동조합의 주된 고객은 저신용계층 또는 저소득계층인데, 저신용·저소득계층의 금융제약이 심화되는 데에는 이들이 안고 있는 한계적 상황과도 밀접하게 연관되어 있다. (영세) 자영업자의 경우를 살펴보자. 경기침체로 취업시장이 위축되면서 이들의 창업이 증가하고 있다. 하지만 통계청에 따르면 이들이 자영업을 시작하게 된 동기는 생계유지를 위한 다른 대안이 없기 때문이다(〈표 12-1〉 참조). 스스로 생각하기에 성공할 가능성이 높지 않음에도 불구하고 창업을 한다면 금융기관은 이들에게 신용공급을 꺼리게 된다. 차입금 상환 가능성이 높지 않기 때문이다. 이러한 문제는 객관적인 지표에서도 확인된다.

**〈표 12-1〉 자영업을 하게 된 동기**(2013년)

| 구분 | 사례 수 (개) | 성공 가능성이 있어서(%) | 생계유지를 위해서(다른 대안이 없어서)(%) | 가업승계를 위해서(%) | 기타 (%) |
|---|---|---|---|---|---|
| 소계 | 10,490 | 14.3 | 82.6 | 1.3 | 1.8 |

자료 : 통계청.

음식점업, 소매업 등은 자영업자들이 진출하기 쉬운 업종이다. 비교적 적은 자본으로 창업할 수 있고 높은 수준의 전문성도 요구하지 않기 때문이다. 그 결과 이들 업종에서는 경쟁이 매우 치열하고 생존 가능성도 높지 않다. 낮은 창업성공률은 이를 확인해준다. 통계청 발표에 따르면 숙박·음식점업의 5년 생존율은 17% 수준에 머물러 있으며, 도·소매업과 예술·스포츠·여가의 경우 각각 25%, 14% 정도에 불과하다. 이러한 문제들은 높은 수준의 채무불량률로 귀결된다. 남주하(2013)에 의하면 대출보유고객에 대한 개인신용평가회사인 나이스신용평가회사의 불량률은 2012년 3월 말 현재 10%를 크게 상회하였다.[8] 저신용계층의 경우 채무불량률이 매우 높은데, 7등급은 11.29%, 8등급은

〈표 12-2〉 일부 업종의 생존률

(단위 : %)

| 산업분류 | 기준 연도 | 1년 생존율 | 2년 생존율 | 3년 생존율 | 4년 생존율 | 5년 생존율 |
|---|---|---|---|---|---|---|
| 전체 | 2010 | 60.1 | 48.1 | 41.5 | - | - |
| | 2011 | 60.0 | 46.9 | 39.7 | 35.8 | - |
| | 2012 | 59.8 | 46.3 | 38.0 | 33.4 | 30.9 |
| | 2013 | 60.1 | 47.3 | 38.2 | 32.2 | 29.0 |
| | 2014 | 62.4 | 47.5 | 38.8 | 31.9 | 27.3 |
| G 도·소매업 | 2010 | 55.8 | 43.5 | 35.5 | - | - |
| | 2011 | 55.1 | 42.7 | 35.2 | 30.0 | - |
| | 2012 | 55.3 | 41.7 | 34.3 | 29.3 | 25.6 |
| | 2013 | 55.6 | 42.5 | 33.7 | 28.4 | 25.0 |
| | 2014 | 58.2 | 43.5 | 35.0 | 28.4 | 24.3 |
| I 숙박·음식점업 | 2010 | 54.2 | 38.4 | 29.2 | - | - |
| | 2011 | 54.4 | 37.0 | 28.4 | 22.5 | - |
| | 2012 | 55.0 | 37.5 | 27.2 | 21.9 | 17.7 |
| | 2013 | 55.6 | 39.5 | 28.5 | 21.5 | 17.7 |
| | 2014 | 59.2 | 40.2 | 30.3 | 22.5 | 17.3 |
| R 예술·스포츠·여가 | 2009 | 51.2 | 35.0 | 25.5 | - | - |
| | 2010 | 54.6 | 34.9 | 24.8 | 19.1 | - |
| | 2011 | 55.3 | 37.1 | 24.5 | 18.2 | 14.7 |
| | 2012 | 54.0 | 40.5 | 27.6 | 18.9 | 14.3 |
| | 2014 | 58.7 | 39.6 | 31.3 | 21.2 | 14.7 |

자료 : 통계청.

20.26%, 9등급은 25.40%, 10등급은 46.50%를 각각 기록하였다(남주하, 2013).

낮은 신용도와 높은 채무불량률에 대처하기 위해 금융협동조합은 담보로 차입자의 낮은 신용을 보강하려 한다. 그러나 이들은 제공할 수 있는 담보가 적거나 없다. 결국 그들은 금융협동조합의 신용에 접근할 수 없게 된다. 정부가 정책서민금융상품을 제공하면서 신용보증기구 등을 통해 이들의 채무에 신용보강을 해주지만 인위적인 방식으로 공급할 수 있는 대출규모에는 명백한 한계가 있다. 다른 한편 정부와 전문가들은 금융협동조합을 포함한 금융기관들이 영세 자영업자를 포함한 저신용 · 저소득계층의 채무상환능력을 적절하게 평가할 수 있는 신용평가기법을 개발해야 한다고 말한다. 그러나 어떠한 방식으로 채무상환능력을 평가해도 생계를 유지하기 위한 다른 대안이 없어 어쩔 수 없이 창업을 택하고 창업성공률도 낮은 영세 자영업자들의 신용도를 높이거나 이들의 금융기관 신용에의 접근 가능성을 제고하기란 용이하지 않을 것이다.

대부업 이용자들이 대부자금을 이용한 목적은 사업자금보다는 생활비를 충당하는 데 있다.[9] 신규대부액을 기준으로 보면 2016년 6월 현재 대형 대부업체가 공급한 대부자금은 63.2%가 부족한 생활비를, 그리고 14.5%는 사업자금을 충당하기 위해 이용되고 있다. 만약 금융협동조합이 지역과 조합원에 밀착되어 있다면 이들이 급하게 필요로 하는 생활비 등은 원활하게 공급할 수도 있을 것이다. 대부업 이용자 대부분의 신용도가 낮을 뿐 아니라 소득수준이 낮고 소득원이 불안정하는 점 등을 감안하면 금융협동조합이 이들에게 적극적으로 신용을 공급하는 데에는 제약이 있을 것이다. 그러나 지역사회개발을 위해 적극적으로 나선다면 어느 정도는 이들의 어려움을 완화하는 데 기여할 수 있을 것이다.

이상에서 본 바와 같이 금융배제의 원인은 금융협동조합의 신용공급의 부족이나 불충분한 신용평가기법 등에 있는 것은 아니다. 그렇지만 저소득계층에 대한 자금공급이 위축되는 가운데 자산운용이 제약되면서, 고위험-고수익의 특징을 지니고 있어 자신의 경영안정에 부정적인 거액담보대출에 의존도를 높이고 있다는 점 등을 고려할 때 우리는 금융협동조합이 협동조합으로서 자신의 성격을 명확히 하고 있다고 말할 수 없다. 특히 저소득계층의 생활안정을 위해 뚜렷한 기여를 한다고 평가할 수 없다. 이는 금융협동조합이 경제적 목적을 우선시하고 사회적 목적을 소홀히 한다는 것을 의미하는데, 금융협동조합의 정체성에 대해 제기되는 의구심 등을 감안할 때 우리는 그들이 설립 취지에서 멀어지고 있다는 점을 부인할 수 없다.

### 3.2 햇살론과 그것의 한계

금융배제계층의 공금융에 대한 접근이 갈수록 어려워지자 정부는 이들에 대한 신용공급을 확대하기 위해 적극 개입하고 있다. 예컨대 정부는 각종 정책자금대출제도를 도입하고 있는데, 2008년 이후 도입된 주요 정책대출은 다음과 같다(괄호 안은 도입된 년도이다). 뉴스타트 자영업자 신용보증대출(2008년), 금융소외자영업자 특례보증대출(2009년), 재산담보부 생계비대출(2009년), 근로자생계 신용보증대출(2009년), 미소금융(2009년), 햇살론(2010년), 지역희망 금융사업 협약보증대출(2010년), (새)희망홀씨대출(2010년), 희망드림론(2011년), 사잇돌대출(2016년) 등. 그리고 2016년에는 '서민의 금융생활 지원에 관한 법률'(약칭 서민금융법)을 제정 및 시행하여 서민금융진흥원으로 하여금 서민에 대한 종합적인 금융지원기능을 수행하도록 하였다.

〈표 12-3〉 주요 서민금융의 현황

| 지원창구 | 지원방식 | 출범시기 | 주요 지원대상 | 주요 내용 | 주요 재원 |
|---|---|---|---|---|---|
| 은행 | 새희망 홀씨대출 | 2010 | 신용등급 5~10 등급 | 생계자금 및 사업운영자금 | 은행 자체 기금 (영업이익의 10%) |
| 상호금융, 저축은행 | 햇살론 | 2010 | 신용등급 6~10 등급 | 창업자금, 긴급생계자금, 전환대출 | 정부재정, 서민금융기관 출연금 |
| 미소금융 재단 | 미소 금융 | 2009 | 신용등급 7~10 등급 | 창업자금 및 사업운영자금 | 휴면예금, 재계와 금융권의 기부금 |
| 신용회복위원회 | 소상공인 소액대출 | 2006 | 저신용자 | 소상공인 지원자금 | 신용회복기금 |
| 한국자산 관리공사 | 바꿔 드림론 | 2008 | 신용등급 6~10 등급 | 저금리 대출상품으로 변경 지원 | 신용회복기금 |

**자료** : 배준식 · 김범식(2012), 저소득 금융소외계층을 위한 공공지원정책연구(서울연구원) 등을 이용하여 필자 작성.

이들 정책자금은 모두 저소득 · 저신용계층의 금융제약 완화를 겨냥하고 있다. 즉, 대부분의 자금이 신용등급이 6~10인 계층을 대상으로 하고 있으며, 긴급생계자금이나 창업 및 운전자금 등의 용도로 지원하고 있다. 그리고 건당 지원규모는 1~5천만 원이다.

이들 정책자금은 정부의 재정자금을 주된 재원으로 하고 있으며, 여기에 금융기관과 일부 기업이 재원을 마련하여 공급하고 있다. 금융기관이나 기업으로 하여금 금융배제 완화에 나서도록 독려할 때 정부의 의도는 그들 이익의 일부를 사회에 환원시키는 데 있다. 예컨대 정부는 새희망홀씨대출을 정부재원 없이 은행 자체 재원으로 운영하도록 하였는데, 이를 위해 16개 시중은행으로 하여금 전년도 수익(법인세 차감 전 순익)의 10% 내외로 목표금액을 책정하도록 하였다.

햇살론의 경우 2010년부터 6년간 2조 원을 조성하여 10조 원을 자영업자와 서민에게 보증지원하는 계획으로 입안되었고 이를 실행하기 위해 중앙정부(복권기금 중 일부)와 16개 광역자치단체가 1조 원을 신용보증재단에 출연하고, 나머지 1조 원은 서민금융기관이 출연하도록 하였다.[10] 2017년에는 서민금융법이 제정 및 시행되면서 출연금 납부기준, 출연요율, 존속기간(법 제정 이후 10년), 보증배율 등이 변경되었다. 그러나 이들 금융기관 수익금의 일부를 사회에 환원하도록 한다는 취지는 변하지 않았다.

금융위원회는 2010년 햇살론을 출시하면서 추진배경을 이렇게 설명하고 있다. 첫째, 글로벌 금융위기와 경기침체 등으로 인해 서민들의 자금수요가 증가하였으나 서민금융회사는 유가증권에 대한 투자, 부동산 담보대출에 치중한 결과 서민대출이 감소하였다. 둘째, 대부업체 등에서 30~40%대의 고금리 대출금을 사용하고 있는 저신용·저소득층에게 저금리(10% 대)로 대출하여 금리 상승기에 서민가계의 부담을 완화할 필요가 있다. 셋째, 사업재원은 정부와 지방자체단체가 5천억 원, 정부의 비과세 혜택 확대로 인해 발생한 수익부분의 사회환원차원에서 상호금융기관과 저축은행에 5천억 원을 부담하게 한다.[11]

**〈표 12-4〉 햇살론(1차)의 서민금융기관별 출연 목표**

(단위 : 억 원)

| 구분 | 저축은행 | 신협 | 수협 | 새마을금고 | 농협 | 산림조합 | 합계 |
|---|---|---|---|---|---|---|---|
| 목표액 | 2,000 | 1,362 | 334 | 2,362 | 3,859 | 83 | 9,917 |

**자료** : 신용보증재단중앙회(남주하, 2013에서 재인용).

금융협동조합 등(이하 금융협동조합이라 한다)이 취급하는 햇살론은 그들이 수익의 일부를 지역보증재단에 출연금으로 납부하고, 지역보증재단이 발급한 보증서를 소지한 금융취약자에게 대출을 실행하는 방식으로 공급한다. 금융협동조합은 햇살론을 취급하는 과정에서 금융취약자의 금융배제 문제를 완화해주지만 자신도 햇살론에 대한 이자(현재 햇살론 대출이자율은 10.5%를 상회하지 못하게 되어 있다)를 취득함으로써 사회에 환원한 수익의 일부를 돌려받을 수 있다.[12] 그런데 이러한 사정은 햇살론 취급과 관련하여 여러 가지 문제를 야기한다.

무엇보다 큰 문제는 금융협동조합은 대지급손실률을 최소화하려 한다는 것이다. 햇살론 연체율이 낮아지면 그만큼 자신의 손실이 줄어들며 나아가 이익을 낼 수도 있기 때문이다. 금융협동조합은 지역보증재단이 보증비율을 높여주도록 요구하며 일부 실현되기도 하였다. 처음 햇살론을 취급하기 시작할 때에는 보증비율이 85%였지만 지금은 90%이다. 그러나 이것만으로는 충분하지 않다. 이에 금융협동조합

**〈표 12-5〉 서민금융상품의 대출승인 및 거부비율**

(단위 : %)

| 구분 | 햇살론 | 미소금융 | 소상공인지원자금 | 새희망홀씨대출 |
|---|---|---|---|---|
| 대출승인 | 47.6 | 38.0 | 66.7 | 86.7 |
| 대출거부 | 52.4 | 62.0 | 33.3 | 13.3 |

**자료** : 배준식(2013), 금융소외계층을 위한 서울시의 정책지원방안, 서울경제연구원.

**〈표 12-6〉 햇살론 연체율 현황**(월별 취급 기준)

(단위 : %)

| 구분 | 2010년 | | | | | | 2011년 | | | | | | | | | |
|---|---|---|---|---|---|---|---|---|---|---|---|---|---|---|---|---|
| | 7 | 8 | 9 | 10 | 11 | 12 | 1 | 2 | 3 | 4 | 5 | 6 | 7 | 8 | 9 | 10 |
| 건수 | 11.9 | 9.1 | 8.7 | 7.5 | 6.3 | 6.4 | 5.5 | 5.2 | 4.8 | 4.4 | 4.0 | 2.5 | 2.8 | 1.6 | 1.3 | 0.5 |
| 금액 | 5.7 | 4.4 | 4.3 | 3.9 | 3.1 | 3.0 | 2.9 | 3.4 | 3.5 | 2.7 | 3.1 | 2.0 | 2.5 | 1.2 | 1.2 | 0.4 |

**자료** : 손재완(2012), 햇살론 취급 현황 및 추진방향에 대한 제안, 이슈분석보고서 2012-05호, 신협중앙회 조사연구실.

은 햇살론에 대한 심사를 강화한다. 〈표 12-5〉에 따르면 햇살론의 대출승인율은 미소금융보다는 높지만 새희망홀씨대출 등에 비해서는 매우 낮다. 햇살론 취급기간이 늘어나면서 심사도 강화되는 것으로 보이는데, 〈표 12-6〉에 의하면 햇살론을 취급하기 시작한 2010년에 비해 2011년의 월별 연체율은 크게 하락하고 있다.

서민을 대상으로 하는 정책자금도 신용등급과 소득 등의 기준에 의존하여 대출결정을 한 결과 저신용계층에 대한 대출이 갈수록 축소되고 있다는 불만이 제기되고 있다. 예컨대 배준식과 김범식은 이렇게 주장한다. 현행의 햇살론이나 미소금융 등의 서민금융제도들이 까다로운 신용등급기준, 소득기준 등을 적용함으로써 정작 수혜를 받아야 할 저소득, 저신용계층이 제도적 안정망에서 벗어나 있으며 사금융 피해를 감당해야 하는 처지에 노출되어 있다.(배준식 · 김범식, 2012 : 4).

심사를 강화하는 것은 출연금이 금융협동조합의 비용으로 처리되고 있는 것과 밀접한 관련이 있다. 햇살론을 효율적으로 취급하여 사회에 환원한 이익(=출연금)을 최대한 돌려받거나 그 이상으로 돌려받을

**〈표 12-7〉 신협의 햇살론 용도별 연체 현황**(2012년 1월 현재 취급 기준)

| 구분 | 건수(건, %) | | | 금액(백만 원, %) | | |
|---|---|---|---|---|---|---|
| | 전체 | 비중 | 연체율 | 전체 | 비중 | 연체율 |
| 사업자금 | 21,930 | 46.4 | 7.2 | 237,863 | 54.4 | 3.9 |
| 생계비 | 25,167 | 53.3 | 5.6 | 197,455 | 45.2 | 2.6 |
| 창업자금 | 26 | 0.1 | 11.5 | 5,76 | 0.1 | 3.4 |
| 기타 | 115 | 0.2 | - | 1,074 | 0.2 | - |
| 계 | 47,238 | 100.0 | 6.3 | 436,968 | 100.0 | 3.3 |

**자료** : 손재완(2012), 햇살론 취급 현황 및 추진방향에 대한 제안, 이슈분석보고서 2012-05호, 신협중앙회 조사연구실.

수 있다면 금융협동조합은 손실을 최소화하거나 이익을 극대화할 수 있다.[13] 그리고 이는 임직원의 경영능력 평가에 긍정적으로 작용할 것이다. 만약 햇살론 취급으로 자신의 손익에 긍정적인 영향을 줄 수 없다면 금융협동조합은 햇살론의 취급에 소극적이거나 취급을 꺼리게 될 것이다.

햇살론 취급과 관련된 또 다른 문제는 소액으로 이루어지기 때문에 취급비용이 높다는 점이다. 햇살론의 건당 지원규모는 최대 5천만 원 이하로 되어 있다. 그러나 실제로는 1천만 원 이하가 많다. 그리고 취급건수를 늘려야 손실을 최소화할 수 있다는 점을 감안하면 금융협동조합이 느끼는 비용부담은 적지 않을 것이다.

마지막으로 햇살론이 금융배제계층에 얼마나 기여하느냐 하는 문제도 있다. 햇살론은 정부당국이 의도한 바와 같이 사업자금, 생계비, 창업자금 등으로 이용되고 있으며, 건수나 금액 기준 모두에서 사업자금과 생계비가 압도적인 비중을 점하고 있다. 그러나 금융소외계층은 햇살론을 포함한 정책자금의 효과에 대해 부정적인 생각을 가지고 있다. 배준식(2013)에 따르면 그들은 서민금융상품의 대출조건이 까다로울 뿐 아니라 이자율이 높으며, 대출금액이 적다고 말한다. 즉, 〈표 12-8〉에 의하면 금융배제계층은 서민정책자금이 불법 사금융시장의 축소, 서민자활 도모, 가계부채 축소 또는 소득 양극화 축소 등에 의미가 있다고 응답하지 않았다.[14]

햇살론이 금융배제 문제를 완화해준다는 점을 부정할 수는 없다. 그렇지만 서민 생활안정에 기여하는 바가 크지 않으며, 나아가 서민금융 공급효과를 크게 기대할 수 없다는 점은, 금융협동조합이 적지 않은 자금을 정책자금으로 공급하고 있다는 점을 감안하면, 매우 아쉽다. 햇

〈표 12-8〉 금융소외계층의 서민금융 정책효과에 대한 평가

(단위 : %)

| | 전혀 효과가 없다 | 효과가 적다 | 보통 | 대체로 효과가 있다 | 매우 효과가 있다 | 무응답 | 합계 |
|---|---|---|---|---|---|---|---|
| 불법 사금융 시장축소 | 16.2 | 30.8 | 30.3 | 16.7 | 4.3 | 1.7 | 100.0 |
| 서민자활 도모 | 11.1 | 29.9 | 29.1 | 17.1 | 11.5 | 1.3 | 100.0 |
| 가계부채 축소 | 14.5 | 32.9 | 34.6 | 15.4 | 1.7 | 0.9 | 100.0 |
| 소득 양극화 축소 | 23.5 | 27.8 | 40.2 | 5.1 | 2.1 | 1.3 | 100.0 |

**자료** : 배준식(2013), 금융소외계층을 위한 서울시의 정책지원방안, 서울경제연구원.

살론을 실행하기 위한 중앙정부와 지방정부의 출연금은 금융취약계층에게 금융공급을 확대하기 위한 사회적 비용으로 볼 수 있다. 이러한 비용의 지출도 금융취약계층이 공금융기관의 신용에 접근할 수 없어 대부업 등 고금리의 사금융에 의존해야 한다는 점을 감안하면 일정한 의미를 가진다. 만약 일시방편적으로 금융제약을 완화하는 데 그치는 것이 아니라 보다 장기적으로 이들이 생활을 안정하는 데 기여할 수 있는 방안이 있다면 이러한 방안을 모색해 보는 것은 의미가 클 것이다.

## 4. 지역사회개발과 금융배제의 완화

우리나라 금융협동조합은 지역사회개발에 노력하고 있다. 그러나 그것은 "경제활동에 적극적으로 참여하여 지역사회의 사회 · 경제적 복지를 실현하는 과정"(Giagnocavo et al., 2012)이라는 협동조합의 지역사회개발과는 거리가 있다. 그것은 조합원의 소득과 고용을 보호한다

는 협동조합의 사회적 목표와도 다르며, 협동조합으로서 공공정책의 목표 실현을 보조하고 노동시장에서 소외된 노동자를 우대하는 것도 아니다. 결국 이러한 지역사회개발에 대한 참여방식은 우리나라 금융협동조합의 정체성이 약화되었다는 것을 보여주는 지표 중 하나이다.

지역사회개발이 잘못된 방식으로 전개되고 있기 때문에 금융협동조합의 약화된 정체성을 강화하거나 지역주민과 조합원, 특히 저소득계층의 생활을 안정시키는 데 기여하지 못하고 있다. 저소득계층이나 저신용계층의 금융제약을 완화하는 데도 기여하지 못하고 있는데, 자산규모가 증대되면서 거액담보대출에 보다 많은 관심을 기울이는 것은 이러한 문제와 표리 관계에 있다.

여기서는 사회적 협동조합을 통한 지역사회 관여가 금융배제 문제를 완화할 수 있으며 나아가 우리나라 금융협동조합의 정체성을 회복하는 데 기여할 수 있다는 점에도 주목하려 한다.

2012년에 시행된 협동조합기본법에 의하면 사회적 협동조합은 “지역사회 재생, 지역경제 활성화, 지역주민들의 권익 · 복리 증진, 그 밖에 지역사회가 당면한 문제해결에 기여하는 사업”에 종사해야 한다(송두범 외, 2013 : 285). 이러한 점에서 금융협동조합이 사회적 협동조합의 활성화에 참여하는 것은 지역사회개발에 참여하는 좋은 방법이다.

이탈리아의 경우 사회적 협동조합이 복지의 핵심 주체(Borzaga & Galera, 2012)로 기능하고 있는데 국내에서도 금융협동조합이 사회적 협동조합의 설립과 활성화에 적극적인 역할을 한다면 정체성 회복에 도움이 될 뿐 아니라 지역사회의 관점에서도 금융협동조합의 위상은 크게 제고될 것이다.

협동조합기본법에 의하면 사회적 협동조합의 참여 가능 분야는 다음과 같다. 첫째, 지역사회 재생, 지역경제 활성화, 지역주민들의 권익 · 복리 증진, 기타 지역사회가 당면한 문제해결에 기여하는 사업. 둘째, 취약계층에게 복지 · 의료 · 환경 등의 분야에서 사회서비스 및 일자리를 제공하는 사업. 셋째, 국가 · 지자체로부터 위탁받은 사업. 그리고 기타 공익증진 사업 중 하나 이상을 주 사업(전체 사업량의 40%)으로 해야 한다.

우리나라 금융협동조합은 지역사회개발에 적극 나서지 않고 있어 지역사회 내에서 네트워크를 구축하지도 그 네트워크를 이용하여 자신의 위상을 강화하지도 못하고 있다. 다른 한편 협동조합기본법이 제정된 이후 사회적 협동조합이 설립되고 있지만 생존 가능성은 확인되지 못하고 있다. 이에 여기서는 금융협동조합이 사회적 협동조합의 설립을 지원하되, 생존 가능성을 제고하며, 지역사회의 네트워크를 구축 내지는 활성화할 수 있는 방안을 모색하고자 한다.

금융협동조합이 설립을 지원하는 사회적 협동조합은 정부의 복지예산지출과 연계된 사업에 진출하면 좋다. 그 의미를 저소득노인 식사배달사업을 예로 하여 설명해보기로 한다. 이 사업은 국비지원 없이 지방자치단체 자체 부담으로 진행되고 있으며, 지방자치단체마다 사업의 이름도 다르다. 이 사업을 수행하기 위해 저소득계층 중심으로 지역의 주민들이 사회적 협동조합을 설립하도록 한다. 지방자치단체는 이들이 사업자로 선정되도록 도움을 줄 수 있는데, 충분한 명분도 있다. 첫째, 일자리를 제공함으로써 저소득 지역주민의 생활안정에 기여하며, 사업이 일정수준에 이르게 되면 지방자치단체의 복지비 지출도 절감할 수 있다. 둘째, 지역공동체 건설을 지지하며, 그것을 통해 자신들의 힘으로 지역발전을 이루어낼 수 있게 한다. 마지막으로 지방자치단체 예산의 효율적인 이용을 도모하고, 지역 내에서 순환되도록 한다.

사회적 협동조합이 이러한 사업을 하려면 다양한 지원을 필요로 한다. 우선 조합원 교육이 필요하다. 교육을 통해 이 사업이 협동조합으로서 경영이 이루어지도록 하고, 조합원 자신만이 아니라 지역사회를 위한 사업이라는 점을 명확히 해야 한다. 특히 조합원이 이 사업을 영위하는 사업체가 경제적 목적과 함께 사회적 목적을 갖고 있는 사회적 협동조합이라는 점을 명확히 인식하도록 교육하는 것이 중요하다. 이러한 교육은 금융협동조합이 담당하는 것이 바람직하다.

둘째, 사업체가 질 좋은 서비스를 제공할 수 있도록 조합원을 훈련시켜야 한다. 이를 위해 고용노동부의 직업훈련과 연계시킬 수 있으며, 지역에 소재하는 학교(외식학과 또는 조리학과가 설치되어 있는 대학교 등)와 협약을 체결할 수도 있다.

셋째, 자금의 지원이 필요하다. 사회적 협동조합을 설립하려는 지역주민은 자금이 충분하지 못할 것이기 때문이다. 창업자금은 금융협동조합이 자체 조성한 기금으로 지원할 수 있다.[15] 이 과정에서 금융협동조합은 사회적 협동조합과 지역주민과 돈독한 유대를 형성할 수 있게 된다. 미소금융재단과 협약을 체결하여 공급할 수도 있다. 미소금융재단은 현재 자금운용에 제약을 받고 있는데, 지방자치단체의 지원으로 사회적 협동조합이 시장을 확보한다면 사회적 협동조합의 사업성도 밝기 때문에 지원하게 되면 자금운용에 도움이 될 것이다.

넷째, 사업운영과 관련된 여러 가지 문제를 해결하기 위해서는 지역단체 등으로부터의 지원이 필요하다. 서비스의 질 향상 등을 위해 지역대학(외식학과나 조리학과가 설치되어 있는 대학 등)의 도움을 받을 수 있으며, 학생들의 자원봉사를 유도할 수도 있다. 사업이 일정 궤도에 오르면 학생들을 위해서도 의미 있는 일이 될 것이다. 경영상의 문제를 해소하기 위해서라면 자원 봉사를 하는 지역에 있는 관련 단체의 지원을 받을 수 있는데, 금융협동조합도 운영자금 지원과정에서 필요한 컨설팅을 제공할 수 있다.

다섯째, 수요가 필요하다. 지방자체단체의 도움으로 기본적인 수요는 창출할 수 있다. 그러나 이들의 사업을 좀 더 활성화하기 위해서는 금융협동조합의 역할이 필요하다. 예컨대 금융협동조합 직원들은 일주일에 한 번 정도 점심을 사회적 협동조합이 제공하는 도시락으로 해결할 수 있다. 경로잔치, 무료급식행사, 조합원 행사 등에서도 이들의 서비스를 활용할 수 있을 것이다. 다른 한편으로는 지역기업이나 단체(관공서, 학교 등), 그리고 지역주민들에게 이들이 제공하는 서비스를 이용하도록 권유할 수도 있다. 사회적 협동조합이 가지고 있는 의미, 즉 지역저소득계층의 자립 지원, 지역사회개발 등을 홍보한다면 비교적 용이하게 시장을 창출할 수 있는데, 이러한 과정에서 회원뿐 아니라 지역주민, 그리고 나아가 지역 전체의 관심을 환기시킬 수도 있다. 이는 지역공동체를 건설하기 위한 초석이 된다.

사회적 협동조합의 잉여금 적립과 활용도 소홀히 해서는 안 된다. 그들의 수익은 지역이 창출해준 것이다. 따라서 일정부분은 지역을 위해 쓸 수 있어야 한다. 잉여금의 적립이 원활하게 이루어지도록 조합원의 임금 등에 대해 가이드라인을 제시할 수 있다. 다음으로 적립된 잉여금은 지역이 긴급히 필요로 하는 사업에 우선 지원한다. 지역의 결식아동(조식)을 위한 지원, 공부방이나 놀이방을 운영하기 위한 운영비(소모품, 냉난방비, 운영자 급여 등)를 지원할 수도 있다.

이러한 과정은 지역을 하나의 공동체를 만들어가는 과정이다. 따라서 지역사회에 미치는 영향이 작지 않을 것인데, 금융협동조합이 사회적 협동조합 설립 등을 적극 지원한다면 자신에 대한 지역주민의 이미지를 개선하고 나아가 존재 의미 등을 호소할 수 있게 될 것이다. 사회적 협동조합이 일층의 발전을 이루게 되고 지역 내에 유사한 협동조합이 설립되면 지역공동체는 더욱 구체적인 모습을 띠고 지역주민에게 호소할 수 있을 것이다. 다른 한편 저소득노인 식사배달사업을 담당하는 사회적 협동조합이 다른 지역에도 건설되면 이들과 공동으로 안전한 식자재를 저렴하고 안정적으로 조달할 수도 있다. 이렇게 된다면 푸드마일리지를 절감하고, 로컬푸드를 활성화하는 데도 기여할 수 있다.

이상의 과정에서 금융협동조합은 자신을 중심으로 지역사회의 네트워크를 구축할 수 있다. 이러한 네트워크는 사회적 협동조합의 성공 가능성을 높이는 데 기여할 수 있으며, 나아가 다양한 네트워크가 구축되도록 할 수 있다. 다음으로 지역 자금이 지역 내에서 순환될 수 있도록 하고 나아가 다른 지역 자금도 지역으로 순환시킬 수 있다. 마지막으로 지역의 네트워크가 활성화되고 확장되면, 지역에 다수의 (사회적) 협동조합이 건설되도록 기여함으로써 "협동조합을 통한 주민참여형 지역개발"(Birchall, 1997 : 336)을 도모할 수 있게 한다.

만약 사회적 협동조합이 5명 이상의 지역 저소득 · 저신용계층으로 설립되고, 생존이 확인된다면 영세 자영업의 설립도 일정하게 억제될 수 있으며, 따라서 그들 간 경쟁이 완화되면서 자영업의 생존 가능성도 높아질 수 있을 것이다. 다수의 자영업자는 성공할 가능성이 있어 창업하기보다 생계유지를 위한 다른 대안이 없어서 창업하고 있기 때문이다. 다른 한편 사회적 협동조합을 설립하기 위한 금융협동조합의 지원은 보건복지부의 '사회서비스 바우처' 사업을 수행하는 협동조합에게 비교적 용이하게 확대될 수 있을 것이다. '사회서비스 바우처' 사업은 2007년에 보건복지부가 노인, 장애인, 산모, 아동에 대한 재가 방문서비스를 지원하면서 시작되었다. 돌봄서비스 종사자는 중장년층 여성이 압도적인 비중을 차지하고 있으며, 사회서비스 바우처 사업이 영리기업을 중심으로 제공되면서 돌봄서비스 종사자들은 저임금에 불안정한 일자리로 잦은 이직을 반복하고 있다(경향신문, 2017년 3월 20일자 기사). 따라서 만약 사회적 협동조합이 중심이 되어 이러한 서비스를 제공한다면 조합원의 생활과 일자리를 안정시키면서 동시에 서비스의 질도 향상시킬 것이다.

## 5. 결론

햇살론은 서민금융기관 이익의 사회에 환원한다는 차원에서 실행되고 있다. 그러나 현실적으로 그 의미는 여러 가지 측면에서 퇴색되고 있다. 예컨대 금융협동조합은 햇살론을 효율적으로 운영하면 출연금 부담을 감소할 수 있는데 그 때문에 햇살론 수요자에 대한 대출심사를 매우 엄격하게 하고 있다. 그 결과 햇살론을 필요로 하는 금융배제계층에게 원활하게, 그리고 충분하게 공급되지 못하고 있다. 햇살론을 취급하기 위한 출연금이 금융협동조합의 비용으로 처리되는 것도 문제이다. 대출취급비용도 적지 않게 소요되며, 대출규모가 소규모여서 금융배제에 기여하는 효과도 크지 않다.

이러한 문제점을 극복하기 위해서는 금융협동조합으로 하여금 이익의 일부를 기금으로 조성하도록 할 필요가 있다. 기금으로 조성될 경우 그것은 비용으로 인식되지 않을 것이다. 한편 이익의 일부를 기금으로 조성할 경우 조합원에 대한 배당 및 이익잉여금의 적립에 부정적인 영향을 줄 수도 있다. 그러나 기금을 통한 지역사회개발을 위한 적극적인 참여가 금융협동조합의 경쟁력에, 그리고 나아가 협동조합으로서의 정체성 회복에 긍정적인 영향을 준다는 점에서 부정적인 효과를 크게 상쇄하고도 남는다. 다른 한편 ICA는 지역사회 관여를 위해 조합원의 적극적인 동의를 얻어야 한다고 말하고 있는데, 조합원에게 지역사회 관여가 협동조합으로서 가치를 제고시키는 데 중요한 의미를 가지고 있다는 점을 호소할 수 있다면 부정적인 효과는 그리 우려할 사항은 아니다.

금융배제가 중요한 사회적 문제로 대두되면서 정부는 2000년대 중반 이후부터 여러 가지 정책을 수립하여 집행하고 있다. 햇살론 출시도 그중 하나이다. 금융배제 문제를 완화하기 위해 적지 않은 자금을 공급하였지만 대부업의 지속적인 성장에서 보듯이 뚜렷한 정책효과를 거두고 있지는 못하고 있다. 여기서 우리는 금융배제에 대한 대책이 자금공급의 확대만으로는 충분하지 않다는 것을 확인할 수 있다. 이러한 문제의식에 입각하여 이 글에서는 금융협동조합의 경우 협동조합적 방식으로 이 문제에 대처할 필요성이 있다고 주장한다. 지역사회개발을 위한 적극적인 개입이 금융배제에 대한 근원적인 해결책 중 하나이다.

금융협동조합 이익의 사회환원 규모, 즉 햇살론을 실행하기 위한 출연금의 적정 규모를 판단할 근거를 찾기는 쉽지 않다. 그러나 현재와 같은 방식보다는 자율적으로 기금을 조성하여 그것을 사회적 협동조합의 설립 등을 지원하는 것이 바람직하며, 현재와 같은 제도적 불합리성을 극복하는 데도 기여할 것이다. 출연해야 할 규모, 즉 이익의 사회환원규모를 사전적으로 확정한 다음 햇살론을 대출하는 과정에서 그 규모를 최소화하도록 하는 것은 햇살론의 확대에 기여하지 못한다. 또한 반드시 혜택을 받아야 하는 금융배제자들을 대출대상에서 배제하는 것은 햇살론이 안고 있는 중요한 한계이다.

만약 지역사회개발을 통해 스스로 조성한 기금을 사회적 협동조합 설립에 지원하고, 사회적 협동조합의 영업 분야를 정부의 바우처 사업 등과 연계시킨다면, 사회적 협동조합의 성공 가능성을 제고할 뿐 아니라, 지방정부를 포함한 다수의 지역단체들이 소속된 지역네트워크가 구축되도록 하는 데도 기여할 수 있다. 이는 지역공동체를 만들고 활성화하는 데 기여할 수 있다.

다른 한편 그것은 금융협동조합으로 하여금 지역사회에 밀착할 수 있게 하는데, 협동조합으로서 자신의 가치를 지역주민과 조합원에게 호소할 수 있을 때 경제적 목적 달성에도 의미 있는 기여를 할 수 있다. 특히 경제적 목적과 사회적 목적이라는 두 가지 목적을 아울러 추구함으로써 자신의 정체성을 회복하는 데 기여할 것이다.

# 미주

## 1장

**1** 이와 관련된 논의는 신협중앙회(1981) 참조.

**2** 이 문제와 관련하여 Böök은 "경제와 민주주의가 협동조합의 지속적인 발전에 함께 기여한다"(Böök, 하, 1992 : 69)는 점을 강조한다. 그리고 협동조합계에서 내려오는 말, 즉 "민주주의에 대한 장기적인 투자는 이익이 나는 투자이다"(Böök, 하, 1992 : 73)는 것을 상기하면서 Böök은 협동조합관리자가 경제와 이데올로기 간에 적절한 균형을 유지하도록 하는 데 많은 기여를 할 수 있어야 한다고 주장한다.

**3** 보가더스는 1958년 미국협동조합연합회(The Cooperative League of the USA)가 간행한 Principles of Cooperation에 협동조합의 원칙을 발표했다. 보가더스 원칙에 대한 이하의 설명은 송보경(1976)의 해석에 기초하고 있다.

**4** 1973년 대의원총회와 관련하여 이상호는 이렇게 말한다. "이번 총회는 회장의 외부인사 영입문제 때문에 경합이 심하게 되었고 대의원들도 완전히 두 파로 나누어졌다."(이상호, 2003 : 184) 당시 선거에서는 이상호, 안호상 두 후보가 동반사퇴하고 전혀 새로운 후보를 회장으로 선출하는 진통을 겪었다.

**5** 당시 선출된 회장은 당시 대통령의 대구사범 동창인 김종길이었다. 상세한 내용은 이상호(2003), pp.188~189 참조.

**6** 1966년 ICA는 이전의 '개방적인 조합원 제도'라는 원칙을 보완하여 '개방적이고 자발적인 조합원 제도'로 확대하였는데, "조합원의 강제성"이 문제가 되었기 때문이다(Birchall, 1991 : 106).

**7** 이와 관련된 내용은 정은미(2012), p.316 참조. 한편 민주주의 원칙에 대해 Birchall(1997 : 107)은 이렇게 말한다. "협동조합은 조합원이 관리하는 민주적인 조직으로 조합원은 정책수립과 의사결정에 적극적으로 참여한다. 선출된 임원은 조합원에게 책임을 지고 봉사한다. 단위조합에서 조합원은 동등한 투표권을 가지며(1인 1표), 연합단계의 협동조합도 민주적인 방식으로 조직된다."

**8** 새마을금고의 상황은 이를 보여주기에 충분하였다. 그러나 성장론자들은 이 문제에 거의 주의하지 않았다. 이와 관련된 논의는 제2부 제3장 참조.

9 구정옥은 임직원이라는 표현을 쓰고 있다. 그러나 라이파이젠이 직원까지 보수를 받아서는 안 된다고 말하지는 않았으며, 실제로 보수를 받았다. 이에 여기서는 임원으로 바꾸어 인용한다. 한편 라이파이젠은 직원이 조합의 의사결정에 영향을 미치게 해서는 안 되며 이를 위해 직원이 이사회 멤버가 되어서는 안 된다고 생각하였다. 직원에 대한 이러한 제한규정도 대리인 비용을 방지하는 데 그 목적이 있다. 자세한 설명은 구정옥(2007)과 함께 전형수(2004a) 참조.

10 1972년 말에 인가받은 조합은 모두 248개였다. 당시 총 조합 수는 694개이므로 1972년 말에 인가받은 조합은 전체 조합의 35.7%에 불과하다. 당시의 상황에 대한 설명으로는 신용협동조합중앙회(1991), pp.176~177 참조.

11 이와 관련된 상세한 검토는 제2부 제3장 참조.

12 이에 대한 설명은 신협연합회(1981) 참조.

13 상세한 논의는 제2부 제4장 참조.

14 그는 이렇게 말한다. "직원이 기대하는 것도 조합을 크게 성장시키고 싶은 생각이 가장 지배적이고(84.0%) …" 송보경(1976), p.108.

15 그리고 자산 및 조합원 증가(14.7%), 업무 전산화(7.2%), 무응답(7.7%)이 그 뒤를 잇고 있다.

16 1985년도에 신협연합회 홍보실장으로 근무하던 문효근은 서민금융을 "중소기업의 산업자금이나 소비자대중의 생활자금 등을 목적으로 하는 금융"으로, 그리고 이를 위한 금융기관을 서민은행으로 정의한다. 그는 국민은행과 함께 신협, 새마을금고, 농협, 수협, 상호신용금고 등이 서민금융기관에 속한다고 말한다. 문효근(1985) 참조.

17 1985년에는 이와 관련된 조사를 하지 않았다. 한편 이동영 · 문지현(1989)은 경기도 지역을 중심으로 제한된 설문조사를 실시하였는데, 이 조사에서도 응답자(총 164명)의 57.3%가 사전교육을 받지 않았다고 응답하였다.

18 협동교육연구원이 1976년에 단위조합을 대상으로 실시한 조사에 따르면 사전에 교육을 받고 조합에 가입하는 조합원은 57.4%로 나타났다. 이는 송보경의 설문조사 결과보다 높은 수치이다. 신협연합회(1978) 참조.

19 그런데 이동영 · 문지현(1989)의 조사에 따르면 규모가 너무 영세해도 교육을 실시할 여력이 없어서 사전교육을 실시하지 못하는 것으로 나타났다. 이는 연합회 차원에서 조합원 교육에 대해 충분한 주의를 기울이지 않았다는 것을 의미하는 것으로 보인다.

20 이는 1976년 협동교육연구원이 단위조합을 대상으로 실시한 조사 결과이다. 자세한 설명은 신협연합회(1978) 참조.

21 직원들은 단기강습을 협동교육연구원(22.0%), 신협연합회 또는 지구평의회 지도자 강습

(14.1%), 일반 부기학원(6.6%) 등에서 받았으며, 업무를 수행하면서 부기에 관한 지식을 습득하거나(다른 직장에서(6.2%), 조합에서(3.3%) 등) 독학(14.1%)으로 습득하였다.

22 이에 대한 설명으로는 ICA(1969), pp.16~18 참조.

23 대형화되면서 "협동조합은 과연 빈곤이라는 상황과 싸울 수 있는 효과적인 조직인가?"(Laidlaw, 1980 : 121)라는 의문이 제기되고 있다는 지적은 이러한 사정을 잘 보여준다.

24 그는 이렇게 말한다. 즉 "협동조합의 위대한 목적은 지역사회나 촌락을 대도시 안에 많이 건설하는 것이다. 허다한 사회적 경제적 요구에 호응해서 협동조합을 건설하면 지역사회의 창설에 종합적인 효과를 미치게 할 것이다."(Laidlaw, 1980 : 153)

25 윤영성(1984)이 제시한 평균이자율은 가중평균한 값이 아니고 예금 또는 대출 항목별 이자율을 합산하여 예금과 대출금 항목수로 나눈 값이다. 따라서 경제적 의미는 크게 떨어진다. 이 문제는 논외로 하더라도 신협의 평균수신금리는 과소평가되고 은행의 그것은 과대평가되었다. 윤영성(1984)에 의하면 1984년 현재 신협의 경우 이자율이 높은 예금(정기예탁금, 차입금, 정기적금, 출자금 등)의 비중이 78%이며, 이자율이 낮은 예금의 비중은 22%이다. 그러나 은행의 경우 이자율이 낮은 예금(별단예금, 보통예금, 당좌예금 등)의 비중이 신협보다 높다. 따라서 신협의 예대금리 차이는 〈표 1-5〉의 그것보다 더 낮다.

26 예컨대 은행의 CD(현금지급기)와 ATM(현금입출금기)의 설치대수가 1992년 말 현재 4,192개로 1989년 말에 비해 87.5% 증가하였다. 그리고 점포 수는 1992년 말 현재 4,810개로 1989년 말에 비해 37.1% 증가하였다. 박주호(1993) 참조.

27 특이한 점은 1982년과 1983년에 신협의 수가 급격히 증가하였다는 점이다. 이는 1982년 7월 정부가 제2금융권의 신설을 허용한 것과 연관된 것으로 보인다. 이 조치로 단기금융회사와 상호신용금고의 신설이 허용되었다. 이에 대해서는 최진배(1996), p.224 참조. 한편 1972년과 1973년도에 조합의 순증가가 특별히 많은 것은 이전에 설립된 조합이 신협법에 의한 조합으로 인정되었기 때문이다.

28 예컨대 6월에 예탁된 1년만기 정기예금의 경우 연도말에 6개월분의 이자를 실제로 지급하지는 않지만 결산을 할 때에는 지급이자 즉 비용으로 계산해야 한다. 따라서 미지급 이자에 대해 보정을 하지 않으면 그만큼 이익이 과대평가된다.

29 조현옥에 의하면 회계규정의 미비로 경제사업의 수익금이 많이 있지만 조합마다 각기 다른 방식으로 재무제표를 작성하고 있다고 말한다. 조현옥(1988), p.29.

30 이는 "분석대상조합의 96년도 미지급이자 보정률 전체평균은 85.7%이며, 자산규모가 클수록 미지급이자 보정률이 증가하는 추세이다"(신협중앙회, 1997 : 69)는 지적에서 확

인할 수 있다.

**31** 당시 조합들은 출자금에 대한 배당문제로 상당한 압박을 받고 있었다. 이러한 사정을 조현옥은 다음과 같이 말한다. 먼저 1988년의 분석에서는 "…많은 조합들에서는 배당압박을 이유로 대손상각충당금설정을 기피하고 있는데…"(조현옥, 1988 : 33)라고 서술하며, 1990년도의 분석에서는 조합원의 출자금에 대한 배당률이 전기예금금리에도 미치지 못하고 있다면서 "그런데 신협경영에 있어서 정말로 문제가 되는 것은 많은 조합들이 배당압박 때문에 분식결산을 하고 있다는 사실이다"(조현옥, 1990)라고 말한다.

**32** 조합의 가입동기에 대한 설문에 상당수의 조합원들은 저축하기 위해 가입하였다고 응답하였다. 즉, 1975년 설문에는 43.5%가 쉽게 저축할 수 있어서 조합에 가입하였다고 응답하였으며, 1981년 설문과 1985년 설문에는 각각 14.9%와 31.3%가 그렇다고 응답하였다.

**33** 설문지에는 다양한 용도를 예시하고 있는데, 여기서 말하는 가계자금은 가옥비(1.0%), 책 구입(1.0%), 교육비(10.5%), 가사비용(9.8%), 생계비(1.7%), 급히 필요해서(1.7%), 교육비와 생계비(0.3%) 등의 항목을 포함한다.

**34** 자세한 내용은 이미연(2012) 참조.

**35** 나머지는 사채놀이(0.1%), 무응답(11.3%)이다.

**36** 금융업무확대방안에 대한 설명으로는 소민섭(1991)(1992) 참조. 그리고 자회사 설립과 관련된 논의는 이순우(1991) 참조.

**37** 배용수(1991) 참조.

**38** 상세한 내용은 박주호(1993) 참조.

**39** 즉, "장기적으로 지역 단위에서 할 수 없는 업무영역은 협동조합연합기구의 자회사 또는 단위협동조합의 공동출자에 의한 자회사에게 허용하고, 단위조합은 자회사와 업무를 연결하는 것이 바람직하다(증권, 보험, 투자신탁, 투자자문 등)." 금융산업발전심의회 금융제도개편연구소위(1993), p.274.

**40** 주요 내용은 다음과 같다. 지사무소 설치 허용, 공동유대확대, 동일인 대출한도 확대 및 법인과 사업체 대출 허용, 상업어음담보대출(재할인이 없는 사실상의 어음할인업무로 소영세기업에 대한 대출 허용. 자산 200억 원 이상), 어음할인 및 표지팩토링, 실적배당부 수신상품 허용 등. 그리고 장기과제로서 신협중앙회를 은행법 제3조(금융기관의 정의)의 금융기관으로 지정하고 자회사의 설립을 허용할 것. 한국금융연구원(1994), pp.96~106.

**41** 이러한 사정은 손상호(1996), 김세진(1996) 등에서 엿볼 수 있다. 그들은 신협은행화(안)가 여러 가지 문제를 안고 있다고 하면서 중앙기금화(안)가 바람직하다고 말한다.

**42** 신경제5개년 계획 금융개혁부문(안)에서 정부는 제3단계(1996~1997)에 금융기관 업무

영역 조정의 일환으로 농수축협 단위조합의 통합 및 대형화를 추진한다는 일정을 발표하였는데, 이 계획은 이를 감안하여 작성된 것으로 보인다.

43 농협은 종합협동조합이지만 상호금융부문은 금융협동조합으로서의 성격을 보여주는 것이다.

44 이와 관련된 논의는 최진배(2016) 참조.

45 새마을금고연합회(1989), p.158 및 p.365 참조.

46 신협은 1993년 2월 말 현재 237개 조합에서 294개소의 지사무소를 설치하고 있었다. 상세한 설명은 한국금융연구원(1994), p.98 참조.

47 신협연합회(1986a) 참조.

48 우리나라 금융협동조합의 지역사회 개발문제에 대한 상세한 검토는 제4부 제11장 참조.

49 배용수(1996). 이와 함께 강민구(1993)도 참조.

50 당시 사정을 조현옥은 이렇게 말한다. "손실에 대한 대비나 새로운 사업을 위한 준비자금으로 잉여금배당 시에 설정하는 제적립금의 경우에도 법으로 강제되어 있는 법정적립금 이외에는 그 적립이 대체로 부실하여 대손 등의 경우에 대한 대비가 거의 없는 취약한 재무구조를 가진 단위조합이 대부분이었다." (조현옥, 1988 : 15)

51 예컨대 진흥복은 이렇게 말한다. 즉, "협동조합에서는 교육과 참여를 통해 조합원의 자치능력을 배양하고 자주성을 발휘하게 함으로써 조합운영에 참여하고 조합사업을 이용하게 하여 스스로 조합의 주인의식을 갖도록 한다." (진흥복, 1987)

52 문정모(1988), 김남철(1989) 등은 교육홍보비가 전체 비용의 1% 수준에 머물러 있다는 점을 안타까워하고 있다.

53 이는 전철환(1987), 임진창(1988), 이환영(1991) 등에서 잘 나타난다. 예컨대 정체성 문제를 거론하면서 이환영은 이렇게 말한다. "… 신협운동이 금융업무에 치우치다보니 이념의 약화, 민주적 관리능력의 약화, 각종 지역사회 개발사업의 형식적인 추진과 내용의 단순성으로 조합원들의 적극적인 호응을 얻지 못하고 있다." (이환영, 1991)

## 2장

1 기업의 평판이란 "기업의 재무적 · 사회적 · 환경적 영향에 대한 장기적 평가에 기반하여 해당 기업에 대해 다수의 이해관계자가 가지는 집합적 인식" (KB금융지주 경영연구소, 2011) 또는 "해당기업에 대한 이해관계자들의 기대와 경험을 바탕으로 굳어진 믿음과 의견, 그리고 브랜드 이미지 등의 총체를 의미" 하며, 그것은 "통제 불가능한 외부요인의 영향에 민감하게 반응하는 특징" (이상 김경환, 2010)을 가지고 있다. 영리를 추구하

는 기업을 대상으로 평가하는 것이 일반적인데, 비영리기업인 신협이 평판위험이 있다는 것은 사업체로서의 평가도 좋지 않다는 것을 의미한다. 정체성 훼손보다 더 심각한 문제라 할 수 있다. 신협의 평판위험에 대해서는 김대익(2013), 이민환(2013)을 참조.

**2** 상세한 논의는 제3부 제9장 참조.

**3** 비조합원대출에는 유가증권 투자와 신협중앙회에 대한 예치금 등이 포함된다. 신협중앙회는 조합의 예치금을 대부분 유가증권과 비회원대출로 운용한다. 따라서 이는 조합원에 대한 대출이 아니다.

**4** 신협이 취급하는 햇살론에 대한 상세한 설명으로는 손재완(2012) 참조.

**5** 정체성 선언 직전에 제출한 보고서에서 Böök(1992 : 16)는 협동조합 원칙을 수단적 가치라고 부르는데, Böök은 그것을 기본적 가치, 윤리적 가치와 함께 협동조합의 전통적인 세 가지 형태의 기본적 가치라 한다. Böök이 말하는 기본적 가치는 정체성 선언에서는 협동조합의 가치(자조, 자기책임, 민주주의, 평등, 형평, 연대의 가치)로, 그리고 윤리적 가치(정직, 공개, 사회적 책임 및 타인을 위한 배려)는 협동조합원의 가치로 표현되고 있다.

**6** 유영우의 다음 주장은 현 상황을 이해하는 데 많은 도움이 된다. 즉, "정부금융당국(신협중앙회)의 하향식 지시나 통제는 지역신협의 자율성을 훼손하며, 신협 본래 원칙(정체성)을 지켜나가기가 용이하지 않은 환경을 조성하고 있다."(유영우, 2013). 여기서 정부금융당국(신협중앙회)이라는 표현이 의미하는 바는 다소 모호하다. 그러나 그 글의 뒷부분인 「현재 신협의 문제점과 과제」 부분에서 보듯이 그것은 신협중앙회가 지역신협의 자율성을 훼손할 우려가 있는 정부금융당국의 지시나 통제를 거스르지 않는다는 것을 의미하는 것으로 보인다.

**7** 1970년 신협법안을 국회에 제출하면서 당시 재무부장관은 다음과 같이 제안 설명을 하였다. "조합원의 재산을 안전하게 보호하고 국가공인(國家公認)으로 일반에게 공신력을 부여하며, 국제신용협동조합연합회와의 신용공제사업의 지원을 받을 수 있는 터전을 마련하고 조직과 운영의 통일을 기하며 정부의 재정적인 지원을 보장할 목적으로 이 법안이 성안되었다."(신협중앙회, 1980 : 248) 신협법은 2년 뒤인 1972년에야 통과되었지만 신협법이 신협운동에 가지는 의미 등은 여기에 잘 표현되어 있다.

**8** Borzaga & Galera(2012)는 "조합원의 경제적 참여에 관한 ICA 협동조합 제3원칙에 상응하게, 수많은 협동조합이 협동조합 잉여 중 일부를 조합원 개인에게 귀속하지 않고 반드시 모든 미래세대의 이익을 위해 쓰여야 하는 공유의 비분할 적립금에 배정한다"고 말하는데, 이러한 점에서 우리나라 신협은 제3원칙을 성실히 준수하고 있다고 말할 수 없다.

**9** Zamagni & Zamagni(2009)에 의하면 이탈리아 협동조합들은 1992년에 제정된 법에 따

라 매년 영업이익의 3%를 갹출해 다른 협동조합의 설립을 지원하는 협동기금을 조성한다.

**10** 이와 관련된 논의로는 Zamagni & Zamagni(2009), p.161~166 참조.

**11** 이와 관련된 설명으로는 Zamagni & Zamagni(2009)의 부록에 수록된 한국협동조합연구소가 엮은 『협동조합 7원칙. 앗! 이것도 협동조합』의 자율과 독립 부분 참조.

**12** 신협의 임직원에 대한 교육실태는 알려져 있지 않다. 그러나 유영우(2013)에 의하면 신협중앙회의 임직원 교육은 자산증대, 이익극대화 교육 위주로 되어 있다. 즉, 금융전문가 양성에 주력하고 있다.

**13** 신협중앙회(2011)에 의하면 2010년 현재 복지사업비(의료지원비, 장학 사업비, 지역사회개발 환원비, 소외계층지원비, 문화행사지원비, 경로사업비 등)로 지출된 금액은 55억 원이다. 그리고 지역사회발전기금은 1개 조합이, 장학기금은 9개 조합이 보유하고 있다.

## 3장

**1** Jones(2006) 참조.

**2** 이에 대해서는 후술 참조.

**3** 제3부 제8장 참조.

**4** 제3부 제8장 참조.

**5** 자세한 성장과정은 새마을금고중앙회(2013)에 수록된 통계를 참조.

**6** 김병주 등은 이렇게 말한다. "협동정신에 기반을 두고 주민의 공동이익을 위하여 자율적으로 마을금고를 키우려고 하는 의욕과 관리능력을 갖춘 사람이 선발되기보다 해당 지역사회에서의 지명도가 선발기준이었다." (김병주 외, 1981 : 312-3)

**7** 상세한 설명은 제2부 제4장 참조.

**8** 금융사고 당시의 사정을 김병주 등은 이렇게 말한다. "…마을금고는 경영부실화되는 경우가 속출하게 되고 종사자의 횡령, 유용사고, 야간도주 사태가 빈발하게 되었다. 특히 사고가 잦은 금고는 주로 도시의 대형 마을금고이며 그 피해자의 범위도 상당히 광범하다는데 문제의 심각성이 있다. 1975년 이후 최근에 이르기까지의 사고 건수(152건) 사고금액(49억 원) 등이 이를 말해주고 있다. 특히 마을금고의 추진주체가 정부이었기 때문에 이러한 사고의 책임도 정부가 져야 할 것이라는 일반적인 인식이 대두되고 있다." (김병주 외, 1981 : 313)

**9** 이에 대한 설명은 황두영(1990), pp.37~45를 참조.

**10** 이에 대해서는 제1부 제1장 참조.

## 4장

**1** 당시의 사정에 대한 자세한 내용은 제1부 제1장의 〈표 1-8〉 참조.

**2** 이하의 서술은 새마을금고연합회(1989), p. 395와 pp.398~400에 의거하고 있다.

**3** 이는 사채업자와 같은 "불건전한 인사"들이 새마을금고의 지도자가 될 수 있었다는 것을 의미하는데, 이러한 사정은 1985년에 제정된 신용협동조합 업무운용준칙 제18조(임원)의 자격조항에 사금융업에 종사한 경력이 없는 자와 중앙회에서 실시하는 소정의 교육이수자 및 취임 후 3개월 이내에 교육이수가 가능한 자 등이 포함된 데서 확인할 수 있다. 신용협동조합중앙회(1991) 참조.

**4** 재무부 감사는 매우 심각한 결과를 초래하였는데, 재무부가 "연합회 나아가 전체 신협의 자금관리 능력을 불신, 투자관리 등 자금운용에 직접적인 통제"(신용협동조합중앙회, 1991 : 235)를 가한 것이 그것이다.

**5** 제2부 제3장 참조.

**6** 이에 대한 내용은 박주호(1993) 참조.

**7** 박주호(1993)에 의하면 이 안은 신협은 상호신용금고, 농수축협 단위조합, 새마을금고와 함께 영세상공인과 농어민의 지역금융기관으로 육성키로 하고 이의 검토 및 추진은 3단계(1996~1997)로 유보하는 것으로 되어 있다.

**8** 제3부 제10장 참조.

## 5장

**1** 손상호(2016) 등은 매우 구체적으로 서민을 정의하기도 한다. 그러나 여기서는 서민과 저신용·저소득계층을 특별히 구분하지 않으며, 사실상 같은 의미와 내용을 가지는 것으로 사용한다.

**2** 자세한 설명은 제3부 제8장 참조.

**3** 상세한 설명은 손상호(2016) 참조.

**4** 이하의 논의는 손상호(2016), 구정한 외(2016), 강문성(2014), 박창균(2014a), 이재연·이시연(2013), 이재연 외(2012) 등에 의존한다.

**5** 그들은 이렇게 말한다. "현재 민간서민금융회사가 서민금융기관으로서 본래의 기능을 하려면 저신용·저소득 서민층에 20%를 넘지 않는 수준의 중금리대 신용대출 상품을 제공하는 것이 바람직하다."(구정한 외, 2016 : 7-8) 손상호도 중금리 대출상품의 출시로 자금의 가용성이 확대될 것이라고 주장하면서 "금리상향 조정과 자금의 가용성 확대는

지원대상을 신용도와 소득이 더 낮은 서민으로 확대하는 장점이 있다”(손상호, 2016 : 166)고 주장한다.

6 이러한 문제를 박창균(2014b)은 다음 세 가지로 정리한다. 하나, 서민금융시장에서는 전통적인 위험관리기법이 작동하기 어렵다. 즉, 서민은 담보를 제공하기 곤란하며, 신용상관관계가 높아 서민금융의 위험을 분산하기가 어렵다. 둘, 금융회사는 선별이나 감시를 통해 위험을 관리하기 곤란하다. 서민계층은 금융거래 경험이 많지 않은 데다 상환능력을 평가할 수 있는 지표가 부족하며, 규모의 경제가 작동할 수 없어 모니터링 비용이 많이 들기 때문이다. 셋, 서민금융시장에서 적절한 위험관리를 통한 자금공급에는 상당한 비용이 수반되지만 이에 상응하는 수익률을 단기적으로 기대하기 어렵다. 특히 관계형 금융기법을 활용하는 데는 상당한 시간과 비용이 든다. 그러나 단기적으로 이를 상쇄할 수 있는 수익률을 기대하기 어렵다.

7 예컨대 이재연 · 이시연(2013 : 17)은 관계형 금융기법을 활용하는 중금리대출을 서민금융문제를 완화하기 위한 거의 유일한 대안이라고 말한다.

8 구정한 외(2016 : 105)는 더욱 구체적이다. 그들에 의하면 서민금융진흥원은 수요자의 다양한 정보를 집중하여 “이러한 정보를 바탕으로 정책서민금융 지원대상 및 목표 설정 → 정책서민금융 수요자 정보 집중 및 분석 → 자금집행 → 사후관리 및 정보 집중 및 분석 → 성과분석 → 수요자 피드백(feedback) 정보 및 분석 → 성과 및 피드백을 반영한 지원대상 · 방식의 변화 → 지원대상 · 방식의 변화에 따른 신규수요자에 대한 정보 집중 및 분석으로 연계되는 큰 틀에서의 정책적 서민금융상품 체계 설계가 필요하다.”(구정한 외, 2016 : 105)

9 적정금리는 햇살론을 근거로 계산되었는데, 햇살론의 경우 대위변제율(12%), 예금 등의 자금조달비용(3%), 판관비 및 자본비용(3%) 등을 합하면 적정금리는 18%가 된다.

10 Leggett & Strand(2002)가 금융협동조합의 대리인 문제를 측정하기 위해 대출이자율과 예금이자율의 차이인 순이자마진(net interest margin)을 중심 변수로 이용되는 것도 이 때문이다. 한편 Syrjä, et al.(2012)은 금융협동조합에서 대리인 문제의 존재 여부를 검증하기 위해 잔여소득(residual earnings)의 배분을 변수로 활용하였는데, 보다 낮은 이자율과 보다 높은 이자율로 순이자마진을 높인다는 것은 잔여소득이 조합원이 아니라 경영자에게 돌아간다는 것을 의미하기 때문이다.

11 이에 대한 상세한 검토는 제3부 제8장 참조.

12 제1부 제1장 참조.

13 배준식(2013)에 의하면 햇살론의 대출거부율은 50%를 상회한다.

14 제3부 제10장 참조.

15 활성화되지 않고 있는 영국 신용조합 운동에 대한 Plackett의 다음 지적은 이러한 사정을 잘 보여준다. "가난한 사람들의 은행이라는 신용조합에 대한 이미지가 집단적 의식에 침투되어 있어 사람들은 일반적으로 신용조합을 자신들에게 유리한 금융서비스를 제공한다고 생각하지 않는다." (Plackett, 2003 : 109) 영국 신협에 대한 포괄적인 검토로는 최진배(2015) 참조.

16 배준식(2013)에 의하면 햇살론의 대출거부율은 50%를 상회한다.

17 손상호는 이렇게 말한다. "상호금융기관이 현재와 같이 은행과 유사한 영업형태를 지속하게 되면 결국 제2의(2nd tier) 은행인 '지역 및 상호은행(가칭)'으로 전환되면서 은행법 내에 포함되거나 아니면 은행법과 유사한 규제를 받을 수밖에 없다." (손상호, 2016 : 129)

## 6장

1 이와 관련된 논의로는 Porteous(1995), Hauswald & Marquez(2006), Degryse et al.(2009) 참조.

2 후자에 대한 논의로는 Hollis & Sweetman(1998)과 Besley & Coate(1995)도 참조.

3 이와 관련된 논의는 제3부 제8장 참조.

## 7장

1 이와 관련된 논의는 최진배(2009) 참조.

2 Carey, Post & Sharpe(1998)에 의하면 미국 은행들은 자신의 평판을 관리하기 위해 위험이 낮은 차입자에게 대출하려 한다.

3 안승용(2012b)의 다음 지적은 이러한 우려를 반영한다. "조달비용률의 차이는 업무원가 수준과 결부되어 높은 대출금리로 이어지고 있으며, 이는 저신용자, 부동산 관련 차익거래 및 투자수요자, 비우량담보물건 등의 유입을 고착화할 수 있음."

4 신협중앙회는 대규모 도산으로 이끈 조합의 경쟁력 저하가 자산성장률이 둔화되는 상황에서 고금리저축상품이 증가하여 예대마진율이 감소되었으나 상품개발능력 부족, 낮은 공신력, 전산시설 부족 등 때문에 이에 적절히 대응하지 못한 데서 기인한다고 평가하였다. 신협중앙회(2011a), p.205.

5 이후 예금보호한도가 예금과 적금에 한해 5천만 원으로 조정되었으며, 2004년부터는 신

협 스스로 예금자보호기금을 설치하여 5천만 원까지 보호하고 있다.

6 신협중앙회도 "일부 조합의 무분별한 외형 확대에 따른 부실화 문제와 수익률 저조, 그리고 방만한 경영 등"(신협중앙회, 2011a : 231)의 요인 때문에 조합경영이 위기에 처하게 되었다고 진단한다.

7 신협 내부에서도 약간의 견해 차이가 존재한다. 예컨대 안승용(2012b)과 이정화(2012)는 이러한 견해를 적극 지지한다. 그러나 박영범(2012)과 이선호(2013b)는 고금리를 통한 외형 확대를 지양해야 한다고 주장한다.

8 뉴스타트 영세자영업자대출(2008년 4월 10일), 자영업자 유동성지원대출(2008년 12월 23일), 금융소외자영업자대출(2009년 2월 9일), 근로자생계신용보증대출(2009년 6월 30일), 햇살론(2010년 9월 27일) 등이 그것이다.

9 신협중앙회에 따르면 1~2천만 원 이하 구간의 수신은 2009년 말 현재(9조 179억 원) 전년 말(10조 2,543억 원)에 비해 12.1% 감소하였으나, 2~5천만 원 이하 구간의 수신은 같은 기간 3조 3,985억 원에서 9조 2,509억 원으로 272.2% 증가하였다.

10 비교대상 수신이자율은 은행의 경우에는 정기예금(1년 이상 2년 미만), 신협의 경우에는 정기예탁금(12개월)의 월별 신규취급 가중평균금리의 단순평균으로 한국은행이 매월 발표하는 자료이다.

11 여기서는 수도권 주택담보대출, 조합 간 공동대출을 간주조합원대출과 함께 비조합원대출이라고 부른다.

12 안승용(2012c)에 의하면 NICE 신용등급을 기준으로 할 경우 신협 차입자의 신용등급도 5.55등급(2010년), 5.33등급(2011년), 4.64등급(2012년)으로 상승하고 있다.

## 8장

1 신협은 공동유대에 따라 지역신협, 단체신협, 직장신협으로 구분되는데, 지역신협은 지역을 공동유대로 하고 있다.

## 9장

1 미국과 호주 신협의 탈상호화(demutualization)에 대해서는 Merrick(2001), Davis(2005) 등을 참조. 한편 영국 정부는 협동조합의 퇴조와 고립화 경향에 대처하고 지배구조의 변화를 촉진하기 위해 건축조합(building society)과 같은 상호회사의 주식회사로의 전환

을 규제하기 시작하였는데, 이에 대해서는 Cornforth(2004) 참조.

2 이러한 사정은 오스트리아 금융협동조합의 지배구조를 검토하는 Gorton & Schmid (1999)의 다음 지적에서 명확히 드러난다. "원래 협동조합 조합원은 기업의 성과를 감시할 강한 유인이 있다. 그러나 (협동조합은행은) 비조합원 차입자와 거래하는, 그리고 전문경영자가 경영하는 대기업으로 발전하였다. 현재 이들 기업은 이윤을 극대화하는 정통적인 기업과 유사하다."

3 그러나 탈퇴 당시 조합의 손실금이 존재할 경우 출자금을 전액 돌려받지 못할 수 있는데, 이러한 점에서 조합원은 비대칭적으로 불리하다.

4 이 설명은 Miche의 논의에 대한 Chaves & Sajardo-Moreno(2004)의 검토에 기초하고 있다.

5 Spear(2004) 참조.

6 이러한 견해를 지지하는 Cornforth(2004)도 이렇게 말한다. "조합원의 낮은 참여수준은 이사회의 민주적 정당성, 그리고 이사회의 유효성, 특히 전문성 없는 이사회 구성원이 상급경영자를 효율적으로 감독하고, 성실성을 확인하고 조합원과 이해관계자의 이익을 보호할 수 있는지에 대해 심각한 우려를 야기한다."

7 예컨대 사회적 경제의 경영자는 사회적 경제부문 문화의 공유자(sharers)이면서 담지자(carriers)이며, 사회적 경제의 문화적 인습, 독특한 운영방식, 그리고 사회적 계획사업을 인지하고 공유하며, 자신들이 일하는 기업의 사회적 및 경제적 사업계획에 참여하고 충성심을 발휘한다. 그리고 그들의 행동은, 참여를 독려하고 발전시킬 제도혁신 과정과 같은, 사회적 경제의 정체성을 강화할 요인들을 반영한다. Chaves & Sajardo-Moreno(2004) 참조.

8 이러한 주장은 "협동조합기업은 운명적으로 그것의 목적을 수행할 수 없다" (Borgström, 2013)는 비판으로까지 나아간다.

9 나아가 그들은 "원칙에서 멀어지면 협동조합의 의미와 합법성에 의문이 제기되며 시간의 흐름과 함께 협동조합의 특성도 사라진다" 또는 "탈상호화와 협동조합의 정체성 상실"로 이어진다고 주장한다. Oczkowski et al.,(2013) 참조. Spear(2004)도 "민주적인 조합원 기반 조직의 사회적 차원에서는 신뢰와 사회적 경제의 가치가 좋은 성과와 좋은 이사/경영자/조합원 관계를 위해 기능한다"고 말한다.

10 Birchall & Simmons(2004)는 조합원 참여에는 비용이 소요되지만 조합원 참여는 중요하다고 말한다. 이때 그들은 영국 건축조합(building society)의 사례를 든다. 건축조합은 최소참여전략을 채택하였는데, 그 결과 탈상호화라는 대가를 치렀다.

11 이들은 집단적 유인을 구성하는 요인으로 공유목표(shared goals)는 공통의 목표로 전

환할 수 있는 조합원들의 상호 필요를 표현하고, 공유가치(shared values)는 공통의 가치를 표현하는 것으로 공유하는 가치를 가지게 되면 조합원은 참여의 의무감을 느낀다. 그리고 공동체 의식(sense of community)은 "사람들은 동일한 지역에 살거나 어떤 점에서 자신들과 유사한 다른 사람들과 동질감과 관심을 가지게 하는 것이다." 한편 개인적 유인은 카타르시스, 학습, 즐기기, 성취감 등의 개인적인 혜택을 의미하는데, 이들 요인은 "강력한 공동체 의식, 공유된 목표와 공유된 가치와 같은 집단적 유인들에 비해 이차적이다." Birchall & Simmons(2004) 참조.

**12** "조합원이 자신의 소유권과 그와 관련된 권리에 대한 인식이 불충분하기 때문에 소유자로서 참여하지 않는다"는 Vierheller도 이에 동의한다. Jussila et al.(2012)에서 재인용.

**13** 예컨대 Giroux는 이렇게 말한다. "협동조합의 특별한 특징을 만들어내는 것은 소유자의 특수한 조합원-사용자 지위이다." (Giroux, 1992. Jussila & Tuominen(2010)에서 재인용)

**14** 여기서 심리적 소유권이란 소유대상이 자기 것이라고 느끼고, 소유자가 대상에 심리적으로 결합되어 있다고 느끼는 것을 의미한다. 한편 연계는 조합원과 조합의 상호작용, 즉 조합원의 조합통제, 조합에 대한 자세한 지식과 이해, 조합에 대한 투자(에너지, 시간, 노력, 그리고 주의 등)의 결과이다. Jussila & Tuominen(2010) 참조.

**15** 즉, "가장 중요하게는 성공적인 협동조합 지배구조를 위한 열쇠는 구조적 요인이 아니라 인간적이고 사회적인 요인 안에서 발견된다. 그것은 효율적인 사회적 제도인데, 그것은 협동조합 조합원, 대표자, 그리고 이사회 구성원들을 참여시키고 동기 부여함으로써 성공을 창출하는 데 봉사하는 소유권 의식(feelings of ownership)에 의해 추동된다." (Borgström, 2013)

**16** 즉, "협동조합 조합원은 전통적인 이론에서 말하는 기업 소유자는 아니다. 조합원이 보유하는 주식을 위한 시장이 없기 때문이다. 그러나 소유자인 조합원은 협동조합과 매일 활발히 접촉하며 협동조합에 대한 애정을 가지고 있다." (Borgström, 2013)

**17** 전철환(1990)은 출자금 비율(조합의 자금조달 총액에서 출자금이 차지하는 비중)의 하락은 조합원의 주인의식이 결여되고 민주적 관리의식이 약화된 것을 보여준다고 우려하는데, 그는 출자금이 조합원의 주인의식 제고 및 그에 따른 민주적 관리 강화와 연계되어 있다는 점을 분명히 하고 있다.

**18** 자세한 설명은 제1부 제1장 참조.

**19** 이에 대한 상세한 논의는 최진배(2016) 참조.

**20** Cornée(2014)에 의하면 집단적 사고는 특정 범주의 이해관계자들(예컨대 대출직원들)이 자신들의 결정을 조직의 임무 및 목적과 별개로 합리화할 때 발생한다.

21 새마을금고연합회(1989), p.395 및 pp.398~400 참조.

22 신협중앙회는 이렇게 말한다. "이 사고는 신협이념의 상실과 '교육의 원칙'이 경시된 데서 비롯된 조합원 의식의 결여가 복합적으로 이루어진 '인위적' 사고로서 '신협정신'의 기조가 뿌리째 흔들리는 대표적인 사례였다."(신협중앙회, 1991 : 232)

23 여기서 우리는 "협동조합은 조합원의 동의를 얻은 정책을 통해 그들 지역사회의 지속가능한 발전을 위해 노력"(Birchall, 1997 : 113)해야 한다는 점을 상기할 필요가 있다.

24 Böök는 이렇게 말한다. "경제적, 사회적으로 취약한 사람을 위한 관심과 책임감"은 "협동조합이 탄생하고 발달한 이유이다. 그것은 「타인에 대한 배려」가 스톡홀름에서 열린 ICA총회에서 기본적인 가치로 만장일치로 채택됨으로써 다시 한 번 확인되었다."(Böök, 1992 : 57)

25 신협의 사정에 대해서는 제1부 제2장 참조.

26 중앙지배적인 연합 네트워크는 다음과 같은 특징을 가진다. 통일된 이미지 혹은 전국적으로 동일한 상표를 이용한다. 개별조합은 연합회(사업기능이 없는 순수지주회사와 유사하다)의 자회사와 같으며, 분권화되어 있다. 조합원 자격과 지점설치가 규제된다. 그리고 그것은 1단계 조직을 위해 협상하고 운동의 사업적 이익을 대표하며, 사업구조를 가진다. 그리고 1단계 조직을 위한 상품, 서비스 등을 생산하는 기능을 수행하는 사업구조를 가지며, 규제 및 감독당국에 의해 위임된 규제와 감독기능을 수행하는 등의 기능구조를 가지고 있다. 그가 분석대상으로 하고 있는 중앙지배적인 연합 네트워크 모델에는 한국 신협도 포함되어 있다. Fischer(2002) 참조.

27 여기서 말하는 세계화의 위급성이란 부족한 일자리, 경제적 불안정, 빈부격차 심화 등을 의미한다.

28 제4부 제11장 참조.

## 10장

1 예컨대 농협은 2015년 말 현재 자산규모가 280조 원을 상회하는데, 이는 어느 개별은행보다 크다. 농협중앙회는 다른 금융자회사를 거느리고 있는데, 이들까지 포함하여 비교한다면 그 규모는 우리나라의 어느 금융지주회사도 따라올 수 없을 것이다.

2 그들은 이렇게 말한다. "공동유대의 제약완화는 경영자와 조합원 간 관계를 단절시킨다. 그 결과 동기의 일탈을 촉진하여 대리인 문제를 야기할 여지가 증가한다."(Leggett & Strand, 2002)

3 Leggett & Strand(2002)에 의하면 경영자의 잔여소득에 대한 청구에 대한 명백한 증거

는 운영비와 급여에서 나타난다. 경영자는 잔여소득을 급여 혹은 (훈련, 작업조건, 출장 등을 위한) 비금전적 비용을 증가시키는 방법으로 자신에게 귀속시키기 때문이다.

**4** 그들은 이렇게 말한다. "그러한 비용선호행위(expense preference behavior)는 상호조직에서 종종 나타나는데, 이들은 분산된 소유권 구조에 기인된 보다 큰 주인-대리인 갈등을 겪고 있다." (Frame et al., 2003)

## 11장

**1** Böök은 이렇게 말한다. "사회적 책임은 협동조합의 정체성의 일부로서 협동조합 방식에 좋은 평판을 준다. 결과적으로 만일 협동조합이 그 정체성으로부터 이탈한다면 평판이 떨어지게 될 것이다." (Böök, 1992, 하 : 96-97)

**2** 그리고 이어지는 문장에서 그들은 "지역사회개발은 곧 신용조합의 사업이다." 고 말한다.

**3** Fairbairn 등은 이렇게 말한다. "신용조합의 고유한 이점은 보다 광의의 개발이다. 이런 광의의 접근은 단순히 지역사회에 일자리를 주는 것이 아니라 지속적으로 자신의 일자리를 발전시킬 수 있는 기술, 능력, 리더십을 길러주는 것이다." (Fairbairn et al., 1997 : 13).

**4** 이하의 설명은 Giagnocavo et al.(2012) 참조.

**5** 타임뱅크는 지역화폐의 하나로 이웃 간에 상호적으로 도움을 주고받으며 주민 공동체 의식을 고취시킴으로써 지역사회를 형성하는 데 기여하는 것으로 알려져 있다.

**6** 다소 길지만 그들의 다음 설명은 인용해둘 가치가 있다. "신뢰란 있다면 좋은 공상적인 개념이 아니다. 신뢰를 주면 다른 편의 신뢰 있는 행위를 증진시키며, 신뢰의 호순환이 뒤따른다. 높은 수준의 신뢰를 받고 있다고 느끼는 기업가는 보다 신뢰 있는 행동을 할 것이며, 그리하여 다른 조건이 같다면 도덕적 해이 그리고/혹은 대출연체 가능성도 낮아질 것이다. 높은 수준의 신뢰는 대리인 비용을 낮춘다. 은행의 관점에서 신뢰는 역선택과 도덕적 해이를 완화하여 심사와 감시비용을 절감하게 한다. 그리고 이는 이윤의 증가로 이어진다. 은행은 기업가에게 감시목적으로 요구하는 정보를 제공하기 위해 훨씬 적은 노력을 요구하며, …, 담보요구를 낮춘다." (Howorth & Moro, 2006)

**7** 1982년 12월에 제정된 새마을금고법은 이렇게 말한다. "이 법은 국민의 자주적인 협동조직을 바탕으로 우리나라 고유의 상부상조 정신에 입각하여 자금의 조성과 이용, 회원의 경제적 · 사회적 · 문화적 지위의 향상, 지역사회개발을 통한 건전한 국민정신의 함양과 국민경제의 발전에 이바지함을 목적으로 한다."

8 신용협동조합법 제1장 총칙 제1조 법의 목적은 이렇게 말한다. "상호유대를 가진 자 간의 협동조직을 통하여 자금의 조성 및 이용과 구성원의 자질 향상을 도모함으로써 국민정신의 함양과 국민경제의 발전에 이바지함을 목적으로 한다."

9 즉, "마을금고 조직의 내에 '새마을사업소' 라는 직제를 두어 공동구판에 관한 사항, 공동시설이용에 관한 사항, 공동판매에 관한 사항, 공동가공생산에 관한 사항, 기타 부대업무 등을 추진하였다." (새마을금고중앙회, 2013 : 443)

10 이하의 설명은 새마을금고중앙회(2013), pp.445~447에 의거하고 있다.

11 그들은 이렇게 말한다. "새마을금고의 시장을 확대하고 지역사회와 더불어 성장하는 기반을 구축하기 위하여 지역사회공헌활동을 적극적으로 수행할 필요가 있음." (김선기 · 신두섭, 2014 : 5)

12 김성호는 이렇게 말한다. "지역의 공존 관계를 유지 · 확대하기 위하여 지역과의 밀착성을 제고시키는 사업에 적극 참여하고 새마을금고의 성장과 연결될 수 있는 수익성이 보장되는 사업으로 영업 지역에서의 존재감을 향상시키며 이로 인해 새마을금고의 경쟁력을 강화시킬 수 있는 사업에 지역 동반자적 자세로 임하는 것이 필요하다." (김성호, 2011)

13 Borzaga & Galera(2012)는 2012년 3월 이탈리아 베니스에서 Euricse와 ICA가 공동주관한 '더 나은 세계를 위한 협동조합에 대한 이해 촉진' 회의에서의 논의 결과를 요약한 보고서이다. 따라서 우리는 이것을 ICA의 공식견해라 말할 수 있다.

## 12장

1 일반적으로 우리는 금융배제를 알맞은 신용에 대한 접근이 곤란한 상황으로 매우 좁게 이해한다. 그러나 Jones(2006)는 저축, 자산, 화폐에 대한 조언을 받지 못하는 것도 금융배제의 핵심 요소 중 하나라고 한다. 이와 함께 그는 은행계정에 접근하지 못할 위험도 핵심 요소에 포함하고 있는데, 이는 우리에게는 익숙하지 않은 것이다. 그러나 우리나라의 금융배제계층도 이러한 문제에 직면할 것으로 예상된다. 우리나라 은행들도 이른바 '계좌유지수수료' 를 부과할 예정이기 때문이다. 이미 한국시티은행은 1,000만 원 이하 소액계좌에 대해 매월 5,000원의 계좌유지수수료를 부과하고 있다.

2 1999년 정부의 조사에 따르면 지역신협의 87%가 지방정부의 지원으로 설립되었다(Jones, 2006).

3 Goth et al.(2006)에 의하면 영국에는 2001년 현재 5개의 영국신용조합연합회가 있는데, 나머지 3개의 신용조합연합회에는 얼스터 신용조합연합회(Ulster Federation of Credit

Union ; UFCU), 스코틀랜드 신용조합연합회(Scottish League of Credit Union ; SLCU), 독립신용조합연합회(Association of Independent Credit Union ; AICU)가 있다.

4 이와 관련된 설명은 O' Connell(2005) 참조.

5 이와 관련된 논의는 McKillop & Wilson(2003)과 Ward & McKillop(2010) 참조.

6 이와 관련된 논의는 제2부 제5장 참조.

7 이와 관련된 논의는 제3부 제8장 참조.

8 불량률은 해당 시점 기준으로 1년 이내 은행연합회에 3개월 이상 연체로 신규발생한 비율을 의미한다.

9 제2부 제5장 참조.

10 보다 구체적으로 보면 정부는 서민금융기관에게 2010년부터 6년간 9,917억 원, 매년 1,667억 원을 출연하도록 하였는데(남주하, 2013), 출연금 납부기준은, 신협의 경우, 보통대출과 대월의 평잔 합계액의 0.71/1000이다(손재완, 2012). 2016년 서민금융법이 제정되면서 출연금 산정기준과 출연요율이 변경되었다. 동 법 시행령에 따르면 일반자금대출금, 자립예탁금대출금 또는 예탁금대출금, 종합통장대출금, 그리고 상호금융 중기자금대출금 등을 기준으로 서민금융기관은 출연금을 매월 납부하는데, 각 금융기관의 세부 출연요율은 다음과 같다. 농협 0.31/1000, 수협 0.37/1000, 상호저축은행 0.50/1000, 새마을금고 0.51/1000, 신협 0.47/1000, 산림조합 0.60/1000.

11 손재완(2012), p.6. 여기서는 사업재원을 1조 원으로 설명하고 있는데, 햇살론 추진 이후 그것이 2조 원으로 증액된 것으로 보인다.

12 손재완(2012)의 계산에 따르면 햇살론 취급에 따른 금융협동조합의 손실률에 미치는 요인과 그들의 관계는 다음과 같다. 햇살론 대출금리 – 대지급손실률 – 금융협동조합의 예수금 조달금리 – 출연금 – 인건비 = 손실률. 손재완의 계산에 따르면 출연금을 감안하지 않으면 햇살론을 취급하는 금융협동조합은 대체로 양의 이자수익을 올릴 수 있다. 그러나 출연금을 감안하면 음의 이자수익이 불가피하다.

13 손재완(2012)이 작성된 배경은 어떻게 하면 햇살론 취급에 따른 손실을 최소화할 수 있느냐 하는 점을 밝히는 데 있다. 실제로 그는 손익분기점을 상회하기 위한 햇살론 취급 규모를 산정하여 제시하고 있다.

14 이는 사금융 및 서민금융을 이용한 적이 있는 234명의 저소득 금융소외계층을 대상으로 이루어진 설문조사(2012년 11월 10일 ~ 12월 5일)에 기초하고 있다.

15 사업장은 주민센터나 금융협동조합이 보유하고 있는 여유 공간을 활용할 수도 있을 것이다.

# 참고문헌

강문성(2014), “신설 ‘서민금융진흥원’의 역할과 과제”, 『Weekly Hana Financial Focus』, 제4권, 제42호, pp.1~3.

강민구(1991), “신용협동조합의 내국환업무 취급에 관한 소고”, 『조사연구』, 9호, pp.94~129.

______(1993), “신협과 지자체 공동사업에 의한 지역경제 활성화 방안”, 『조사연구』, 23호, pp.5~33.

강승희(2010), “한국 신용협동조합운동 50년”, 『한국협동조합연구』, 28(1), pp.147~169.

구정옥(1995), “금융환경의 변화와 신용협동조합의 수익성제고 전략”, 『조사연구』, 25호, pp.21~58.

______(2007), “공동유대 개념과 조합인가정책의 변화 연구”, 『한국협동조합연구』, 25(1), pp.55~83.

구정한 · 이규복 · 김석기(2016), 『국내 서민금융 현황 및 개선방안 : 수요자 설문조사를 중심으로』, 한국금융연구원.

금융산업발전심의회 금융제도개편연구소위(1993), 『금융제도개편연구 : 총론』.

김경환(2010), “평판리스크와 윤리경영의 역할”, 『KiRi Weekly』(2010년 3월 29일), pp.1~12.

김기서(1997), “신용협동조합의 대출활성화를 위한 마케팅 전략”, 『조사연구』, 29호, pp.48~71.

김남철(1989), "1989년도 신용협동조합 재무현황 분석", 『조사연구』, 17호, pp.152~166.

김대익(2013), "신협의 수신경쟁력 강화방안", 『신협연구』, 60호, pp.93~162.

김병주(1987), "금융산업발전과 신용협동조합의 나아갈 길", 『조사연구』, 11호, pp.5~14.

_____(1989), "금리자유화와 신용협동조합", 『조사연구』, 15호, pp.5~16.

김병주 · 김승묵 · 김정세 · 남상우 · 박재윤 · 박태규 · 심근섭 · 이효구 · 장종현 · 정운찬 · 최광복 · 최태영(1981), 「비통화금융기관의 발전방향에 관한 연구」, 한국은행.

김상호, "새마을금고와 지역사회개발 활성화 방안", 『새마을금고연구』, 23(1), 2010, pp.53~83.

김선기 · 신두섭, 『새마을금고 거버넌스 체계 개선방안 연구』, 한국지방행정연구원, 2014.

김성기 · 김정원 · 변재관 · 신명호 · 이견직 · 이문국 · 이성수 · 이인재 · 장원봉 · 장종익(2014), 『사회적 경제의 이해와 전망』, 아르케.

김성오 외 5명(2013), 『우리, 협동조합 만들자』, 겨울나무.

김성호, "CPS 모형 도입을 통한 지역공헌활동 강화방안", 『새마을금고연구』, 21(1), 2011, pp.89~119.

김성환(1989), "단위신협 손익현황 해설과 개선책", 『조사연구』, 16호, pp.72~84.

김세진(1996), "금융환경변화와 신용협동조합의 발전방향", 『조사연구』,

28호, pp.5~27.

김정원(2014), "한국의 사회적경제 현황 및 전망", 김성기 · 김정원 · 변재관 · 신명호 · 이견직 · 이문국 · 이성수 · 이인재 · 장원봉 · 장종익, 『사회적 경제의 이해와 전망』, 아르케.

김준경(1992), "소영세기업의 육성과 신용협동조합의 역할", 『금융환경의 변화와 신용협동조합의 발전방안』, 신용협동조합중앙회 · 한국개발연구원, pp.5~54,

______(1995), "금융규제 완화와 신용협동조합 감독의 효율화 방향", 『조사연구』, 25호, pp.9~19.

김준경 · 김철용(1992), 『소영세기업의 육성과 신용협동조합의 역할』, 정책연구자료 92-16, 한국개발연구원.

남주하(2013), 『서민금융제도의 현황 및 발전방안』, 국회예산처.

노대명 · 김수현 · 류만희 · 정영순 · 이종수 · 송민아(2003), 『저소득층 창업지원모형에 관한 연구—각국의 사회연대은행을 중심으로』, 한국보건사회연구원.

농업협동조합중앙회(2000), 『상호금융30년사』, 농업협동조합중앙회.

류덕위(2015), "상호금융 사업모델의 한계와 발전방향", 『신협연구』, 64, pp.1~48.

문정모(1988), "1987년도 신용협동조합 재무현황 분석", 『조사연구』, 13호, pp.76~98.

문진수(2013), "해외 사회적 금융 사례로 본 신협의 사회경제적 역할 제고 방안 연구—협동조합금융기관을 중심으로", 『신협연구』, 61호, 155-212.

문효근(1985), “서민금융기관의 업무현황으로 본 1984 서민금융 동향분석”, 『조사연구』, 7(1), pp.30~70.

박덕배(2006), “서민금융의 역할과 과제”, 현대경제연구원, 『VIP Report』 (2006. 4. 14).

박영범(2012), 「저축은행 구조조정의 원인 및 시사점」, 신협중앙회, 이슈분석보고서 2012-06, 신협중앙회.

박영철 · 김병주 · 박재윤(1986), 『금융산업 발전에 관한 연구 1985~2000』, 한국개발연구원.

박정희(2016), “국내 신용협동조합의 여신건전성 결정요인에 대한 연구 : 대구경북지역을 중심으로”, 『한국협동조합연구』, 34(1), pp.25~46.

박주호(1992), “신협 감사기구 설치에 관한 연구”, 『조사연구』, 21호, pp.149~172.

______(1993), “금융환경변화와 신협의 대응전략”, 『조사연구』, 23호, pp.45~79.

박진배(2017), “비과세 예탁금 일몰제도의 의미와 시사점”, 『MG Trend』, 10(10), pp.17~22.

박창균(2014a), “정책서민금융과 서민금융시장”, 하나금융연구소, 『Weekly Hana Financial Focus』, 4(47), pp.1~3.

______(2014b), “서민금융총괄기구 설립(안)에 대한 평가와 전망”, 국회토론회 발표자료.

배용수(1990a), “지역사회의 제문제와 신협의 과제”, 『조사연구』, 17호, pp.118~135.

______(1990b), 『금융환경변화와 신협의 대응전략』, 『신협연구』, 90-1.

신협합중앙회.
______(1991), "조합규모의 최적화에 관한 소고", 『조사연구』, 13호, pp.23~44.
______(1996), "지방자치단체와의 협력을 통한 신협의 지역경제활성화 기여방안", 『조사연구』, 28호, pp.79~97.
______(2009), "지역사회 협력체계와 신협의 역할", 『신협연구』, 53, 신용협동조합중앙회, 2009. pp.3~28.
배준식(2013), 『금융소외계층을 위한 서울시의 정책지원방안』, 서울경제연구원.
배준식 · 김범식(2012), 『저소득 금융소외계층을 위한 공공지원정책연구』, 서울연구원.
백승대(2008), "새마을금고 비이자수익 확대방안에 관한 연구", 『새마을금고연구』, 18(1), pp.35~61.
비테(1984), "지역개발을 위한 신용협동조합의 의의", 『조사연구』, 6권, pp.120~136.
새마을금고연합회(1989), 『새마을금고 25년사』, 새마을금고연합회.
새마을금고중앙회(2013), 『새마을금고 50년사』.
서혜란(1977), "농촌신협의 현장", 『신협』, 제4호, pp.16~26.
소민섭(1991), "신협금융업무영역확대를 위한 시론", 『조사연구』, 19호, pp.56~76.
______(1992), "신협금융업무영역확대를 위한 시론(II)", 『조사연구』, 21호, pp.129~148.
손관형(1984), "한국신용협동조합의 성장과 성과분석", 『조사연구』, 3(2),

pp.83~91.

손상호(1996), "금융자율화와 신용협동조합의 금융혁신전략", 『조사연구』, 28호, pp.57~78.

______(2016), 『서민금융의 시장기능 활성화 방안』, 한국금융연구원.

손재완(2012), 『햇살론 취급현황 및 추진방향에 대한 제안』, 이슈분석보고서 2012-05호, 신협중앙회 조사연구실.

송두범 · 김종수 · 장효안 · 강마야 · 박경철 · 이관률 · 박춘섭 · 홍은일 외 (2013), 『협동조합의 정체성 및 지역사회 기여 강화방안』, 충남발전연구원.

송보경(1976), 『한국 신용협동조합운동에 관한 연구』, 협동교육연구원.

신명호(2014), "사회적 경제의 이해", 김성기 · 김정원 · 변재관 · 신명호 · 이견직 · 이문국 · 이성수 · 이인재 · 장원봉 · 장종익, 『사회적 경제의 이해와 전망』, 아르케.

신협연합회(1978), "신협교육의 본질과 현실", 『신협』, 6호, pp.8~28.

_________(1981), 『신협운동20년사』, 신용협동조합중앙회.

_________(1982a), "신협인의 의식구조의 분석 및 평가", 『조사연구』, 1(1), pp.131~179.

_________(1982 b), "1982년도 상반기 신협동향", 『조사연구』, 1(1), pp.1~17.

_________(1982c), "1982년도 상반기 신협동향, 『조사연구』, 제2호, pp.1~17.

_________(1984), 『조사연구』, 3(2), 부록 통계편.

_________(1985a), "신용협동조합 조합원 의식구조 분석", 『조사연구』,

4(2), pp.158~191.

_________(1985b), “신협운영원칙 제정 배경과 의미”, 『문』, 1985년 봄호, pp.70~75.

_________(1985c), “84년도 단위조합 재무현황요인분석”, 『조사연구』, 4(1), pp.135~174.

신협중앙회(1991), 『한국 신협운동 30년사』.

_________(1996a), 『신용협동조합의 합병방안연구』.

_________(1996b), 『신용협동조합 기능강화와 중앙기금의 설립』.

_________(1996c), 『신협 구조조정의 중간점검 및 향후 접근방향』.

_________(1997), 『1996년 신협경영분석』.

_________(2010), 『한국 신협운동 50년사』.

_________(2011), 『신협의 사회공헌현황 및 실적관리방안』.

_________(2011a), 『한국 신협운동 50년사』.

_________(2011b), 『역외대출 및 연계대출 현황점검』.

_________(2011c), 『금감원 수신급증조합 관리대상 지정관련 현황분석』.

_________(2011d), 『신협 건전성지표 개선방안』.

_________(2012), 『신협운영원칙 개정안내』.

신협중앙회 조사연구 편집부(1995), “신협 규제완화 및 제도개선 사항”, 『조사연구』, 25호, pp.3~8.

안승용(2012a), 『신협의 신용대출 현황 및 확대방안』, 신협중앙회, 이슈분석보고서 2012-12, 신협중앙회.

_____(2012b), 『2012년 규제환경 하의 수신정책』, 신협중앙회, 이슈분석보고서 2012-03, 신협중앙회.

______(2012c), 『부동산대출 현황과 향후 대출정책』, 신협중앙회, 이슈분석보고서 2012-08, 신협중앙회.

염찬희(2012), "협동교육원에 대한 재평가 – 한국협동조합들의 산실", 김형미 외, 『한국 생활협동조합운동의 기원과 전개』, 푸른나무.

유시권(1992), "금융 자유화와 신용협동조합의 발전방향". 『금융환경의 변화와 신용협동조합의 발전방안』, 신용협동조합중앙회 · 한국개발연구원, pp.123~179.

유영우(2013), "논골 신용협동조합의 어제와 오늘 그리고 과제", 『제6회 충남 협동조합연구포럼 발표자료』, 충남발전연구원 · 지역재단.

유용주(2000), "21세기 금융산업의 신조류", 『조사연구』, 19(1), pp.2~23.

윤영성(1984), "신협금리 이대로 좋은가", 『문』, 통권 3호, pp.91~98.

이덕훈(1996), "경제의 형평증진과 신용협동조합의 발전방안", 『조사연구』, 27호, pp.3~34.

______(1996), "경제의 형평증진과 신용협동조합의 발전방안", 『조사연구』, 15(1), pp.3~34.

이덕훈 · 최범수 · 좌승희 · 설광언 · 김관수 · 김병주 · 이재웅 · 김경수 · 라동민 · 이선애 · 정승우 · 유재균 · 정병열(1993), 『금융환경변화에 대응한 새마을금고의 발전방안』, 한국개발연구원.

이동영 · 문지현(1989), "협동조합실무에 나타난 협동조합원칙의 반영", 『조사연구』, 제16호, pp.5~22.

이미연(2012), "점포형 소협 설립과 성장의 역사", 김형미 외, 『한국 생활협동조합운동의 기원과 전개』, 푸른나무.

이민환(2013), "금융소외시장에서 신협의 역할과 과제", 『신협연구』, 60호,

pp.63~199.

이상호(2003), 『참된 용기는 희망을 낳고』, 도서출판 덕산기획.

이선호(2013a), 「비과세예탁금 한도 확대 이후 조합경영상태 변화」, 신협중앙회, 이슈분석보고서 2013-01, 신협중앙회.

_____(2013b), 「신협의 수익구조 현황과 시사점 - 수수료수익을 중심으로」, 이슈분석보고서 2013-02, 신협중앙회.

이순우(1990), "3단계 조직개편과 중앙회의 발전방향", 『조사연구』, 17호, pp.5~15.

이인실(1997), "금리자유화와 지역금융기관의 여신활성화 - 신용협동조합을 중심으로", 『조사연구』, 16(1), pp.6~26.

이재연(2013), "역대 서민금융정책상 상호금융의 역할과 새로운 모색"(서민금융 활성화 및 소상상공인지원 포럼 발표자료).

이재연 · 이시연(2013), 『서민금융기관의 건전한 발전방안』, 한국금융연구원.

이재연 · 이시연 · 이병윤(2012), 『상호금융기관의 기능 재정립 방안』, 한국금융연구원.

이재웅(1995), "금융규제완화와 지역 · 서민금융기관의 역할 제고", 『조사연구』, 26호, pp.3~17.

이재웅 · 최장봉(1989), "은행산업과 비은행금융중개산업", 금융산업의 업무영역 조정 - 1989년 상반기 금융정책 · 경영 워크숍.

이정화(2012), 「2011년 손실조합 현황 및 특징이 주는 시사점」, 신협중앙회, 이슈분석보고서 2012-04.

이종수(2010), "협동조합의 정체성", 『한국협동조합연구』, 20(2), pp.41~58.

이천우(1996), “금리하향 안정화추세와 신협의 대응방안”, 『조사연구』, 27호, pp.51~69.

이환영(1991), “신협의 금융기관화 추세와 신협의 이념”, 『조사연구』, 19호, pp.77~93.

임기석(1985), “신용협동조합법과 정관에 나타난 단위조합임원과 직원의 지위와 몇 가지 문제”, 『조사연구』, 4(1), pp.7~29.

임진창(1988), “민주화와 신용협동조합운동의 역할”, 『조사연구』, 17, pp.5~16.

장종익(2011), “신용협동조합의 세계적 흐름과 주요 특징에 관한 고찰”, 『신협연구』, 56, pp.3~31.

______(2012), “협동조합기본법 제정과 협동조합지원금융체제 구축을 위한 신협의 발전방향”, 신협발전세미나 발표자료, 신협중앙회.

전성인(1994), “금융자율화추세와 신용협동조합의 대응방향”, 『조사연구』, 24호, pp.3~15.

전철환(1987), “상호금융의 과제와 발전방향”, 『조사연구』, 12호, pp.5~18.

______(1990), “금융환경변화와 신협금융 발전방향”, 『조사연구』, 18호, pp.5~21.

전형수(2004a), “협동조합과 정부－21세기의 협동조합운동과 정부의 역할을 중심으로”, 『한국협동조합연구』, 22(1), pp.155~179.

______(2004b), “협동조합의 기관분화와 권한 분배－신용협동조합의 조직구조를 중심으로”, 『한국협동조합연구』, 22(2), pp.153~178.

______(2007), “신용협동조합중앙회의 소이사회제도에 관한 문제점－신용협동조합법의 개정안을 중심으로”, 『한국협동조합연구』, 25(1),

pp.33~54.

______(2010), “신용협동조합중앙회장의 비상임화에 따른 지배구조의 문제점”, 『한국협동조합연구』, 28(3), pp.1~21.

______(2011), “협동조합 정체성 확립을 위한 지도자의 자세에 관한 논의”, 『한국협동조합연구』, 29(2), pp.1~16.

______(2013a), “상호금융기관으로서 신협의 정체성 확립을 위한 문제점 및 대안”, 제6회 충남 협동조합연구포럼 발표자료, 충남발전연구원 · 지역재단.

______(2013b), “협동조합 정의 및 원칙의 측면에서 본 신협의 정체성 제고방안”, 『신협연구』, 61호, pp.65~153.

전형수 · 강연우(2012), “독일 Co-op Dortmund-Kassel의 실패 사례에서 본 소비자생활협동조합의 한계와 대안”, 『산업혁신연구』, 28(4), pp.147~173.

정성래(1990), “신용협동조합의 조직확대에 관한 고찰”, 『조사연구』, 18호, pp.57~93.

정은미(2012), “1980년대 이후 생협운동의 다양한 흐름과 갈래”, 김형미 외, 『한국 생활협동조합운동의 기원과 전개』, 푸른나무.

조민서 · 최진배 · 김태훈(2011), “신용협동조합 조합원의 의식과 그것의 함의”, 『한국협동조합연구』, 29(3), pp.67~91.

조복현(2010), “신용협동조합의 영업형태 변화와 사회적 목표”, 『신협연구』, 55호, pp.1~34.

조순 · 김인준 · 노응원 · 민상기 · 이만기 · 이성휘 · 이천표 · 정운찬(1981), 『일반은행제도의 개편방향에 관한 연구』, 한국은행.

조태현(2010), “신협의 사회공헌활동현황과 향후 추진방향”, 『신협연구』, 54호, pp.101~130.

조현옥(1988), 『신협경영의 현황과 문제점』, 신용협동조합중앙회.

______(1990), “신용협동조합의 제문제”, 『조사연구』, 17호, pp.65~100.

좌승희(1992), “신용협동조합의 효율성 분석과 업무개선 방향의 모색”. 신용협동조합중앙회 · 한국개발연구원, 『금융환경의 변화와 신용협동조합의 발전방안』, pp.55~121.

진홍복(1987), “우리나라 협동조합의 문제점과 발전방향”, 『조사연구』, 11호, pp.15~28.

최진배(1996), 『해방 이후 한국의 금융정책－정부 은행 그리고 기업의 관계를 중심으로』, 경성대학교 출판부.

______(2015), “신협은 서민금융기관이어야 하는가?”, 『사회경제평론』, 28(2), pp.163~204.

______(2015), “한국 신협의 세 가지 도전적 과제”, 『산업혁신연구』, 31(2), pp.133~162.

______(2016), 협동조합은행의 변화와 한국 신협의 진로,『한국협동조합연구』, 34(1), pp.95~122.

KB금융지주 경영연구소(2011), 『KB daily 지식비타민』, 11-179호, 2011년 12월 14일.

클라트(1984), “독일의 신용협동조합 발달”, 『조사연구』, 3(2), pp.75~82.

한국개발연구원(1992), 『금융환경의 변화와 신용협동조합의 발전방안』.

한국금융연구원(1994), 『비은행금융기관의 발전방향』.

한국은행(1972), 『동향자료』, pp.10~24

_______(1988), 『금융산업 개편방안』.

행정자치부 · 금융위원회 · 금융감독원, 『대부업 실태조사 결과』, 각 년도.

협동조합기본법제정연대회의 · 신협중앙회(2012), 『협동조합운동을 통한 서민금융 대안찾기』.

황두영(1990). 『한국새마을금고론』. 삼진출판사.

Angelini, P., Di Salvio, R. and Ferri, G.(1998), "Availability and cost of credit for small business : Customer relationships and credit cooperatives," *Journal of Banking & Finance*, 22, pp.925~954.

Arup, K.(2010), "Promoting Transformation and Sustainability : Merkur's Aim," INAISE, *Networking Social Finance*, Brussel.

Avery, R. B and Samolyk, K. A.(2004), "Bank Consolidation and Small Business Lending : The Role of Community Banks," *Journal of Financial Services Research*, 25(2/3), pp.291~325.

Banarjee, A. V., Besley, T. and Guinnane, T. W.(1994), "Thy neighbor's keeper : the design of a credit cooperative with theory and a test," *Quarterly Journal of Economics*, pp.491~515.

Berger, A. N. and G. F. Udell(2002), "Small Business Credit Availability and Relationship Banking : The Importance of Bank Organizational Structure ," *Economic Journal*, 36(2), pp.225~251.

_______________(2006), "A More Complete Conceptual Framework for SME Finance," *Journal of Banking & Finance*, 30,

pp.2945~2966.

Berger, A. N. and W. S. Frame(2007), "Small Business Credit Scoring and Credit Availability ," *Journal of Small Business Management*, 45(1), pp.5~22.

Besley, T. and S. Coate(1995), "Group lending, repayment incentives and social collateral," *Journal of Development Economics*, 46, pp. 1~18.

Birchall, J.(1997), The International Co-operative Movement(장종익 역, 『21세기 대안－협동조합운용』, 들녘, 2003).

Birchall, J. and Simmons, R.(2004), "What Motivates Members to Participate in Cooperative and Mutual Businesses?," *Annals of Public and Cooperative Economics*, Vol.75, no.3, pp.465~495.

Böök, S. A.(1992), ICA 총회 제출 보고서(정해일 외, 『변화하는 세계에서의 협동조합의 가치(상, 하)』, 신용협동조합중앙회, 1993).

Borgström, M.(2013), "Effective Cooperative Governance : A Practitioner's Perspective," *Journal of Cooperative Organization and Management*, no.1, pp.49~50.

Borzaga, C. and Galera, G.(2012), "Promoting the Understanding of Cooperatives for a Better World," Euricse(이경수 역, 『더 나은 세상을 만드는 협동조합 이해 촉진』).

Brazda, J and Schediwy, R.(2001), "Preconditions for Successful Co-operative Ventures in the Light of Historical Evidence," *Review of International Co-operation*, Vol. 94, No.1, pp.35~42.

Capber, F, "A Greater Space for Social Banking," *Upscaling Social Investment : 50 Case Studies*, INASE, 2000.

Carey, M., Post, M. and Sharpe, S. A.(1998), "Does Corporate Lending by Banks and Finance Companies Differ? Evidence on Specialization in Private Debt Contracting," *Journal of Finance LIII*(3), pp.845~878.

Carletti, E.(2004), "The Structure of Bank Relationships, Endogenous Monitoring, and Loan Rates," *Journal of Financial Intermediation* 13, pp.58~86.

Cato, M. S., Myers, J. and Howlett, S.(2013), "At the Sharp End Of the Credit Crisis : A Profile of Valleys Credit Union," *Local Economy*, 28(6), pp.539~552.

Catturani, I. and C. Borzaga(2014), "Facts and Stereotypes about Cooperative Banks : To Whom Do CBs Actually Lend," *Journal of Entrepreneurial and Organizational Diversity*, 3(2), pp.7~31.

Cetorelli, N.(2003), "Real Effects of Bank Competition," *Journal of Money, Credit and Banking*, 36(3), pp.543~558.

Chaves, R. and Sajardo-Moreno, A.(2004), "Social Economy Managers : Between Values and Entrenchment," *Annals of Public and Cooperative Economics*, 5(1), pp.139~161.

Cornée, S.(2014), "Soft Information and Default Prediction in Cooperative and Social Banks," *Journal of Entrepreneurial and Organizational Diversity*, 3(1), pp.89~109.

Cornforth, C.(2004), "The Governance of Cooperatives and Mutual Associations : A Paradox Perspective," *Annals of Public and Cooperative Economics*, 75, pp.11~32.

Davis, K.(2001), "Credit Union Governance and Survival of the Cooperative Form ," *Journal of Financial Services Research*, Vol.9, no.2/3, pp.197~210.

_______(2005) "Credit Unions and Demutualization," *Managerial Science*, 31(11), pp.6~25.

De Clark, F.(2010), "Ethical Banking," INAISE, *Networking Social Finance*, Brussel.

Degryse, H., Laeven, L. and Ongena, S.(2009), "The Impact of Organizational Structure and Lending Technology on Banking Competition," *Review of Finance*, 13, pp.225~259.

Dell'Ariccia, G. and Marquez, R.(2001), "Flight to Quality or to Captivity," Information and Credit Allocation, *IMF Working Paper*.

Descours, A., Donnedieu, R., Thiery, N. and Verjus, C.(2010), "La Nef : A Banking Organization Involved in Ethical Finance," INAISE, *Networking Social Finance*, Brussel.

Desrochers, M. and Fischer, K. P.(2003), "Theory and Test on Cooperative System : Merger vs. Networks," *CIRPEE Working Paper*, 03-34.

__________________(2005), "The Power of Networks:

Integration and Financial Cooperative Performance," *CIRPEE Working Paper*, 05-14.

DeYoung, R., Hunter, W. C. and Udell, G. F.(2004a), "The Past, Present, and Probable Future for Community Banks," *Journal of Financial Services Research*, 25(2/3), pp.85~133.

____________________(2004b), "Whither the community bank?," *Journal of Financial Services Research*, 25, 81-84.

Ervers, A and Laville, Jean-Louis ed.(2004), The Third Sector in Europe(자활정보센타 역(2007), 『세계화시대의 새로운 복지-사회적 경제와 제3섹터』, 나눔의 집.)

Evans, N. and Broome, N.(2005), "Financial Nous and the Cycle of Deprivation : What Role Can Credit Unions Play?," *Business Law Review*, August-September, pp.231~235.

Evers, J., T. Fisher, L. Foschi, C. Guene, M. Jung, M. Rodriguez, and V. Vandemeulebroucke, "Finance for Local Development : New Solutions for Public-Private Action," *New Economics Foundation*, Evers · Jung, Choros and Inaise, 2001.

Fairbairn, B., Ketilson, L. H., Krebs, P.(1997), "Credit Unions and Community Economic Development," Centre for the Study of Co-operatives, University of Saskatchewan.

Ferri, G. and Messori, M.(2000), "Bank-Firm Relationships and Allocative Efficiency in Northeastern and Central Italy and in the

South," *Journal of Banking and Finance*, 24, pp.1067~1095.

Fischer, K. P.(2002), "Governance, Regulation and Mutual Financial Intermediaries Performance," *CREFA Working Paper*, 01-11.

Frame, W. S., Karels, G. V. and McClatchey, C. A.(2003), "Do Credit Unions Use Their Tax Advantage to Benefit Members? Evidence from a Cost Function," *Review of Financial Economics*, 12(2003), pp.35~47.

Fried, H. O., Lovell, C. A. K. and Yaisawarng, S.(1999), "The impact of mergers on credit union service provision," *Journal of Banking & Finance*, 23, pp.367~386.

Fuller, D.(1998), "Credit Union Development : Financial Inclusion and Exclusion," Geoforum, 29(2), pp.145~157.

Fuller, D., Mellor, M., Dodds, L. and Affleck, A.(2006), "Consultion the Community : Advancing Financial Inclusion in Newcastle upon Tyne, UK," International Journal of Sociology and Social Policy, 26(5/6), pp.255~271.

Giagnocavo, C., S. Gerez, and J. Sforzi(2012), "Cooperative Bank Strategies for Social-Economic Problem Solving : Supporting Social Enterprise and Local Development," Annals of Public and Cooperative Economics, 83(3), pp.281~315.

Gorton, G. and Schmid, F.(1999), "Corporate Governance, Ownership Dispersion and Efficiency : Empirical Evidence from Austrian Cooperative Banking," *Journal of Corporate Finance*, Vol.5, pp.

119~140.

Goth, P., Mckillop, D and Ferguson, C., Building Better Credit Unions, *The Policy Press*, GB, 2006.

Groeneveld, H., "Features, Facts and Figures of European Cooperative Banking Groups over Recent Business Cycles," *Journal of Entrepreneurial and Organizational Diversity*, 3(1), 2014, pp.11~33.

Guinnane, T. W.(1997), "Regional organizations in the German cooperative banking system in the late 19th century," *Research in Economics*, 51, pp.251~274.

Hauswald, R. and Marquez, R.(2006), "Competition and Strategic Information Acquisition in Credit Markets," The Review of Financial Studies, 19(3), pp.967~1000.

Hollis, A. and Sweetman, A.(1998), "Microcredit in prefamine Ireland," *Explorations in Economic History*, 35, pp.347~380.

Howorth, C. and A. Moro(2006), "Trust within Entrepreneur Bank Relationships : Insights from Italy," *Entrepreneurship Theory and Practice*, July, 2006, pp.495~517.

ICA(1969), 『협동조합의 민주주의에 관한 보고서』(신용협동조합연합회 역).

Jones, P. A.(2006), "Giving Credit where it's Due : Promoting Financial Inclusion through Quality Credit Unions," *Local Economy*, 21(1), pp.36~48.

__________(2008), "From Tackling Poverty to Achieving Financial Inclusion－the Changing Role of British Credit Unions in Low Income Communities," *The Journal of Socio-Economics*, 37, pp.2141~2154.

__________(2016), "British Credit Unions : Transformation and Challenge," Karafolas, S., ed, *Credit Co-operative Institutions in European Countries*, Springer.

Jussila, I. and Tuominen, P.(2010), "Exploring the Consumer Co-operative Relationship with their Members. An Individual Psychological Perspective on Ownership," *International Journal of Co-operative Management*, Vol.5, no.1, pp.23~33.

Jussila, I., Tuominen, P. and Saksa Juha-Matti(2008), "Following a Different Mission : Where and How do Consumer Co-operatives Compete?," *Journal of Co-operative Studies*, 41(3), 28-39.

Jussila, I., Tuominen, P. and Tuominen, T.(2012), "Are We Owners or Regular Customers? The Obscure Meaning of Ownership in Consumer Co-operatives," International Business Research, Vol.5, no.12, pp.195~201.

Laidlaw, A. F.(1980), *Co-operatives in the Year 2000*(양윤모(1988), 『서기 2000년의 협동조합』, 광주 제일문화사)

Leggett, K. J. and Strand, R. W.(2002), "Member Growth, Multiful Memger Groups and Agency Control at Credit Unions," *Review of Financial Economics*, 11, pp.37~46.

Macpherson, I.(2008), "The Cooperative Movement and the Social Economy Traditions : Reflections on the Mingling of Broad Visions," *Annal of Public and Cooperative Economics*, 79 : 3/4, 625-642.

______________(2012), "Cooperative's concern for the community: from member toward local communities' interest," Euricse Working Paper n.46/13((재)아이쿱협동조합연구소 역(2012), 「협동조합의 지역사회 관여 : 조합원에서 출발해 지역사회 이익을 향해」, 『iCoop 해외협동조합연구동향』, 12-1, 1-18).

Marshall, J. N.(2004), "Financial Institutions in Disadvantaged Areas : a Comparative Analysis of Policies Encouraging Financial Inclusion in Britain and the United States," *Environment and Planning A*, 36, pp.241~261.

McKillop, D. G., Ward, Anne-Marie and Wilson, J. O. S.(2007), "The Development of Credit Unions and Their Role in Tackling Financial Exclusion," Public Money and Management, 27(1), pp.37~44.

McKillop, D. G. and Wilson, J. O. S.(2003), "Credit Unions in Britain: A Time for Change," *Public Money and Management*, 23(2), pp.119~124.

Merrick, B.(2001), "When CUs Become Banks," *Credit Union Magazine*, January 2001.

Meyer, L. H.(1998), "The Present and Future Roles of Banks in

Small Business Finance," *Journal of Banking and Finance 22*, pp.1109~1116.

Münkner, Hans-H.(2015), Co-operative Principles and Co-operative Law, LIT.

Novkovic, S.(2013), "Reflections on the International Symposium of Co-operative Governance," *Journal of Co-operative Organization and Management*, 1(2013), pp.93~95.

O'Connell, S.(2005), "Alternatives to Money Lenders? Credit Unions and their Discontents," *History and Policy*, 03 May 2005.

Oczkowski, E., Krivokapic-Skoko, B. and Plummer, K.(2013), "The Meaning, Importance and Practice of the Co-operative Principles : Qualitative Evidence from the Australian Co-operative Sector," *Journal of Co-operative Organization and Management*, no.1(2013), pp.54~63.

Ory, Jean-Noel and Lemzeri, Y.(2012), "Efficiency and Hybridization in Cooperative Banking : The French Case," *Annals of Public and Cooperative Economics*, Vol.83, no.2, pp.215~250.

Plackett, L. J.(2003), "The Development of British Credit Unions : From the Margins to Mainstream," Ph.D. Thesis.

Porteous, D. J.(1995), The Geography of Finance : Spacial Dimensions of Intermedialry Behavior, Avebury.

Presbitero, A. F. and Zazzaro, A.(2011), "Competition and Relationship Lending : Friends or Foes?," *Journal of Financial Intermediation*, 20,

pp.387~413.

Puusa, A., Monkkonen, K. and Varis, A.(2013), "Mission Lost? Dilemmatic Dual Nature of Co-operatives," *Journal of Co-operative Organization and Management*, 1(2013), 6-14.

Santikian, L.(2014), "The Ties that Bind : Bank Relationships and Small Business Lending," *Journal of Financial Intermediation*, 23, pp. 177~213.

Scottish Affairs Committee(2009), Memorandum from the Scottish League of Credit Unions, www.parliament.uk.

Scotland Government(2016), Scotland's Credit Unions : Investing in Our Future.

Sibbald, A., Ferguson, C. and McKillop, D.(2002), "An Examination of Key Factors of Influence in the Development Process of Credit Union Industries," *Annals of Public and Cooperative Economics* 73 : 3, pp.399~428.

Spear, R.(2004), "Governance in Member-Based Organization", *Annals of Public and Cooperative Economics*, 75(1), pp.33~59.

Stanton, K.(2002), "Trends in Relationship Lending and Factors Affecting Relationship Lending," *Journal of Banking and Finance*, 26, pp. 127~152.

Stefancic, M.(2014), "Investigating Management Turnover in Italian Cooperative Banks," Journal of Entrepreneurial and Organizational Diversity, Vol.13, no.1, pp.131~163.

Syrjä, P., Sjögrén, H. & Tuominen, P. 2012. "Financial Performance and Efficiency of Consumer Co-operatives and Limited Companies-Agency Theoretical Approach." *Journal of Co-operative Accounting and Reporting*, Vol.1, no.1, pp.53~69.

Theriault, A. D.(2000), "Mutuality," Community Banker, May 2000.

Tischer, D., Packman, C. and Montgomerie, J.(2015), *Gaining Interest : A New Deal for Sustained Credit Union Expansion in the UK*, Political Economy Research Center, Goldsmiths University of London.

Westley, G. D. and Shaffer, S.(1999), "Credit union policies and performance in Latin America," Journal of Banking & Finance, Vol.23, pp.1303~1329.

Wright, J.(2013), "Credit Unions : A Solution to Poor Bank Lending?," *CIVITAS*.

Zamagni, S. and Zamagni, V.(2009), La Cooperazione(송성호 옮김(2012), 『협동조합으로 기업하라』, 협동조합연구소/북돋움).

# 찾아보기

## ㄱ

가가와(賀川豊彦) 78
가격차별정책 185
가계금융 4
가난한 사람 31
가난한 사람의 은행 297
가치를 위한 도구 236
감시의 한계비용 251
개인신용평점제도 69
거액담보대출 64, 120, 196
경영의 위기 9
경영자 문화 222
경영자 이직률 248
경영자자본 221
경영자 통제 219
경쟁력 강화 방안 45
경제적 참여 73
경제적 효율성 130
계속교육 29
고금리정책 183
고리채 정리 39
공동유대 44, 128
공동유대 의식 231
공동유대의 확대 249
공동체 의식 230
공동체의 유효성 231
공동체적 연대 278
공신력 33, 62
공유목표 230
공유자산 축적 75
관계적 금융 65
관계형 금융 123, 301
관계형 금융기법 140
규모의 경제 47
규제의 형평성 59
규제환경 50
금융결제원 43
금융공급의 확대 299
금융배제 294
금융배제의 원인 306
금융배제 현황 302

금융사고 24, 49, 99
금융위원회 309
금융 자유화 32, 47, 296
금융 자유화 정책 23
금융적 필요 38
금융제약 112
금융취약계층 313
금융취약자 310
금융포용 296
금융협동조합의 명성과 평판 280
금융환경변화 33
기본실행지침 10
기본적 가치 11
기업의 전략적 정보 227

### ㄴ

낮은 창업성공률 304
농협 17

### ㄷ

대리인 문제 20, 88
대리인이론 217
대부업 시장 119
대부업의 성장 303
대출금 용도 40
대출심사 40
도덕적 권유 128
도덕적 해이 122, 126
도시빈민 30
도시조합 30
독점적 시장구조 185
돌봄서비스 319

### ㄹ

라이파이젠 20
Laidlaw 10, 23, 29, 63, 273
Laidlaw 보고서 30
로치데일의 원칙 7

### ㅁ

마을금고 육성지침 90
Macpherson 65, 80, 237, 274
맨체스터 총회 11
무보증신용대출 120
문진수 231
민주적 관리 10

민주적 관리 원칙 70
민주적 통제 194

ㅂ

보가더스(Emory S. Bogardus) 12
Böök 10, 103, 236, 274
비과세 예금제도 186, 251
비용선호행위 251
비조합원 43
비조합원대출 64, 69, 179
빈곤 프리미엄 132

ㅅ

사고조합 100
사업우선 9
사잇돌대출 124
사전교육 237
사회공헌활동 285
사회서비스 바우처 사업 319
사회적 목표 15
사회적 은행 244
사회적 책임 12
사회적 협동조합 314
상부상조 41
상호성 263
상호신용금고 106
상호유인이론 225
새마을금고 17, 39, 49, 87, 89
새마을금고 금융사고 93
새마을운동 21, 90
생업자금 40
서민금융기관 25, 51, 98
서민금융정책 137
서민금융진흥원 123
선가입 무교육 27
선교육 후가입 27
성과지표 223
성장론자 5, 16
성장론자의 승리 58
성장전략 41
성장 중심적 신협 148
성장 지향적 전략 76, 125
성장 지향적 정책 167
세계신용조합협의회 12
소멸조합 34
송보경 13, 23, 25
순이자마진 251, 258
시대적 사명 110

시장의 실패 121
신규차입자 206
신뢰성의 위기 9
신용담보대출 120
신용대출 40
신용등급 170
신용조합 운영 9개 원칙 12
신용조합 육성정책 294
신용조합의 원칙 12
신용협동조합법 4
신협법 개정 43
신협소개교육 27
신협업무운용준칙 36, 46, 49, 51
신협운동 51
신협은행 31
신협의 경영상태 34
신협의 공신력 26, 36
신협의 구조조정 106
신협의 정체성 63
신협의 합병 47
신협정신 23
신협정신의 훼손 24
신협중앙금고 43
실용적인 문제 187
심리적 소유권 225

ㅇ

ICA 6
안호상 17
양윤모 23
업무영역 107
업무영역 확대 47
역선택 126
역외대출 69
연대보증제도 128
연대의 가치 56, 236
연성정보 151
연수원 29
연합 네트워크 모델 238
원자화된 경쟁적 모델 238
원칙 11
위험인수 32
유급 상임이사제도 19
유용위험 239
윤리적 가치 11, 78
이념적 위기 9
2등 금융기관 247
이상호 4, 16, 27
이완된 신협 이념 45
이용고배당 15

이중적 성격 274
임직원의 임금보상비율 251

ㅈ

자산운용방식 254
자율과 독립의 원칙 11, 75
자율성 저해 24
자조성 약화 87
재건국민운동중앙회 18, 89
전략적 변화 275
전철환 42, 106
전환 106, 111, 129
전환 필요성 104
정보의 비대칭성 이론 69, 109, 163
정부의 간섭 89
정부의 개입 5, 86
정부의 규제 21
정부의 실패 121
정성적 정보 129
정체성 논쟁 4
정체성 선언 8, 18, 67
정체성 위기 62
정체성 혼란 65
정체성 훼손 위험 48
정치적 고려 60
정형보전론자 5, 19, 24, 37
조합원 교육 27, 316
조합원에 의한 민주적 통제 254
조합원의 경영참여 196
조합원의 경영참여 약화 251
조합원의 고객화 71
조합원의 낮은 참여 220
조합원의 사전교육과 협상 237
조합원의 소유권 의식 226
조합원의 제한된 소유권 219
조합원의 참여 10
조합원의 참여 부진 224
조합원의 통제와 참가 11
조합원의 통제와 참여 224
조합원의 평판 38
조합원의 필요 70
조합의 대형화 전략 50
주인의식 결여 55
중금리금융상품 123
중앙회 예치금 262
지배구조이론 217
지속 가능성 41, 104, 111, 299
지역개발금융기관 296
지역공동체 231

지역금융기관 33, 107, 162
지역보증재단 310
지역사회 개발사업 51, 272
지역사회개발운동 53
지역사회 관여 272, 276, 294
지역사회 네트워크 290
지역사회에 대한 주의와 책임 289
지역사회의 발전 301
지역서민금융기관 108
지역신협의 성장방식 201
지역의 네트워크 318
지역적 착근성 277
집단적 사고 222
집단적 유인 225

**ㅊ**

차별 50
참호파기 221
체리피커 289
출자금 15, 54
7대 기초원칙 94

**ㅌ**

탈상호화 188
투명성 232
틈새시장 98, 108, 111, 282

**ㅍ**

8대 지도원칙 94
Fairbairn 276
페이 19
평등의 가치 68
평판위험 62, 183
포괄적인 경제적 해결책 283
피터팬(Peter Pan) 증후군 300

**ㅎ**

햇살론 116, 137, 143, 309
협동조합 간 협동 8
협동조합 원칙 6
협동조합으로서 차별성 38
협동조합의 가치 6, 8
협동조합의 가치와 원칙 223
협동조합의 기본적인 가치 10

협동조합의 대형화 12, 50
협동조합의 사회적 목적 240
협동조합의 사회적 목표 277
협동조합의 정신 190
협동조합의 정체성 68
협동조합의 지배구조 217
효율임금이론 249

# 지은이에 대하여

**최진배**(kkwchkang@naver.com)

서울대학교 경제학과 학사

서울대학교 대학원 석사 및 박사

경성대학교 교수(1982~2018)

신협중앙회 전문이사

**〈주요연구실적〉**

『해방이후 한국의 금융정책』, 『경제학원론』 외 다수

**김명록**(namu@ks.ac.kr)

부산대학교 경제학과 학사

서울대학교 대학원 석사 및 박사

금융경제연구소 연구위원

(현) 경성대학교 경제금융물류학부 부교수

**〈주요연구실적〉**

「증권화, 서브프라임 대출 붐과 주택버블」(박사학위논문), 「금융화는 실물투자를 위축시켰는가? : 금융화에 대한 비판적 검토」 외 다수

**권오혁**(okwon@pknu.ac.kr)

서울대학교 지리학과 학사

서울대학교 환경대학원 석사 및 박사

한국지방행정연구원 지역경제팀장

(현) 부경대학교 경제학부 교수

**〈주요연구실적〉**

『첨단산업과 도시』, 『신산업지구』, 『공간적 접근법을 활용한 도시 및 지역경제학』(공역) 외 다수

# 한국의 지역금융협동조합

**초판 1쇄 인쇄** 2018년 3월 22일

**초판 1쇄 발행** 2018년 3월 28일

**지은이** 최진배 · 권오혁 · 김명록

**펴낸이** 박기남

**책임편집** 차은지

**기획 · 영업** 박정헌

**펴낸곳** **율곡출판사**

08590 서울시 금천구 가산디지털1로 84(에이스하이엔드 8차), 803호

**전화** (代) 02) 718-9872/3

**팩스** 02) 718-9874

**홈페이지** http://www.yulgokbooks.co.kr

**이메일** yulgokbook@naver.com

**등록** 1989.11.10. 제2014-000031호

ISBN 979-11-87897-32-3 93320

**정가 25,000원**

※ 이 저서는 2015년 대한민국 교육부와 한국연구재단의 지원을 받아 수행됨(NRF-2015S1A3A2047036).